2016年度安徽省高校优秀青年人才支持计划重点项目成果（编号：GXYQZD2016105）；

淮北师范大学马克思主义理论校级重点学科资助。

刑法科学化进程中的新探索

张 训 ◎ 著

中国社会科学出版社

图书在版编目(CIP)数据

刑法科学化进程中的新探索/张训著. —北京：中国社会科学出版社，2017.1

ISBN 978-7-5161-9081-4

Ⅰ.①刑… Ⅱ.①张… Ⅲ.①刑法—科学化—研究—中国 Ⅳ.①D924.04

中国版本图书馆 CIP 数据核字(2016)第 241975 号

出 版 人	赵剑英
责任编辑	王 称
责任校对	姜英鎏
责任印制	王 超

出　　版	中国社会科学出版社
社　　址	北京鼓楼西大街甲 158 号
邮　　编	100720
网　　址	http://www.csspw.cn
发 行 部	010-84083685
门 市 部	010-84029450
经　　销	新华书店及其他书店
印　　刷	北京君升印刷有限公司
装　　订	廊坊市广阳区广增装订厂
版　　次	2017 年 1 月第 1 版
印　　次	2017 年 1 月第 1 次印刷
开　　本	710×1000　1/16
印　　张	19.25
插　　页	2
字　　数	306 千字
定　　价	75.00 元

凡购买中国社会科学出版社图书,如有质量问题请与本社营销中心联系调换
电话:010-84083683
版权所有　侵权必究

目 录

导论 刑法科学化命题的提出 …………………………………… (1)
 第一节 刑法科学化界定 ………………………………………… (2)
  一 刑法科学化与相关概念厘定 ……………………………… (3)
  二 刑法科学化的概念与内涵 ………………………………… (4)
 第二节 科学要素在刑法中的流变与传承 ……………………… (5)
  一 科学精神在传统刑法中的萌芽 …………………………… (5)
  二 科学思想在近代刑法中的凸显 …………………………… (6)
  三 科学原则在现代刑法中的确立 …………………………… (7)
 第三节 刑法科学化的基础 ……………………………………… (8)
  一 科学精神:刑法科学制定的思想基础 …………………… (8)
  二 科学技术:刑法科学制定的物质基础 …………………… (9)
  三 科学论证:刑法科学制定的理论基础 …………………… (11)

第一章 刑法新样态 ……………………………………………… (13)
 第一节 软刑法 …………………………………………………… (13)
  一 软刑法的提出 ……………………………………………… (13)
  二 软着陆:软刑法的出场形态 ……………………………… (17)
  三 软干预:软刑法的运行机制 ……………………………… (23)
 第二节 民生刑法、权利刑法、宽容刑法 ……………………… (27)
  一 国家刑法到民生刑法的转向 ……………………………… (27)
  二 权力刑法到权利刑法的转向 ……………………………… (32)
  三 仇恨刑法到宽容刑法的转向 ……………………………… (35)
 第三节 民族刑法 ………………………………………………… (41)

一　刑起于兵:民族刑法的萌芽 …………………………… (42)
　　二　原生与共融:民族刑法的形成与发展 ………………… (43)
　　三　从习俗到规范:民族刑法文明化的路径 ……………… (47)

第二章　刑法学新概念 ……………………………………………… (50)
　第一节　刑法能力 ……………………………………………… (50)
　　一　命题的提出 ……………………………………………… (50)
　　二　刑法的生成能力 ………………………………………… (54)
　　三　刑法的运行能力 ………………………………………… (59)
　　四　刑法的创新能力 ………………………………………… (65)
　　五　结语 ……………………………………………………… (71)
　第二节　刑法情绪 ……………………………………………… (72)
　　一　情绪、情结:刑法普及的两个重要心理暗示 ………… (72)
　　二　民众刑法情结的恶性倾向 ……………………………… (77)
　　三　民众良性刑法情结的功能 ……………………………… (84)
　第三节　刑法因果关系之原因力 ……………………………… (92)
　　一　原因力界说 ……………………………………………… (94)
　　二　原因力作用的空间、传杆及落脚点 …………………… (103)
　　三　功能与适用:原因力理论的归结 ……………………… (107)
　第四节　刑法因果关系之因果场 ……………………………… (113)
　　一　因果场之构造 …………………………………………… (113)
　　二　因果场之分类 …………………………………………… (116)
　　三　因果场之功能 …………………………………………… (123)

第三章　刑法规制新见解 …………………………………………… (127)
　第一节　刑法的生成 …………………………………………… (127)
　　一　经验抑或理性:刑法的生成动力与根据 ……………… (127)
　　二　和议与认同:刑法的生成模式 ………………………… (131)
　　三　认知与规范:刑法的生成机制 ………………………… (134)
　　四　规制抑或指导:刑法的生成效能 ……………………… (138)
　　五　结语 ……………………………………………………… (141)

目 录

第二节 "入罪"的理由——基于指标分析体系 …………（142）
  一 问题的提出 ………………………………………（142）
  二 必要的说明 ………………………………………（145）
  三 一般理解的"入罪"标准 …………………………（147）
  四 "入罪"的科学当量——指标分析体系 …………（150）
第三节 几种具体犯罪的刑法规制 ………………………（160）
  一 "人肉搜索"及刑法规制 …………………………（160）
  二 重婚罪内涵之实践检视 …………………………（169）
  三 "老鼠仓"的罪设及适用 …………………………（176）
  四 寻衅滋事罪向何处去 ……………………………（179）
第四节 刑事责任年龄确立标准新论 ……………………（190）
  一 忽视与正名：社会年龄与自然年龄的分野 ……（191）
  二 域内外的传统与现实做法对我国刑事责任
     年龄确立标准的启示 ……………………………（197）
  三 影响与救济：刑事责任年龄降低之后 …………（198）

第四章 刑事司法新视域 ………………………………（202）
第一节 扩张解释、存疑有利被告与择一认定 …………（202）
  一 无法遏制的冲动：扩张解释的扩张本性 ………（203）
  二 真的有利于被告么？ ……………………………（206）
  三 凭什么有利于被告？ ……………………………（209）
  四 择一认定是对存疑有利被告论的加功么？ ……（212）
  五 结语：规则的例外 ………………………………（214）
第二节 带着镣铐舞蹈：典型司法案件的法社会学镜像 …（215）
  一 司法案件被典型之后 ……………………………（215）
  二 谁是绑架者：民意？媒体？ ……………………（217）
  三 谁被绑架了：司法？当事人？ …………………（223）
第三节 如何安放被害人——刑事错案纠正之后 ………（230）
  一 两个前提问题 ……………………………………（231）
  二 刑事错案中的被害人反应样态考察 ……………（235）
  三 该如何安放刑事错案纠正后的被害人 …………（239）

第五章　犯罪学新探索 ……………………………………（246）

第一节　显在犯罪 ……………………………………（246）
一　显在犯罪的概念化 ……………………………（246）
二　显在犯罪的表现形式 …………………………（249）
三　显在犯罪的应对策略 …………………………（254）

第二节　乡村犯罪 ……………………………………（258）
一　中国乡村的聚落形态及其犯罪学启示 ………（260）
二　中国乡村社会的几种灰色群体 ………………（262）
三　中国乡村犯罪样态的历史演进 ………………（268）
四　从"人"到"地"：中国乡村犯罪样态
　　注意力的转移 …………………………………（274）

第三节　消费犯罪 ……………………………………（276）
一　消费犯罪的界定 ………………………………（276）
二　消费犯罪的类型 ………………………………（278）
三　消费犯罪的属性 ………………………………（280）
四　结语 ……………………………………………（282）

第四节　被害人情结 …………………………………（283）
一　被害人情结的消极影响 ………………………（284）
二　被害人情结的良性转化 ………………………（287）
三　被害人良性情结的法治意义 …………………（291）

参考文献 …………………………………………………（295）

后记 ………………………………………………………（303）

导论　刑法科学化命题的提出

刑法科学化是一个充满理论宏旨和实践意蕴的命题，但多年来，题目中包含"刑法科学化"的文章只有 1 篇，即胡云腾教授的《废除类推及刑法科学化》。这篇文章发表在 20 世纪 90 年代，距今已经 20 多年。此后，再未见到以刑法科学化为直接命题的著述出现。

但是，这并非表明刑法科学化命题一直受到冷落，事实上，学者们探索刑法科学精神的脚步从未停歇。

人们在刑事实体法范围内分别从刑法的存在根基、刑法的人性基础、刑法的谦抑品质、刑法的边界与刑罚的限度、罪名的设计及罪域的设置、具体刑罚制度等多维度探寻刑法科学化轨迹。其中引人注目的，如日本学者西原春夫在《刑法的根基与哲学》中思索人类为何要有刑法（刑罚）、刑法的存在是否合理与正当。而早在 200 多年前，贝卡里亚在《论犯罪与刑罚》中就提倡应当用几何学的精确度设计罪刑阶梯。储槐植教授在《刑事一体化与关系刑法论》一书中将模糊数学理论引入犯罪构成和刑法因果关系之研究当中。陈兴良教授《刑法哲学》《刑法的人性基础》不仅通过探寻刑法的价值根基、人性基础及其基本原则以求彰显刑法生成和刑罚适用的科学性，并且还具体指出刑事立法应遵循科学化原则。李洁教授《罪与刑立法规定模式》则认为刑事立法技术的科学化恰恰是刑法合理化得以实现的保障，其所称的立法技术主要是指罪的规定模式和各种刑罚的规定模式。曲新久教授《刑法的精神与范畴》则围绕犯罪、犯罪人、刑事责任、刑罚、罪刑法定、罪刑相当、刑罚个别化等范畴探寻刑法的科学精神。苏惠渔、孙万怀教授《论国家刑权力》则从权力资源配置角度阐释刑权力运行机制应当科学设定。美国学者帕克《刑事制裁的界限》则从更为广泛的资源配置角度论证刑事制裁边界设定的科学依据。张明楷教授《刑法分则的解释原理》认为好的刑法解释者应当将自己的理解置于正义理念之下、相关条文之间、生活事实之中进行检验，以求刑法的真与善。

在刑事一体化模式下，学者们还从刑事程序法角度探寻刑事法的科学性。如陈瑞华教授《从"流水作业"走向"以裁判为中心"》借助工业时代"流水作业"之操作程序诠释何种诉讼构造最为科学。针对审判，人们认识到，不仅定罪要准确，量刑亦要规范。在美国，联邦量刑委员会运用实证方法精心设计了量刑指南。近年来，我国也自下而上开展了量刑规范化运动。有些地方法院借助电脑软件，提出电脑量刑。季卫东教授《电脑量刑辩证观》对此评价，法官试图用科学之光照亮那个容许自由裁量以及非正式操作的暗箱。赵廷光教授《论量刑的精确制导》《量刑公正实证研究》认为量刑需要做到精确制导，并耗时十多年研制完成《辅助量刑系统》，该系统运用数学和人工智能技术以求构造一把衡量危害危险程度的公正标尺。当然，亦有学者质疑量刑是否能够精确制导，如蔡道通的《"精确制导"，真的可以么？》，但这些探讨已然体现出刑事法研究的科学化轨迹。

与上述大家相较，笔者虽然只是刑事法学的初学者，但多年来却执拗于刑法学新领域的探索，尤其对刑法科学化命题研究情有独钟。笔者认为，虽然刑法最终通过权力意志反映出来，但它绝不是权力意志的附庸。其中刑法的最大独立性体现在其科学性上。人们需要认识它的科学基础，并建立相应的理论体系以指导实践。通过对刑法史的考察，发现刑法体系逐步由简单到成熟、由粗糙到精细、由非理性到理性，理论机体不断丰盈。现代社会转型期的复杂性激化了各种冲突，为刑法的进一步科学化提供了新境遇，也提出了新要求；而建设中国特色的社会主义法治体系的目标则赋予刑事法治理念以崭新的时代意义。现代法治的土壤和刑法研究的革新必然促成并召唤一套科学的刑法体系的诞生。这也成为本命题研究展开的时代背景和理论期许。

第一节　刑法科学化界定

尽管学者们探索刑法科学精神的脚步从未停歇，但至今只有一篇带有宣示意义的直接以刑法科学化命名的论文，这与如此重大的命题显然不相称。此外，人们对刑法科学原则和刑法科学性等一些基本问题尚未形成统一定论，对刑法之科学思想、科学精神和科学原则尚未展开深层次、多维度、一体化的研究态势。鉴于此，笔者认为首先需要对刑法科学化的概念、内涵、生成机理进行界定。在此之前，还要厘清刑法科学与刑法学科、刑法科学化和刑法科学主义之间的区别。

一　刑法科学化与相关概念厘定

其一，刑法学科体系的建立并非意味着刑法科学体系的建立。关于"科学"和"学科"的探讨历来纷争不断。不过众所周知，科学并非学科。如学者所言，从19世纪上半叶，科学开始寻求自身具有使其有别于其他一切学问的特殊的严密性与确定性，成为一种独特的教义与术语，[①] 而学科从古拉丁文时代就已兼有知识之义。[②] 以此，科学是以客观规律和事物的本质性为研究对象的，是相对严格的范畴；而学科则是一个与知识结构相关联的学究概念，具有无限的包容性和开放性，因而是相对随意的。

今天，或许没有人质疑刑法学是作为一门独立的学科而存在。在人类社会法治进程中，贝卡里亚、费尔巴哈等刑法学家影响深远。即便在今天，刑法学界也名家辈出，学说体系林林总总。此外，作为衡量一门学科是否独立的核心要素，刑法学科早已具备如下条件：一是刑法学拥有丰厚的现实基础；二是刑法学具有有别于其他学科的研究主题、研究对象、研究目的和价值理念。但是这一切都不足以证明丰富、缜密、逻辑自洽的刑法学科体系的建立就是刑法科学体系的建立。

其二，刑法科学主义不等于刑法科学化。在19世纪的欧洲，科学经验方法开始渗透到每一个学科领域，实证学派的崛起在一定程度上展示了科学手段的运用在犯罪学、刑法学领域是多么卓有成效。但同时，这也会带来一定的负面影响，使得刑法学烙上科学主义的印痕。事实上，

[①] ［英］弗里德里希·A.哈耶克：《科学的反革命——理性滥用之研究》，冯克利译，译林出版社2003年版，第4页。

[②] Keith W. Hoskin, Richard H. Macve, "Accounting and the Examination: A Genealogy of Discipline Power", *Accounting, Organization and Society*, 1986, (2).

科学主义本身具有一种傲慢情节。① 唯科学马首是瞻必定会给刑法的人文情怀蒙上一丝阴影，稍有不慎，还可能导致科学主义滑入泛科学主义的深渊。在泛科学主义刑法理念下，会招致人们因为追求或者迷恋刑法的工具理性而消解刑法的人性根基，从而导致工具主义刑法观泛滥。

二 刑法科学化的概念与内涵

在另外一个层面，有人质疑刑法究竟是不是科学，刑法学研究属不属于科学研究。正如刘星教授认为，将法学知识视为"科学知识"，存在学理上的困境。② 有学者则认为，实践的刑法从来就不是纯科学的刑法，甚至主要不是科学的刑法，对刑法的彻底科学化是一种强迫性思维制造的"假象"。③ 为了澄清这一疑问，首先要确证刑法（学）是不是一门科学。这或许可以从陈兴良教授那里得到一些启示，他认为，刑法作为一门科学的诞生，正是以对建立实然性基础上的应然性关注为标志的。④ 王利明教授则援引伯恩斯坦的四个标准即逻辑的标准、经验的标准、社会学的标准、历史的标准而判断法学是一门科学。⑤ 刑法学也不应当例外。当然，还有学者直接呼吁，刑法学应当成为"最精确的法学"。⑥

还须说明，追求刑法科学化并非要走刑法科学主义之路，强调刑法科学化一方面是凸显科学手段在刑法生成和运行中的重要作用，更重要的是彰显蕴含在刑法中作为手段的科学技术之上的科学精神。

此外，在给刑法进行科学化界定时，不能忽略刑法科学化术语中一个重要用字，即"化"字。它不仅在语义学上让刑法科学呈现出动态性，在特定语境中还显示出刑法科学是作为一个"完整性、体系性、

---

① ［英］弗里德里希·A. 哈耶克：《科学的反革命——理性滥用之研究》，冯克利译，译林出版社 2003 年版，第 113 页。
② 刘星：《法学"科学主义"的困境——法学知识如何成为法律实践的组成部分》，《法学研究》2004 年第 3 期。
③ 陈孝平：《科学及其在刑法中的价值》，《贵州民族学院学报（哲学社会科学版）》2002 年第 6 期。
④ 陈兴良：《走向哲学的刑法学》，法律出版社 2008 年版，第 13 页。
⑤ 王利民：《法学是一门科学》，《人民法院报》2013 年 2 月 8 日第 7 版。
⑥ 王世洲：《刑法学是最精确的法学》，载罗克辛《德国刑法总论》，王世洲译，法律出版社 2005 年版，译者序。

标准性、互动性"的系统工程而存在。

故此,刑法科学化是指刑事立法者及其刑事司法者充分利用现代科学技术,倚重科学合理的推进程序,通过理论指导和经验指引对刑事法律的调研程序、听证程序、制定程序、实施程序、参与程序、评估程序等进行有机整合的过程。

刑法科学化的内涵包括三方面内容,即:科学的指导理念、科学的制度构架、科学的制定与实施程序。在刑法科学化机制中,科学的指导理念是至为重要的,虽然强调科学的理念不是对科学主义的翻版,但是人们必须学会尊重现代科技的渗透力量,同时又要警惕泛科学主义的危害,科学理念的方向性引导会将刑法体系设定在一个尊重规律的框架内。科学的理念融合于科学的制度构架,就会形成特定的制度精神,这种制度精神通过科学的刑事立法和实施程序表达出来。只有这样,三位一体共同推进,才能尽可能地通过开辟公民参与刑事程序的渠道,最大限度地听取公民的利益表达,使得刑事立法和实施的程序呈现开放性,并浸润和秉持宽容的人文精神,从而最大程度地汲取民众的智慧以保证刑法足够理性。

第二节 科学要素在刑法中的流变与传承

一 科学精神在传统刑法中的萌芽

探求刑法的科学理念需要从古代刑罚思想起步。那时,人们就注意到自然经济和社会结构间的衔接、关注"天道"、敢于革新,这些在今天看来仍然有值得推崇之处。

受儒家文化侵染的中国古代法律体系在当时世界上独树一帜,处在领先地位。虽然人们无法否认中国古代传统法律的特权本质,而且其得以构建的哲学根基也处处显露出自然神论和天理纲常色彩,但在其漫长的演进过程中,人们还是可以寻找到一丝丝科学气息。其中尤为显著的标志,就是人文主义贯穿始终。正如学者所言,人文主义是中国古代法制与文化的哲学基础。[①] 即便追溯到民刑不分、诸法合体

---

① 张晋藩:《中国法律的传统与近代转型》,法律出版社2009年版,第32页。

的时代，我们也能够看到，在刑事司法中，人们逐步摆脱神判，开始重视证据。在刑事立法中，则在"天人感应"的理论观照下，构建慎刑、恤刑、差别对待的法律原则，并注意国法与人情的结合。在儒家精神指导下，人们不仅注重刑罚的惩罚功能，也重视刑罚的教化功能，而要达此目标，必须在刑罚体系中灌注"德"的元素。正如孔子所言，"为政以德，譬若北辰"。作为儒家发展的新阶段，宋明理学进一步挖掘了刑罚的人性基础，批驳一味地强调宽宥犯罪者有违朴素的正义观，提出刑罚的公平性应当观照到被害人利益。这一思想即便是放在今天，仍然熠熠生辉。

的确，人道主义和科学主义在本质上是相悖的，但是人道主义恰恰是阻止传统法律滑向深渊的最后藩篱，以此而言，人道优先还是科学优先的选择问题已经超越了纯粹的技术探讨，而上升为一种人类的机敏。尊崇人道、彰显刑法的人文情怀恰恰是当时能够做到的最大理性。何况，人道主义一直延续至今，成为现代刑法一以贯之的深沉主线。

在遥远的西方，也经历了人性化在古代社会刑罚的野蛮、专制制度刑法的残酷夹缝中求生存，并最终演绎出18世纪的人道主义刑罚观。其以推动设置罪刑法定的刑法原则和主张改良刑罚技术而闻名。人道主义的兴起成为促成并表明近代刑法诞生的重要标志。

二 科学思想在近代刑法中的凸显

近代西方，随着科学技术逐步渗透到犯罪学和刑法学研究领域，承继近代刑法的启蒙运动，刑事实证学派逐渐崛起。龙勃罗梭和他的后继者，"引入实证主义的方法，并继承了犯罪统计学的研究阶段，使刑法学的研究，尤其是犯罪学的研究进入一个科学的阶段"[①]。在实证学派的批判性研究中，一个个鲜活的或者具体的"犯罪（人）"替换了抽象的甚至模糊的刑法意义上的"罪行"，这种研究模式无疑极大地拓展了刑法的科学化路径。直至后来，催生出社会防卫学派，其提出刑罚的目的并非惩罚已然犯罪，而在于应对应然犯罪，终极目的则为防卫社会。保安处分、社会医疗措施等新范畴逐渐被纳入刑法体系中。以此，近代

[①] 陈兴良：《刑法的人性基础》，中国人民大学出版社2006年版，第140页。

刑法进一步迈向人性化和人道化，刑法不再仅仅是惩罚的工具，而成为教化人、改造人、推进人类全面发展的科学。

这时候，刑法理念从启蒙的理性主义转变为实证的科学主义。以"罪犯"取代"犯罪"，以"预防"取代"惩罚"，以"社会"取代"政治权力"，以"苦与乐"取代"自由意志"，刑法学的"科学"时代才最后到来。①

新社会防卫学派将近代刑法中的科学思想带到一个新的高峰。该学派汲取了当代人类多样性的科学观点，特别是基于关于当代生物学的人类染色体中有各种先天不足的观点，设计了与犯罪人复归目标一致的新刑事程序，包括犯罪人人格调查、刑事诉讼的顿挫和连续，主张要对犯罪进行科学检测，并在审判前建立犯罪人的"人格档案"。由此，与传统刑法中科学精神的朦胧身影相较，近代刑法中的科学思想则越发清晰了。

在遥远的东方，中国虽然受制于国情，其法律传统并未因科技发展的冲击而发生根本变化，不过近代的修法运动却也撼动了传统法律的"真气"。其中一个重要的迹象，就是人们从"君权神授"到"人民主权"之刑法观念的转向，平等思想亦在民众中传播并得以在法律修订时出现，西方所带来的科学思想和中国传统法律文化之间的对峙一时间形成僵局，当然，这种新气象很快随着社会的进一步动荡而无疾而终。

三 科学原则在现代刑法中的确立

在近代刑法向现代刑法的转型期，应对犯罪的艺术往往落实为一种技术，包括数学、物理学、医学和心理学等手段。刑法注重并且汲取科技的策略，一方面提升了自身的科学基础，同时积淀了应对和指导司法实践的理论勇气和科学依据。但刑法中并未确立科学原则，而且在某些领域因为过分强调科学技术性而忽略了刑罚本身的政治功效。另一方面，社会防卫理论在现实面前受挫，监狱人口的爆满表明政府监狱替代

---

① 徐爱国：《论近代刑法和刑法观念的形成》，《环球法律评论》2005年第4期。

措施探索的失败及社会对监狱刑的依赖。①

　　这使得世界上出现了以安全倾向为主导的刑事化、重刑化措施和以人道主义倾向为主导的非刑事化、轻刑化、预防化措施并存的现象。这一动向显示，科学精神和科学方法正在日益加大对刑法体系本身的渗透力度，而反过来可以视为，现代刑法的生存无法忽视科学的影响力，其制定、实施、评估以及体系的构建都涵盖在科学之意下。刑法的科学化要求体现在：立法者需要掌握和遵循刑法作为科学的规律性，在此基础上还要寻求创新和突破，以便赋予刑法持久的生命力；司法者则必须按照制度化、规范化的模式推进。

　　虽然至今尚未有人明确提及刑法科学原则的术语，但是科学原则在刑法中的确立已经悄然完成。事实上，刑法科学原则在实证学派时期就已经得到普遍认可，并在现代得以确立。世界各国刑法体系呈现出一个明显的趋势，就是不再仅仅以犯罪所造成的恶果作为惩罚的依据，转而注重和考察行为人的人身危险性，并在此预防思想引领下倡导刑罚个别化。刑罚个别化策略表明，人们否决犯罪原因的单一性，承认犯罪原因多元化，那么，排除多样的犯罪原因，预防犯罪的发生，就不能只靠单一的刑罚手段，必须超越刑罚范围，同时运用教育、卫生、社会福利组织等方法。在刑法思想落实的方式上，从国家主导朝着国家和社会联合行动方向转变，并同时鼓励公民参与。故此，无论是采用刑罚个别化、非犯罪化、非刑罚化还是兼采刑罚实用主义，现代刑法都在恪守科学原则。

第三节　刑法科学化的基础

一　科学精神：刑法科学制定的思想基础

　　倡言科学发展观的时代注定是个充满科学精神的时代。刑事法体系及与之相呼应的刑事政策体系必须遵循这一科学精神。当然，确立刑法原则会遇到的人道优先还是科学优位的选择问题，就此上文亦有表述，

---

① ［法］雅克·博里康、朱琳编著：《法国当代刑事政策研究及借鉴》，中国人民公安大学出版社 2011 年版，第 102 页。

但这里还要强调，它只是个原则问题。何况，科学和人性又只是诸多社会学科的一体两面，正如休谟所言，"科学与人性总是或多或少地有些联系，任何学科不论是看上去与人性离得多远，它们总是会通过这样或那样的途径回到人性"①。或许，从人类的终极发展而言，科学技术终究是一种手段，人道才是根本。不过，在刑法的制定、实施以及其与刑事诉讼法等其他法律体系的协调中，必须坚持走科学化道路。在刑事立法层面，科学化的基本标志是法网严密、结构合理、罪刑均衡。在刑事司法层面，科学化的标志是程序开放、量刑均衡、个案正义。具体而言，这就要求在刑事立法和刑事司法中，立法者和司法人员应当以严格的科学精神、严谨的科学态度专研刑事法学理论知识，广泛吸收相关社会学、经济学、人类学、心理学、医疗学、生物学、遗传学等相关领域的科学营养，理性地认识犯罪现象，合理总结犯罪规律，做到决策过程科学民主、手段配置科学精细。

不过，现代国家治理模式中，刑法仍然脱不掉政治的底色，因为"国家把某些行为定位为犯罪的行为原本就具有政治色彩"②。刑权力首先是一种国家权力，一种公权力，但是同时也带有普适的社会性和文化性。③ 这同时也表明刑法受政策等因素的影响而带有应世性色彩，乃至流于世俗。由此，在刑法科学的道路上，既要防止刑法过于依附刑事政策，也要防止刑法的世俗化倾向。为此，必须借助中国特色社会主义法治体系建设的时代机遇，培养民众正确的犯罪观与刑罚论。唯有抛弃刑罚工具主义观念，把犯罪者当成犯罪的"人"看待，在恪守罪刑法定基本原则、以保障人权为主要目标的前提下，才能建立起既尊重科学精神又体现人道主义的刑法体系。

二 科学技术：刑法科学制定的物质基础

梅利曼曾言，必须把经济上和社会上的要求与立法活动联系起来，

---

① [英] 休谟：《人性论》，关文运译，商务印书馆1991年版，第6页。
② [日] 大塚仁：《犯罪论的基本问题》，中国政法大学出版社1993年版，第5页。
③ 苏惠渔、孙万怀：《论国家刑权力》，北京大学出版社2006年版，第2页。

制定出反映人民意志和愿望的法律。① 这句话意在指出立法社会条件和物质基础的重要性，对于刑法制定而言，这句话同样适用。

当我们抛开唯科学主义或者泛科学主义论断，让科学以真实的面目出现，就不得不承认科学尤其是技术在现代社会中所发挥的难以替代的重要作用。而另一方面，科技所引发的层出不穷的新问题又急于寻求政策和法律的认证。为与之匹配，涵摄在政策和法律体系中的新标准正在形成，等待决策者的确证。旧有的法律体系需要适应新问题，也在谋求调整。这些都迫使决策者自觉不自觉地选择恰当的制定策略和操作技巧。无论是新标准还是新调整，都因为带有科技因素而使得吸纳并运用新科技成为必须手段。例如法律的文本形式包括其行为模式和后果模式，其篇章架构和体系能否得到合理安排，在很大程度上也要依赖或者借助于技术生成。另外，从效率和成本角度而言，法律制定的速度和实施的进程、周期，都不能脱离当下的技术条件。具体表现在刑事立法上，可以概括为两种技术特征。一是刑法制定活动的运筹技术，即指在刑法制定过程中如何安排、调度、筹划和控制有关事项的方法和操作技巧。这又细分为纵向和横向两个层面：前者主要有关于刑法内容的预测、规划、创意、起草，后者主要包括如何构造刑法体系、采选何种文本形式、如何营造罪域和刑罚的结构及语言表述等方面。二是刑法制定的衡量技术，即在刑法制定过程中，听证、论证、起草、颁行文本皆需借助科学指标体系的衡量，而科学指标体系的建立则需要综合利用医疗学、病理学、数学等现代科学技术。

刑事领域中的学术研究和实践拓展同样依赖于科学技术。用于量刑的电脑软件、量刑等级的分类、量刑比例的设置、刑度之间的转换等都需要借助统计学、数学等方法。有人在尝试对"严打"等刑事政策做出借助科学手段的指标体系分析，而指标体系中关于犯罪指标选定、数学计算模型和平均指标示意图都借助了相关科技手段。② 有人则在研究罪刑均衡关系时，借助社会统计学等方法，建立起抽象个罪罪量评价

---

① [美]约翰·亨利·梅利曼：《大陆法系》，顾培东、禄正平译，知识出版社1984年版，第94页。

② 汪明亮：《"严打"的理性评价》，北京大学出版社2004年版，第45页。

体系（SCO评价体系），以便为科学立法以及刑法分则个罪研究提供一个系统的分析框架。①

三 科学论证：刑法科学制定的理论基础

法律一经制定就会改变初衷，刑法也不例外。故而，人们不能苛求刑事法律文本科学永驻。刑事立法的科学性必将靠刑事司法手段来维护。但是，其前提是，刑事立法的科学性及其观照下的刑法文本必须具备延展性和包容性特质。否则，刑事立法的科学性必然经不起实践检验，并终将被司法的"坚硬"特征所撑破。这一点，我们也能够从国内外的刑事立法模式中寻找例证。例如，域外的刑事立法并非如我国刑事立法所采用犯罪成立之定量模式，而大多采用"单纯的行为类型模式"，即单纯的行为就足以构成犯罪。这种立法模式看似不科学，不过实体法的看似不科学很快就会为其程序法极富张力的通道（微罪不检举等）所疏散，而刑法理论中的可罚性和相当性理论也为立法上的阻滞制造了足够的消解空间。刑事司法和刑事法理论研究之所以能够轻松破解这一难题，主要归功于刑事立法科学的延展性和包容性。但问题是，刑法文本的张力靠谁去挖掘、解答与阐释？当然是靠论证。科学论证是刑法科学性的理论之基、生命之源。理论既是刑法科学制定的指导因素，也为刑法科学的实施保驾护航。可以说，没有充分的理论论证，就没有刑法科学的春天。

当然，上述主要强调的是事后论证，也就是刑法运行中的论证，而刑法制定前的科学论证也同样重要。具体而言，刑法制定的科学论证应当重视逻辑推理的引入，即考察和验证逻辑和科学推理之间的关联度；同时刑法制定的科学论证应当以政策效度论为重要理论基础，即应当着重从刑法制定的成本和在其拟定的目标效果及其相互比较的基础上展开。为此，需要做到：第一，要解决的问题是认识问题，即要将刑法效度论提高到最高的思想层次上。第二，要求制定出的刑法是建立在深入研究犯罪现象、犯罪运行规律、犯罪原因和类型化相应罪名和与之匹配的刑罚的基础之上的。第三，要从预判刑法实施的单项效度和综合效

---

① 白建军：《罪刑均衡实证研究》，法律出版社2004年版。

度、近期效度和远期效度等方面综合考量，并寻找它们的最佳结合点以便最为有效地切入。第四，探索并最终建立以刑法制定部门为主体、相关领域成员参与的论证机制。此外，为了防止刑法科学论证误入歧途，应当在正确的思想指导之下采用一些实证分析方式。一般而言，科学论证是以实证分析为基础建立起来的，这就要求刑事工作者在运用科学论证时，尽可能地走入社会各阶层，听取现实的声音。

第一章 刑法新样态

经多年耕耘，刑法研究领地已然成了学界的一块"熟地"，非深挖细掘，将无所获。不少人另辟蹊径，开荒拓土，从不同视域寻找刑法研究新领地，遂使刑法样态常新，乃有民生刑法、市民刑法、敌人刑法、仇恨刑法、环境刑法、经济刑法、行政刑法、消费刑法、体育刑法之谓。称呼繁多，非笔力能逮。当然，林林总总的刑法新样态多属于学说上的划定，而刑法文本我自岿然不动，任你学界翻江倒海。故此，诸多学术描绘的刑法新样态难脱一厢情愿、妄自揣度、生搬硬造之嫌，有时更难言其助益刑法研究科学化进程。不过，其对刑法研究领域的拓展总有裨益。受此启迪，笔者不揣浅陋亦就软刑法、民族刑法、权利刑法、宽容刑法等提出自己的一些看法。

第一节 软刑法

一 软刑法的提出

普通民众谈及刑法仍仅仅拘囿于"死刑""监狱""刀把子"一些冷冰冰的字眼。似乎，刑法总以冰冷的面孔示人。但本质上，"刑事法律应当为脆弱的人性提供可以庇护的天空"[①]。这也恰好注解了西方的一句谚语，"推动世界的手是推动摇篮的手"。刑事法治只有时时浸染着母爱，和母爱主义息息相关，才会获得永恒的生命力量，实际上，没有宽恕就没有未来，哪怕是驻扎在道德底线的刑法也一样。甚至当我们回溯最悲惨的中国古代血淋淋的刑罚，都能够寻找到千丝万缕抹不去的

[①] 蔡道通：《刑事法治：理论诠释与实践求证》，法律出版社2004年版，第4页。

刑法科学化进程中的新探索

人性气息,"上请""恤刑""死刑复奏"等制度在丝丝积攒着刑法的底蕴。其实,刑法看似冰冷的外衣下又何尝不隐藏着一颗"温情脉脉的心"。① 关键在于我们如何轻轻拭去覆在刑法体表上的灰尘,让其以崭新的面目示人。

相较于其他法律,刑法的刚性特征无疑最具"质感",往往被视为国家权力控制的最后一道阀门。但这种理由不应当成为将刑法陷于"不义"境地的托辞。何况,"法律的主要作用并不是惩罚或压制,而是为人类共处和为满足某些基本需要提供规范性安排"②。一旦刑法的阀门有所松动,改观的不仅仅是刑法自身的形象,即从权力刑法向权利刑法转向;同时限制了国家权力的触角,从而为贯通国家、社会与市民之间的话语交流甬道辟出空间,"更好地实现了其巩固社会和平与和谐的目的"③。

立基于此,软刑法之提倡仿佛才有了理论价值和现实意义。至于何谓软刑法则是软刑法理论必须纾解的前提命题。

据笔者目力所及,在中国刑事法学界,尚无人涉足软刑法研究领域,在现有的学术期刊网上,找不到任何"软刑法"的字眼。即便"百度"上搜索"软刑法"字段也多是非法学专业的人进行的写意之作,④ 而不见学者置喙。而与"硬法"(hard law)相对应的"软法"(soft law)之研究于20世纪80年代兴起于西方国家,并于21世纪逐渐为我国学者重视,其中尤以2005年北京大学软法研究中心成立为标志。此后,公共治理领域中的软法现象成为研讨热点。此领域中的研究以"国家强制力"的使用作为法规范的划分依据,即凡是能够运用国家强制力保证实施的法律规范,共同构成硬法;其余不能运用国家强制力保证实施的法规范共同构成软法。⑤

---

① 张训:《打开刑法之门》,载《安徽大学法律评论》2010年第1辑,第235—236页。
② [美]博登海默:《法理学法律哲学与法律方法》,邓正来译,中国政法大学出版社2004年版,第366页。
③ 同上书,第367页。
④ 如有人在天涯社区留言:在派出所我受到了一些"软刑法"(意指警察逼取口供所用非正常手段),http://www.tianya.cn/publicforum/content/free/1/1939142.shtml。
⑤ 罗豪才、宋功德:《软法亦法:公共治理呼唤软法之治》,法律出版社2009年版,第292页。

第一章 刑法新样态

考察中国的历史，传统的社会规制并不仅仅依赖于国家的强制力，而是用一种错综复杂的关系网有效地维持了社会的和谐，并通过具有相互监视性质的家庭关系（今天被一种先进的档案制度所强化）加以规制。这种制度虽然最终要依赖于国家的强制力，但是基本上却可以有效地进行自我规制，而不需要以官方的介入作为威慑。①

当下，这种局面虽然在一定程度上为中国飞速的经济步伐所打破，但是仍然无法否认中国社会强大的自治能力。由此，可以进一步确信，中国社会仍然留存有软法的巨大生存空间。

不过以上述学者的归类，刑法似乎又不在软法之列。只是其列出的软法渊源给软刑法研究带来了莫大启示："立法政策、司法政策、社会自治政策、政党政策、国家标准、行业标准、示范法、指南、激励性法律条款、裁量条款等规范形态，共同构成了软法规范的主要渊源。"②

此外，"法律、法规和规章中那些旨在描述法律事实或者具有宣示性、号召性、鼓励性、促进性、协商性、指导性的法规范"③，显然也是软法之一部分。而且，"软法与硬法的划分针对的是法规范而非法律条款"，言即软、硬法的划分立基于"法律逻辑意义"而非"法律文本意义"④。

据此，在"大刑法"⑤视域中，软刑法理论亦有生存空间。围绕刑法学的研究文本——刑法典（包括刑法修正案），研究当下涉及的刑事法范畴会发现，值得或者适宜软刑法驻足的主要集中在以下几个方面：刑法典之前，有历史刑法、刑事思想、刑事政策、立法政策等。刑法典之外，有民族刑法、保安措施、理论刑法等；刑法典之内，有描述法律事实或者具有宣示性、号召性、鼓励性、指导性或者可以软化的条款等。刑法典之后，有司法政策、量刑指导意见、刑罚替代措施、社区矫

---

① ［澳］迈克尔·R. 达顿：《中国的规制与惩罚》，郝方昉译，清华大学出版社2009年版，第4页。
② 罗豪才、宋功德：《软法亦法：公共治理呼唤软法之治》，法律出版社2009年版，第314页。为行文需要笔者引用时选择性地剔除一些关于软法渊源的说法。
③ 同上书，第2页。
④ 同上书，第300页。
⑤ 所谓"大刑法"理念，不仅指采用"刑事一体化"的范式拓展刑法学的研究广度，还要寻求从注释刑法学向理论刑法学的深度突破。

正等。换言之，以上所列亦极有可能成为软刑法的渊源。①

行文至此，倘若仍以是否运用国家强制力作为区分刑法的"软""硬"度的唯一标准似乎会陷入无法自圆其说的理论怪圈，而且就笔者上述所罗列的软刑法之渊源来看，亦不适宜完全套用行政法域学者研究软法概念中所倚重的国家强制力标准。②

国家强制力只能成为区分软硬刑法的标准之一，此外，可选择性应当成为界分刑法"软""硬"的重要依据。因为，刑法作为最具强制性的规范，不应当单纯依靠强制获得服从，和议与认同是民主刑法和权利刑法诞生与传承的必要方式。事实上，在刑事法治的视野中，从来没有绝对的政治权威，认同是刑法规范在社会中得以为继的永恒方式，对刑法规范的认同是最为持久的服从。③ 因而，软刑法理论中必然充溢着这样一种理念——赋予民众充分的可选择性。

谈及刑法所产生的社会效力，毋庸置疑，硬刑法之刚性对于国家和社会秩序的调控起到了难以替代的作用。但是法律一经制定就会改变初衷，而且必须改变初衷。在国家与市民的分化成为社会的显在现象的当代语境中，权益主体也日益分化成国家公民与社会成员两种身份。作为公共治理法律规范之一的刑法理应体现并适应上述变化，主动推卸一部分国家责任给市民社会，完成从国家刑法向社会刑法的华丽转身。具体言之，在资源耗费巨大的刑事法治化进程中，必须善于发动社会的力量而不是过分依赖国家的力量，摒弃硬刑法万能论的错误思想，充分认识到软刑法对刑事法治化的巨大推进力，给予软刑法在这个过程中准确的角色定位，从而修正"一硬到底"的"斗争方式"，采用"软硬兼施"的方略，让软硬刑法刚柔相济、相得益彰共同释放刑法体系最大的社会

---

① 当然这种罗列式方法可能会混淆刑法与非刑法、软刑法和硬刑法之间的界限，比如关于民族刑法既存于刑法典之外，也同样有相关刑法法条之规定。笔者采用此种方法旨在值软刑法提倡之初尽可能地观照到其可能触及的范围。

② 关于何谓软法，中国学界较为通行的说法，"那些效力结构未必完整、无需依靠国家强制力保障实施、但能产生社会实效的法律规范"。（参见罗豪才、宋功德《认真对待软法——公域软法的一般理论及其中国实践》，载《软法与公共治理》，北京大学出版社2006年版，第48页。）

③ 张训：《论刑法的生成——以刑法规范的正当性为中心》，《内蒙古社会科学（汉文版）》2010年第5期。

效力。

由此，所谓软刑法是指在刑事法治和大刑法的视域中，虽不完全具有严格的法律文本形式和严密的法律逻辑架构，也无须完全依靠国家强制力保证实施，却赋予人们充分的选择与商谈自由，能够彰显民主刑法和权利刑法的理念，并充分发挥调控社会效力的法律规范。

二 软着陆：软刑法的出场形态

至于软刑法究竟以何种姿态示人，将取决于以下两点。

一方面取决于观察者的视角。诸多刑法学者一直倡导刑法的人道性和仁慈性，在他们的眼中，刑法的躯体里时刻流淌着真善美的血液。软刑法又何尝不是善良、祥和的，但需要同样善良的眼睛和祥和的形态。

另一方面则由软刑法的固有特性决定。刑法典中的一些具有宣示性、指导性、鼓励性、号召性或者存有一定幅度可供选择的软条款与可能软化的条款构成软刑法的主体部分。具体为：仅仅描述法律事实、引介行业标准的条款；仅仅宣示刑事政策或者刑法原则的条款；体现一定幅度供司法者、控辩双方选择的条款；赋予少数民族地区立法机关自主酌量立法的条款。刑法典之外，仍存有诸多的软刑法样态，具体包括：具有指导和宣示意义的刑事政策和刑事思想；体现宽宥精神的刑事软政策；突显现代法治理念并能够在刑事司法运用中起实际作用的刑事理论，如刑事和解与保安措施等；留存于少数民族中的传统民族习惯法中关于刑法的部分；司法机关依法制定的刑罚裁量标准和量刑指导意见等；司法执行机关所进行的刑罚执行的变通处理规定；政党政策中用于自律的关于刑事法律的部分等。

如果说，上述罗列的刑法典之外的诸种软刑法形态属于非典型的软刑法样态，那么，刑法典中的软条款，包括即将软化与可能软化的条款则是典型的软刑法样态。而且随着刑事法治时代的来临，福利刑法、权利刑法和民生刑法亦将扮演重要角色，那么刑法条款的软着陆无疑将成为软刑法最值得关注的出场形态。

以下，笔者将结合软刑法的两个基本姿态即可选择性和轻缓化，主要围绕中国现行刑法典中的软条款（基于大刑法的理念，刑事诉讼法典及其他相关刑事思想和理论也在考察之列）来分别探讨软刑法的主体表现形态。

(一) 可选择性

可选择性作为权利刑法的最大特征跳跃于刑事法律文本之中,显现于以下几个方面:

1. 体现控诉方的可选择性

尽管有学者乐于从塑造刑法轻缓形象的角度出发,认为作为刑事政策包括最重要的核心、最亮点的刑法是社会整体据以组织对犯罪现象的反应的方法。[①] 但毫无疑问,刑法和刑罚仍然是控制犯罪、保护被害人和社会公众的"最高压区"。翻开任何一部刑法典都会发现,大部分条款都是为控诉方量身定做的。只不过在国家追诉主义盛行的时代,控辩双方的对抗关系演绎为国家与犯罪者之间的对抗,忽略了被害人和犯罪人之间的互动关系,忽视了被害人理当拥有的一份权利。自从人类还盛行"同态复仇"理念,被害人及其家族直接享有惩罚犯罪者权利的"黄金时代"一去不复返之后,国家作为被害者的代言人强势接过了惩罚的"权杖",被害人从此遁形到一个常常被人遗忘的角落,独自品尝着犯罪者和有些武断的代言人所带来的双重伤害。显然被害人的这种境况与软刑法理论所倡导的权利刑法的理念格格不入。事实上,刑法所要保护的不仅仅是被害人本人还应当包括他理应拥有的权利。正如德国学者汉斯·约阿希德·施奈德所言:"难道还有比加害者与被害者同时觉醒,更能意味着人类总体的解放吗?"[②] 好在,随着被害人学的兴起和司法界的觉醒,"被害人"也开始觉醒了。

鉴于此,笔者将在现行刑法典中努力寻找一些能够体现被害人权利意愿的软条款。我国《刑法》第 98 条与第 246 条第 2 款、第 257 条第 3 款、第 260 条第 3 款、第 270 条第 3 款是关于侮辱、诽谤罪、暴力干涉婚姻自由罪、虐待罪、侵占罪等几种"亲告罪"的法条规定,较为明确地表达了被害人可以在一定范围内自由处置自己的控诉权。此外,《刑事诉讼法》第 204 条赋予了公民自诉权。《刑事诉讼法》第 176 条

---

① [法] 米海依尔·戴尔玛斯-马蒂:《刑事政策的主要体系》,卢建平译,法律出版社 2000 年版,第 1 页。

② 转引自许永强《刑事法治视野中的被害人》,中国检察出版社 2003 年版,第 1 页。

规定，被害人对于人民检察院决定不起诉的案件，可以向上一级人民检察院申诉，请求提起公诉，也可以不经申诉，直接向人民法院起诉。

刑事法典之外，也有符合现代法治精神的刑事理论和思想为司法机关采用或者试行。其中能够凸显被害人权利的有刑事和解制度的构建。当然，刑事和解并非单纯地受西方经验的启发或者归功于学者倡导，这与中国历来主张息讼、和解、宽恕、仁爱的历史传统有关，即便在现代刑法典中也能寻觅其身影。我国《刑法》第172条规定：自诉人在宣告判决前，可以同被告人自行和解或者撤回自诉。近来，刑事和解理论日趋成熟，特别是随着司法机关的积极推进，逐步扩大到公诉案件之中。实践证明，刑事和解在中国司法改革和法制现代化的进程中取得了良好的社会效应。

毫无疑问，公诉机关在控诉阵营中扮演着主要角色，为保障司法权不被滥用、犯罪者的合法权益不被侵犯，其一言一行都为刑事法条款严密监控。不过检察机关在法定范围内仍然享有一定的选择权。例如：《刑事诉讼法》第171条、第173条规定检察机关可以在一定条件下选择不起诉。此外相关司法解释也赋予了检察机关一定的选择和建议权，如《人民检察院办理未成年人刑事案件的规定》第31条规定检察机关可以对一定条件下的未成年人建议人民法院适用缓刑；《人民检察院量刑建议试点工作实施意见》以司法解释的方式赋予检察机关量刑建议权等。

2. 体现犯罪者的可选择性

刑法的天然属性当然是社会保护，然而，现代法治国家的刑法典莫不强调保障无辜的人不受刑事追究和被告人合法权益不受侵犯的人权保障思想，易言之，人权保障机能是刑法的重要机能，其设置已经一跃而成为刑法社会保护机能之上的首要机能。[①] 也就是说，随着国权主义刑法的势微，民权主义刑法得以确立，刑法亦转换了保护视角，即从保护国家利益为出发点转向以保护国民利益为出发点，自此，刑法不再以国民为规制对象，转而以国家为规制对象。[②] 让我们暂且抛开犯罪者身上

[①] 刘艳红：《刑法目的与犯罪论的实质化》，《环球法律评论》2008年第1期。
[②] 李海东：《刑法原理入门：犯罪论基础》，法律出版社1998年版，第4—5页。

的恶性不谈，作为人类个体，其除了具有人之自然属性以外还因为属于一个国家而沾染上作为其国民的政治属性，以此而言，犯罪者的合法权益理所当然在刑法的保护之下。同时，此时的犯罪者已由先前一定层面上的强势沦落为弱势群体，基于刑法的人道性，其也应该成为刑法保障机能的观照对象。西原春夫指出："刑法的保障机能，在于保护犯罪行为者的权利及法益，避免因国家权力的滥用而使其受害的机能。"① 在此意义上，刑法不仅是善良公民自由的大宪章，也是犯罪者的大宪章。②

也是在此立意下，软刑法的提出一方面是为了倡扬以保护犯罪者权益为核心的权利刑法之理念；另一方面，体现软刑法可选择性特征的条款分布当主要落位于犯罪者的权利选择上，也可以说，软刑法理论的基本内涵是从观照犯罪者的合法权益得以铺开的。由此，显示犯罪者可选性权利的刑事法软条款和相关刑事司法精神、政策将成为考察重点。

刑事法典尤其是刑法典中绝大多数条款都是针对犯罪者能够成立犯罪进行设计的，在对犯罪（者）处处紧逼和多方围剿的紧仄空间里，仍然能够找寻到一丝缓解这一令人窒息气氛的松动。这其中较为引人注目的是：《刑法》第 67 条关于自首、《刑法修正案（八）》中关于坦白的相关规定。或许，这与西方一些国家刑事制度规定的不自证其罪的沉默权理念相左，但是就当下中国司法语境而言，自首和坦白制度绝对算是给犯罪者辟开了一个权利释放的罅隙。

毫无疑问，修正后的刑事诉讼法也在保护被告人的合法权益上做出了努力：将"尊重和保障人权"写进去，也使其获得"第二宪法"的美誉。具体而言，被告人有获得辩护的权利、申请回避的权利、有拒绝回答与本案无关询问的权利、有参见法庭辩论并作最后陈述的权利、对于司法工作人员侵犯自己诉讼权利和人身侮辱的行为有提出控告的权利、在自诉案件中拥有反诉的权利、有选择使用本民族的语言文字进行诉讼的权利等。相关司法解释也就犯罪者合法权益遭受司法人员非法侵

---

① ［日］西原春夫：《刑法的根基与哲学》，顾肖荣等译，法律出版社 2004 年版，第 45 页。

② 日本刑法学家庄子邦雄言。转引自梁根林《"刀把子"、"大宪章"抑或"天平"？刑法价值的追问、批判与重塑》，《中外法学》2002 年第 3 期。

害有权提出国家赔偿等问题做出规定。相信,随着现代司法理念的不断融入,犯罪者和被告人的权利会越来越受关注,并终将庄严地写进法律。值得期待的有被告人可获得不自证其罪、选择简易程序、量刑建议等项权利。

3. 体现立法者与司法者的选择性

把什么交给刑法,生命、自由还是财产?凭什么交给刑法,基于和议、认同还是权威?谁来制定刑法,大众、精英还是政治权威?这是现代刑法学必须纾解的理论命题,甚至从理论而言,这应当是刑法典之前解决的问题。因而,在既成刑法典中探讨刑事立法者的选择似乎自相矛盾。然而,在扩大立法主体的外延之后,就会在现行刑法典中搜寻到立法者有可选择权的相关字眼。如《刑法》第 90 条规定,民族自治地方不能全部适用本法规定的,可以由自治区或者省的人民代表大会根据当地民族的政治、经济、文化的特点和本法规定的基本原则,制定变通或者补充的规定,报请全国人民代表大会常务委员会批准施行。这是一条民族刑法存有的法律依据,也是赋予自治地区立法机关刑事立法选择权的法律依据。至于香港、澳门特别行政区所拥有的刑事立法权乃基本法授权则不是现行刑法典条款软化之结果。

软刑法之旨趣主要体现在以下三种司法者的选择权,即司法裁判者、司法执行者和公诉机关。鉴于公诉机关之可选择性条款在上文已作考察,于此不复赘述。我国虽然并不奉行"法官造法",但为应对活生生的个案复杂性,刑事法典和相关司法解释赋予了法官必要的选择权。如《刑法》第 174 条规定人民法院在一定条件下选择简易程序和独任审判的自由。为了保持刑法的稳定性,立法机关极少在具体罪名的法定刑上做出绝对刑的安排,大多数的法定刑都存在法官可以度量的幅度。鉴于犯罪事实和量刑情节的多样性,刑法典亦充斥着大量对犯罪构成和刑罚轻重有着重要影响的"可以"情节以资法官酌量。就程序而言,中国当下法官仍然拥有对抗主义审判模式之下法官们所艳羡的绝对权威和充分自由度,以量刑为例,中国仍然受传统定罪量刑一体化模式的影响,量刑程序严重缺失,量刑活动往往移入密室成为法官们一枝独秀的个人表演。即便不戴任何有色眼镜考察刑事程序法典,也会发现,法官所拥有的可选择性无论从广度还是深度而言都是惊人的。如《刑事诉讼法》第52条规定：人民法院有权向有关单位和个人收集、调取证据。有关单位和个人应当如实提供证据。《刑事诉讼法》第100条规定：人民法院在必要的时候，可以采取保全措施，查封、扣押或者冻结被告人的财产。延至司法解释，法院还拥有变更公诉机关控诉罪名的权利等。

鉴于体现司法者可选择权的法条规定与软刑法理论旨趣渐行渐远，于此不再罗列。但随着刑事法人权保障机能的进一步凸显，关涉司法者的软条款终将会呈现出软刑法注重民生与权利至上的倾向。这一点已经在司法实践中有所显现，如刑事司法中的刑事和解与非犯罪化替代措施的适用、刑事执行中社区矫正制度的建立等等。此外，根据相关规定，刑罚执行机关可以对符合减刑和假释条件的犯罪者提出减刑和假释意见。

（二）轻缓化

轻缓与人道这一刑罚价值取向作为一个千古话题，在今天仍然是刑法朝向理性化的一个指向。轻缓化作为民生刑法的一个重要特征，也表明了软刑法着陆的另一个路向。这些，也可以从刑法（刑罚）史的演进、现代法治意义下刑法典之完成与修正得到佐证。

虽然人本主义是中国古代法制与法文化的哲学基础，但仍然无法改变中国古代的传统法律是特权法、是以维护不平等的社会关系为特征的事实。[①] 实际上，传统法中和谐的内容指向是针对朝廷的臣民、宗法制度中的家人，而不是针对现代法治意义上的个体的"人"，因而，所谓的人本主义，只能是以国、以家为"本"。[②] 所以，虽然中国传统法律中不乏"德主刑辅、矜恤老幼、宽仁慎刑、罪疑惟轻、则天行刑"等观照民生的经典刑事思想，但是，翻开中国历代的刑罚史，绝然充斥着扑鼻的血腥。毫无疑问，在中国，真正关注民生的刑法产生在当下、在未来。

刑法的天然属性是保护社会，这是刑法的目的和任务。尽管现行刑

[①] 张晋藩：《中国法律的传统与近代转型》（第三版），法律出版社2009年版，第32—51页。

[②] 孙光妍：《和谐：中国传统法的价值追求》，中国法制出版社2007年版，第258页。

法典和刑法修正案为应对经济高速发展所致的新型犯罪增加、传统犯罪更新的复杂局面而呈现出一定入罪和重刑的倾向，但不可否认的是，整部刑法都充溢着人性色彩，而且，换一个视角，入罪又何尝不是刑法对善良民众的保护。可贵的是，随着中国经济的进一步繁荣，应对犯罪现象的能力进一步增强，人性化和轻缓化这一国家化的刑法趋向已经在刑法的修正中得以体现，其中尤以《刑法修正案（八）》关于死刑罪名的削减、75岁以上老年人的免死、缓刑假释等为甚。正如学者所言，虽然《刑法修正案（八）》也有入罪条文或提高了生刑的规定，但纵观其全部内容，它不再是以入罪和提高法定刑为倾向，而是以刑罚的轻缓化为主导方向。这一特点决定了它在刑法修正史上将会具有无与伦比的重大历史意义；其文明性、人道性与进步性，在中国刑事立法上，将具有里程碑式的意义。[①]

三 软干预：软刑法的运行机制

一直以来，在应对犯罪和调控社会的手段中，硬刑法（由绝大多数刑法硬条款构成）以鲜明的态度和强硬的形态挺立于应对犯罪现象和推进刑事法治化的滩头阵地，充分彰显了其强大的社会效度，但也因此给人留下冷酷无情的形象。但中国多年来应对犯罪现象的经验显示，刑事法治化不应单单依靠硬刑法之治，尚需要呼唤软刑法的登场，形成一种刚柔相济、软硬兼施的混合刑法之治。上述对软刑法的渊源尤其是其在刑事法规范中的存在样态的考察，证实了软刑法的现实存在。在法律文化和价值观日趋多元的当下社会，软刑法无疑以其特有的生存样态在实践当中发挥着对社会的调控效力。这里也顺便澄清一个误区，软刑法之"软"并非为刻意去除刑法刚性之美，或者说不是为了改良刑法在人们心目中的形象而进行刻意包装，而是为表达面对日趋多元的社会关系，刑法调控的单一方式理应有所改变。可以断言，随着社会关系的进一步分解和复杂化，刑法硬性条款继续软化和软刑法发挥更大社会调控能力的趋势将会持续下去，以至软刑法终将成为社会生活中的显在现

---

① 刘艳红：《试析〈刑法修正案（八）草案〉的三个特点》，2010年12月11日江苏省法学会刑法学研究会2010年年会提交的论文。

象，并成为人们心目中的刑法形象得以深度改观的推手。

需要强调的是，相较于刑法的硬条款，一部分软刑法本身来说并不具有司法适用性。但作为理念、思想、指南、宣示，这部分软刑法同样可以通过思想指引、标准衡量、利益诱导以及羞耻感、谴责、相互模仿和学习等交流方式发挥作用。在波斯纳看来，软法尽管指的是立法机关发布的不具有法律效力的声明，但它仍然影响了人们的行为。之所以如此，一是因为其他人将该声明视为未来政策判断和意图的可靠表达，在将来某一时刻，或许会被纳入具有正式拘束力的法律；二是因为声明中提供了这些机构如何看待世事的认知指南。[1] 针对软刑法而言，司法机关颁行的量刑指南就是适例。据此，在如何发挥调控效力上，软刑法与硬刑法功能侧重点有所不同，硬刑法重制裁与惩罚，软刑法重宣示与评价；硬刑法重命令与规制，软刑法重教育与引导。在如何体现刑法的社会显示度上，硬刑法侧重突出国家的权力本位，软刑法侧重突显体现刑法的权利意识；硬刑法侧重体现保卫社会机能，软刑法侧重体现人权保障机能。可以推断，软刑法在已经展开和继续扩大的刑事法治化进程中绝对占有一席之地。

那么，接下来也是至为重要的一环是考察软刑法如何运行，尤其是法典之外的软刑法是如何衔接和配合硬刑法从而发挥其社会调控效力的。按照软法研究者的观点："硬法之治依靠的是国家强制力，软法之治则综合运用国家强制力、社会强制力、激励机制多种方式。"[2] 具体到软刑法领域，其运行轨迹主要表现在以下几个方面：

其一，标准指引——国家强制力的展示。正如上文所言，软刑法并非绝然不具有国家强制力，只是与硬刑法相较，软刑法的国家强制力稍显弱势或者说发力方向不同而已。比如，体现刑法原则和刑法精神的刑法条款虽然其指导性、宣示性、号召性意义大于其司法适用性，但它的法律约束力则是显在的。事实而言，一些软刑法正是通过设置一定的刑事立法或者刑事司法标准，完成其作为国家法（公法）的身份表达。

---

[1] 罗豪才、宋功德：《软法亦法：公共治理呼唤软法之治》，法律出版社2009年版，第338页。为行文需要笔者做了语义和文字上的调整。

[2] 同上书，第306页。

正如当下中国量刑改革的近期成果即量刑指导意见，可能谋求通过司法解释的方式进行赋权进而成为司法机关适用的标准。

其二，对硬刑法的补充——国家强制力的延续。某些软刑法的国家强制力还可以通过对硬刑法的补充得以展现，换言之，鉴于硬刑法无法顾及更大场域或者不能妥善表现国家强制力时，某些软刑法的出现恰是为了完成对硬刑法国家强制力的接续。众所周知，刑法是社会控制系统中的最后一道阀门，其强制性和严厉性自不待言，也难免会因此留下"硬伤"。为了消化刑法过于刚硬所造成的伤害和瘀痕，软刑法的出现无疑起到了抚慰效果，便于实现刑法的软着陆。上述这种补充性特别深刻地通过刑法典中某些硬条款的软化得以体现。另外，软刑法对硬刑法的补充性还体现在法典之外的软刑法对刑法典的补充。法律的稳定是社会文明的重要表征，频繁的修法必然会冲击法制的尊严，这就决定了刑法典要相对稳定，也同时决定了刑法典在应对不断变动且日趋复杂的社会形势时往往显得力不从心。而软刑法体系的构建，则在一定程度上吐露出对刑法修正的欲求，而且还能同时消除因为频繁修正刑法典而由刑事法治化招致的诟病。刑法条款的软着陆是刑法调控的柔性表达，以此为基调的软刑法制度的形成无疑在刑法之硬与社会之柔之间、法条之单一和生活之多变之间的衔接上起到了至关重要的作用。不仅如此，软刑法广阔的视野也为其在刑法典顾及不到的地方发挥调控效力提供了更大的便利，从而进一步增强了刑法体系的张力。

其三，评价与教化——社会强制力的展现。软刑法并不一定具有假定、行为模式和法律后果这一完整的法律逻辑，但是软刑法的法意表达能力并不受此影响，虽然因此造成司法适用功能不完整，但其评价与教化功能仍然存在，而这恰是法律社会强制力展现的重要方式。现代文明的社会治理方式主要有两种，即法治与德治，法治力量来自国家权威并主要通过国家强制力的方式加以表达，德治力量则主要来自道德并通过教化的方式予以表达。但这并非表明这两种治理方式截然分明，事实而言，在日趋复杂的现代社会中，这两种治理方式往往是你中有我我中有你，因而没有哪个国家会单纯采取其中一种治理模式。在人类进化的历史长河中，道德的洪流虽然有时涣散有时泛滥，但是始终把持并昭示着人类内心的品格和情性走向。在今天则沉淀并激发出多元的价值观，法律又不能不受其挟持或影响，否则会因为不道德或者伪道德而遭受放逐。

其四，鼓励与认同——软刑法的激励机制。刑法不应该仅仅被服从，还应该被遵从。随着刑法可选择性软条款的递增和软刑法体系的构成以及在社会生活中渐次产生影响，刑事司法参与主体尤其是被害人群体和犯罪者群体①的尊严得以体现，人们对刑法的认同感随之增强，这同时激励了他们参与刑事法治的愿望和热情。当然这种认同是双向的，表现为软刑法给予民众的认同，在此基础上，增加民众对刑法的认同感，即软刑法首先给予刑事司法参与者认同感，使其获得了极大的尊严，从而改变过去因为刑法之硬才会服从甚至屈从，由刑法赋予其更多的权利而获得被尊重感从而对刑法产生一种内心的认可与遵从。刑事司法参与者的这种认同通过其在社会中所建立起来的人际关系圈散播开来，进而形成整个社会的刑法认知与认同。或许这种认知与认同并非刑事法治化的全部，但必将为法治化国家和社会营造出基本的法律素养和信仰。因为软刑法的激励机制最终是通过社会激励机制反映出来。而所谓社会激励，是指社会或社会组织通过科学而合理的方法来激发社会成员的动机，开发社会成员的能力，充分调动社会成员的积极性和创造性，使他们所追求的行为目标与整个社会或社会组织的大目标协调一致。② 实质而言，软刑法通过这种社会激励机制所协调的是人们特别是刑事司法主体和其他相关参与人的利益之均衡，也可以说，软刑法激励机制是人与人之间利益关系的一种契约规则。通过软刑法制度激励现实中的参与人，不是去增进整个刑法激励的新收益，而是在现有刑法激励的收益中去争取更大的份额。从而导致部分人的新增利益，是以另外一部分人的利益减少为代价的，这成为一种零和博弈的激励形式。③ 可

---

① 被害人群体是以被害人为中心建立起来的人际关系圈，包括被害人近亲属以及被害人关系网之内的人；犯罪者群体不仅包括上述人员，还包括犯罪者的辩护人。由此，刑事司法的参与度极为广泛。
② 曾冬梅、邱耕田：《端正激励机制与社会可持续发展》，《中国人民大学学报（社会科学版）》2003年第4期。
③ 方纯：《法律的激励机制及其实现条件》，《广西民族学院学报（哲学社会科学版）》2006年第4期。为行文需要笔者做了语义和文字的变动。

见，利益关系是刑事法治系统中最活跃的因素，向外辐射能量，以修复被破坏的社会关系。所以，利益关系的协调是软刑法激励机制实现的基础。一旦软刑法激励机制通过其对自身制度进行完善并走向成熟，固化为国家对刑事关系调整的一种制度设计，那么，刑法体系对刑事法治化的贡献会通过民众的激励活性在更大的空间中释放出来。

第二节 民生刑法、权利刑法、宽容刑法

需要说明的是，软刑法概念之提倡及理论之构设并非希图打破也无须打破现有的刑法理论体系，而是要通过软刑法理念来唤醒当下刑法体制中最"柔软"的部分以充分彰显刑法的人道与仁慈特性。而这一定会有利于畅快表达刑法悲天悯人的善良情怀，提倡刑法宽厚仁慈的文化精神，从而塑造福利刑法、民生刑法、权利刑法的新姿态，进而助益善良淳朴之社会新风尚的塑造，谋求和谐社会的最终达成。

而在此过程中，软刑法须要完成符合现代刑事法治精神的三个思想表达：即从国家刑法向民生刑法、从权力刑法向权利刑法、从仇恨刑法向宽容刑法的转向。

一 国家刑法到民生刑法的转向

在刑法文化学的创建上，陈兴良教授有政治刑法与市民刑法之分，[①] 李海东教授有国权主义刑法与民权主义刑法之分。[②] 正如陈兴良教授自己所言，这里的政治刑法与市民刑法在一定程度上可以分别和国权主义刑法与民权主义刑法相对应。[③] 这恰好与刑法的两种基本机能相印证：政治刑法或国权主义刑法侧重社会秩序的构建，唯国家利益为是，而倾向于将国民作为客体对待，此谓之刑法的社会保护机能；市民刑法或民权主义刑法侧重权利意识的创设，以国民利益为上，倾向于拘

[①] 陈兴良：《从政治刑法到市民刑法——二元社会建构中的刑法修改》，载《刑事法评论》（第1卷），中国政法大学出版社1997年版。

[②] 李海东：《刑法原理入门（犯罪论基础）》，法律出版社1998年版，第5页。

[③] 陈兴良：《法治国的刑法文化——21世纪刑法学研究展望》，《人民检察》1999年第11期。

囿国家权力的扩展，尤其是防止或者阻止国家权力的触角伤及犯罪者权益，此之谓刑法的人权保障机能。

不过在我看来，在二元社会已然清晰的时代背景下，政治刑法与国权主义刑法或为凸显刑法的政治品性，或为宣扬国家的权力至上，大可以国家刑法概括；市民刑法与民权主义刑法旨在突出民众权利与商谈自由在刑法中的地位，宣扬刑法的为民精神，警示社会刑法与福利刑法的上位，因而可以民生刑法概括。民生刑法无论在内涵还是外延上都不同于市民刑法，此处仅在概括意义上使用。就软刑法精神的揭示力度而言，国家刑法向民生刑法转向之表达或许更契合软刑法的理论旨趣，而且亦符合当下的社会与时代背景。

（一）民生：刑法的立命之基

其实民生自身就是一个社会背景和时代主题。所谓民生，可以理解为民之生计，还可以理解为民心之所向、民意之表达，是人类社会最为重大的问题，任何一个文明的国家都会视之为国之大事。因而，虽然民生问题是一个老生常谈的话题，不过，却仍然是值得反复强调的恒久话题。以国内形势而言，全国政协十一届四次会议"一号提案"再次锁定民生问题；"十二五规划"亦将民生作为整个规划的出发点和落脚点。任何关乎人类社会的道德、政治与法律都要受制于民生的基调。仅以刑事法体系来看，即便回溯古代中国重刑罚的时代，都能够寻找到千丝万缕抹不去的人性气息，"上请""恤刑""死刑复奏"等制度都在展示着统治者对民生问题的注意与观照，勿论建立在人民主权之下的现行刑法体系。

在此尚需厘清，刑事法体系对民生的重视并非简单等同于对人权的观照，换言之，民生刑法并非仅仅是为了强调刑法的人权保障机能。不可否认，随着人权保护入宪，我国刑法体系之人权保障机能得以空前凸显，权利刑法也因此成为显词，但在此进程中亦不能忽视刑法体系作为平衡犯罪与民生保障关系之手段的基本事实。实践告知，刑事立法和司法实践对民生问题的关注并未达到应有的程度，这也使得国家利益、公共利益与公民权利之间的关系在一定程度上有所阻滞。事实而言，民生刑法对民之生计的观照不仅体现在刑法体系之人权保障机能上，还同时依赖于其社会保护机能的实现，片面地强调任何一个方面都会对民生大

第一章　刑法新样态

计有害而无益。也就是说，在民生刑法这里，刑法体系的人权保障机能和社会保护机能不仅不能出现排异现象，而且要做到较为相宜的衔接与协调。而这也恰是笔者采用民生刑法之命题的真正用意。值得欣慰的是，随着刑事法法制现代化的推进，民生意识在刑事法体系之改革中得以体现。例如《刑法修正案（八）》，将醉酒驾车、飙车、恶意欠薪等严重危害群众利益的行为规定为犯罪，并细化了危害食品安全、生产销售假药和破坏环境资源等方面犯罪的规定，这明显从广度和深度上强化了刑法对民生的保护。

可以说，唯有当民生问题成为社会热点话题和时代主流命题的时候，以民生为安身立命之基石的软刑法之提倡和构设的时机才相对成熟。而民生刑法对人权保障机能和社会保护机能二位一体的完整观照才不致于使其失却现实底蕴和理论周延，从而使软刑法所强调的国家刑法或者政治刑法向民生刑法的转向有了理论基点和现实基础。

我们首先无法排除刑法的国家特征，因为，什么是犯罪是在国家成立之后才成为有实际意义的话题，换言之，是国家赋予了刑法生命意义（至少从形式上而言），而且就刑法的保护机能而言，社会与国家往往站在同一立场。当然，亦无法排除刑法的政治品性，事实而言，任何一国的刑法甚或法律体系都无法摆脱政治的影响，甚至可以说法律原本就是政治的一部分。正如日本刑法学家大塚仁所言："刑法上规定的行为有政治色彩，国家把某些行为定为犯罪的行为原本就具有政治色彩。"[①]

当然，过于凸显刑法的国家特征则会同时放大刑法沦为镇压民众之重器的国家主义色彩。以中国传统刑法文化示例，"国家主义的色彩极为浓厚，这是中国传统社会国家权力观念发达的必然产物，由此使得传统的刑法文化以国家利益和社会秩序的稳定为最高价值，并且形成重刑主义的刑法思想"[②]。过于宣扬刑法的政治性甚至不惜将刑法直接称为政治刑法亦会走向另外一个极端。正如何秉松教授所告诫，刑法和刑法理论受到政治的支配和制约是世界性的问题。但是应当指出，这种支配

[①] ［日］大塚仁：《犯罪论的基本问题》，冯军译，中国政法大学出版社1993年版，第3页。

[②] 陈兴良：《法治国的刑法文化——21世纪刑法学研究展望》，《人民检察》1999年第11期。

和制约，有善恶之分，因为人类的政治自身就有善政与恶政的区别。我们当然要注意善政对犯罪理论体系的支配和制约，但特别要注意的是恶政的支配和制约。因为后者摧残人性，践踏人的尊严和基本权利，给人类带来深重的灾难和痛苦。①

不过也正如在民生刑法中强调刑法机能的二位一体，我们应当客观冷静地面对刑法的国家性和政治性，它毕竟是搭建刑法体系两极的重要一端，而且对于丰富刑法体系和机能起到了必要的平衡作用。也可以说，刑法政治性恰是对民生刑法之民权主义的必要规诫。

（二）当前的政治诉求：民生的边界

"政治就是个权力游戏"②，因而，在许多人的眼里，政治或许是个危险的事物。但是无法规避的是，人类社会尤其是现代社会显然是由多元利益主体构成的，因为"社会不光产生一致化和类型化，也还产生个体化"③，而广存纷争的意见社会又注定是个政治世界。

从政治、道德与法律三者的关系来看，政治始终掌控话语权，面对政治的强势，法律不得不委身其篱下、寻求庇护。事实上，"合法性逻辑正是建立在社会分化为指挥者与服从者这一政治分工基础之上的"④。虽然道德势力绵延于人类始终从而蓄积了强大的生命力，但终因"手无寸铁"而不得不寻求政治的庇护⑤，而在此过程中必然因此沾染"政治色彩"。而道德的政治化在学者那里恰恰成为大忌。曲新久教授曾明确提出："我们反对将道德政治化，但并不反对将政治道德化。"⑥ 不过这也恰恰从另一角度警醒人们：尝试用道德的理念感染或者驯服政治从而完成政治的转化（因为政治有民主与暴虐、善与恶之分，人类文明的趋向必然是择其善者而从之）。

---

① 何秉松：《政治对刑法犯罪理论体系的影响和制约》，《河北法学》2005年第12期。
② 赵汀阳：《每个人的政治》，社会科学文献出版社2010年版，第11页。
③ ［德］诺贝特·埃利亚斯：《个体的社会》，翟三江等译，译林出版社2003年版，第71页。
④ ［法］让－马克·夸克：《合法性与政治》，佟心平、王远飞译，中央编译出版社2002年版，第30页。
⑤ 张训：《论刑法的生成——以刑法规范的正当性为分析中心》，载《内蒙古社会科学（汉文版）》2010年第5期。
⑥ 曲新久：《刑法的精神与范畴》，中国政法大学出版社2003年修订版，第590页。

第一章 刑法新样态

不过，道德的观照往往过多地眷恋真理世界，但是真理世界是否存在或者即使存在是否实际有效也不是没有疑问。因而，学者宁愿认为："伦理学想象的共同幸福往往与个人利益最大化有很大冲突，因此，在现代社会条件下，伦理的长远性敌不过政治的当前性。"①

我们回顾人类历史，也可以看到，前政治的人类各自散居生活，处于一种自杀性的、相互敌视的状态之中。而摆脱这一状态恰恰需要他们掌握"政治的艺术"。② 与此同时，人类社会获取和分配基础资源的机制受到（并融入）社会政治体制的制约。③ 因为，一般而言，政治就是利益、权利和权力的界定和分配。④ 同时，以此看来，政治又是一门艺术。

所以，不管是人类社会对政治的主观需求还是政治性的强加，我们都可以姑且认为，"政治挂帅"已经成为自国家诞生以来人类社会的必然选择。

何况，结合民生刑法的基本立意，考察人类社会的历史与现状，民生究竟包括哪些内容，与之关联的民意、民权、民运对于人类文明和社会稳定而言是否足够可靠仍然是值得深思的问题。无论如何，我们都要在呵护民意的同时保卫社会。正如福柯在评价将种族主义用来作为服务于社会保守主义的整体战略时提出："再也不是'我们必须保卫自己对付社会'，而是'我们必须保卫社会来对付另一个种族、下等种族、反种族的生物学上的危险，它们是我们正在构成的，虽然我们并不愿意'。"⑤ 虽然，福柯并不是在刑罚论意义上使用"保卫社会"这个概念，但是其"自己"与"社会"的处理模式具有广泛的启迪意义。在福柯的视角里，个人与社会仿佛是对立的，而社会的意义则更接近于国家与政治。据此，刑法体系中原本存在的政治性成为

---

① 赵汀阳：《每个人的政治》，社会科学文献出版社2010年版，第7页。
② [英]迈克尔·莱斯诺夫等：《社会契约论》，刘训练等译，江苏人民出版社2006年版，第23页。
③ [美]约瑟夫·泰恩特：《复杂社会的崩溃》，邵旭东译，海南出版社2010年版，第133页。
④ 赵汀阳：《每个人的政治》，社会科学文献出版社2010年版，第11页。
⑤ [法]米歇尔·福柯：《必须保卫社会》，钱瀚译，上海人民出版社2004年版，第54页。

对其民生性的必要告诫。

二 权力刑法到权利刑法的转向

权力现象始终勾连着国家与政治,毋宁说,国家与政治的强势源自权力的后盾,而权力的扩张性则源自于国家和政治的强势。正如学者所言:"权力是政治的直接目标,政治就是为权力而斗争。"[①] 权力成为人类社会的主宰以来,始终以强硬的姿态示人,概因"权力是以强制力为后盾的,而这种强制力在法制条件下又以刑权力最为激烈与沉重,刑权力往往被作为统治最为有效的手段和屏障,监狱、法庭这些国家暴力机器,尽管在现代社会中被赋予了新的解释和认识,权力的本质并没有变更,由此决定了刑权力始终是倾向于超越纯粹法权本身的一种权力"[②]。

可以肯定的是,刑罚权首先是一种国家权,而且镇守着国家权域的最后一道防线,作为国家权力的外在表现形式之一,刑罚权亦体现了一国基于独立主权应对犯罪人的自由。就此,马克思亦给予了充分肯定:"公众惩罚是罪行与国家理性的调和。因此,它是国家的权利。"[③]

也正是基于此,权力刑法的概念深入人心。

但也正因为刑法手段的"激烈与沉重",而且基于"权力的侵略本性,任何权力的实际运作都不能是良性的"[④],为匹配现代法治文明,刑权力的张扬必须有所限制。正如学者指出:"在法治国中,国家的权力应当受到限制。其中,国家的刑罚权尤其应当受到严格的限制。"[⑤]

此外,基于刑罚资源紧张和消费大于收益,刑权力成本越发昂贵,人们由此对刑法谦抑思想有了一定程度的认可,刑权力的不可轻易动用性也几乎获得常识性的普及。

---

① 曲新久:《刑事政策的权力分析》,中国政法大学出版社2002年版,第21页。
② 苏惠渔、孙万怀:《论国家刑权力》,北京大学出版社2006年版,"自序"第1页。
③ 《马克思恩格斯全集》,第1卷,人民出版社1956年版,第169页。
④ 蔡道通:《刑事法治:理论诠释与实践求证》,法律出版社2004年版,第125页。
⑤ [法]莱昂·狄骥:《宪法学教程》,王文利等译,辽海出版社、春风文艺出版社1999年版,第24页。

第一章　刑法新样态

　　同时，刑权力不仅是一种国家权力，还也带有普适的社会性和文化性。① 这是因为，随着现代社会权力结构出现分散迹象以及人们探视权力的目光变得犀利，全方位的扫描在一定程度上剥蚀着权力的神秘性，使其渐次走下神坛步入民间，而人们对权力的认知兴趣和参与热情也会让其披上社会性和文化性的外衣。而此，为权力机体的软化或者转向提供了可能。

　　这些必将成为见证和推动权力刑法向权利刑法让渡的背景和动力。而对权利的强烈追求也使得刑法软化理念在刑事法治现代化的进程中有了新的标杆意义。

　　（一）权利：刑法的目标指引

　　无论对于人之个体还是人类社会整体而言，"权利"绝对是一个令人无限神往的美好字眼，因为"它关系到整个人类社会的利益，关系到每个生命个体的权益与命运，因而必然成为每一个国家、每一个觉醒了的个体关切的问题，因而也必然是受到各国法律关注的视点"②。在学者看来，权利是特定的主体对特定的客体提出与自己的利益或意愿有关的必须作为或必须不作为之要求的资格。③ 当然对"权利"的此种界定似乎也隐含了"权力"的一丝意蕴，因为韦伯认为，"权力意味着在一种社会关系里哪怕是遇到反对也能贯彻自己意志的任何机会，不管这种机会是建立在什么基础之上"④。当然，与权力容易寄生在"不平等的社会情境"之中所形成的带有"压迫性"的单边"要求"有所不同，权利则蕴含着更多的选择自由，虽然选择的主体往往是拥有"资格"的一方，可是在日渐成熟的"权利"中，"选择"必然倾向于建立在相对平等的洽谈氛围中，并非表现出咄咄逼人的气势，而且在现代法治时代，即便拥有"资格"的主体，在选择实施还是放弃权利时尚需依赖法律，权利的诉求也需严格遵循程序，而此恰好印证了权利平等与开放的本性。

---

① 苏惠渔、孙万怀：《论国家刑权力》，北京大学出版社2006年版，第2页。
② 蔡道通：《刑事法治：理论诠释与实践求证》，法律出版社2004年版，第217页。
③ 夏勇：《中国民权哲学》，生活·读书·新知三联书店2004年版，第4页。
④ ［德］马克斯·韦伯：《经济与社会》（上），林荣远译，商务印书馆1997年版，第81页。

与权力最终归拢国家和依恋政治的向心性不同,权利则带有明显的个体指向。在刑事法的界域中,其权利保障机能更多地倾向于表达公民个人利益的诉求。所以基本可以归结为,权利的进取就是权力触角的退让。因而有学者认为,"人类社会刑事法律的历史就是一部权利与权力争夺范围的历史,一部权力与权利斗争妥协的历史",而且在法律的名义下,"所有的共同体成员都被平等地赋予权利,获得法律的保护以及这种保护所提供的一切便利,而刑事法所保护和认可的权利是一种最低限度的普遍人权,这是刑事法的性质所决定的"[①]。

此外,在笔者看来,随着法治化进程的加快,权利社会和福利社会必将驾临,刑事法治域也应该有所调整,即突破刑法保护低限权利的"底线",尽量扩展权利的刑法保护范围,唯有如此,才能最终完成权力刑法向权利刑法的过渡。

而权利作为刑法的目标指引,其体征之一就是可选择性。如上文所言,考察现有的刑事法体系,会发现,表征权利刑法的可选择性无处不在。主要体现为控诉方的可选择性、犯罪者的可选择性、立法者与司法者的选择性。

(二) 有条件享受:对权利的规诫

或许正因为"权利"是个美好的字眼,所以有人将其奉为圭臬、为其趋之若鹜,笔者不禁产生一个疑问:会不会在通往权利的道路上形成"交通阻塞"?加之可能存有的权利罅隙和人为不良因素的诱导会不会致使人们步入权利意识的误区,放大或扭曲权利的价值?而可以肯定的是,权利意识的恣意与泛滥何尝不是另外一种危险。事实上,"'权利'一词与'力量'一词并不矛盾",[②] 换言之,"权利"本身就是一种"力量"。而历史与现实一再证明,任何力量一旦疏导不利,对人类而言都可能会造成灾难。当然上述所言权利的隐忧尚存于意向层面,而权利的本质在于"每个人"的选择自由,而此所招致的危险离现实并不遥远。譬如,"政治权利的平等并非没有疑问,问题不是在政治权利

[①] 苏惠渔、孙万怀:《论国家刑权力》,北京大学出版社2006年版,第139—140页。

[②] [意] 贝卡里亚:《论犯罪与刑罚》,黄风译,中国大百科全书出版社1993年版,第9页。

是否应该平等——当然应该——问题是人们会把太多可疑的权利算作政治权利。而政治权利的平等蕴含着这样的逻辑结果：每个人以及各种团体、组织、利益集团和文化共同体都有权利选择并且坚持自己的价值观、文化观念、生活方式、各种判断标准以及各种莫名其妙的偏好，而且那些主观价值和标准必须获得政治保护，即使是批评言论也都变成政治侵犯，于是，平等蕴含着文化和价值上没有标准和品级，这会导致社会共识的匮乏、思想观念上的互相不承认以及无法对话的境地，最后导致公共领域的彻底消失和社会的无序"[1]。这一论述大致描述了权利的运行轨迹和可能招致的危险。

因而，我们应当明白，"权利是创设的，它们并非不可侵犯的。就权利的创设而言，很显然它们无法通过过渡的空中楼阁得以保障。因为过渡进程势必优先于个人权利。我们多仅有的方法——它绝不保证权利作为'永恒'，而是为其提供创设条件——就是放弃过渡的空中楼阁，脚踏实地"[2]。

具体言之，权利应当被理解为一种全人类的道德契约，正如"预付人权"理论认为，它以"借贷"的方式无条件地预付给每个人同等的人权，但每个人必须履行相应的义务（作为人的义务）去回报所预支的人权，以义务为条件方可保佑人权。一句话，人权是无条件预付的，但只能有条件持续享有。[3]

可见，对权利的规诫成为必要：若想持续享有权利，必将牺牲义务。

三 仇恨刑法到宽容刑法的转向

对于人类文明而言，犯罪行为的确是一种罪恶。于是，"人们习惯于从犯罪行为的'恶'的属性出发，从犯罪的法律后果出发，将所有实施了该类行为的个体视为'恶'的渊源，从情感上把犯罪人归于不同于你我的异类，并且从'近朱者赤、近墨者黑'的角度形成对犯罪

---

[1] 赵汀阳：《每个人的政治》，社会科学文献出版社2010年版，第7—8页。
[2] ［澳］迈克尔·R. 达顿：《中国的规制与惩罚——从父权本位到人民本位》，郝方昉等译，清华大学出版社2009年版，第403页。
[3] 赵汀阳：《每个人的政治》，社会科学文献出版社2010年版，第90页。

人天然的社会安排"①。甚至潜在犯罪人也被视为罪恶的病毒携带者,成为人们唾弃至少是"敬而远之"的对象。于是,仇恨犯罪及犯罪者成为司空见惯的事情。甚至延至当代分别针对此二者形成了"仇恨犯罪"和"敌人刑法"的流派。当然发端于美国20世纪90年代的"仇恨犯罪"并非真正关注仇恨,而是涉及偏见与歧视。②但是在一定程度上显示了人们对犯罪的心理态度。而"敌人刑法"则不折不扣地剑指犯罪人。其始作俑者雅科布斯教授认为:刑法应该把某些人当作敌人来对待。③而"敌人刑法"中的敌人是敌视基本规范的人,他们根本没有意愿和社会沟通,他们行为表达的意义正好是对社会同一性的毁灭。对敌人,刑法的人道性是一种奢侈,是共同体的不能承受之重。④虽然"敌人刑法"的主张并非主流,但是还是产生了一定的社会影响力,并引发了学界关于"敌人刑法"是与非的大讨论。基于本文旨趣,笔者无意纠缠于此,只是发现,"仇恨犯罪""敌人刑法"可视为对"犯罪的仇恨情结"和"恣意复仇犯罪者"在当下的新表述。

但殊不知,复仇实现的只是"自为的存在的单个的意志",并非国家刑罚权的目的,刑罚实现的是"自在的存在的普遍的意志"⑤。当然,这并非表明刑罚就一定理性,只是相较于赤裸裸的私力报复,刑罚则因为规范化而趋向文明。

何况,"犯罪作为人间的罪恶,并非空穴来风,更不属于天外来物,罪恶里也蕴涵着人性的弱点与人间的真实。罪恶作为善的对立物的存在,由于其恶性、恶行与恶果的暴露与展示让人们向往善、实践善。罪恶能发人深省,能教人清白,能激起人的坚强"⑥。从这个角度而言,"人们厌恶犯罪,但也离不开罪恶"⑦,而且犯罪者作为一个活生生的个

---

① 马凯:《犯罪人特征研究》,法律出版社2010年版,第6页。
② [美]詹姆斯·B.雅各布、吉姆伯利·波特:《仇恨犯罪——刑法与身份政治》,王秀梅译,北京大学出版社2010年版,第11页。
③ 何庆仁:《对话敌人刑法》,《河北法学》2008年第7期。
④ 何庆仁:《刑法的沟通意义》,载《刑事法评论》(第18卷),北京大学出版社2006年版,第170页。
⑤ [德]黑格尔:《法哲学原理》,范扬、张企泰译,商务印书馆1996年版,第107页。
⑥ 蔡道通:《刑事法治:理论诠释与实践求证》,法律出版社2004年版,第310页。
⑦ 皮艺军:《在天使与野兽之间》,贵州人民出版社1999年版,第55页。

体，被切除前额、剥夺生殖机能、流放荒岛、终身监禁直至以残忍手段杀死并非一定达成其他人类个体的愿望。"人的心灵就像液体一样，总是顺应着它周围的事物，随着刑场变得日益残酷，这些心灵也变得麻木不仁了。"①

而且，仅从心理角度而言，以牙还牙的报复犯罪也难以立足。因为"随着人类的心灵在社会状态中柔化和感觉能力的增长，如果想保持客观与感受之间的稳定关系，就应该降低刑罚的强度"②，这也符合人们的心理变化，即"从奢侈和柔弱中如何产生了最温柔的美德：人道、慈善以及对人类错误的容忍心"③。

可见，对待曾经犯下罪行的犯罪者人们也会发生从仇恨到宽容的心理变化，而此也带动了国家及其法律规范的转向。"在整个法律体系中，刑法是最能够直接地体现国家对于公民的人道关怀，因而直接地与人性有关。"④ 这也正是软刑法的价值取向。

（一）宽容：软刑法的价值取向

在中国，当代文化与传统文化是一脉相承的，皆以人文精神灌注，在这一文化中，很少见到主体意识的明显觉醒，个体地位和角色意识往往是淡化的甚至是缺失的。当然，"在中国社会制度中，尽管并不是以西方框架下的孤立的、普遍建构起来的具有个体性的主体为基础。这种制度也认可个人的作用和其扮演的不同角色。在这制度下，个体化一直存在，只是它运作的方式与西方的、普遍的个体类型全然不同"⑤。所以，笔者不会否认人文精神对人类社会做出的巨大贡献，亦不主张摒弃中国文化的这一精髓，沉积着深厚历史底蕴的人文精神必将引领着中华文明甚至世界文化的未来走向。正如"刑法是以规制人的行为作为其内容的，任何一种刑法规范，只有建立在对人性的科学假设的基础之

---

① ［意］贝卡里亚：《论犯罪与刑罚》，黄风译，中国大百科全书出版社1993年版，第43页。
② 同上书，第44页。
③ 同上书，第16页。
④ 曲新久：《刑法的精神与范畴》，中国政法大学出版社2003年修订版，第566页。
⑤ ［澳］迈克尔·R. 达顿：《中国的规制与惩罚——从父权本位到人民本位》，郝方昉等译，清华大学出版社2009年版，第399页。

刑法科学化进程中的新探索

上，其存在于适用才具有本质上的合理性。因此，刑法的本原性思考，必然将理论的触角伸向具有终极意义的人性问题"①。而软刑法，作为一种法律文化亦将因循或者遵从历史文化和当代文化的大背景，必然以人道和宽容这一人文精神为核心理念进行构设。

"人类文明延续到今天，人道主义已经成为一种美德，它的光辉照耀着人类行为的每一个角落，即使是在最严厉地限制个体自由和幸福的刑罚领域。刑罚的轻缓化标志着人类社会的文明进步、经济的发展和人的价值的实现。"② 人道与轻缓这一刑罚价值取向作为一个千古话题，在今天仍然是刑法努力向善和朝向理性化的一个指向。轻缓化作为民生刑法的一个重要特征，也表明了软刑法着陆的另一个路向。这些，也可以从刑法（刑罚）史的演进、现代法治意义下刑法典之完成与修正得以佐证。

虽然人本主义是中国古代法制与法文化的哲学基础，但仍然无法改变中国古代的传统法律是特权法，是以维护不平等的社会关系为特征的。③ 事实而言，传统法中和谐的内容是针对朝廷的臣民、宗法制度中的家人，而不是现代法治意义上的个体的"人"，因而，所谓的人本主义，只能是以国、以家为"本"。④ 所以，虽然中国传统法律中不乏"德主刑辅、矜恤老幼、宽仁慎刑、罪疑惟轻、则天行刑"等观照民生且在今天仍然熠熠生辉的经典刑事思想，但是，翻开中国古代的刑罚史，仍然充斥着扑鼻的血腥。毫无疑问，在中国，真正关注民生的刑法是在社会主义国家建立以后诞生的，特别是以现行刑法典和八个刑法修正案的完成为显著标志。

毫无疑问，刑法的天然属性是保护社会，这是刑法的目的和任务使然。尽管现行刑法典和刑法修正案为应对经济高速发展所致的新型犯罪增加、传统犯罪更新的复杂局面而呈现一些入罪和重刑的倾向，但不可否认的是，整部刑法充溢着人性色彩。而且，换一个视角，入罪又何尝

---

① 陈兴良：《刑法的人性基础》，中国人民大学出版社2006年版，第1页。
② 包雯等：《21世纪刑罚价值取向研究》，知识产权出版社2006年版，第32、182页。
③ 张晋藩：《中国法律的传统与近代转型》（第三版），法律出版社2009年版，第32—51页。
④ 孙光妍：《和谐：中国传统法的价值追求》，中国法制出版社2007年版，第258页。

不是刑法对善良民众的保护，这在一定意义上体现了刑法对民生的观照。可贵的是，随着中国经济的进一步繁荣，政府治理国家、疏导社会的信心得以提升，应对犯罪现象的能力也进一步增强，人性化和轻缓化这一国家化的趋向已经在刑法的修正中得以体现，其中尤以《刑法修正案（八）》为甚。其所涉及的死刑罪名的削减、75岁以上老年人的附条件免死、缓刑假释等刑罚制度的完善无疑最为引人瞩目。正如学者所言，"虽然《刑法修正案（八）草案》（当时尚未通过，笔者注）也有入罪条文或提高了生刑的规定，但纵观其全部内容，它不再是以入罪和提高法定刑为倾向，而是以刑罚的轻缓化为主导方向。这一特点决定了它在刑法修正史上将会具有无与伦比的重大历史意义；其文明性、人道性与进步性，在中国刑事立法上，将具有里程碑式的意义"[①]。

（二）必须保卫社会：容忍的限度

软刑法一颗柔软的心无疑需要通过弹拨道德的琴瑟得以展现。问题是道德就如此可靠么？在笔者看来，道德需要审视。一是道德容易泛化。我们经常言及道德的洪流，其暗示之一即道德激流汹涌澎湃、暗潮涌动往往令其自身都难以把持，随时有冲垮理性堤坝的可能，并且在恣意汪洋之时顺带挟持民意，而为盲目的道德所膨胀起来的民意无疑会给人类社会致命一击。二是道德存有分流。随着人类社会的迅猛发展，人们的价值观、道德观也变得多元化，因而在已经萌生后现代解构主义色彩的现代社会，很难判断并分清主流道德与亚道德、真伪道德之间的界限。即便分清，也会出现道德上的偏执。正如外国学者所分析的"一个社会的道德基调是由社会的上层阶级决定的"[②]。三是当道德审判道德时，要么会因激烈碰撞而两败俱伤，要么会以一方妥协而告终。问题是，该妥协的究竟是哪一方。比如说刑法理论上被认为"不可期待性"的"癖马案""被害人承诺"案件、"安乐死与尊严死"案件等，就面临着审判上的道德考量，在类似案件的处理上，道德说教往往变得苍白无力。

[①] 刘艳红：《试析〈刑法修正案（八）草案〉的三个特点》，2010年12月11日江苏省法学会刑法学研究会2010年年会提交论文。
[②] [美] 罗纳德·J. 博格、小马文·D. 弗瑞、帕特里克亚·瑟尔斯：《犯罪学导论——犯罪、司法与社会》，刘仁文等译，清华大学出版社2009年版，第600页。

刑法科学化进程中的新探索

  陈兴良教授就曾以康德道义报应主义为例,责难道德不该成为社会生活的唯一准则:"在社会生活中,道德规范固然具有重大意义,它对于法律规范,包括刑法规范也具有重要的制约性。但是,犯罪与刑罚作为刑法现象,主要应当遵循法律规范的评价。但是,康德却过分地强调道德评价,忽视了法律评价的重要性。康德甚至于还把道德对社会生活的作用强调到不恰当的程度,似乎不是道德为社会生活而存在,而是社会生活为道德而存在,这种道德至上论,完全是本末倒置。"而且,"道德罪过并非是犯罪的唯一本质"[1]。虽然,无法否认犯罪与社会道德之间事实上所存在的千丝万缕的多方关联。但笔者并不完全赞同"法律是最低限度的道德"的决然之论,因为,无论何时,都存在为当下道德所容许或者最少持暧昧态度的犯罪行为。比如"安乐死"是我国刑法的规制对象,然而并非为道德决然排斥;"基于义愤的杀人",在现实道德中似乎也能找到庇护所。当然,反过来,也存在违背当下道德情操、触及伦理底线的"通奸""包二奶"等行为不为刑法所规制。[2] 据此,对道德的修正是对软刑法过于仁慈的告诫切入点之一。此其一。

  其二,因循软刑法宽容情怀所显露的道德踪迹,同样还须注意并谨防人性和民意的泛滥。"在理论上,人性是一个魅力无穷而又争论不休的问题。"[3] 休谟认为"一切科学对人性总是或多或少地有些联系,任何学科不论似乎与人性离得多远,它们总是会通过这样或那样的途径回到人性"[4]。

  对人性论的批判目的在于提醒人们不要对它过分依赖,而且更加需要警惕的是以人性论为理论开展基础的软刑法之仁慈论。只有了解人性论的基础并且结合软刑法的道德根基,才能更容易理解并谨防此二者结合而成的民意之泛化。在当下中国,尤其具体到刑事审判中,民意的泛滥不仅成为左右某一个刑事案件审理结果的强制力,而且带有就此引导某一审判程序偏离正轨的危险性。无法否认的是,司法中的某些同罪异

---

[1] 陈兴良:《刑法哲学》,中国政法大学出版社2004年修订版,第290页。
[2] 张训:《入罪的理由:论刑法生成的标准——基于指标分析的理路》,载陈兴良主编《刑事法评论》第26卷,北京大学出版社2010年版,第386页。
[3] 陈兴良:《刑法的人性基础》(第三版),中国人民大学出版社2006年版,第1页。
[4] [英]休谟:《人性论》上册,关文运译,商务印书馆1980年版,第6页。

罚现象跟民意这一案外异质性事件的影响大有干系。

其三，谨防假借软刑法之宽容理念打着"人本主义"的大旗大行个人主义之风。有时候粗野的处罚一个曾经为"恶"的人，而不进行一个社会的整体主义的周全考虑，反而会失去"人道"，这并非真正意义上的体现人性与民意。因而，即便基于人性处罚，但在呵护人性的同时必须保卫社会。

福柯在评价将种族主义用来作为服务于社会保守主义的整体战略时提出："再也不是'我们必须保卫自己对付社会'，而是'我们必须保卫社会来对付另一个种族、下等种族、反种族的生物学上的危险，它们是我们正在构成的，虽然我们并不愿意。"① 虽然，福柯并不是在刑罚论意义上使用"保卫社会"这个概念，但是其"自己"与"社会"的处理模式具有广泛的启迪意义。在福柯的视角里，个人与社会仿佛是对立的，而社会的意义则更接近于国家。

据此可以总结，通过对道德、人性、理性、民意等因素的考察，可以在它们身上窥见公正的影子，但它们绝非公正的全部内涵，也无法成为衡量公正的唯一试金石。我们不应仅仅停留在满足人性的报复欲望之上"为了惩罚而惩罚"，而应该在保卫自己的同时必须保卫社会的整体利益。

第三节 民族刑法

何谓民族刑法？民族刑法的表现形式是习惯法还是成文法？在中国，民族刑法究竟包括哪些部分？这是研究者首先需要解答的问题。顾名思义，民族刑法是在既存国家刑法的背景下，针对本国少数民族内部，依据一定的社会组织、某种权威所形成的习俗与规章等习惯法或者依照国家刑法的关涉少数民族犯罪与刑罚的特殊刑法规范之总和。由此，民族刑法的渊源大致有两种，一是刑法典，二是习惯法。其内容既包括少数民族原发的统括惩罚（一般应具有刑罚意义）的习惯法和新

---

① [法]米歇尔·福柯：《必须保卫社会》，钱瀚译，上海人民出版社2004年版，第54页。

中国成立后少数民族自治地方颁布的自治条例变通规定的成文法，也包括国家刑法中涉及少数民族地区的特别规定，例如《中华人民共和国刑法》第90条之规定。换言之，民族刑法有两条发展路径，一条是源于少数民族内部，日积月累所形成的刑事处断积习，多表现为习惯法；另外一条则是国家刑法的强势渗入所带来的国家层面上的刑法规范，在中国表现为成文法典，当然，其在早期时代也不乏习惯法形式。可见，目前的民族刑法既包括习惯法，也包括成文法，但以习惯法为主要构成部分，只是在考察中国民族刑法的样态更替之后，笔者更倾向于将研究重心移向民族刑法的成文化上。

一　刑起于兵：民族刑法的萌芽

研究民族刑法，一开始就立足于国家刑法对民族刑法的促进和少数民族内部刑事习惯法的养成两条路向，因而，考察民族刑法的萌芽，也不外乎这两种视角。

"刑起于兵"侧重考察国家刑法对民族刑法的影响。早在中原国家政权建立之前，即所谓"前国家"时代，边疆诸多少数民族不仅仅内部存在个体与个体、族群与族群之间的纷争，与中原地区亦发生着战争等形式的往来。在其内部纷争催生中国古代民族刑法的萌芽形态缘起的同时，大规模及持久的战争状态也影响着中原地区政权对少数民族的"刑事政策"及其涉关少数民族的"刑事规范"，这促生了民族刑法的最初样态。按照经典作家的表述，没有国家也就没有法律，因而此时的民族刑法只处于萌芽状态，并非严格意义上的民族刑法。

由此可推，萌芽的民族刑法的内容也会相对单调并且粗暴。众所周知，古代少数民族多地处荒蛮，民众亦不开化，直至明初朱元璋在征讨湖广、贵州苗民时，常言"三苗无道""三苗不仁""三苗不遵教化"[①]，少数民族先民对原始图腾的崇拜往往决定了其社会制式的神明化，此时所谓民族刑法的调整内容与手段也多与宗教、图腾有关。族人还没有完整意义上的"人"之觉醒，作为个体经常被随意当作财产或者物品来处置。

[①] 韩敏霞:《先秦时期西南少数民族的刑法》,《太平洋学报》2006年第6期。

第一章 刑法新样态

另外，既然"刑起于兵"，意即最初的刑法样态是在战争中形成，由此可推导出诸多的军法和先古时代征讨时领主假借神明之意的教旨成为民族刑法萌芽的主要渊源。前者，传说蚩尤既是战神也是刑神，又是"五刑"的创造者，即为例证。后者，如夏族开始借用神灵的力量，以"天道"的正确性作为征讨的正义性与合理性。

内部的纷争多伴以孔武之力演绎为崇拜的图腾并在潜移默化中树立起权威，据此形成先民一体遵循的原初形态的制式与纲常，少数民族内部的禁忌与教化逐渐演化出最初的法律萌芽，而这最终往往需要也必定借助刑法的形式予以表达。

二 原生与共融：民族刑法的形成与发展

稍具规范意义上的民族刑法之出现应是在人类社会有了国家之后。统一是国家的潜在特质也是其根本标志，基于此，率先建立政权的中原地区，在征服周边少数民族的战争中，形成了自己的刑事法律体系，也在客观上促成了民族刑法的生成与发展。征服初期，在少数民族地区，必将涉及军事、政治、法律、土地、财产、人口的调整与分配的大规模流变，而其中最为突显的则是外来刑法与本土刑法的冲突与融合，或者说关于新旧势力的整饬与融通会集中通过刑法文化之间的交锋展示出来。即便是大一统的国家已经过渡到平稳时代，由于不同民族长久以来的历史积淀影响下的民族刑法长期聚集的规制性，因而表现出其一定程度的自洽的组织性、传承性和严密性，其鲜活的生命样态迫使外来刑法不得不考虑嫁接的可能性和成活率。为此，在考察民族刑法的发展路径上，既要分析其自身的特性还要兼顾其与国家刑法的兼容性。

（一）"原生态"的民族刑法

所谓"原生态"的民族刑法也可谓之早期少数民族内部土生土长的刑法，多以习惯法的形式长期演化。如德国法学家萨维尼所言"在任何地方，法律都是由内部力量推动的，而不是由立法者的专断意志推动"[1]，即便是立法"也必须在原有的民德中寻找立足点。立法为了自

---

[1] 刘希：《论我国少数民族地区犯罪社会控制中的习惯法——以法律人类学为视角》，《时代法学》2008年第4期。

强必须与民德相一致"[1]。由此,首先推动民族刑法形成的原初动力应是来自于少数民族内部的禁忌与习俗。少数民族内部关涉刑法踪迹的习惯最初总是自发的,内容涉及生活的方方面面,而且形式多样,没有统一标准,表达方式主要通过口头、动作和心理暗示。[2]但是习惯的生命力体现在其对法律高贵品质的向往,在习惯的发展中,一部分被少数民族中的权威主要是统治政权遴选出来成为了民族刑法习惯法样态。

因为早期少数民族总体处于人类社会的早期阶段,"原生态"的民族刑法并没有严格意义上的科条。不过,视地理位置不同亦有差异。以北方游牧民族为例,由于大多地处荒漠,物质稀缺,因而表现在刑法的习惯法上,内容粗疏、形式粗糙、罪名不做细分、刑罚轻重不明,而且偏重于对私有财产的保护,以及犯罪后对财产刑的实施。如匈奴法规定,拔刃尺者死,坐盗者没入其家,有罪小者扎,大者死;吐谷浑"刑罚简略,杀人及盗马者死",对犯罪轻重的认识与分辨没有详细规定,完全依靠传统的文化观念,用以往的断案惯例和掌权者的主观意志来做裁决。[3]与之相较,西南少数民族以夜郎国为例,其民族刑法因循军事刑法,法条细致、刑罚种类繁多,注意到培养全民道德素质。[4]

总体而言,早期少数民族政权的民族刑法虽然摆脱了其萌芽时期对宗教和神灵的过分崇拜,而且在与中原政权的战争交往中吸纳了一部分中原相对先进的刑法理念和技术,但是,毕竟拘囿于资源稀缺和地理限制,"原生态"的民族刑法仍然存在大量粗暴、愚昧甚至野蛮的因素。

(二)民族刑法与国家刑法的冲突

随着国家征服的尘埃落定,战争与明显的政治斗争在大一统的国家政府与被征服的少数民族之间渐渐隐去,而宗教、习俗甚至法律恰恰会以不同的形式显现出来,以便完成并规范国家政府与少数民族之间管理方式上的接轨。不过,即便在今天,仍不能说二者之间已经彻底交汇、

---

[1] [英]罗杰·科特威尔:《法律社会学导论》,潘大松等译,华夏出版社1989年版,第21页。
[2] 张训、江娟:《论法的习惯情结》,《淮北职业技术学院学报》2006年第2期。
[3] 申艳红:《中国古代北方游牧民族刑法制度初探》,《西北史地》1998年第3期。
[4] 韩敏霞:《先秦时期西南少数民族的刑法》,《太平洋学报》2006年第6期。

第一章 刑法新样态

融通，事实上，国家法与民族习惯法之间的冲突仍然以不同的方式存在，而且还将在一定时期内持续下去。

在此，本书主要表述民族刑法与外在的国家刑法之间所形成的长久对峙乃至割据情况，并以传承至今仍然在少数民族地区发挥巨大影响力的民族刑法与现行的国家刑法之间的冲突为例，进行简略的比较，主要集中在以下几个方面：

其一，两者关于罪与非罪之间的冲突。如傣族等许多信仰宗教的少数民族"放鬼"的行为；景颇族、布朗族、哈尼族等"毁林开荒"的行为；凉山彝族奴隶主杀奴隶的行为；藏族地区，幼女"戴天头"的习俗；苗族佩戴土枪的习惯等。上述行为在各自民族刑法中均无规定，而依照《中华人民共和国刑法》，则均为犯罪行为。

其二，两者之间的刑罚标准不同。以大家熟知的"赔命价"和"赔血价"为例。在藏族等少数民族地区，杀人或者伤人之后可以钱财抵付而不再追究。在国家刑法层面，虽然中国刑事司法界渐渐引入刑事和解与辩诉交易制度，并且最高人民法院亦发布了几个关于复核死刑中因赔偿受害人而得以免死的故意杀人典型案例，但是国家刑法无论如何都无法达到"命价折付完毕，仇怨了结"的地步。

其三，两者之间裁判和执行程序的巨大差异。与国家刑法实体法和程序法严格对接的情况大相径庭的是，民族刑法中几乎没有严格意义上的裁判程序，多以长老或者头人等权威人士居中裁决。有的地方甚至至今仍然采用神明裁判的愚昧做法。执行方式也简单粗暴，几乎没有固定章法可言。比如某些少数民族地区对被认定为"放鬼"的人直接用乱石砸死。

此外，早期民族刑法与早期中原国家刑法之间的冲突也很常见。以北方游牧民族之刑法和国家刑法都做出规定的"刑民不分"的情况为例做简单说明。中原国家刑法多以道德作为判定是非曲直的标准，对民事纠纷也要施以刑罚，甚至"刑弃灰于道"。所谓国家法几乎就是指刑法。而多数北方游牧民族中则把盗窃这一普遍的刑事犯罪，当作一般的民事财产纠纷案件来解决，并未将此类行为规定在民族刑法之中。[①]

---

① 申艳红：《中国古代北方游牧民族刑法制度初探》，《西北史地》1998年第3期。

（三）民族刑法与国家刑法的融合

在民族刑法与国家刑法的博弈过程中，融合是必然的趋势。所谓的融合分为两个层面：一方面体现在民族刑法对更加文明的国家刑法的借鉴与国家刑法在强势渗入过程中对民族刑法合理成分的回应上；另一方面则是基于地域风情、历史状况、文化背景等若干因素制约的国家现状而使二者之间必然长久共存甚至是共融。

与此状况相关联，民族刑法与国家刑法的融合路径亦有细微的差异，根据融合的路向不同可分为积极的融合与消极的融合。

1. 积极的融合。在二者融合的进程中，民族刑法主动吸纳国家刑法中适合自身的成分，谓之积极融合。随着中国国力的强盛，国家所持的向少数民族倾斜的政策也激发了少数民族群众对国家制度的认可，而文化特别是法治文化的普及使得国家刑法的理念和规范渐次为少数民族同胞认可并接纳。与以往相较，少数民族同胞的国家荣誉感空前强大。当然，不得不提的是，积极融合的前提是民族刑法从国家刑法中汲取的养分是其渴望改良的或者容易嫁接成功的。例如国家刑法中一些传统自然犯罪的规定，随着多数少数民族认同基础的建立，很容易成为民族刑法成文法中最先体现的内容。

2. 消极的融合。所谓消极的融合，是指国家刑法在改良民族刑法的过程中利用一定的强势迫使民族刑法吸收一些异于本民族传统的现代刑法理念及其规定，从而完成国家刑法在民族地区的渗透。从民族刑法的角度来看，这种融合多是出于被动，事实上，基于宗教与信仰，少数民族并不想完全舍弃传承已久的祖宗之法，比如从彝族谚语中可见端倪，"祖宗制定法，子孙遵循；前辈'简伟'有道理，后辈赓继'简伟'不迷路"[1]。但是迫于国家的统一需要，当然也是本民族地区崛起的需要，而在思想观念还没完全跟上的前提下仍然能够嫁接一些现代的国家刑法理念，主要集中在宗族意识、家族观念和宗教观念等比较突显的领域。

然而，无论是积极的融合还是消极的融合总是稍显生硬，尤其是国家刑法对民族刑法的强势冲击势必会留下诸多一时难以消退的"瘀

---

[1] 阿林嫫茜：《彝族习惯法文化面临现实挑战》，《中国民报》2006年8月25日第6版。

伤"。事实上，在二者融合的进程中还可能伴生着第三种融合姿态，即中性的融合，这是一种最自然和理想的融合方式，其革命性和建设性意义在于，潜移默化之中会完成国家刑法与民族刑法的对接。也可以形象地将其称作国家刑法在少数民族地区的"软着陆"。或许这种融合更值得期待，而且必将成为民族刑法与国家刑法共融的趋势。

三 从习俗到规范：民族刑法文明化的路径

如学者所言"习惯法在早期社会的法律调控中地位显赫，无论是在民事上抑或刑事上，这段时期都可以被看作是'习惯法权威'的年代"①。然而，无论习俗还是习惯法，其最大的缺陷是因为口耳相传而导致的模糊性，以及其即发性与应时性所决定的调整空间的狭隘性。这同时也是习惯法无法饱含生命张力从而无法"登堂入室"的致命弱点。以习惯法为主要构成要素的民族刑法，虽然在少数民族的维系与发展中起过巨大的历史作用，然而习俗成分过多必然招致民族刑法的规格难以进一步拔高，从而无法发挥其在新时期的应有作用，终致其无法承担本民族复兴的艰巨历史使命。因而，尽快褪去习惯法的外衣，完成从习俗到规范的蜕变是民族刑法文明化的必然选择。

（一）对民族刑法的理性定位与认可

众所周知，我国地域辽阔，多民族聚居，其间差异很大，许多少数民族拥有各具特色的民族刑法，对此不可能亦没必要完全予以祛除。同时，理性告诉我们，几乎任何一项事物都有其有益的一面，对民族刑法欲彻底予以压制甚至使其消除，绝非明智之举。正如学者所言："只要其赖以存活的社会条件具备，习惯法就能够发生作用。"② 此外，民族刑法中有的反映着人类最基本、最朴素的共性，比如对大多数自然犯罪的人类共同价值取向判断；有的涉关民族刑法中的内容在本区域、本民族源远流长，具有深厚的生存土壤，若长期遭受国家刑法的排挤，一方面会导致国家刑法在该地区的实施遇到强大的阻力，另一方面也不利于

---

① 杜宇：《合流与分化——民、刑领域习惯法演进的比较观察》，《比较法研究》2007年第4期。

② 梁治平：《清代习惯法：社会与国家》，中国政法大学出版社1996年版，第182页。

少数民族经济、社会的发展和传统文化的传承。①

有鉴于一些少数民族地区自然条件恶劣、地理位置偏僻、经济落后、信息闭塞等原因，人们形成了因循守旧、封闭保守的心态。因此需要针对不同民族的具体情况对其民族刑法进行必要的遴选，并加以区别对待，最终谋求适宜的改造策略。对于符合人类共同价值趋向、符合人类文明趋势的部分，尽快将其上升为国家意志，赋予其国家法的效力；对于目前尚无条件以国家刑法取代、总体上并不违背人类本性而且有其深厚的民族积淀并受族人推崇的部分，没有必要强行干预，可从"尊重民族文化角度出发暂时予以照顾和认可"②。

(二) 文明化：民族刑法的必然选择

在国家与法诞生的进程中，习俗展示了强大的生命张力，但即时性与或然性决定了大多习俗不具有长期的或定型的样板，不会产生长期的拘束力，也没有一体遵循的固定章程可言。倘若仅仅停留在这个阶段，则会销蚀其生命根基，甚至就此使其失去生命色彩。与此不同的是，民族刑法中的习惯法部分，则多因其历史的积淀涵摄了长久以来聚集的规范性和强制性，因而其往往表现为一定的组织性、传承性和严密性。不过也就仅此而已，单就习惯法的固定形式而言，也多为口授身传，伴之以简单的规约，因而一定意义上来说，形式的残缺决定其最终命运的走向：要么为国家法律形式认可并固定；要么枯萎凋零，退出历史舞台。由此，唯有当习俗的民族刑法真正披上法律的外衣才会"登堂入室"成为少数民族乃至整个人类更为长久的"标杆"。国家的诞生是人类文明的标志性事件，从习惯到法的蜕变与这个过程相伴生，因而，也可以将从民族习俗到民族刑法的进程视为少数民族文明诞生的过程。

倘若说，国家对民族刑法的定位与认可是从外部对其遴选的进程，另一更为重要的进程则是民族刑法的自身抉择。在人类社会已然发展到较高程度的今天，文明化是其必然也是最为合理的选择。纵观整个民族刑法的发展，可以祛除一部分属于社会余毒的弊习，对于这部分与法治

---

① 朱玉苗：《试论少数民族习惯法的效力》，《西南民族学院学报（哲学社会科学版）》2002 年第 7 期。

② 高其才：《中国习惯法论》，湖南人民出版社 1995 年版，第 467 页。

第一章 刑法新样态

社会的要义和旨趣格格不入的恶"法",应持坚决的批判态度。也同时需要找出一部分在一定的领域尚发挥着自己独到的作用,甚至在一定意义上起到弥合法律与道德罅隙的功能,以有利于民族内部、民族之间关系的自洽,节省司法资源,与辩诉交易、刑事和解等崇尚双方互动的制度有一定契合度的向善之"法",对此给予一定程度的肯定。但是笔者建议,对于一些违背法治社会要义、违背人类整体趋势的民族刑法部分,不能如一些人担忧的那样,即认为一些习俗的改变会引发大规模的私力复仇甚至进而引发民族冲突,而因此瞻前顾后、踟蹰不前,相反,应当立场坚定地予以坚决摒除。当民族刑法已经不能完全独立解决发生的纠纷之时,必须求助于国家刑法,因为国家刑法不仅拥有完善的制度体系而且拥有强大的国家后盾作为推行力量。

或许我们会重申,在当下法治倡行的社会里,没有严格意义上的民族刑法,但事实上,在中国延续几千年的文明史中,民族刑法既有其古老的存在模式,也有当下社会里悄然存活的特殊样态,尤其在少数民族自治地区,民族刑法仍然拥有着存活的生命根基,并且在发挥着国家刑法一时间难以取代的独特作用。但在历史的长河里,能够承受风浪磨砺积淀下来并且熠熠生辉为人类欣赏的一定是符合潮流的,否则必将被历史的泥沙无情吞噬。故此,文明化是民族刑法获得生机的唯一路径。

第二章 刑法学新概念

正如学者所言,"中国刑法学的研究不能说不繁荣"①。相较于刑法新样态,学界提出的刑法学新概念更是层出不穷。尽管学者标新立异时,难免出现"为赋新词强说愁"之境状,并会滋生虚妄之辞,但出于良好愿望的新概念之提倡还是极大繁荣了刑法学研究场景,而且其中定然不乏真知灼见,其对于刑事法的理论与实践都会起到重要的指引作用。基于此,笔者不揣浅薄,更无法顾及是否贻笑大方,尝试将自己近年来在刑事法学研究中的一些思索提炼成一些新概念,录于此处,供大家批驳。

第一节 刑法能力

一 命题的提出

国家收拢刑权力以取代个人的私力报复当视为人类文明的重大进展,而对刑法正当性与合理性的追问以及如何规范刑权力则是近现代意义上刑法学诞生的促成因素。人们一再讨论刑法的目的与功能。受刑法学史上经典学派之争的影响,刑法学研究上出现了刑法究竟作为一种权力工具还是作为一部权利宪章的分歧。二战以后西方国家开展的非犯罪化和非刑罚化运动形成了机能主义和谦抑主义刑法观。在此过程中,有学者注意到刑法的社会效能和规范能力问题。李斯特指出刑法应当

---

① 蔡道通:《刑法学者的使命与刑法学的深度展开——评陈兴良、周光权教授的〈刑法学的现代展开〉》,载《当代法学》2007年第2期。蔡道通教授从两个方面进行了论证:一是研究队伍的庞大,包括理论界与实务界两个方面的主力军;二是每年诞生的研究成果的量与质都在不断地增加与提升。

"有能力谨慎地引导并逐渐培养人民的法律观",在谈及刑罚的效果时,"不能忽视其对社会的反作用,即对整个社会的影响"①。事实上,自贝卡里亚提出"刑罚的目的仅仅在于阻止罪犯再重新侵害公民,并规诫其他人不要重蹈覆辙"② 以来,刑法的有效性就成为人们思考的重要命题。

近些年来,我国学界虽然存有刑法哲学、规范刑法学、刑法教义学等研究视域的变迁,但刑法的正当与合理、刑法的功能、刑罚的目的与效能始终是研究主线。蔡墩铭、林山田、陈子平等台湾学者不仅指出刑法有规制、保护和保障功能,还从"社会伦理规范层面"透视了刑法的功能。③ 张明楷教授则认为刑法具有"法益保护机能和人权保障机能",并认为刑罚目的在于"对犯罪人本人及其周围的一般人产生影响"④。

新世纪以来,人们力求把刑法放到整个社会的大背景中考察。周光权教授注意在犯罪与社会的互动中考察刑罚的运作机理,力图论证通过规范化训练机制培植公众的刑法认同感。⑤ 曲新久教授则基于刑罚人道主义强调刑罚个别化原则并突出刑法在社会秩序和个人自由发生冲突时的优先选择问题。⑥ 还有一些学者尝试运用社会学之功能主义方法、实证方法、行动分析方法、互动分析方法打开探视刑法机能与刑罚功能的新视域。⑦ 这些研究成果为刑法能力概念的孕育积淀了丰富的学术营养,尤其是有关研究范式和方法为刑法能力之学术命题的催生提供了指引。

那么什么是刑法能力?刑法能力有无提升到学术品性的必要性?

---

① [德] 李斯特:《德国教科书》,徐久生译,法律出版社2006年版,第23页。
② [意] 贝卡里亚:《论犯罪与刑罚》,黄风译,中国大百科全书出版社1993年版,第42页。
③ 陈子平:《刑法总论》,中国人民大学出版社2009年版,第8—11页。
④ 张明楷:《刑法学》(第四版),法律出版社2011年版,第25、459页。
⑤ 参见周光权《刑法学的向度》,中国政法大学出版社2004年版。
⑥ 参见曲新久《刑法的精神与范畴》,中国政法大学出版社2003年版。
⑦ 具体请参见许发民《刑法的社会学分析》,法律出版社2003年版;汪明亮:《定罪量刑社会学模式》,中国人民公安大学出版社2007年版;张心向:《在规范与事实之间——社会学视域下的刑法运作实践研究》,法律出版社2009年版;翟中东:《刑罚问题的社会学思考:方法及应用》,法律出版社2010年版。

刑法科学化进程中的新探索

　　对于刑法能力概念化处理的确是一个学术难题，或者首先要解决的是这到底是不是一个学术命题或者能不能成为一个学术命题。对于刑法能力之命题而言，以往的研究积淀尚显单薄。不过，人们在追问刑法的正当性与合理性的过程中，自然而然地聚焦在刑法权力边界、刑法功能等问题上，而此使得刑法功能不仅成为刑法能力的学术亲缘，在刑法能力的学术征程上也提供了理论指向，所以，刑法能力与刑法功能比较分析成为本书的一个逻辑起点。

　　首先在称谓上二者就具有不同的示意。当然，单纯的称谓有时并不能说明什么问题，比如就刑法功能而言，还有学者称其为刑法机能，其实二者含义无甚区别。① 但与刑法能力相较，刑法功能往往给人以工具论的印象，进而容易使刑法在运行中陷入被动局面，至少无法完整呈现刑法在社会生活中的魅力；刑法能力理念则强调刑法积极参与社会管理的实践性、能动性和创新性，给人以锐意进取和与时俱进的印象。

　　其次在内涵上，刑法机能是指刑法现实与可能发挥的作用，包括显在的机能与潜在的机能。② 而刑法能力是刑法伦理、刑法品格、刑法质量、刑法环境、刑法方法、刑法效率、刑法效果的综合反映，是指刑法在生成、运行中对社会所发挥的正能量，包括内在能力和外在能力。其中前者可分解为刑法的规范能力、刑法的宣示能力、刑法的自我调节能力；后者主要有刑法的标识能力、刑法的普及能力、刑法的协调与应变能力、刑法的重构与整合能力、刑法的适用能力等。最能够体现刑法规范生命力和时代感的是刑法的创新能力，包括刑法的科学化能力、刑法的理念革新能力、刑法的体系调整能力。

　　的确，"徒法不足以自行"，刑法的良善不能仅仅驻足纸面，还应体现为生动的刑事法治。事实而言，刑事法治理念更注重刑法的实践品性。当然，构建完善的刑事法体系是法治型社会管理模式创新的前提，因为这凸显刑法的可行度；而刑法的可信度则主要在刑法的践行中逐步

---

　　① 例如，张明楷教授称为刑法的机能，包括行为规制机能、法益保护机能和人权保障机能三种，而台湾学者陈子平教授虽然称之为刑法的功能，但亦采用规制、保护与保障功能三分法。分别参见张明楷《刑法学》（第四版），法律出版社2011年版，第25页；陈子平《刑法总论》，中国人民大学出版社2009年版，第8—9页。
　　② 张明楷：《刑法学》（第四版），法律出版社2011年版，第25页。

第二章 刑法学新概念

养成。申言之，刑法的可行度主要依赖于刑法规范的合理与刑事立法技术的科学，刑法的可信度则需要在刑法运行过程中培养和验证。在社会管理创新成为时代之音的情势下，刑法的常态能力必须做出应变，及至衍生出一种契合这一时代主题的创新能力。

而社会管理创新对刑法的能力提出了新要求，其实也是刑法能力提升到学术品位的必要性使然，即在充分保障自由和人权的前提下，如何最大化地实现社会的秩序与和谐。在社会管理创新语境下，如何既摒弃刑法万能主义和工具主义等传统刑法观，实现刑法的软着陆，完成权力刑法向权利刑法、国家刑法向民生刑法、仇恨刑法向宽容刑法的转变；又增加刑法的应对能力发挥其在社会管理中的作用，推动刑事法治领域的能动司法。这是催生刑法能力学术概念出现，也是检验刑法能力学术成色的紧要关口。刑法能力命题的提出不仅是对社会管理创新目标的积极回应，也是尝试对刑法模式、刑法功能、刑法目的等传统学术命题的理论突破。

鉴于刑法一经生成就可能会改变原意，而刑法法条面对现实时所产生的困境尚需要在刑法运行中进行修正与化解，这就使得在刑法运行中得以建立的刑法公信力成为承载与展示刑法能力的主力军，实际上，这里所言的刑法公信力最终还要落位于刑法司法公信力上。后者是指刑法在现实生活中的规范有效性，主要是指刑法规范的社会效果。

一般而言，刑法的社会效果会以道德期许、情理要求等名义反哺并影响刑事司法领域，从而去反映现实的需要。以此，刑法公信力尤其是刑法司法公信力是外在的，往往以刑法的社会效果和刑法的规范有效性作为客观表现；而以刑法公众认同感为基础的刑法公众信仰则是公众对刑法的情感认可与道德期许，因而是内在的，含有一定的主观色彩。此二者又恰好互为表里、相辅相成。正如有学者所言："刑法效力的大小在很大程度上依赖于刑法在市民中所赢得的道德可信性的程度。"[①] 蕴含刑法道德品格和刑法可行度的刑法生成能力，与体现刑法社会效果和培植刑法可行度的刑法运行能力，共同构筑了刑法能力

---

① ［美］保罗·H.罗宾逊：《刑法的分配原则》，沙丽金译，中国人民公安大学出版社2009年版，第104页。

体系的主体部分。

二 刑法的生成能力

在阐释刑法生成能力之前需要提出并解答几个关于刑法生成的前设性问题。

首先,什么是刑法生成?刑法生成主要是指刑法规范的生成,而刑法规范的固定方式乃是刑法文本,在成文法国家一般表现为刑法典形式。当然刑法文本的生成既是刑法治权乃至国家治权的体现,也是刑法学构建应当依循的中心,离开刑法文本一切都是空谈。但是刑法的生成必须要遵循一定的原则、规律、模式及机制,否则它将无法生成,或者即便产生刑法文本也终将会因为其缺失正当性与合理性而被抛进历史的故纸堆。

其次,面对人类社会最严厉的规范和制裁——刑法与刑罚,人们总会质问:刑法的根据是什么,经验、理性还是犯罪的社会危害性?刑法生成的动力在哪,源于生产、生活还是统治阶级意志的强加?把什么交给刑法,生命、自由还是财产?凭什么交给刑法,基于和议、认同还是权威?谁来制定刑法,大众、精英还是驭权者?刑法的任务是什么,保卫社会、国家还是个人?刑法的边界在哪,保护国家主权、社会发展权还是人类生存权?这一连串关涉人类生存发展的问题的答案恰好勾勒出刑法的生成轨迹。

在寻找刑法生成的原动力时不能忽略经验与理性,因为经验人和理性人的足迹往往成为探寻刑法生成的向导。作为整体的理性和理性的整体,人与人之间离不开相互理解与沟通,离不开以此所达成的共识,这种共识一旦为大多数社会成员共同维持并自觉遵守,便成为习惯准则进而成为法律。虽然西原春夫认为,人有想保护自己享受的利益的欲求,而这成为国家存在的基础,进而构成制定刑法的原动力,[①] 但毋宁说,刑法生成的动力既是超验的,又是理性的,唯有人们朴素的正义才配得上成为刑法的生命根基。

---

① [日]西原春夫:《刑法的根基与哲学》,顾肖荣等译,法律出版社2004年版,第97页。

第二章 刑法学新概念

"刑罚法规的制定,就是在其限度内限制国民的自由。"① 以此,人们把自由交给了刑法,但是"没有一个人为了公共利益将自己的那份自由毫无代价地捐赠出来,这只是浪漫的空想"②。人们之所以愿意交出自由在很大程度上是为了安全,也为了获得更多的自由。问题在于,人们汇集自由的渠道是什么,对于刑法规范的产生而言,问题就是其生成路径或者模式是什么。这需要借助社会分工和共同意识理论加以说明。"人们相互结成一个共同体,并在其中感受到了某种信念或感情。相反的意识总是相互消解,而相同的意识总是相互融通,相互壮大;相反的意识总是相互减损,相同的意识总是相互加强。"③ 这种累积起来的共同意识,必须通过一种方式释放出来,于是规范最终使法律成为其重要表达形式。共同体中相同意识得以加强的途径可以大致概括成两种模式。一种是和议,即所有(随着共同体的增大,"所有"会逐步为"多数决"取代)参与者共同意志的凝结。另一种是认同,即没有或者无法参加和议的共同体成员的明示赞同或者默许认可。可见,和议和认同是理性刑法诞生的必要方式。刑事立法者只是在合适的时间和位置,对于切中和议与认同者意志的内容予以恰当的表述而已。正如经典作家的表述,"立法者不是在制造法律,不是在发明法律,而仅仅是在表述法律"④。

国家的建立无异于在社会共同体上划了一道"天堑",一边是国家,一边是民众。刑法规范的生成机制随之划分为国家机制和民间机制。文明社会刑法规范是对社会共同体整体价值观的依循,以此而言,刑法规范的民间机制在一开始就有了根基。这也为刑法规范生成的国家机制定下了基调。"对于立法者而言,除了对人们的情理、道德及价值观外,更需要考虑的是自己手中的控制手段的效果如何。"⑤ 国家要通

---

① [日] 西原春夫:《刑法的根基与哲学》,顾肖荣等译,法律出版社2004年版,第54页。
② [意] 贝卡里亚:《论犯罪与刑罚》,黄风译,中国大百科全书出版社1993年版,第8页。
③ [法] 涂尔干:《社会分工论》,渠东译,生活·读书·新知三联书店2000年版,第61页。
④ 《马克思恩格斯全集》第1卷,人民出版社1972年版,第138页。
⑤ 冯亚东:《理性主义与刑法模式》,中国政法大学出版社1999年版,第135页。

过刑罚规范的有效性维护共同体的稳定，必须首先完成对刑法规范本身的掌控。这不仅取决于刑法规范的生成模式，还要取决于刑法规范与社会共同体整体意志的吻合度，进一步确证了国家在执行刑法规范时必须坚守国家的也是刑法规范本身的品性。反过来，民众对刑法规范的认知机制固然体现出刑法规范本身的正当性根基，但在一定意义上，鉴于传统的自然犯罪和因长期适用并得到共同体整体认可的法定犯罪已经表达了共同体的集体愤怒，其他成员没有必要再参与到犯罪确证以及如何惩罚的程序中来。由此，在刑法规范生成中必定包含着国家规范机制，因为犯罪不仅仅是对个体的侵害，也是对共同体的整体侵害。

　　法律一经制定就会改变初衷。面对鲜活的现实，刑法文本期待共同体其他成员的认知，更需要熟知刑法规则并洞悉刑法规范运行轨迹的精英成员做出解释。刑法规范生成效用如何，在一定程度上取决于刑罚的理念对刑法边界的确证，以防刑法规范在生成之际就偏离了方向。某种意义上，刑法是用来规制"恶"的"恶杀"之法。但是如何衡量"恶"呢？通过神明启示、道德裁判还是政治圈界？在今天，神明启示早已为人类文明所流放；道德势力虽然绵延不绝，但终因手无寸铁不得不寻求政治的庇护，而道德寻求政治庇护的过程恰恰就是刑法规范诞生的过程。由此，共同体成员的认知与国家的规制将在刑法规范那里聚焦，刑法规范又反过来指导共同体成员的行为，而指导或者引领人们对刑法规范的认知或许比对规范违法者的惩罚更加重要，这是检测刑法生成社会效能的重要标准。[①]

　　实际上，刑法能否被人们所认知是对刑法标识能力的反映，而其生成之际及运行中的社会效果则成为检测人们对其是否认同的标准，而此本身就是刑法能力的一部分。所以，考察刑法的生成动力、刑法的生成模式、刑法的生成机制以及刑法的生成效能就是在考察刑法生成能力本身。刑法的生成能力在刑法生成的轨迹上清晰可循。

　　需要说明的是，刑法生成能力可能容易被理解为刑事立法能力，虽然，刑法生成能力需要通过刑事立法能力体现出来，但它绝不等同于刑

[①] 以上关于刑法生成的理论详见张训《论刑法的生成——以刑法规范的正当性为中心》，《内蒙古社会科学》2010年第5期。

第二章 刑法学新概念

事立法能力。刑事立法能力是在刑法生成能力得以确证之后才可能被提出来的。可以说，刑法生成能力是刑事立法能力的前设性命题。正如上文所言，确证刑法生成能力需要考察刑法规范的该当性与合理性，体认"和议"与"认同"这一刑法规范的生成模式，梳理"认知"与"规范"这一刑法生成机制。刑事立法能力更多地反映刑事立法者的立法技术。换言之，立法技术成为考察与衡量刑事立法能力的重要参数。例如，以何样的文本形式固定刑法规范，采用什么样的模式设定罪与刑，如何设置一定的罪域以安排类似的罪名体系等。有学者指出："在不同的国家，对刑法之罪与刑的规定模式是不同的。就总体的立法规定模式来说，有细密式规定，也有简约式规定；有概括式规定，也有列举式规定；还可以是相结合的规定方式等等。不可否认，刑事立法的确需要技术支撑。一部刑法典的制定，立法技巧是一个不可缺少的条件，没有完备的立法技巧，也就很难准确地表达出立法意图，导致以文害义的不良效果。"① 当然，在某些时候，刑法生成能力的展示亦需要借助于技术的手段，在一定情形下更需要通过刑事立法能力展现出来。

能够表现刑法立法能力的一个重要标识是刑法规范的文本形式。正如笔者曾言，虽说良法的种子深深植根于民主的沃土里，但其美丽的花朵必定绽放于法律条文中。追求法条和立法语言的形式美是人类文明史上美好历程的积淀。而刑法规范文本可行度很大程度上依赖以下几种内在能力：②

其一，刑法的规范能力。雅克布斯认为，因为社会诸个体囿于其与每个与自己相关联的秩序图式而不会从自身出发给一个群体提供服务，那么这个群体就必然会陷入混乱，所以，群体利益的代表就必须力图整斥诸个体，以至于产生对群体的支持。由此所产生的超越个体利益和秩序的诸规则就是规范（Normen）。③ 可以说，人类文明始于人们具有规范意识。而刑法规范的形成则标志着在社会共同体中形成了一种能够表

---

① 李洁：《罪与刑立法规定模式》，北京大学出版社 2008 年版，第 2、195 页。
② 关于几种法能力的概论请参见张训《法治完善需要法能力》，《法制日报》2012 年 3 月 21 日第 10 版。
③ ［德］京特·雅克布斯：《规范·人格体·社会：法哲学前思》，冯军译，法律出版社 2001 年版，第 24 页。

达和发泄人们对严重社会越轨行为集体愤怒的专门的知识系统。事实上,"国家从大量的反社会行为中抽象出一部分危害性严重的,作为法律上的犯罪类型加以规定成为当罚的行为,这种法律上的类型就是构成要件"①,加上相应的处罚措施就构成了刑法规范。

当然,刑法不仅要在解决个体权利行使过剩所招致的整体秩序危机中确立一套相对稳定的规则,并且通过其在往返于刑事立法与刑事司法的实践中磨砺出的权力技术,将这套规则嵌入民众的观念甚至血液中,并最终将其内化为人们的思维。这就是刑法的规范能力。即刑法作为规范本身需要不断地美化形式以求在获取民众认同的过程中先留下一个"好印象",但仅此尚不够,只有刑法规范内在张力充分外显,才能彰显其在法律体系中的"守护"作用。

其二,刑法的宣示能力。刑法并非一经公布即获得生命。刑法的诞生往往需借助类型化和概念化手段,而此会在一定程度上赋予刑法规范一定的显性特质,以便人们识别。但任何刑法想要深入人心并在践行中养成与社会生活互动的基本素养,尚需依赖于其立论基础的正当性、立法技巧的科学性和操作的可行性。这样,在它诞生之际就会蕴含着昭示天下的底气。否则,它要么沦为隐形法;要么被社会彻底放逐,为人们所遗忘。因而,宣示能力是良善刑法必须具有的品性。也可以说,刑法规范社会显示度的高低直接源于其本身的规范能力和宣示能力的强弱。如果说,强调刑法规范能力是为了突出刑法的形式美和内在张力,那么强调刑法的宣示能力除了能够进一步强化这一印象,还在于为了突出刑法规范的评价与指引功能。一如学者所言:"作为行为规范之刑法,既然是规定对于一定行为科处特定刑罚之法律,则于科刑之前,必须先明确显示如何之行为系法所不容许之行为,即刑法必须先评价或显示如何之行为系具有反价值之行为,进而,命令人民不得为一定之反价值行为,予以人民不得为该一定反价值行为之意思决定,即刑法预示不得为该行为之命令或禁止。"②

---

① 刘艳红:《刑法类型化概念与法治国原则之哲理——兼论开放的构成要件存在根据》,《比较法研究》2003 年第 3 期。
② 陈子平:《刑法总论》,中国人民大学出版社 2009 年版,第 10 页。

其三，刑法的自我调节能力。没有任何一部法律在诞生之初就是至善至美的。刑法也不例外。甚至可以说，刑法诞生过程的艰辛程度超过任何其他类型法律。这是刑法在法律体系中的地位使然，亦由此映射出刑法既要克制忍让（由其补充特性决定）又要主动出击（由其制裁特性决定）的两难处境。因触及社会共同体中个体权利的边界而使得刑法规范的设立必须小心求证，但作为维护社会秩序的最后屏障，决定其生成必须及时与有效。同时，刑法所应对的是活生生的社会现实，即便刑法典建立在丰富的现实基础和充分的理论论证之上，它也无法穷尽和预测社会生活的复杂多变。因而，刑法规范之生成注定是一个不断修正和自我调节的过程。刑法的自我调节能力主要体现在其承继能力和嫁接能力两个方面。刑法承继能力侧重于凸显现行刑法规范的历史叙说和展望功能。"以史为鉴，可以知兴替。"经济的飞跃发展使得现代刑事立法技巧可以轻易超越传统，但却抹不去几千年的刑法（刑罚）文化的积淀。毫不夸张地说，在当下任何一部法律身上都能找到历史的影子。面对博大精深的中华传统法文化，如何巧妙利用这面历史之镜，是检测刑法承上启下能力的试金石。而刑法承继能力的强大则为其完成自我修正和调节积蓄了必要的力量。至于刑法的嫁接能力则是从横向视角检视其自我调节能力，主要指其对域外刑法文化的感知与借鉴能力。在法律全球化背景之下，任何刑事立法都无法摆脱域外法系的影响，要做的是，如何移植并嫁接其有益的立法经验和技术以利于整合"本土资源"。

三　刑法的运行能力

"徒法不足以自行。"刑事立法仅是刑事法治的开端，刑法的可信度尚需在其实施中培养。而刑法的可信度是刑事法治精神养成的衡量标准，也是刑法的能力在刑事法治化进程中的生动体现。可以说，刑法的运行能力，是促成刑事法治的原动力。另外，遵循"有效法律是法律，无效法律不是法律"[1]的准则，即便刑法规范取得形式上的完备，仍需要检测与验证其有效性，而此恰是考察刑法运行能力的一个重要指标。

---

[1] ［英］约瑟夫·拉兹：《法律的权威》，朱峰译，法律出版社2005年版，第128页。

概而言之，刑法运行能力是刑法践行过程中的外生与内化能力，主要表现为以下几个方面：

其一，刑法的标识能力。"法律必须被信仰，否则它将形同虚设。"① 刑法信仰的养成首先要从人们认识它开始。这不同于"大师"手中的杂耍，越神秘越能够吊足信徒的胃口。刑法若要成为民众的行为准则，实现其评价与指引功能首先需要获得身份上的认同。而增强刑法规范的辨识度并形成日常的刑法生活场景则是这一切的开端。虽然刑法规范往往以制裁的严厉性而给人们带来感官冲击，让人们感觉到只要有刑法存在的地方就会有压力，但这只能表明经历过的才印象深刻。事实上，鉴于刑法的补充性和不轻易动用性，即便在法治社会，与民法等其他规范相较，刑法规范并不是人们眼中的"常客"，很多人都会出现对刑法规范认识上的偏差。特别是行政犯罪类型的增多，增强了刑法规范的陌生感，也加大了普通民众对刑法规范的甄别难度。刑法标识能力的提倡旨在让人们能在众多的定纷止争机制中一眼就看到刑法规范的身影，并且在涉及或者动用刑法时能够快速搜寻到与之匹配的规则。以此而言，刑法的标识能力实际上是刑法宣示能力的动态展现。

其二，刑法的普及能力。刑法的权威性、有效性和稳定性一定是建立在民众对它的广泛认同基础上。一如学者所言："国家的法律制度只有在原则上被接受了（也许每个人都有不同的原因），才会稳定。"② 其中，稳定是刑法的本质特征与根本目的，而承认习惯上的合法化事由和超越现实中既定法律的合法化事由是维持刑法稳定性的一条必要路径。为此，刑法必须要从森严的"庙堂"中走出，步入"江湖"，去接受民众的检视，感受习惯的氛围，完成从"法"到"习惯"的涅槃。就刑法自身而言，普及是它的生命归依，刑法的生命只有在实施中才能得以怒放，而刑法的普及能力体现为其宣传能力和最终成为人们"习惯"的能力。

实践表明，刑法在很多时候被漠视和冷落，有时甚至被囚禁在地下

---

① ［美］伯尔曼著：《法律与宗教》，梁治平译，中国政法大学出版社2003年版，第3页。
② ［德］魏德士著：《法理学》，丁晓春、吴越译，法律出版社2005年版，第148页。

第二章　刑法学新概念

室里，成为隐形法律。无法否认，当下仍有不少民众对刑法知之甚少或者一知半解。不少人谈及刑法仍仅仅拘囿于"死刑""监狱""刀把子"一些冷冰冰的字眼。似乎，刑法总以冰冷的面孔示人。至于究竟是什么阻止刑法知识步入"民间"，什么误导了人们的刑法理念，是一个值得深思的问题，而此恰恰成为刑法必须学会融入社会成为人们生活一部分的警醒。就宏观而言，普及刑法知识和刑罚理念也是人们政治生活中的一件大事，而刑法普及能力也是社会主义法治化建设的一股推进力。

其三，刑法的协调与应变能力。立足于当代，面对关系复杂的社会，刑法需要具有协调其与政治、文化、道德、科技等诸多领域关系的能力。

"合法性逻辑建立在社会分化为指挥者与服从者这一政治分工基础之上"[①]，但政治的稳定亦需依赖法律的维系。仅以刑法与刑事政策的关系而言，有人认为，刑事政策是一种高于刑法的政治考虑，[②] 还有人认为，刑事政策是刑法的灵魂与核心；[③] 反过来也有人认为，刑法是刑事政策不可逾越的界限。[④] 虽然本书无意于对二者关系的辨析，但是由此表明，如何协调与刑事政策之间的关系是刑法运行中必须面对的现实问题。换言之，如何巧妙地通过刑法条文展现刑事政策思想、固化刑事政策目标是衡量刑法贯彻能力的重要指标。

刑事政策可以算作刑法最为切近的政治亲缘，民族刑法则因为承载他域文化成了国家刑法需要审视的法文化亲缘。对于沾染一定政治色彩的刑法规范而言，来自文化等意识形态领域的准则并非与其自然对接，相反存在诸多差异。能否和怎样弥合它们之间的罅隙，是检验刑法协调能力的试金石。尤其与带有异域特色的民族刑法文化的呼应程度能更好地检测刑法的外部环境认知能力及其应变能力。现实中，国家刑法与民

[①] [法] 让-马克·夸克：《合法性与政治》，佟心平、王远飞译，中央编译出版社2002年版，第30页。

[②] 卢建平：《论刑事政策（学）的若干问题》，《中国刑事法杂志》2006年第4期。

[③] 陈兴良：《刑事政策视野中的刑罚结构调整》，《法学研究》1998年第6期。

[④] [德] 汉斯·海因里希·耶塞克等：《德国刑法教科书》，徐久生译，中国法制出版社2001年版，第93页。

族刑法的融合其实就是两种不同文化的融合。当然，融合的进程一定是双向的，既包括国家刑法对民族刑法合理部分的吸纳和不合理部分的剔除，也包括民族刑法对国家刑法的接受与排斥。

至于道德对刑法的影响则是自始至终的，贯穿于刑法的生成及至其运行全过程。一个基本的共识是道德的洪流虽然时常挟裹着刑法规范，但普遍的道德是刑法规范的基础，因为"道德在逻辑上先于法律，没有道德就不会有法律"[①]。不过，道德的无形和容易泛化更需要刑法规范的昭示与固化。作为驻守在道德最底线的刑法，更应当管控其在道德领域的收与放。

对于刑法与科技之间的协调，苏力教授的表述具有启发意义，他认为，司法的悲剧并不都是官吏的司法道德问题，而是与科学技术的发展相关，因而必须把科学技术力量作为司法改革和司法制度结构的一个基本的制度变量或参数来考虑。[②] 毫无疑问，人类社会的长足进展是在各种科学技术发挥作用之后。不过，在刑法生成及运行层面上，如何看待科学的正能量和影响力就不仅仅是一个技术话题，而且应视为一种人类的机敏。因为在刑法科学化的进程中必然会涉及刑法规则之间的利益制衡和伦理冲突问题，比如当科学原则与人道原则相冲突时，哪一个优先呢？由此，人类的机敏在这里会转化为刑法规范运行能力的机敏，并且通过刑法规范的协调能力表现出来。

其四，刑法的重构和整合能力。作为一种体系，刑法规范的建构不单纯表现为技术上的操作，而往往要在传统经验与现实基础、域外经验与本土资源的鉴别和取舍上大费周章，因此除了因为刑法拥有稳定性这一法律基本特征之外，仅就效益而言，也不允许其朝令夕改。但是因此会带来一定的问题：作为一种结构[③]，刑法体系容易沾染一切形式主义所具有的通病，即企图构建一种语言符号并通过它否定其他特定内容的性质，强调对其他一切内容的排斥，并将认识主体融入这一象征性体系

[①] [美] 米尔恩：《人的权利与人的多样性》，夏勇、张志铭译，中国大百科全书出版社1995年版，第35页。
[②] 苏力：《窦娥的悲剧——传统司法中的证据问题》，《中国社会科学》2005年第2期。
[③] 在结构功能主义论者帕森斯看来，结构本身就是一种规范。Parsons, T., *Social System*, New York: Free Press, 1951.

第二章 刑法学新概念

中，使这一语言符号成为判定一切的准则。所以，难以保证在刑法体系结构稳定的表象下不会隐匿着形式主义的话语霸权。而此往往成为掣肘刑法体系本身发展和现代刑事法治推进的最大阻力。因而，刑法体系构建过程必然伴随着必要的解构行为。可以说，人类经验永远处于塑造成长的过程中，因而建构和解构是事物发展的常态。"解构"旨在重建一个涵盖更广博、更有效的系统。一如海德格尔所言，"解构"实为"建构"的另一面，或者也可以说，两者是"共属一体"的。以海氏说法，"现象学的解构"必然属于"对存在的还原性建构"。① 尤其在"结构消解论"等后现代主义者那里，对原有体系的破除是一种社会推进力。

事实上，刑法的生成与运行是一个动态的持续的过程，在建构刑法体系的同时就应当尝试解构它以寻求重构的机遇，而刑法信仰的培植和刑法认同感的培养也是一个不断建构、解构和重构的过程。这些过程将成为刑法重构能力集中展现和反复验证的场域。

作为一个动态的系统，刑法规范的整合能力体现在其对资源的利用和配置上。经济学研究表明，一个社会无法拥有它想要拥有的一切东西，因为这要受到资源和技术的制约。同样，刑法的运行也要受到刑事司法资源和技术的制约，刑事司法可能性边界就是刑事资源配置功能的最大化和理想状态。② 刑法运行中，对资源配置的目标是最大限度地实现刑事司法效益，并且对现存与投入的资源组合结构中不合理的成分从宏观与微观的角度加以调整，也就是科学地分配和使用司法资源，使配置后的司法资源达到最佳结合从而发挥最大的效能，并最终建立起适应刑事法治化发展状况的资源配置体系。刑法规范整合力的提出既是司法资源的稀缺性使然，也是其作为一个系统的内在要求。就刑法规范系统的内部整合而言，需要完成对其构成要素的共生能力的整合，同时对参与进来的主体和成员进行知识聚集和创新能力的整合，以求提升其系统的内在竞争力。与此同时，从系统向外的活动和技术入手完成对刑法规范生成与运行体系的根植能力的外部整合。内部整合与外部整合的有机

---

① 转引自孙周兴《还原、建构、解构——海德格尔的现象学方法初探》，《中国现象学与哲学评论》第 2 辑，上海译文出版社 1998 年版，第 235—236 页。

② 邹绯箭、孙健：《刑事司法资源配置的经济学分析》，《人民检察》2010 年第 13 期。

刑法科学化进程中的新探索

融合才会促成刑法体系内外的信息传递、技术交流、资源互动、政策衔接等能力的提升，并最终形成一个逻辑上相互关联、相互依存、相互支持的竞争力系统。

其五，刑事司法能力。与刑事立法能力衔接最为密切的是刑事司法能力。如果在一定层面上视刑法生成能力为刑事立法能力的话，那么，刑法运行能力在很大程度上应视为刑事司法能力。可以说，刑法运行能力的核心体现就是刑事司法能力，而衡量与检测刑事司法能力的标准则主要是刑法规范的社会效果。因为"社会效果在所有的国家都是司法必须考虑的重要因素，尤其是在我们这样一个转型国家，更应该强调社会效果"①。实际上，刑法规范的社会效果并不能通过相对封闭的刑事立法显现出来，而是要通过相对开放的刑事司法活动呈现出来，言即，无论是刑法生成能力还是刑法运行能力的法律效果之衡量几乎都要落位到刑事司法能力身上才能检测出来。以此，刑事司法能力不仅是刑法能力的重要组成部分，也是整个刑法能力理论构建的实践支点。

不过，刑事司法能力是一个内容丰富的概念，它涵括了刑法规范运行中相关联的司法道德、司法品格、司法环境、司法技术、司法效果等诸多范畴，同时也是国家刑法规范适用中所动用的司法机器的所有构成主体的综合能力的展示。刑事司法能力这一命题足以作为一个专题论述，本书仅想借典型刑事司法案件的标杆意义之于刑事司法能力的法律和社会效果略作说明。

典型刑事司法案件有时能够成为某种标杆。正如陈光中教授所言，北海事件是司法制度上的标志性事件，②田成有则认为"李昌奎"案10年后会是一个标杆等。③"许霆案""药家鑫案"之于"云南许霆案""赛家鑫案"而言即带有标杆意义。刑事案件的标杆意义所带动的社会效应恰恰是刑事司法能力蕴含的社会效果和法律效果的生动展现，对刑法规范的结构调整和刑事法治化的进程也将产生深刻影响。

---

① 奚晓明：《努力实现法律效果与社会效果的统一》，《人民法院报》2008年9月23日第8版。
② 曹勇、黄秀丽：《中国律师界杠上北海公安》，《南方周末》2011年7月28日。
③ 贺方：《对再审"李昌奎"案的期待和建议》（http: //opinion. people. com. cn/GB/15177602. html）。

四 刑法的创新能力

创新是社会管理模式的灵魂,也是刑法生成与运行的灵魂。熊彼特认为:"创新是一种内在因素要求的结果。"① 创新能力是指把一般知识转化为专用知识的潜能。对于刑法规范而言,其创新能力是内生能量的外化。刑法的创新能力是左右刑法在法治社会中地位和走势的动力源,而驱动和牵引刑法不断创新的能量则是刑法的使命感和时代性。

刑法的最终使命在于成为民众的习惯,赢得公众认同并使人们养成刑法信仰是检验刑法能力的试金石,也是刑法需要不断创新的驱动力。新时代,社会管理创新目标的提出对刑法能力提出了新的要求。众所周知,社会管理创新理念源于社会实践,而"法律之所以重要是因为它属于一种特殊的社会实践——规范性社会实践(normative social practice)"②。刑法实践不仅是寻求社会管理创新机制的突破口,同时也成为解决社会管理创新模式中所出现的新命题的重要手段,更是实现社会管理创新目标和检验其实现程度的重要场域。这就告诫人们,刑法的创新不会是天马行空,而是立足于坚硬的现实。它既包括对传统刑法文化的传承能力,也包括对域外刑法思想的领会能力,还包括对当下刑法环境的认知能力。正如学者所言,法律具有进化力量,其表现于外者有动有静,自其静者观之,则为一时一地之法律;自其动者观之,则因时与地之不同而异其内容。③ 以此而言,所谓刑法的创新能力毋宁说是其因势利导之能力。

而且,刑法创新能力在国家形态持续存在的前提下无法改变其政治权力的本性,同时刑法创新亦不能随意改变刑法的优良品质,比如刑法的谦抑性品格。同时在创新时要学会对立场的坚守,比如出罪与入罪设置若触及刑法边界这一敏感区域一定要进行充分论证;在提倡构建民生刑法体系时不能突破当前的政治诉求这一界限;在提倡权利刑法时不可

---

① [美]约瑟夫·熊彼特:《经济发展理论》,何畏等译,商务印书馆1990年版,第147页。
② Jules Coleman, *The Principle*: *In Defence of a Pragmatist Approach to Legal Theory*, Oxford: Oxford University Press, 2001, p. 69.
③ 韩忠谟:《刑法原理》,中国政法大学出版社2002年版,第35页。

忘记公民权利乃有条件享有的训示；在提倡宽容刑法时明示其容忍的限度是必须保卫社会等。

当然，刑法创新能力也不同于刑法应变能力，前者的提出更为突出其主动性。既然是创新，就意味着突破。这亦与上文刑法运行能力中的建构、解构与重构思路一脉相承。现代刑法规范的重构能力必然包含着对传统刑法模式及其理论中成为经典的自然法则、基本原则与精神理念的扬弃，同时又要积极寻求恰当的方式以弥合传统理念与现代意识的罅隙，完成域外经验与本土资源之间的对接。

刑法创新能力主要定位在以下几个层面：

其一，刑法的科学化能力。凯尔森认为，法律问题，作为一个科学问题，是社会技术问题。[1] 王利民教授援引伯恩斯坦的四个标准，即：逻辑的标准、经验的标准、社会学的标准、历史的标准，判断法学是一门科学。[2] 以此，刑法和刑法学都是一门科学。而且，在一定意义上，刑法（刑罚）本身就作为一种培养优秀公民的"技术手段"。正如学者所言，在任何社会，刑法都是进行社会控制的一种重要的制度技术。[3] 所以，刑法科学化道路首先具备了形式上的逻辑起点。

刑法科学化能力是指刑法规范的制定者及其实施者充分利用现代科学技术，特别是充分理解并运用刑法科学的理论和方法进行制定和实施，允许程序开放但同时谨防程序的随意更改，并且通过实证及推理方法对刑法规范的制定程序、实施程序、绩效评估程序、文本形式、罪域安排、罪刑结构调整、罪质罪量设置等有机整合的能力。

当然，强调将科学技术引入犯罪与刑罚领域并非一定意味着创新，因为科学本身就是一把双刃剑，倘若唯科学马首是瞻则会滑入"科学主义"的泥潭，何况早在一百多年前，实证主义学派就已经尝试将科学技术运用到犯罪学和刑事政策领域，而且他们的努力已经影响了国家立法者。正如李斯特所言，刑事政策要求，社会防卫，尤其是作为目的

---

[1] [美] H. 凯尔森：《法与国家的一般理论》，沈宗灵译，中国大百科全书出版社1996年版，作者序。
[2] 王利民：《法学是一门科学》，《人民法院报》2013年2月8日第7版。
[3] 周少华：《刑法理性与规范技术——刑法功能的发生机理》，中国法制出版社2007年版，第55页。

第二章 刑法学新概念

刑的刑罚在刑种和刑度上均应适合犯罪人的特点,这样才能防止其将来继续实施犯罪行为。从这个要求中我们一方面可以找到对现行法律进行批判性评价的可靠标准,另一方面我们也可以找到未来立法规划发展的出发点。① 而在法国,1885年8月14日法律规定了假释,体现了立法者想使刑罚与犯罪人人格相适应的决心。1891年3月26日法律规定了刑罚执行的缓刑,并区分了偶犯和累犯。虽然法国立法者从未打算采纳以危险状态为依据的刑罚,也从未打算采取不定期判决,但在实证主义影响下,立法者一改过去只关注犯罪行为,开始关注犯罪人。②

及至当代,研究者仍坚信科学技术的力量,主张应使用统计学等现代科学方法分析犯罪现象、解明犯罪原因的同时,也应当依据精神医学、心理学、教育学及社会学等行动科学的见解,探讨有效合理对策。③ "新社会防卫学派"则汲取了当代人类多样性的科学观点,特别是当代生物学的人类染色体中有各种先天不足的观点,不认为所有的犯罪人都是需要治疗的病人。主张要对犯罪进行科学检测,并在审判前建立犯罪人的"人格档案"。这一人格档案由医生、心理学家、社会学家、犯罪学家等组成考察团队编写,是审判的先决条件。希望用临床检查的治疗方法来代替谴责的法律方法。在刑罚观上,新社会防卫论设定的前提是,犯罪是一种社会现象和人类行为,法律规定某种行为为犯罪并处以刑罚是不够的,其核心观点是建立在对科学技术依循前提下的非犯罪化、非刑事化、社会化。④ 我国学者也就此做出努力。如储槐植教授将模糊数学理论引入犯罪构成和刑法因果关系之研究当中。白建军教授在研究罪刑均衡的具体可能性时,采用社会测量学的方法对影响罪量的因素进行系统分析,并制定了详细的评价指标体系。周少华教授认为刑法是一门技术,并借用生物学和生理学的概念解析刑法机制和刑法机能。赵廷光教授则利用数学模型构建量刑模式并将电脑技术引入量刑活

---

① [德]李斯特:《德国刑法教科书》,徐久生译,法律出版社2006年版,第15页。
② [法]雅克·博里康:《法国当代刑事政策研究及借鉴》,朱琳编著,中国人民公安大学出版社2011年版,第81页。
③ [日]大谷实:《刑事政策学》,黎宏译,法律出版社2000年版,第15页。
④ [法]雅克·博里康:《法国当代刑事政策研究及借鉴》,朱琳编著,中国人民公安大学出版社2011年版,第87—93页。

动。有些理论也在实践中得以运用和验证，如山东省淄博市淄川区人民法院尝试进行电脑量刑。毫无疑问，这些努力在刑法科学化的进程中起到了有力的推进作用，为刑法科学化能力的形成和提升蓄积了能量。

不过，刑法科学化能力的最终养成还需要以此做出判断，即是否构建起科学的指导理念、科学的制度构架、科学的制定与实施程序三位一体的科学化系统。在刑法科学化的构成机制中，科学的理念融合于科学的制度构架，形成特定的刑法制度精神，这种制度精神通过科学的刑法决策程序表达出来。唯有如此，才能尽可能地通过开辟公民参与刑法制定与实施的渠道，最大限度地听取公民的利益表达，使得刑法生成与运行的过程呈现最大开放性，从而最大程度地汲取民众的智慧以保证刑法的理性。

其二，刑法的理念革新能力。刑法（刑罚）理念的变革是一个恒久的话题，可以说，自现代意义的刑法诞生起，刑法的革新理念就相伴而生。直至今日，理念的图新仍然是刑法变革的主题词，并逐步落位到"以人为本"之上，强调刑法的人性基础。具体体现以下几个转向上：即从"权力本位"向"权利本位"转向；从"国家本位"向"民生本位"转向；从"仇恨罪犯"向"宽容罪犯"转向。

这些转向对刑法的能力提出了新要求：即在充分保障自由和人权的前提下，如何最大化地实现社会的秩序与和谐。在社会管理创新语境下，如何摒弃刑法万能主义和工具主义等传统刑法观，如何改变刑事立法中的秩序中心主义和刑事司法中的权威中心主义局面，从而完成权力刑法向权利刑法、国家刑法向民生刑法、仇恨刑法向宽容刑法的转变，同时提升刑法的应变能力并发挥其在社会管理中的作用，推动刑事法治领域的能动司法，这是考验刑法创新能力的关键所在。

在今天，刑法理念上的革新能力亦通过刑事立法、刑事司法和刑事执法三个层面体现出来。在刑事立法方面着重改变惩罚中心主义理念，强调人权保障思想。刑法修正呈现出刑法个罪罪刑规范结构从"厉而不严"到"严而不厉"的倾向，如《刑法修正案（八）》在原盗窃罪中增设了"扒窃"等三种独立的不法行为类型。在新刑事诉讼法中写入"尊重和保障人权"而使其获得"小宪法"之赞誉。在刑事司法领域，敢于提倡"宁可错放，不可错判"的司法理念，通过推进量刑规范化改革和建立案例指导制度以规范司法行为，进而提升刑事司法能力。积极践行刑罚个别化、刑事和解等制度。在刑事执法领域，积极探索多元矫正机制，寻求完善的刑罚替代措施。其中社区矫正制度随着各地社区矫正中心的成立和运行日趋成熟。

其三，刑法的体系调整能力。刑法的体系调整能力不同于上文所言的刑法的自我调节能力和刑法的协调能力。刑法的自我调节能力是刑法规范和体系的常态活动，是对传统文化和域外经验的感知和自我修正的能力；而刑法的协调能力的提出意在强调刑法与其他上层建筑及思想动态之间的互动能力。此番在刑法创新理论的启发下，提出刑法的体系调整能力，旨在从技术层面尝试对刑法规范进行体系的整合，以求刑法规范至少在形式上跟上时代。

这就涉及刑事政策刑法制定活动的运筹技术和结构营造技术。所谓刑法制定的运筹技术，主要指刑事政策制定过程中如何安排、调度、筹划和控制有关事项的方法和操作技巧。其目的在于帮助立法者科学地确立刑法制定的方针和行动，正确地做出抉择。而刑法的结构营造技术主要是指刑法文本的起草技术。具体包括刑法文本的框架设计技术、刑法的属性定位技术、刑法文本名称构造技术、刑法规范条文构造技术、刑法文本使用语言表述技术等。

在刑法体系之内，涉及技术层面的调整范围主要有立法规定模式、法定刑设置模式、罪域的体系安排、个罪罪刑结构的调整等。而调整的时机、手段、范围选择都是刑法体系调整能力的体现。

就立法规定模式乃至外在形式而言，不同国家、不同时代，调整大致相同社会关系的法律规范风格迥异。以《法国民法典》和《德国民法典》之比较为例。前者文字优雅，堪与文学作品相媲美，却在一定程度上牺牲了法律的准确性和可操作性；后者理性、精准，富有逻辑性，而放弃了通俗易懂和对民众的教育作用。但是，它们都不失为近代法典的精良之作。这表明，法律在技术上存在可选择性。[①] 不同国家，刑法关于罪与刑的规定模式存在诸多差异：风格上，有的细密精致，有

---

① 周少华：《刑法理性与规范技术——刑法功能的发生机理》，中国法制出版社2007年版，第32页。

的粗放简约；对罪刑的规定有的采取列举式，有的采取概括式；具体到对犯罪的定义，有的采用"立法定性＋司法定量"二元化定罪模式，有的采用"立法定性＋定量"的一元化定罪模式。不同时代，一国刑法立法模式也可以做出技术调整。"与1979年刑法相比较，我国现行刑法在立法模式上改变了简约、概括的立法模式，而采取了相对细密、具体的立法模式，无论是在法条的数量上，还是在罪之规定的方式、刑之规定的方式等方面都可以得到反映。"①

就法定刑的设定模式来看，主要有两种基本模式，一种是交叉式，即指不同罪刑阶段的法定刑在刑种或刑度上存在交叉；一种是衔接式，即指不同罪刑阶段的法定刑在刑种或刑度上互相衔接。② 作为一种技巧，究竟采用交叉式还是衔接式的法定刑设定模式也是刑法体系调整能力的体现。

罪域设置是否科学、合理也成为衡量刑法体系调整能力的标准。刑法规定的每一种犯罪，都具有犯罪定性的意义。在刑事立法上，基于所保护法益的关联度，相关罪名被技术性地安排一处，形成异于其它的罪域。这种罪名设置的刑法体系上的安排被称为专门刑法的立法模式。一般而言，对于某一类罪域的立法安排有如下几种方式：一是刑法典模式，即将现有的某类犯罪一概纳入刑法典的方式。二是单行刑法模式，即将某一类犯罪及其法律后果以决定、规定、补充规定、条例等名称颁布，单独成例的模式。三是附属刑法模式，即将某类行为罪刑规定在民法、经济法、行政法等非刑事法律中的方式。四是混合式模式，即某一类犯罪既采刑法典模式，但同时还有单行刑法模式或附属刑法模式。对于一国现行刑法规范设置而言，究竟采用那一种罪域安排模式值得进一步探讨。

也由此联系到对于具有特别重大社会影响或者已经成为规模的某一类罪名从刑法典中析出为之单独设置单行刑法的问题。如近年来学者力倡构建劳动刑法、环境刑法、行政刑法、经济刑法等。至于这些刑法分支设立的必要性、合理性和可行性等问题如何论证不在本书研究视域

---

① 李洁：《罪与刑立法规定模式》，北京大学出版社2008年版，第3页。
② 同上书，第211页。

内，但其研究对于刑法体系调整能力而言是一个新挑战。

至于个罪罪刑结构的调整则因为社会的快节奏而变得日益频繁。对个罪罪刑结构的调整方式可以借助新刑法典的颁行集中进行，也可以借助刑法修正案的方式分而治之。例如，1997年刑法对1979年刑法中的"流氓罪"进行"肢解"以便消除其口袋性。《刑法修正案（八）》在寻衅滋事罪中又增加规定"纠集他人多次实施前款行为，严重破坏社会秩序的，处五年以上十年以下有期徒刑，可以并处罚金"。该条款的增设调整了此罪的刑罚结构，体现了处罚上的差别对待。

五 结语

刑法的生成能力蕴含着刑法规范的可信度，而刑法的可信度主要由刑法运行能力彰显，刑法的创新能力则是刑事法治最终达成的不竭动力。此三者层层递进又互为依托，共同构筑起刑法能力体系。而刑法能力体系的建立对于能否使得刑法以往留下的"冷血、生硬"的形象有所改观，能否为贯通国家、社会与市民之间的话语交流辟出足够的空间，将起着决定的作用。至于刑法能力体系应当通过怎样的途径才能发挥其最大的功效则当另文撰述，此处仅勾勒一个大体的框架，即刑法体系的未来在于努力营造一个和谐的外围环境以便其能够赢得民众的认同，而达此目标必须以"充分的商谈自由"与"民众的可选择性"为支点。

相较于其他法律，刑法的刚性特征无疑最具"质感"，往往被视为国家权力控制的最后一道阀门。但"法律的主要作用并不是惩罚或压制，而是为人类共处和为满足某些基本需要提供规范性安排"[1]。因而，刑法虽是最具强制性的规范，也不应当单纯依靠强制获得服从，和议与认同是民主刑法和权利刑法诞生与传承的必要方式。事实上，在刑事法治的视野中，从来没有绝对的权威，认同是刑法规范在社会中得以为继的永恒方式，对刑法规范的认同是最为持久的服从。[2] 因而，刑法能力

---

[1] ［美］博登海默：《法理学：法律哲学与法律方法》，邓正来译，中国政法大学出版社2004年版，第366页。

[2] 张训：《论刑法的生成——以刑法规范的正当性为中心》，《内蒙古社会科学》（汉文版）2010年第5期。

体系需要促成这样一种刑法理念——赋予民众"商谈自由"和"充分的可选择性"。

谈及刑法所产生的社会效力，毋庸置疑，刑法之刚性对于国家和社会秩序的调控起到了难以替代的作用。但是法律颁行之后必然在一定程度上改变初衷。在国家与市民的分化成为社会的显在现象的当代语境中，权益主体也日益分化成国家公民与社会成员两种身份。作为公共治理规范之一的刑法理应体现并适应上述变化，主动推卸一部分国家权责给市民社会，完成从国家刑法向社会刑法的华丽转身。具体言之，在资源耗费巨大的刑事法治化进程中，必须善于发动社会的力量而不是过分依赖国家的力量，摒弃刑法万能论，充分认识到刑法之软对刑事法治化的巨大推进力，从而修正刑法"一硬到底"的"斗争方式"，采用"软硬兼施"的方略，以便于释放刑法能力体系最大的正能量。

第二节　刑法情绪

一　情绪、情结：刑法普及的两个重要心理暗示

刑法的最终使命在于成为民众的习惯。不具有成为习惯的因子或者客观上无法达成习惯的刑法绝不是真正的法律，更谈不上是良善之法。习惯到刑法、再从刑法到习惯是刑事法治的一体两面。或言，刑事法治是由这样变动不安的两面合体而成。

尽管因为常躬身于社会以应对犯罪这一常发现象，刑法（主要表现为刑罚）的身影得以经常穿梭在民众中间，因而似乎顺理成章地就成为民众的习惯，再不济也该在民众面前混个脸熟。的确，作为法之重器，人们对刑法套数的熟悉程度往往甚于其他法律，但这绝不意味着熟稔就等于习惯。事实上，较之于其他法律，刑法所表现出的"恶意"[①]往往成为民众禁忌进而滋生排斥情绪的祸根，以此而言，刑法演化为民众习惯（刑法普及）之路反而更为艰辛。

---

① 正如学者所言，刑法长期以来被统治阶级看作可以任意调遣的工具，被民众视为专司生杀予夺的峻法。……尤其在中国，过久的刑法威吓已经在民众心中留下了挥之不去的阴影。参见周光权《公众认同、诱导观念与确立忠诚——现代法治国家刑法基础观念的批判性重塑》，《法学研究》1998年第3期。

第二章 刑法学新概念

不过，这也恰恰成为刑法普及的最佳切入点。考察近些年来所发生的一系列公众积极参与的典型刑事司法案件，会发现，公众参与其间的民意表达——或认为定罪不准，或认为量刑失衡。实践也表明，大多数典型案件中的民众情绪多是由量刑偏差而引发的——这恰是刑法情绪的宣泄。尽管这种刑法情绪多是短促的、自发的甚或是缺乏理性的，而且就某一特定典型刑事司法案件所表达出的刑法情绪往往随着案件的进展飘忽不定。不可否认，这种摇摆不定的民众刑法情绪可能成为影响某一特定案件最终审定的异质性案外因素（有时成为民意绑架司法的口实），而且给其他民众的刑法情怀带来一定的延伸影响（心理学称为"偏向效应"①），也给准确衡量与评价这一时期刑法信仰和刑法认同程度带来一定的阻滞。但我们也应该注意到，民众积极参与典型刑事司法案件所释放出来的刑法情绪，恰恰表明刑法在民众心目中占有一份领地，而这为刑法在民众中普及铺垫了良好的群众基础。

刑法的普及过程就是刑法被认同与信仰的过程。在奇妙的人类社会中，"人们相互结成一个共同体，并在其中感受到了某种信念或感情。相反的意识总是相互消解，而相同的意识总是相互融通，相互壮大；相反的意识总是相互减损，相同的意识总是相互加强"②。这种逐渐加强的意识为日后达成某种默契（认同）种下理想的种子。不过，它必须寻找一种途径释放出来。规范成为较为合宜的选择，因为"规范通过给人们为共同体充满活力的发展确定一个角色，而给人们在共同体中的存在赋予了地位"③。刑法作为人类共同体规范体系之重要一环，其自身有效性也理应得到维护。正如学者所言，所谓规范的维护，实质意义指的是规范实效的维护，亦即保持稳固的社会秩序。保持稳固的社会秩序，背后代表的是社会人对于规范（不管基于什么原因）的认同。④ 可

---

① 心理学研究认为，偏向效应是指，情绪信息尤其是负性情绪性信息会被优先选择出来进行认知加工，并使随后的认知加工受其影响，使随后加工的信息具有该情绪性质。参见李炳全《论情绪与认知的整合》，《徐州师范大学学报》（哲学社会科学版）2011年第3期。

② [法]埃米尔·涂尔干：《社会分工论》，渠东译，生活·读书·新知三联书店2000年版，第61页。

③ 周光权：《刑法学的向度》，中国政法大学出版社2004年版，第148页。

④ 黄荣坚：《基础刑法学》（上），中国人民大学出版社2009年版，第24页。

见，认同是对刑法规范的最好维护。关键还在于，刑法首先必须树立好自身的形象，这是获得民众好感直至认同的前提。如此，刑法作为一种国家权力运作方式，对社会控制的触角应当尽可能限缩，否则，会如学者所担忧的那样："国家可能无处不在，其触角可以伸到每一个角落和缝隙，但它的结构、进程和政策可能已经远离公民的认同感、历史感和一致感。"① 而且，刑法形象的塑造应当讲究策略，尽力避免显露其手段上的"恶"，彰显其骨子里的"善"。因为，美国法学家昂格尔早就告诫："法律被遵守的主要原因在于集团的成员从信念上接受并在行为中体现法律表达的价值。人们效忠规则是因为规则能够表达人们参与其中的共同目的，而不是靠强制实施规则所必须伴随的威胁。"②

刑法被民众认同与信仰则意味着它要深深嵌入民众的躯体、刻进民众的心灵，成为时刻流淌在民众身体中的血液。"在没有宗教信仰、没有自然法传统"的社会里，如何才能达至这一理想状态？在学者看来，只有"通过长期的刑事法实践，才会使民众对刑法规范有一种认同感，将其视作与自己的生活利益和日常生活场景有关的东西，而不是简单地将其视为纯粹威吓、杀戮的工具"③。言即刑法普及别无他途，唯有通过不断的实践。

而刑法实践是刑法生活和刑法政策相互结合的过程。刑法生活是在社会的芸芸众生之间自发地形成并且以某种特定模式运行的，因此刑法生活具有鲜明的公共道德之属性和意义。公共道德领域所涉及的，都是事关社会共同体中具有重要价值的公共利益的行为，刑法生活所涉事件，都是极其关乎社会公共价值的。由此，刑法生活孕育和承载了大众的刑法观。我们把刑法观理解为人们对刑法的根本看法和与之相适应的基本情感。所谓对刑法的根本看法，是指对刑法的性质、作用的总的观点；所谓与之相适应的基本情感，是指与这种根本看法相适应的内心体

---

① ［澳］约瑟夫·凯米莱里、吉米·福尔克：《主权的终结？——日趋"缩小"和"碎片化"的世界政治》，李东燕译，浙江人民出版社2001年版，第251页。

② ［美］昂格尔：《现代社会中的法律》，吴玉章、周汉华译，中国政法大学出版社1994年版，第165页。

③ 周光权：《刑法学的向度》，中国政法大学出版社2004年版，第18页。

验与情绪表现。① 一言以蔽之，刑法生活是刑法之道德基因所存在、表现的基本场域；刑事立法者、执法者、司法者和法学者重新回到刑法生活，是尊重和确证刑法之道德基因的基本途径。② 而在我看来，在刑法生活的场域里甚至没有也不应有刑事立法者、司法者、执法者、法学者与普通民众的划分，刑法生活场景应该是所有的人在一体的刑法下所形成的共同生活写照，没有主演与配角之分。尽管人们的刑法观存有差异，却拥有共同的刑法信念；不管是否遵从，人们对刑法却普遍认同。当身边出现刑事案件时，人们脑海里就能浮现出与之匹配的刑法意识。这是刑法普及的终极目标，这是刑法成为习惯的必然路径，这是刑事法治所追求的理想状态。

在此过程中，与大众刑法观相适应的对刑法传统、刑法理念、刑法精神、刑法正义等理想层面的内心体验凝结成刑法情结，对刑事立法、刑事司法、刑事法治环境和刑事典型案件等现实层面的感受则往往通过刑法情绪释放出来。由此，刑法情结和刑法情绪成为衡量刑法普及和实践程度的两个重要心理暗示。

根据《现代汉语词典》解释：情结是深藏心底的感情；情绪是人从事某种活动时产生的兴奋心理状态。③ 心理学研究显示，表面上看，情绪是一些身体的变化和情感的表现；事实上，情绪包含的东西远远不止如此，不仅包含了行为、行动和社会相互作用的倾向性或习性，还提供给我们一种理解世界的不同方式——情绪能帮助我们感受事物。心理学界公认的观点，情绪是由以下四种成分组成的：（1）情绪涉及身体的变化，这些变化多数是情绪的表达形式。（2）情绪是行动的准备阶段，因而亦可称之为行动潜能。（3）情绪涉及有意识的体验。（4）情绪包含了认知的成分，涉及对外界事物的评价。④ 对于"情结"（complex），瑞士著名心理学家荣格认为，在无意识之中，一定存在着与种

---

① 刘远：《生活、政策、实践与文本——对刑法概念的去蔽》，《当代法学》2010 年第 1 期。
② 刘远：《刑法概念的法哲学问题》，《现代法学》2008 年第 4 期。
③ 《现代汉语词典》（修订本），商务印书馆 1998 年版，第 1035—1036 页。
④ ［英］M. 艾森克主编：《心理学——一条整合的途径》（下册），阎巩固译，华东师范大学出版社 2000 年版，第 736 页。

种情感、思维以及记忆相互关联的种种簇丛（在学者介绍荣格的学术研究时，也称其为"情综"，笔者注）。它们宛如总体人格结构之中独立存在的、较小的人格结构。它们是自主的结构，具有自身的内驱力，在控制我们的思想和行为方面，它们可以产生极为强大的影响。荣格列举了著名的一例情综是恋母情结（mother complex）。①

相较而言，在心理学层面，情绪停留在浅表，容易外化；情结更为深沉，通过人的心理对人的行为产生更为持久的影响力。但情绪的外露必定受内在某种情结的支配，换言之，情结是情绪流露的深层动力。结合心理学的研究成果，经过刑法学和社会学改造，刑法情绪是指人们在认知刑事司法事件等刑法现实过程中，经过内心体验和有意识的筛选后对这一现实的主观评价和蓄积表达的潜能并由此表现出的心理和生理反应。刑法情结则是指人们在长期的刑法生活中，经受传统和现代刑法理念的熏染，在内心深处所淤积的无意识的、却时刻不在控制人们刑法思维和刑法表达的自洽的刑法集束情感。刑法情绪往往在面对具体刑事司法事件时急促爆发，但是无法排除受制于刑法情结。民众刑法情绪爆发的力量一定源自于长久以来凝结在民众心底的刑法情结。就具体的刑事现象来看，民意参与甚或绑架典型刑事司法案件固然是刑法情绪燃烧的表现，而追根溯源，一定能够找到潜藏着的刑法情结的症结。而且，民众刑法情怀的培养或者刑法被民众信仰，则更多地受刑法情结的内在牵引。因而，我更为重视民众刑法情结的探析，更愿意以刑法情结来衡量和测试刑法在民众中的普及程度以及民众对刑法的认同程度。

需要说明的是，作为一种心理暗示，刑法情结与刑法情绪显然具有人类心理上的共性特征，但是笔者更倾向于从社会学和法学的角度考察它们。因为，倘若完全依赖于心理学研究路径，一者为笔者力所不逮，二者偏离了研究路向。为此，笔者在社会学和法学的视域中考察民众的这两种心理，难免会对一些心理学概念和内涵做出符合自身研究路径和意义上的篡改，不当之处，望乞见谅。

---

① ［美］卡尔文·S. 霍尔、沃农·J. 诺德拜：《荣格心理学纲要》，张月译，黄河文艺出版社1987年版，第29页。

二 民众刑法情结的恶性倾向

以心理学研究中负情绪里的愤怒为切入点,会发现,随着现代文明社会的驾临,原初意义上的愤怒发泄方式之主动攻击形式已经有所改变,变成一种表达自身反抗意向和态度的标志,而不必然和攻击行为联系起来。但是,负情绪中愤怒、厌恶、轻蔑等敌意情绪则成为近些年来所发生的典型刑事司法案件中"民愤"的最好注解。与此相适应,情结在无意识中形成与累积,当它逐渐膨胀到一定程度的时候,就有机会发作而表现为人格与自我的替代主角,不能再理智地表现本来的自己,而是完全被情结所占据与控制。言即,人们可能会被某种情结支配而无力自拔。可见,依心理学角度而言,情结骨子里就透露出一种控制欲望。此外,按照荣格的分析,"对某一主题的执着,使群集于它周围的联想变得十分丰富,使某一特定观念的集束(情结)得以巩固,但是同时,观念集束(情结)也就中断了与外在事物的联系,使自己处于封闭状态"[①]。情结的这种偏执更像是被魔鬼迷了心窍,令人难以捉摸并无法改变。

心理学上的警示意义在于:我们应当注意并警惕民众刑法情结中的恶性倾向。这也在现实生活中得以印证。考察近些年来典型刑事司法案件中的民众参与和民意表达,会发现,绝大多数典型刑事司法案件中所释放出来的刑法情绪和隐含着的刑法情结都具有偏执倾向,带有明显的非理性和"恶性"特征。当然这里的"恶",并非指人性中恶念的自然流露和针对特定个体单纯的恶意表达,而是指"杀人偿命、以血还血"等传统刑法报应主义在民众情结中的复活,显示了民众对刑法万能主义、刑法工具主义、重刑主义有一定程度的迷信与依赖。

还有一个问题需要事先说明,民众刑法情结中之"民众"的主体是什么?尽管笔者在上面说过,立法者、司法者、执法者与法学者虽然曾受过专业的法律训练,法律思维、法律意识与普通民众存有诸多差异,但是在刑法生活场景中,他们与普通民众并无主次之分。不过,必须承认,法律专业人士与普通民众在刑法情绪的表达和刑法情结的显现

---

① [瑞士]荣格:《心理类型》,吴康译,上海三联书店2009年版,第237页。

上存在客观上的区别。因而，笔者主张，在描述典型刑事司法案件的民众刑法情结时，应当刻意将法律专业人士与普通民众划分开来，也就是说，典型刑事司法案件中民众刑法情结的构成主体应当是普通民众。至于，大众传媒群体尽管大多没有受过专门的法律训练，媒体人大都不具有法律思维和意识，但他们在典型刑事司法案件中只应当被视为普通民众和法律专业人士情绪表达的"黏合剂"，所以也应被排除出民众刑法情结的场域。另外，典型刑事司法案件的当事人和关系人因为涉嫌带有倾向性情绪，也应当规避出民众刑法情结的考察视野。例如，药家鑫案开庭审理时，法院向旁听公民征求量刑意见。现场500名旁听人员，每人都收到一份"旁听人员旁听案件反馈意见表"，问卷上除了庭审的合议庭成员名单，还有两个问题：您认为对药家鑫应处以何种刑罚？您对旁听案件庭审情况的具体做法有何建议？接受问卷调查的500人中有400人是大学生，其中药家鑫的母校西安音乐学院学生的人数比其他学校的学生还多，而村民和受害人亲属才区区25人。[①] 姑且不论司法机关对参与旁听、发表量刑意见（也就是表达此案刑法情绪）之人员筛选是否合理，只看参与其中的两极对立（且忽略对立双方力量对比上的悬殊），就应当清楚，无论是一方的区区25人，还是另一方来自被告人母校的集群，都无法做到刑法情绪和刑法情结的自然流露。因为，在此处，它们显然会经过刻意的筛选和一定程度的克制。如此，在面对典型司法案件时，民众刑法情结中的民众主体不应当包含当事人及其关系人这一类群体。

药家鑫事件当事人被执行死刑，此案已尘埃落定，但是该案件终究是研究民意与司法关联、考察民众刑法情绪和刑法情结割舍不掉的典型案例。笔者就以药家鑫案为例，对典型刑事司法案件中民众刑法情结的恶性倾向做一简单说明。

"药家鑫热"已然消退。但民众当时主要依托网络这种具备强大视听功能的介质作为阵地释放刑法情绪、显示刑法情结，因而检索网页成为捡拾此案当时热议盛况残留场景的方便途径。

[①]《法院审理药家鑫案向旁听者征量刑意见引争议》，http://news.qq.com/a/20110414/000520.htm。

第二章 刑法学新概念

通过对网页的检索,笔者得到的一个基本信息是,参与论辩药家鑫案件的社会公众显然分成两个阵营。其中一个阵营是"洗脱派",被推上风口浪尖的代表人物是因"弹钢琴强迫杀人法"言论点燃民众"激愤"的中国人民公安大学李玫瑾教授。与之对立的另一方则是务求处死药家鑫而后快的"声讨派",其中以"不杀药家鑫、法律正义必死"之豪言令民众交口称赞的北京大学孔庆东教授为先锋。虽然笔者并不认同药家鑫案件中最终民意绑架了司法,但是不能不说它的确是在民意狂欢的图景下谢幕。因而,可以姑且认为,以主流民意为代表的"声讨派"占尽上风。并且,受害人亲属为此放鞭炮以示庆祝。① 受害人丈夫还给法院送了锦旗以示感谢。② 恰如学者所言,关于药家鑫的"两份判决既符合法律也符合民意"③。不过,笔者却透过万众欢腾背景下最后缓缓闭上的那道帷幕感受到一丝丝阴冷的气息,令人不寒而栗。而其源头正是隐藏在民众心灵深处一个阴暗角落里的刑法情结。

首先,民众刑法情结中弥散着传统的刑法工具主义和重刑主义格调。"杀人偿命""以血还血"固然是朴素的报应主义正义观的生动体现,不过这种观念的致命之处在于充斥着暴戾之气,与当代刑法宽容情怀之提倡格格不入,更与塑造刑法文明的要求背道而驰。毋宁说,追求绝对的刑法正义,一味地强调对犯罪人从重施罚不仅点燃了传统重刑主义意念在当代复活的火种,还弃刑法应有的人性基础于不顾。当年,拉德布鲁赫满怀深情地告诫人们:"将来的刑法是否可以获成效,取决于将来的刑事法官是否将歌德在'马哈德,大地之主'中所说的话铭刻在心上,即:他应惩罚,他应宽容;他必须以人性度人。"④ 但在药家鑫案和之前的刘涌案及后来的李昌奎案上,笔者在郁结于此的民众刑法情结里感触不到人性的温情,反而窥探到充满吊诡的森森阴气。

---

① "药家鑫获死刑,受害人家属在法院外放鞭炮",http://news.ifeng.com/society/special/yaojiaxin/content-2/detail_2011_05/20/6526419_0.shtml?_from_ralated。

② "药家鑫被执行死刑,受害人丈夫将给陕西高院送锦旗",http://legal.people.com.cn/GB/14838315.html。

③ 陈柏峰:《法治热点案件讨论中的传媒角色——以药家鑫案为例》,《法商研究》2011年第4期。

④ [德]拉德布鲁赫:《法学导论》,米健等译,中国大百科全书出版社1997年版,第99页。

其次，惩罚理性的丧失。尽管学者们曾从不同角度对理性进行过批判：培根曾言，决不能给理性加上翅膀，而毋宁挂上沉重的东西，使它不会跳跃和飞翔追求快感和私欲的满足；① 英国学者弗里德里希·A.哈耶克则直接提出"科学的反革命"来驳斥理性的滥用；② 但理性有一个最基本的含义是共同的，这就是指人的理智能力。③ 当笔者在网络视频里看到这样的场景：一个身形消瘦的小偷（也可能只是嫌疑人）被数十人围追堵截，最后被一人飞身踹倒在街角，十数人一拥而上对其拳脚相加，有人还动用了棍棒和板砖，不分部位、雨点般地砸向他。由于空间的局促，一些"追客"插不上手，围在旁边吆喝助威。小偷蜷缩成婴儿在母体里的样态，侧身翻滚着。因为看不清他的脸，所以无法看到他苦楚的表情，但可以断定的是，他此刻身心正备受煎熬。使人仿佛闻到了周围空气中弥漫着令人窒息的烤焦的气味，仿佛听到了被乱石击死和浸猪笼前那个有奸情女子的哀鸣，甚至由此联想到一切因为犯错被同类施以酷刑时的犯罪者的彻骨之痛。此刻笔者所感受的不光是这些"坏人"的可恨和咎由自取，还有对"惩罚"及"惩罚者"的另一番体味。惩罚是唯一的正义吗？正义能够在一群失去理智的惩罚者身上真实体现么？笔者想起了麦迪逊的名言，"即使所有的雅典公民都是苏格拉底，每次雅典会议的成员依然会是一群暴徒"④。

"围观起哄""喊打过街老鼠""痛打落水狗"，一如杀红眼的剑客，逮谁是谁。"一人犯罪，株连九族"，在药家鑫案中，当事人自然是口诛笔伐、人人喊打的对象，就连辩护的律师、帮腔的学者、作证的老师、出庭的同学都成为谩骂的对象。早些年的刘涌案不也一样，参与辩护的律师和发表咨询性意见的专家亦遭受口诛笔伐甚至恣意谩骂。笔者有一种预感，一旦一个时代的上空弥漫着焦虑、怨愤、冷漠、恐慌、

---

① 转引自陈兴良《刑法的人性基础》（第三版），中国人民大学出版社2006年版，第12页。

② [英] 弗里德里希·A. 哈耶克：《科学的反革命——理性的滥用之研究》，冯克利译，译林出版社2003年版。

③ 蒙培元：《情感与理性》，中国人民大学出版社2009年版，第13页。

④ [美] 亚历山大·汉密尔顿、约翰·杰伊、詹姆斯·麦迪逊：《联邦党人文集》，张晓庆译，中国社会科学出版社2009年版，第262页。

第二章 刑法学新概念

猜忌和不确定性，在失却道德和人性的看守后，蛰伏在人们心灵深处的残忍与暴虐定会伺机而动。那必将是一个充满风险的时代！

对理性的背离还体现在民意的蔓延和偏执上。"跟风"似乎成了界分人与动物的标志性行为，当人类遭受整体性灾难或遇到蔓延性心理恐慌时，本可以借助这种特质以度过危机。但是因为无知或有意起哄一味地"随大流"则一定无助于民意的良性发展，无益于人类的整体进步。在此角度，"跟风"恰恰是失却理性的表现。众人对网络上"药家鑫不死，法律死"这句名言的崇信即是例证。同时，这也表明了此间非此即彼的偏执逻辑占据了民意的主导地位。以至于，腾讯网在策划药家鑫案件的"今日话题"中认为"皆曰可杀、不容置喙"的公众心理是药家鑫死罪难免的决定因素，并感叹如果一个社会充满"无正义的伪理性"，那么必然会逼出很多"反理性的伪正义"[①]。

逻辑上的背反本身也是对理性的背弃。民意的反复无常、不论道理、不讲逻辑实在令人纠结。有人就马加爵案件和药家鑫案件进行了比较，认为，马加爵的杀人行为更为残忍，不过，由于马加爵家境贫寒、刻苦勤奋、孝敬父母、长期受人欺负、人格遭到凌辱，他的行为就是有前因的报复行为和反抗行为，从道德上讲有一定的正义性，公众因此而同情他，甚至希望司法能够宽宥他。而药家鑫因为一起车祸残忍杀害弱小无辜者，加之媒体无端充当辩护律师，药家鑫再无免死的可能。因为社会公众已经被传媒和公共知识分子激怒。[②] 以此来看，既然规范意义上，马加爵更应处死，却因为家境贫寒、刻苦勤奋、长期受人欺负，博得了民众同情。药家鑫罪行稍轻，而且亦曾刻苦学习，却因没有长期受人欺负、媒体无端渲染、公共知识分子不当评判[③]惹怒了民意，就最终

[①] "李玫瑾挨骂与孔庆东受捧"，http://view.news.qq.com/zt2011/lmjkqd/index.htm?pgv_ref=aio。

[②] 陈柏峰：《法治热点案件讨论中的传媒角色——以药家鑫案为例》，载《法商研究》2011年第4期。

[③] 有媒体称药家鑫是个"品学兼优""安静""文气"并多次"获奖"的"优秀学生"。参见张寒《从撞人到杀人药家鑫的蜕变》，《新京报》2010年12月6日。李玫瑾教授亦忘情地依从职业习惯评价药家鑫的动作是在他心里有委屈、在他有痛苦、在他有不甘的时候，却被摁在钢琴跟前弹琴的一个同样的动作。参见《药家鑫杀人心理分析》，http://video.sina.com.cn/v/b/50736491-2071395861.html。

堵死了药家鑫免死的所有进路。一样的大学生，同样残忍地故意杀人，主要因为有人抢先发表了偏袒意见，就引起公愤。看来人们痛恨的不是药家鑫，而是替药家鑫帮腔的人。射箭尚要对准靶心呢，如此民意还按照常理出牌么？民意虽不可违，但民意有些可怕！

失去理性的航标，情绪在人们心灵的上空飘忽不定。虽然典型刑事司法案件中的民众参与大多表现为短促的情绪化特征，但正如上述分析，这种刑法情绪的爆发最终源自刑法情结长久以来的积淀。因而可以说以典型刑事案件为例透视民众刑法情结并未失当。关键在于找到导致民众刑法情结恶性倾向的症结并提出拆解之道。

笔者认为，导致刑法情结恶性流向的原因主要在于以下几个方面：

第一，传统刑法观念浸染。在笔者看来，药家鑫案、李昌奎案等典型刑事案件中民意沸腾、喊杀声四起，主要受制于"杀人偿命"的传统刑法观。学者研究，在初民社会，据以惩罚犯罪的原则是含混不清的，施行报应的方法亦欠允当，受制于偶然性和一己的情绪。① 而且作为人性的伴生物，这种情绪上的波动并不会因为教化和文明的加深而彻底更改，在特定的场域仍会随时爆发。所以，"杀人偿命""以血还血、以牙还牙"这种带有明显情绪化特征的传统刑法观在刑法文明尚未驾临、刑法规范尚未完全就位的时代里还拥有巨大的滋生空间。不过，正如贾宇教授所言，中国作为一个拥有五千年文明历史的国家，中华民族历来以礼仪之邦而骄傲，暴戾之气从来不曾成为被推崇的主流文化。而今天，不论公众出于什么样的愤怒，在一个和平年代的国家里，出现一浪高过一浪的喊杀声，让人不能不深感忧虑。②

第二，现代仇恨犯罪理念的传播。仇恨犯罪是全人类的共同心理。这也无可厚非。对于人类文明而言，犯罪行为的确是一种罪恶。于是，"人们习惯于从犯罪行为的'恶'的属性出发，从犯罪的法律后果出发，将所有实施了该类行为的个体视为'恶'的渊源，从情感上把犯罪人归于不同于你我的异类，并且从'近朱者赤、近墨者黑'的角度

---

① ［英］马林诺夫斯基：《初民社会的犯罪与习俗》，载许章润主编《犯罪：社会与文化》，广西师范大学出版社2003年版，第59页。
② 贾宇："网络民意杀声一片，中国死刑何去何从"，http://legal.people.com.cn/GB/203936/15442016.html。

形成对犯罪人天然的社会安排"[1]。甚至潜在犯罪人也被视为罪恶的病毒携带者，成为人们唾弃至少是避而远之的毒瘤。于是，仇恨犯罪及犯罪者成为司空见惯和理所当然的事情。甚至延至当代，在西方形成了"仇恨犯罪"和"敌人刑法"的流派。当然发端于美国20世纪90年代的"仇恨"犯罪并非真正关注仇恨，而是涉及偏见与歧视。[2] 但是在一定程度上显示了人们对犯罪的心理态度。而"敌人刑法"则不折不扣地剑指犯罪人。其始作俑者雅科布斯教授认为：刑法应该把某些人当作敌人来对待。[3] 而敌人刑法中的敌人是敌视基本规范的人，他们根本没有意愿和社会沟通，他们行为表达的意义正好是对社会同一性的毁灭。对敌人，刑法的人道性是一种奢侈，是共同体的不能承受之重。[4] 当下，这种仇恨的观念犹如毒蛇一样悄无声息地游走，毫无遮拦地蔓延。仿佛一夜之间人们的心灵被恶魔种下仇恨的种子。仇恨的毒素吞噬人们的心灵，并试图寻找一个突破口，而生活中的这些杀人"恶魔"如药家鑫者正好成为他们宣泄的鲜活标靶。

第三，刑罚效果不彰所引起的恐慌与麻木。经济浪潮冲击下的社会震荡给犯罪滋生创造了前所未有的"机遇"；犯罪率居高不下、青少年犯罪与日俱增、犯罪新品种不断生成给人们带来了巨大的危机感。"治乱世用重典"一度成为人们解除威胁的心灵寄托。但累犯率的有增无减和身边刑事案件的层出不穷对刑罚的惩戒和威慑功能提出了新的挑战，并在一定程度上，显示了刑罚效果不彰。对犯罪爆发的恐慌和对刑罚失效后的麻木致使人们陷入了追逐重刑的怪圈。正如瘾君子为解除毒瘾再次寻求毒品一样，人们陷入了重刑主义与刑罚失效恶性循环的泥沼。由此，对药家鑫之流"大刑伺候"成为人们缓解心灵深处淤积的刑法症结之痛的救命稻草。

第四，法律系统运行不力所致的失望情绪蔓延。冤假错案（赵作

---

[1] 参见马凯《犯罪人特征研究》，法律出版社2010年版，第6页。

[2] ［美］詹姆斯·B. 雅各布、吉姆伯利·波特：《仇恨犯罪——刑法与身份政治》，王秀梅译，北京大学出版社2010年版，第11页。

[3] 何庆仁：《对话敌人刑法》，《河北法学》2008年第7期。

[4] 何庆仁：《刑法的沟通意义》，载《刑事法评论》（第18卷），北京大学出版社2006年版，第170页。

海案)、量刑失衡(许霆案)等司法不公现象招致堆积人们心底的对司法正义的疑虑总要寻求释放通道。而药家鑫等典型刑事案件则成为绝佳入口。在药家鑫一案中,法院进行"没有法律依据、缺乏代表性和广泛性的民意调查",网络上出现了一段药家鑫在看守所里唱歌的视频,都显然违背了司法管理规程;律师提出的明显违背事实的"激情杀人"的辩护理由。这些都成为民众不信任法律人和司法系统运作的理由。对司法正义的怀疑和对法律系统运行力失望之情绪的蔓延正是民众刑法情结滑向深渊的表现。

三 民众良性刑法情结的功能

(一)培养民众良性刑法情结的可能与现实——主要以许霆案为例

民众刑法情结中纵然潜藏着千种险恶,但即便仅从事物的两面性而言,亦能在此处寻找到万般善良。何况如贾宇教授所说,中国作为一个拥有五千年文明历史的礼仪之邦,暴戾之气从来不曾成为被推崇的主流文化。实际上,没有宽恕就没有未来,哪怕是驻守在道德底线的刑法。当我们回溯血淋淋的古代中国刑罚的图景,也尚能寻找到千丝万缕抹不去的人性气息,"上请""恤刑""死刑复奏"等在丝丝积攒着刑法的底蕴、层层剖解着刑法的灵魂。其实,刑法看似冰冷的外衣下又何尝不隐藏着一颗"温情脉脉的心"。而生于斯长于斯的中国民众刑法情结又如何能不受此浸润。

这就使得培养民众良性刑法情结成为可能。本书欲以许霆等案为分析对象,考察此等案例中民众刑法情结的良性走向。许霆已经通过假释获得自由身,此时再提许霆案似乎有炒冷饭之嫌。但是正如有人认为,许霆案是一个凝聚了前现代社会特色的典型判例,[1] 故此从经典永不褪色的角度而言,许霆案仍将是考察中国司法进程中的一个鲜活标本。

至于,许霆案过山车似的改判究竟是不是被民意晃花了"法眼",还是"民意的归民意,法律的归法律"[2],这些不是本书的讨论重点。

---

[1] 尚黑:《用舆论理性矫正制度的偏颇》,http://www.daqi.com/bbs/00/1925568.html。
[2] 《许霆案改判,民意晃花"法眼"》,http://shehui.daqi.com/feature_ 268251_ 1_ index.html。

第二章 刑法学新概念

笔者从许霆案中察觉到的是民意的理性倾向。在这里，笔者欣喜地看到理性在民众刑法情结里的归位。正如学者王琳所言，在许霆案中，民意关注的不仅仅是此罪与彼罪、罪重与罪轻，更包括了平等保护、有效辩护、程序正义、司法独立、罪刑相适应等诸多现代司法理念。进入重审程序之后，公众既担心司法能否打破"官不悔判"的潜规则，又隐忧于承受了舆论重压的法官们是否会只顾迎合民意，而不顾手中所操持的司法权柄，本应唯法是从。① 代理许霆案的杨振平律师则表示，这一重审判决结果，媒体的舆论监督起到了很大作用。在这样的舆论监督中，只要有心，都会看出民意的理性、睿智和舒张，的确令人倍感回味悠长。② 民众刑法情结中的这种理性的复归在其他诸如"孙伟铭案""邓玉娇案"中也可以清晰地感受到。

因而，众多典型刑事案件中民意的某种偏执不能概而论之地被视为民众是在一味地搬弄是非、煽风点火。事实上，"民众的动机和期望，归根结底是试图把司法活动（以及其他官方行为）重新拉回他们已经习惯的道德体系之内，重建日常生活的安全感"③。至少，我们在一些典型刑事案件中看到了民意理性的生成空间，察觉到了民众刑法情结向善的因子。

不宁唯是，因为要证明民众良性刑法情结培养之可能只需要一个实例就足够了，但是要促使民众逐步驱散（当然这种驱散从心理学角度而言是隐蔽的、无意识的）刑法情结中所潜藏着的恶，比唤醒并且自觉积累刑法情结中的善，则要复杂曲折得多。这就意味着必须给人们一个信仰刑事法律和信任刑事司法运作能力的充足理由。当且仅当这个理由深入骨髓、刻入肌肤，并且与惯常的道德体系相契合时，人们才能因此将之加固并推崇为自己的精神寄托，而后先内化为行为潜能，再外化为行动指南。

所以，拔除刑法情结中恶的种子，铲除培植恶性刑法情结的土壤，

---

① 王琳：《许霆案轻判，司法还是民意的胜利?》，http://news.163.com/08/0401/09/48EE1LLR000121 5M.html。

② 尚黑：《用舆论理性矫正制度的偏颇》，http://www.daqi.com/bbs/00/1925568.html。

③ 刘燕：《案件事实的人物建构——崔英杰案叙事分析》，《法制与社会发展》2009年第2期。

刑法科学化进程中的新探索

清理民众刑法情结中因不良情绪燃烧所致的疮口，还人们一个纯净、亲和的刑法心理，以便于善良和理性在民众刑法情结中顺利归位并生根发芽、开花结果。

那么，如何才能实现。笔者以为，首先应在民众中普及刑法。在笔者看来，刑法及刑罚并非如有人想象的那样，因为相较于其他法律更为严厉，其适用更具震撼力，所以妇孺皆知；相反，刑法正日复一日地被囚禁在地下室里，成为隐形法律。至少绝大多数民众仍对刑法知之甚少或者一知半解。看看"洛阳性奴事件"，或许会受到一些启发。事件主角李浩在"长达两年"的时间里，先后"引诱""绑架""非法拘禁""强奸"6名女子。其间协助一名女子打死与之争风吃醋的另一名女子；并且为了"杀一儆百"，李浩将一名"不听话"的女子芳芳打死后掩埋。手段之残忍、行径之卑劣令人发指。连警方都为李浩作案手法异于常人而惊叹，怀疑其精神上有问题。不过，依据事实，李浩如此处心积虑实施犯罪计划并且瞒过邻居在小区里挖成偌大地下室，瞒过同事照常上班，瞒过妻子生儿育女，这能是精神病患者的作为？但有一点可以肯定，李浩对刑法是无知的，至少刑法感是迟钝的。这种无知和迟钝也在此案其他人身上有所体现。李浩平时遇到经济紧张的时候，会放出一个"听话"的女子，将其介绍到洛阳市区卖淫并获取嫖资。由此可以判断，这个女子不是没有报案的机会，只是太过"听话"。在被拘禁的日子里，女孩子们不仅毫无反抗之意，反而相互妒忌。常常以晚上为了谁能陪"大哥"睡觉而发生争执。这不是对刑法尤其是犯罪的无知又是什么？李浩作案后，把自己这些年作案的经过和"妹妹""倾心交谈"，并从"妹妹"处获得外逃路费，"妹妹"自然是解囊相助。从儒家思想的亲亲相隐角度，"妹妹"之举似乎无可厚非，但是在倡扬法治的现代社会，"妹妹"的行为无疑成为"刑法无知无畏论"的又一个注脚。[①]

这样的例证不胜枚举。倘若人们对行政意义上的犯罪不甚了解尚有可原之情，但对传统意义上的自然犯罪却如此无知或者漠视（当然漠视也是一种无知），的确令人忧心忡忡。可以肯定，刑法未被民众认

[①] 《男子挖地窖囚禁6名女子当性奴》，http://news.163.com/11/0922/10/7EI56UKE00011229.html。

第二章 刑法学新概念

知。故此,将囚禁在暗室里的刑法解救出来实乃第一要务。完成刑法的真实普及,不光刑法条文,还有刑法精神,如此才能让刑法真正融入民众,成为刑法生活。此其一。

其二,倡导理性、文明的刑罚观和犯罪论。这当然也是刑法普及的一部分。犯罪者处遇史就是一部从野蛮惩罚到文明教化嬗变的历史,也是一部把犯罪者作为"非人""异类"和"人类一分子"之认识演变的历史,同时也是人们犯罪观、刑罚观和刑法功能论演变的历史。早期人类处罚犯罪者的方法比较直接和简单,但也最为残忍,即剥夺其在氏族内生活的权利,将之从部落中驱逐出去,与动物为伍。奴隶时代虽然被史学家划归人类文明时代,但考察这一时期的刑罚史会发现,肉刑往往成为折磨犯罪者的不变选择。甚至,犯错的奴隶被奴隶主当作牲畜看待,惩罚手段毫无文明而言。① 毫无疑问,监狱是人类发明的重要成果,但在锁住犯罪者肉身(有时也会因为越狱成功而失效)的同时,也为自己量身打造了一副枷锁。非监禁刑为人类文明史特别是犯罪者处遇史涂抹上一丝耀眼的色彩,这种处遇方式有助于犯罪者作为"人"复归社会,而且因为"尊重基于人格尊严理念的人道主义"而充满人性色彩。正如日本学者大谷实所言,现代的刑事政策应当以此为基础得以展开。②

在笔者看来,文明、理性的刑罚观和犯罪论也应当以此展开。然而,在朴素到法律甚少亦没有法治观念的年代,"复仇作为刑罚的一项正当性根据在人们的经验(观念)中根深蒂固"③,这可以理解为一种纯粹的报应主义刑罚观。当纯粹或者狂热的报应主义刑罚观在当下社会死灰复燃、占据主流地位时,一旦涉入民意的力量,纯粹的复仇和报应就将变得不再纯粹,"它所传达出的往往是一种乔装后的功利立场:刑罚是正当的,因为它提供了一种有序的情绪发泄途径,若否定之,则这种情绪将会以

---

① 不过似乎也有例外。古代犹太人对待犯错的奴隶并不像其他种族一样将之处死,而是找一个山羊替代,但是"归罪"之后亦并非将山羊处死,而是将之放逐到沙漠。这也是"替罪羊"的由来。由此说明聪明的犹太人对生命的珍惜与尊重。(参见许家祥《犹太人的替罪羊和一致观》,《读者》2011年第3期)
② [日]大谷实:《刑事政策学》,黎宏译,法律出版社2000年版,第82—82页。
③ [美]哈伯特·L.帕克:《刑事制裁的界限》,梁根林译,法律出版社2008年版,第36页。

一种更难以为社会所接受的方式表达出来"①。此时的刑罚观由仇恨的力量占据，虽然"一些开明人士能够宽恕作恶者，即使他们的身体和权利受到了侵犯。与此同时，我们多数人仍然理智受制于怒气，渴望报复"。当然，"作恶者无权要求从他们虐待的人身上得到宽恕。从摈弃报复的意义上说，宽恕是牺牲者或幸存者的特权，如果行使这种权利，他们就可能摆脱过去，使自己成为更完善的人"②。我们无法渴求人人都能从容面对罪恶和仇恨，我们渴望的只是理性的火种尽快燃烧起来。

此外，人们关于犯罪的观点，特别是占主流地位的犯罪观，也必然左右着民众刑法情结的方向。究竟是把犯罪人当作绝对的异类、和正常人之间存有不可逾越的鸿沟之绝对主义犯罪观，还是认为犯罪人也是正常人的一部分、每个人都是潜在的犯罪人之相对主义犯罪观。在迪尔凯姆看来，犯罪作为一种常态社会现象，见于所有类型的社会，不存在没有犯罪的社会。犯罪成为一种人们虽然不愿意但是又不可避免的现象；犯罪也是社会健康的一个因素，是健康的社会整体的一个组成部分。③由此，犯罪亦理应成为一个社会正常秩序的有机构成，秩序并不意味着没有犯罪，恰恰相反，正是犯罪的存在才是检验秩序的试金石，才是衡量制度化安排合理性的标尺。④ 以此角度而言，犯罪具有一定程度的效益性。同时，犯罪具有相对性，即犯罪根本而言是一种绝对的恶，但是"当犯罪率下降到明显低于一般水平时，那不但不是一件值得庆贺的事，而且可以肯定，与这种表面的进步同时出现密切相关的是某种社会的紊乱"⑤。

可以肯定的是，随着犯罪对象性质的转变以及青少年犯罪的急剧增加，"镇压"这种暴力手段往往显得打击过剩，而此带给人们的反思是考虑犯罪究竟是不是绝对的恶，有没有矫正的可能。由此，犯罪观发生

---

① [美]哈伯特·L.帕克：《刑事制裁的界限》，梁根林译，法律出版社2008年版，第37页。
② [英]安德鲁·瑞格比：《暴力之后的正义与和解》，刘成译，译林出版社2003年版，第201、203页。
③ [法]E.迪尔凯姆：《社会学方法的准则》，狄玉明译，商务印书馆1995年版，第83—84页。
④ 蔡道通：《犯罪与秩序——刑事法视野考察》，《法学研究》2001年第5期。
⑤ [法]E.迪尔凯姆：《社会学方法的准则》，狄玉明译，商务印书馆1995年版，第89—90页。

了一定程度的转变：即犯罪是一种社会现象；犯罪者不是纯粹的敌人和人类异质，而仅仅是犯罪的人。无疑，从敌人到犯罪人再到犯罪的人[①]这种犯罪观的转变折射出理性的光芒，预示着民众良性刑法情结呼之欲出，同时也昭示着人类法治时代的春天就要到来。

其三，进行必要的司法改革，清除阻滞刑法实施机制上的障碍，以便刑事司法运作系统良性运转，从而最大限度地彰显司法正义。同时，设置必要的刑法适用社会效力的个案检测机制（即以刑事个案为考察标本检测刑事司法在此间的运作能力和效果的常规机制），方便民众的监督并衡量民众的参与度，以便考察民众的司法信任感和刑法认同感，从而有利于民众刑法信仰和刑法习惯的最终养成。

（二）民众良性刑法情结之功能

为了更科学地表达刑法情结的功能，笔者仍借助于心理学研究成果，首先关注情绪的功能。心理学研究认为，情绪具有社会功能。例如，认罪感可以起到调节犯罪方和受害方双方社会关系的社会作用。[②]具体而言，情绪包括以下几种功能：（1）情绪是适应生存的心理工具。（2）情绪是唤起心理活动和行为的动机。（3）情绪是心理活动的组织者。（4）情绪是人际通讯交流的手段。[③]可见，情绪并非单纯的心理活动，还表现为个体与自然交流、个体与社会的交际。而这种特质在人类的情结中同样有所体现。尽管就人类某个个体而言，一种情结的形成往往在其早期阶段，如俄狄浦斯情结（恋母情结）。但是从生物学和社会学角度，这种情结仍然深深印刻着整个人类的影子，而且，恰恰成为人类代际沟通和人际交往的一种深刻体现。在我看来，刑法情结不单纯是一种个体单独的生物心理建构而是人类集体的整体社会心理反应，所以，民众的刑法情结应该被作为一种社会现象看待。

在此基调下，刑法情结拥有一定的社会调控功能，而良性刑法情结则带给人类社会规整积极意义的导向。具体表现在以下几个方面：

其一，民众良性刑法情结对刑事政策运行的推进。刑事政策系统必

[①] 关于敌人→犯罪人→犯罪的人之转变的思路系蔡道通教授提出。
[②] ［英］M. 艾森克主编：《心理学——一条整合的途径》（下册），阎巩固译，华东师范大学出版社 2000 年版，第 739 页。
[③] 孟昭兰主编：《情绪心理学》，北京大学出版社 2005 年版，第 12—16 页。

须靠贯彻来激活。按照学者的研究,刑事政策体系本不应单单表现为国家的力量,来自社会主要是民间的力量也是其重要的有机组成部分。①而且在国家一元本位向国家·社会二元本位转型的时期,不仅要关注民众在刑事政策制定中的间接决策作用,更应看到其对刑事政策贯彻与实施的加功。但是多少让人忧虑的是,虽然民间力量在抗制犯罪中的卓越表现在一定程度上赢得了国家权威主体的认可,并就此在一定范围内为彼此相互协作开辟了一条通道。但现实当中,刑事政策通过其权威主体和民间力量之间的连接姿态并不积极。不仅在刑事政策的制定中无法看到民众的身影,甚至可以说,民众对刑事政策的贯彻和接受也是"被参与"的。不过,笔者并不就此认为,民众在刑事政策的贯彻和修正的促进方面一直处于被动地位,相反,民众对刑事政策运行机制检测与刑事政策实施导航之作用势必引起权威主体的高度关注。而在此进程中,民众刑法情结就是其中一个重要的显示仪。不管学者们如何调度"观察的科学""组织犯罪斗争艺术与战略"②,抑或以"对犯罪现象的反应的方法"③等词语来淡化刑事政策镇压犯罪之色彩,但无法否认现实中的刑事政策无论是制定还是实施仍然以控制犯罪为中心而展开。而典型刑事案件正是以具体犯罪和犯罪者为中心波及开来的。其间,民众良性刑法情绪和刑法情结不仅是衡量刑事政策在这一案件中具体刑事司法贯彻程度的检测仪,而且其中蕴含着的人性、人道和理性则成为确证某种刑事政策可信度和加强其深入贯彻可行度的试金石。

其二,民众良性刑法情结对刑事司法的积极导向。在某一具体刑事案件中,刑事司法有没有实质性的选择余地在一定程度上受制于民众的

---

① 就此有的学者认为,刑事政策的主体不仅仅是国家,还应当然地包含非国家力量的存在。参见卢建平等《刑事政策体系中的民间社会与官方(国家)——一种基于治理理论的场域界分考察》,载《法律科学》2006年第5期;有的学者承认政党、立法机关、行政机关、司法机关等是拥有直接决策权的刑事政策主体,但利益团体和公民则是间接拥有刑事政策决策权的间接主体。参见严励《中国刑事政策的建构理性》,中国政法大学出版社2010年版,第186页。

② [法]马克·安赛尔:《新刑法理论》,卢建平译,香港天地图书有限公司1988年版,第12页。

③ [法]米海依尔·戴尔玛斯-马蒂:《刑事政策的主要体系》,卢建平译,法律出版社2000年版,第1页。

刑法情绪和刑法情结。比如李昌奎案件，刑事司法之运作在此一度陷入被动境地，连带刑事政策也失去用武之地。当然，倘若刑事司法运作明知山有虎偏向虎山行，完全弃民众刑法情绪和刑法情结于不顾，无异于自绝于人民，其结局不难想象。虽然绝大多数案件并不要经受民意的洗礼，但典型刑事司法案件中民众刑法情绪和刑法情结散发出的力量在带给刑事司法运作系统强悍冲击力的同时，亦给刑事政策的制定和实施带来莫大的启示。换言之，对于刑事政策和刑事司法而言，民众刑法情结发挥着无形指挥棒的导向作用。而民众良性刑法情结无疑还起到了刑事司法运作润滑剂的作用，在此推动下，刑事司法不仅能得以在法律轨道上顺畅运行，其结局亦因既符合法律又符合民意而皆大欢喜。

其三，民众良性刑法情结具有显示刑法社会功效的功能。刑法并非一经制定与公布即获得生命。当然，刑法的诞生往往需借助类型化和概念化手段，而此赋予了它一定的显性特质。同时，刑法想要深入人心并在践行中养成与社会生活互动的基本素养，尚需依赖于其立论基础的正当性、立法技巧的科学性和操作的可行性。但仅此还不够，若要刑法获得认同尤其被民众信仰，必须在制定时就得观照和顺应民众的良性刑法情结，并在实施过程中依靠其指引及时调适与自我修正。唯有如此，才不致使刑法从一开始就因为不合时宜而为民众遗弃沦为隐形法，或者在实施过程中因为背弃刑法扶危济困的而遭民众唾弃。而对于刑事立法者与刑事司法者而言，民众的良性刑法情结无疑成为检测和衡量刑法社会之功效的指示。

其四，民众良性刑法情结对文明、理性刑罚观和犯罪论的呼应与推进。如上文所述，理性、文明的刑罚观和犯罪论是民众良性刑法情结养成的内在推动力。反之，民众良性刑法情结则是检测或者衡量理性、文明刑罚观和犯罪论的显示仪，并且是其保持生命力和持久发挥影响力的动力源。换言之，在刑事法治时代，民众良性刑法情结与文明、理性的刑罚观和犯罪论是相互呼应、相互辅佐的，即没有前者，后者即便在形式上有所体现也会因为失去内在动力而无法保持活力。

其五，良性刑法情结是打开刑法之门的那把钥匙。刑法学家陈兴良教授在邓子滨博士译著《法律之门》的序言中提及，之所以建议将 *Before the Law* 译为《法律之门》在于作者的寓意是不能像寓言中的守门人一样挡在法的门前，而是要把法律之门打开，带领我们步入法的殿堂。① 其实，刑法学者的使命就在于如何为人们找到一把开启刑法之门的钥匙，在陈兴良教授看来，"刑法的人性基础，对于勇敢者来说，是一扇充满诱惑力的门"②。而倘若人性是看似森严的刑法城堡的大门，那么，民众良性刑法情结则是开启这扇大门的钥匙。因为在它身上凝结着刑法对人性的终极关怀，并透视出刑法对人类深深眷恋与呵护的情怀。

第三节 刑法因果关系之原因力

刑法因果关系之研究，从其滥觞于 20 世纪 50 年代，经至 80 年代初期的喧嚣，③ 延至今日，各家学说纷纭。④ 然而，正如有学者所言："我国刑法因果关系的研究都是以辩证唯物主义为指导……。换言之，我国刑法因果关系理论始终未走出哲学殿堂。"⑤ 储槐植教授也有类似的感慨："国内有些学者在探索刑法中的因果关系问题时，往往自觉或不自觉地把因果关系问题与犯罪和刑事责任问题剥离开来，提升到抽象的哲学高度，用哲学中的因果关系原理取代刑法中的因果关系问题的研

---

① [美] 博西格诺等：《法律之门》，邓子滨译，华夏出版社 2002 年版，"序言"。
② 陈兴良：《刑法的人性基础》（第三版），中国人民大学出版社 2006 年版，"前言"。
③ 有学者称我国刑法因果关系的研究始于 20 世纪 50 年代（储槐植、汪永乐：《刑法因果关系研究》，《中国法学》2001 年第 2 期）。笔者注意到 1957 年中国学界曾专门召开过刑法因果关系的座谈会（参见《刑法科学中的因果关系问题座谈会》，载《法学》1957 年第 1 期）。其后在 1980—1984 年出现过研讨的盛况。参见马荣春《论刑法因果关系》，《南昌大学学报》（人文社会科学版）2007 年第 3 期。
④ 直至今日，关于刑法因果关系的研究余势未消。笔者仅通过"中国期刊全文数据库"一项引擎，在关键词一栏中输入"刑法因果关系"并精确查找，就搜出 126 篇学术论文；在核心期刊类中也有 44 篇之多。以"刑法因果关系研究"为命题的论文就有 4 篇，其中不乏大家手笔。如：储槐植《刑法因果关系研究》，《中国法学》2001 年第 2 期；陈兴良《刑法因果关系研究》，《现代法学》1999 年第 5 期。另外，笔者通过"读秀学术搜索"引擎找到论述刑法因果关系的图书 78 种，其中专门以刑法因果关系命名的专著 5 本，分别是：张绍谦《刑法因果关系研究》，中国检察出版社 1998 年版和 2004 年第二版；李光灿等《刑法因果关系论》，北京大学出版社 1986 年版；侯国云《刑法因果新论》，广西人民出版社 2000 年版；魏皓奔《刑法因果关系探究》，杭州大学出版社 1991 年版；刘志伟、周国良《刑法因果关系专题整理》，中国人民公安大学出版社 2007 年版。当然，仅仅通过两个引擎是难以穷尽所有的涉关刑法因果关系的学术见解的。但是，连篇累牍的资料足以说明刑法学界对此问题的关注。
⑤ 赵唯加：《论中美刑法因果关系的差异》，《政治与法律》2005 年第 2 期。

第二章 刑法学新概念

究,从而纠缠于'必然性和偶然性'、'内因和外因'等一些哲学问题上,与司法实践的意义不大。"① 陈兴良教授亦大声疾呼:"要正确认识刑法中的因果关系,应从事实上的因果关系与法律上的因果关系两方面进行考察,而不应纠缠在必然性与偶然性这样一些哲学问题上。"②

步出哲学殿堂固然是认清刑法因果关系本来面目的第一步,也意味着向司法领地迈出了可喜的一步,但是笔者以为,倘若仅仅局限于迈出哲学殿堂之门槛,之后徘徊于殿堂之外的深深庭院之中,或犹豫不前,或孤芳自赏,事实上同样会迷失在刑法因果关系理论虽不庞大却足够迷乱的自洽体系之中。有学者称:"刑法因果关系研究实际上是一门经验科学,在研究方法上更多依赖的是社会经验法则,而不是抽象思辨。"③这就告诫人们,要改变以往研究刑法因果关系时对哲学范畴过分迷信和推崇的范式,从千丝万缕的哲学迷思中果敢抽身。事实上,以往过于迷恋自洽体系的理论建构模式大大拉开了刑法因果关系研究与司法实践的距离,不仅不能适时指导司法实践,甚至会在一定程度上误导司法操作。④ 众所周知,刑法理论的研究不仅是学者的自娱自乐,因为无论是学者的社会使命还是整体学术理论的实践品性,都要求刑法因果关系理论体系的建构目标是完善司法、便利司法,而非困惑司法、误导司法。一旦当人们的研究视野落在实处,就会发现有许多曾被忽视或者轻视的但值得研究的新领地。当然笔者亦无断然否决以往刑法因果关系理论探讨范式的意义,恰恰相反,如需拨开成年累积刑法因果关系理论中的层层迷雾,尚需要针对其自身做足文章,此谓之解铃还须系铃人。当务之急,把刑法因果关系理论从哲学的挟裹中解救出来,重新定位,⑤ 并从中梳理出一个清晰并且便于司法掌握的脉络。而判断刑法因果关系有无和强弱的核心要素是其原因力的有无和强弱。

---

① 储槐植、汪永乐:《刑法因果关系研究》,《中国法学》2001年第2期。
② 陈兴良:《刑法因果关系研究》,《现代法学》1999年第5期。
③ 储槐植、汪永乐:《刑法因果关系研究》,《中国法学》2001年第2期。
④ 关于这一点,马荣春博士在《论刑法因果关系》,做了详实而且富有见解的阐释,载《南昌大学学报》(人文社会科学版)2007年第3期。
⑤ 马荣春博士也有类似的看法。具体参见其《论刑法因果关系》,载《南昌大学学报》(人文社会科学版)2007年第3期。

刑法科学化进程中的新探索

一 原因力界说

民法界有学者称，原因力理论在我国并没有明确的法律规定，学界也鲜有专门的论述。① 这种看法不仅符合我国民法学界的研究现状，也符合我国刑法学界的研究现状。事实上，我国开始关注原因力，始于民法领域。② 其理论主要是用来解决侵权法中多因现象下各行为人的责任划分问题。……除了适用于多因现象外，原因力理论在共同侵权行为人内部责任划分时也有适用余地。③ 正如以往的经验证明那样，对于刑法研究来说，民法理论虽不能简单移植或嫁接，但是却有值得借鉴的地方。事实上，刑法因果性的复杂性和重大性，更需要尽快汲取原因力理论中的养分。

为便于表达，在界说刑法因果关系原因力之前，笔者简要绘制出其最基本的原理示意图。

如图2-1所示，刑法因果关系原因力理论有几个关键词：原因力、因果链、着力点、因果场。这几个关键词其实也是梳理刑法因果关系原因力理论的核心要素，据此可搭建一套自洽却不自闭的理论体系。因为下文要分别详细论述，故此处笔者只作简要说明。其实从图示中可以看出，司法机关往往从结果看起，然后溯及原因，因而判断有没有刑法因果关系就是要找准致使危害结果的原因。故而，原因力是刑法因果关系理论的核心要素。但是找准原因力，并非易事。以下几个难题的破解将是此等问题解决之关键：设定在什么样的场合（原因场）？某一行为的逻辑起点（原因力）在哪儿？其最终发力点（着力点）在哪儿？借助什么发力并据此加深或者缓解以至消散危害行为之力度（因果链）？因

---

① 张新宝、明俊：《侵权法上的原因力理论研究》，《中国法学》2005年第2期。
② 有学者称："原因力在条件说已降的因果关系理论中若隐若现，各国立法和司法也少有提及。"2001年以来，随着原因力被最高人民法院的《关于审理触电人身损害赔偿案件若干问题的解释》《关于审理人身损害赔偿案件适用法律若干问题的解释》所采纳，我国开始关注原因力理论，有的学者已经做了很有力度的理论阐释。参见杨立新、梁清《原因力的因果关系理论基础及其具体应用》，《法学家》2006年第6期。
③ 张新宝、明俊：《侵权法上的原因力理论研究》，《中国法学》2005年第2期。

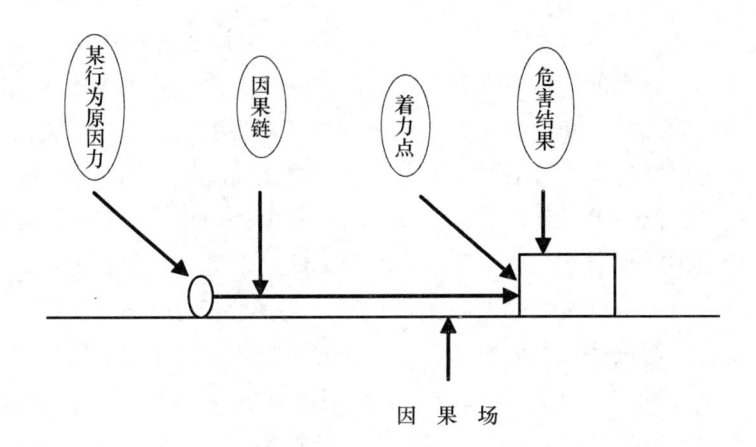

图 2-1 刑法因果关系原因力理论基本示意图

而可以简单推定,因果场是整体危害行为①形成并招致危害结果发生的场域。除此之外,原因力必须攀附于因果链,才能找到发力的韵律,尽管因果链可能会在客观上起到缓解甚至消解或者加深原因力的作用。着力点准确与否,可能并非原因力刻意为之,但是客观上必然有这么一个受力点,找到这个受力点,对于原因力的有无或者强弱才能进行客观判断。几乎可以用一句话概括:原因力是"根",因果链是"枝",着力点是"花",因果场是"春",合力孕育出"果"。

(一)刑法因果关系原因力内涵

最早给原因力定义的仍旧是民法学界。有学者认为,原因力是指违法行为对损害结果的发生所起的作用力。② 也有学者认为,原因力是指在引起同一损害结果的数种原因中,每个原因对于该损害结果发生或扩大所发挥的作用力。③ 还有学者认为,原因力是指违法行为或者其他因素对于损害结果发生或扩大所发挥的作用力。④ 就笔者目力所及,刑法

---

① 称之为整体行为而非行为或个别行为,是因为实践中往往并非单一的行为致害,因而也并非单一的原因力导致危害结果。
② 王利明:《侵权行为犯研究》(上卷),中国人民大学出版社2004年版,第449页。
③ 张新宝:《侵权责任法原理》,中国人民大学出版社2005年版,第65页。
④ 杨立新、梁清:《原因力的因果关系理论基础及其体应用》,《法学家》2006年第6期。

学界目前还没有人给原因力明确定义。① 虽然，民法理论中的原因力研究具有民法研究的特殊范式，而且由于责任追究方式和力度不同，民法学界关于原因力的几种定义决不能直接搬到刑法领地，但是，民法界原因力理论研究的深入乃至成熟给予了刑法就此问题研究的路径启示和方法点拨。借此，笔者认为，刑法因果关系原因力是指行为人的行为在一定的场域内对危害结果所发挥的作用力。此处，行为人的行为可以是单一的行为，也可以是复合的行为即包括多人的多行为、一人的多行为；而所谓一定场域就是指因果场，因果场的客观性不仅圈界了因果关系发生的范围，同时，决定了原因力的客观事实性。② 因而，应该明确一点，无论是因果场还是原因力首先是事实判断，而非单纯的哲学意义上的价值判断。当然，司法实践中，不能决然排除法官在具体的判案过程中带有一定的价值指向。因为，司法实践中对案件的认定虽然从结果上溯，但是责任无疑是判定惩罚是否具有应该和必要的当然要素，而责任显然不仅是一个事实问题，也是一个价值问题。从这个意义上，原因力因为承载着责任的认定之任务，故而，也就不可避免地兼具事实性与价值性、客观性与主观性的特质。

（二）刑法因果关系原因力的分类

一个人的单一行为导致一个危害结果的发生，往往极易判断，甚至其原因力不证自明，无需大动干戈就可以找出来。比如警察甲用自己上膛的公务用枪顶在仇人乙的脑袋上连开两枪，致其死亡。

但是如果一个人的多个行为（多因）或者多个人的行为（共因）致使同一危害结果发生；或者，一个人的行为发生之际，介入第三者行为或者不可抗拒的自然力及类似自然力的无法预见的被害人的特殊体质等其他因素，使得危害结果出现异常甚至改变了危害行为之原因力的发力方向。这时，事情开始变得复杂起来，对原因力进行一定的归类成为需要。

---

① 当然有刑法学者在字里行间提到原因力的字眼。参见马荣春《论刑法因果关系》南昌大学学报》（人文社会科学版）2007年第3期。
② 正如学者所言，原因力完全是一个客观的事实判断，因果关系、原因力以及相近的概念都是客观的。参见张新宝、明俊《侵权法上的原因力理论研究》，《中国法学》2005年第2期。

第二章 刑法学新概念

1. 单一原因力、多元原因力

根据致使危害结果出现的原因力数量的多寡或者性质的单复,可将原因力分为单一原因力和多元原因力。单一的原因力可以表现为数量上的单一,也可以表现为性质上的同一。前者如:甲趁仇人乙不备,从其身后一斧头劈碎了乙的脑袋。

当然,数量并非划定原因力多寡的决然因素,事实上,有时多人的行为并不一定是多元原因力。例如:甲、丙二人早就合谋杀死共同的仇人乙,在茶房边,二人与乙不期而遇,甲、丙遂互相递了个眼神,丙上前抱住乙的腰,甲顺手抄起一把斧子,连续击杀终致乙死亡。这里,甲和丙的行为其实是致乙死亡的单一原因力,主要因为二人的行为性质完全吻合,形成合力,具有同一性。

换言之,一个人的行为虽然在数量上表现为多个,若性质是同一的,也应视为单一原因力。例如:某医生另有新欢,想谋杀妻子,但因妻子一家尤其是岳父对其有恩,不好绝然提出离婚。为了在神不知鬼不觉中杀死妻子以绝后患,其利用医学知识,多次在妻子的饭食或饮料中投放不足以致死的一定剂量的慢性毒药,终致其妻某一天心力衰竭而亡。

多元原因力,既可以表现为多人的多行为,也可以表现为一人的多行为,还可以是危害行为与自然力及类似自然力的因素之结合。相较于单原因力,情况较为复杂,难以寻找,因果关系较难判断。

倘若甲杀乙,另有他人暗中相助,情况就有所不同。甲之所以能够顺利杀掉乙,乃是丙(也是乙的仇人)知道甲欲意杀乙,故意将其灌醉,并引诱到甲喝茶的地方,并顺手在甲的桌子上放了一柄斧头。此处,乙死亡的结果就有了多元的因素。

多人的多行为,除了同为违法行为外,还可以是其中一人是违法行为,另一人是正当行为或者只是一般的违反道德行为(合法行为)。

前者如:丙和乙是好友,刚刚喝酒出来,至茶房喝醒茶酒。二人勾肩搭背一路走来,边走边开玩笑,你推我一下,我操你一下,因脚步不稳,两人几次翻倒在地。这个情况正好被早就蓄谋杀死乙的仇人甲看在眼中,趁丙用力将乙掀翻在地之际,顺手抄起劈柴的斧子,将倒在地上失去反抗力的乙活活砍死。

后者如:甲乙二人沿着过往车辆颇多的国道边行走,甲突然童心大发，将手中未喝完的矿泉水冷不丁泼向乙的脸面，乙在突袭之下，慌不择路，斜冲至国道上，正好被一辆违章驾驶的运沙车当场撞死。

一人的多个性质不同的行为同样可以形成多元原因力。例如：甲违章驾驶，将行人乙撞至重伤，甲下车观察后，见来往没有路人，遂将乙拖至路边密林，然后逃离现场，结果乙因失血过多而死。此外，人的行为还可和自然力或类似于自然力的因素相互结合形成多元原因力。前者如：甲乙二人本是工友，在一个寒冷的冬天傍晚，二人下班同行回家。行至旷野，二人兴致大发，玩起摔跤游戏，结果甲一个扫堂腿将乙的小腿踢成骨折，乙倒地不起，呻吟不止，甲以为乙佯装吓唬他，不加理睬，独自回家，也没有告诉其他工友就休息了。谁知当夜狂风大作，气温突降，天气异常寒冷，乙苦于腿折，不能行走，第二天，工友们发现，乙已经冻僵了。后者如：著名的蛋壳头骨（egg-skull）案，一般情况下，正常人头骨不会因为随意的一拳致其破碎，但若乙的头骨异常脆薄（即蛋壳脑袋），稍加打击即会破碎，而甲刚认识乙不久，一日酒后和乙开玩笑，拳击乙的头部致其死亡。

上面的分析似乎驻足于对单一危害结果的关注。事实上，刑事案件的多元化，使得对任何一刑法理论的构建甚或分析，都变得极为艰难。原因力理论面临同样的问题，仅单一和多元的界分一项上，可供选择的参数就不胜枚举。除上述列举一因一果、多因一果、多果多因情况之外，一因多果的情况也有很多类型。在此，仅提取一种类型作为研究思路的启发，其他，限于篇幅不复赘述。例如：甲持炸弹尾随乙至闹市区，趁乙跟一摊贩讨价还价之际，将炸弹扔出去，将乙炸死。显然，甲的行为不仅造成甲的死亡，同时对公共安全造成危害。

2. 直接原因力和间接原因力

根据原因力的着力点是否直接作用在危害结果之上，可以将原因力分为直接原因力和间接原因力。

区分直接原因力和间接原因力旨在揭示事物发展的客观过程，从而准确定位其在因果场中所处的位置，掌握因果链中的各个环节，以便对造成危害结果的行为做出正确的判断，为责任的准确认定提供客观真实的素材。

所谓直接原因力是指从行为发力到着力点作用在结果的过程中自然延续、其间没有任何中断因素介入的完整原因力。间接原因力是指行为

第二章 刑法学新概念

与结果之间没有直接接续关系，而是通过中介因素对危害结果着力的原因力。也就是俗语说的隔山打牛。

直接原因力一般直接作用于危害结果，它与致使危害结果的发生符合事件发生顺序，其在危害结果的产生、发展过程中，表现出某种必然的趋势。称其为直接原因力并非因为其在时空上与危害结果最近，有的谓之为近因，而是因为二者之间客观的因果运动中不存在其他会对之产生影响的人的活动或自然因素的介入。也可以说，此因果关系因为原因力未受阻碍而异常完整。间接原因力不同之处在于其并不直接着力在危害结果之上，往往是借助于第三者因素或者与偶然介入因果场的第三人的行为、受害人的行为、某种自然力量或类似于自然力等因素相结合，才发生了危害结果。

研究间接原因力的旨趣也在于，比较其与直接原因力在决定行为原因力的力道方向和因果关系的定位方面的影响力，并据此进行责任的认定。通常情况下，间接原因力距离危害结果越远，其力道越弱。但并非说明间接原因力在因果场中没有存在的价值，从而在因果关系中没有分析的余地。恰恰相反，在许多因果关系中，间接原因反而是主要原因，直接原因则退居其次。例如：首长强令部属私放俘虏。部属的行为虽是导致俘虏私放的直接原因，但是其行为是在首长的命令（间接原因）下做出的，故而不起主要作用，乃次要原因。类似的例子还有：公交车司机开车中途发现刹车有问题，遂告知调度员派车替换，但是调度员答复没有车可派，让他凑合开回来，司机再三请求换车，但调度员屡次拒绝，坚持司机把车开回来；结果在回程中，因刹车不灵，将路人甲压死。在此，司机明知车辆有问题，过于自信，冒险驾车，是造成交通肇事的直接原因，但是他是受命开车，故其违法行为属次要原因。[①] 刑法理论中间接正犯大多属于此类情况。[②]

[①] 此例借用唐烈英：《因果关系中条件与原因的关系探讨》[《西南民族学院学报》（哲学社会科学版）1998年第2期] 中的案例，笔者做了一定的调整。

[②] 间接正犯无论是利用无责任能力者的身体活动、利用他人不属于行为的身体活动、利用他人的合法行为、利用缺乏故意的行为、利用有故意的工具、利用被害人的行为甚至利用自然力，虽然看似介入因素是危害结果的直接原因，其实作为间接原因力的幕后黑手才是结果形成的主要原因力。

· 99 ·

3. 一次性原因力与累积性原因力、叠加性原因力

根据危害行为原因力的完成情况，可以将原因力分为一次性原因力和累积性原因力、叠加性原因力。

一次性原因力是危害行为一次性发力，即完成对行为对象的重创，造成危害结果。而累积性原因力对结果的影响并非一时一地瞬间完成，需要一段时间的累积或者一定空间的回旋、积淀，才能渐次形成危害结果。一次性原因力的形成并非表明在一个较短的时间段内完成犯罪结果。实际上，杀人犯可以在较短暂的时间段内，连续地对被害人的头部实施击打，不足以致死的每一拳，都是最终导致被害人死亡的累积性原因力。当然，结合刑法的其他理论，也不可以将造成被害人死亡的每一拳都分解为一个个独立的犯罪行为，仍应该视作危害行为的整体。[①] 累积性原因力，是指将一定时间段或者不同空间的行为整体，分解来看，都不足以造成危害结果的出现，但是最终的危害结果还是出现了。究其原因力，乃是每一次不足量危害原因力的积累所致，所谓积沙成塔。典型的例子是上述所举的医生丈夫毒杀妻子。

针对多人的多个行为，还有必要形成叠加性原因力概念。这和一人的多行为形成的累积性原因力有所不同。叠加性原因力的适例：甲、乙二人没有意思联络，分别向丙的食物里投放了致死量的50%的毒药，二人行为的重叠达到了致死量，丙吃了食物后死亡。此处，甲、乙二人的行为就形成了导致丙死亡结果的叠加性原因力。[②]

区分一次性原因力和累积性原因力的用意在于，进一步地说明原因力在因果关系中的层次性和立体感。对辨析刑法理论中的连续犯、徐行犯大有裨益。区分累积性原因力和叠加性原因力可以帮助理解刑法理论中的共同犯罪等问题。

[①] 关于这一点，德国刑法学家李斯特早已表明：利用同一个机会或者与同一个机会有关之机会不间断地、间歇地、一而再再而三地实现同一个构成要件，由于数个同性质行为具有一系列相同的特点，如相同的罪责形式，针对同一个法益，相同的行为方式，共同利用同一个犯罪机会等，法律上将其视为一个行为。参见李斯特《德国刑法教科书》，徐久生译，法律出版社2006年版，第387页。

[②] 此处借用了张明楷教授的案例。参见张明楷《刑法学》，法律出版社2007年版，第169页。

4. 主要原因力和次要原因力

在阐释直接原因力和间接原因力时，顺带提及了主要原因力和次要原因力。而且也简单说明了主要原因力和次要原因力、直接原因力和间接原因力之间的关系。因而更进一步表明，在危害结果由诸多原因力造成的情况下，区分主要原因力和次要原因力的必要性，据此才能较为准确地判定责任份额归属。

区分主要原因力和次要原因力的标准是原因力对结果发挥的作用之大小。一般认为，作用较大亦即对结果的形成或扩大起决定作用的是主要原因；作用较小亦即对结果形成或扩大起辅助作用的是次要原因。一般情况下，直接原因力的行为发起人是主要原因力的形成者；第三人、被害人的行为或者自然因素等间接原因力一般属次要原因力。但是也不排除例外情况，这一点上文已经做出说明，此处不复赘述。主要原因力和次要原因力的区分有助于理解刑法理论中的共同犯罪问题。

5. 重原因力和轻原因力

根据行为的原因力与危害结果之间联系的必然性、相关性和作用力的层次性，原因力可以分为重原因力和轻原因力。轻原因力是造成危害结果的所有原因力中既有相关性，也非多余的，并协同其他原因力一道形成制造危害结果的合力。而重原因力则是在总体原因力（合力）当中所必不可少的；换言之，如果没有这种原因力，这种危害结果就不会发生，或者相当不可能发生，或者可能不会发生。相对于其他原因力，重原因力是最深层次的，力道也是最大的，往往决定着因果关系的走向。当然，从哲学的高度来讲，没有其中的任何一个原因，危害结果都不会发生。但是，设若把这种观点推向极致，所有的区分都成为多余。

6. 正向原因力和反向原因力

根据行为原因力对危害结果的产生朝着哪一方向运动，即是发展或者扩大还是限缩或者缓解危害结果，可以将原因力分为正向原因力和反向原因力。

正向原因力和反向原因力的划分对于理解刑法理论中的犯罪中止、犯罪后的悔罪行为有所帮助，换句话说可为法官定罪量刑提供信念支撑。反向原因力对正向原因力具有一定的类似物理学上的缓冲作用。如果，反向原因力的缓解力道大到足以卸除整个正向原因力，就可能表明犯罪结果得以彻底有效的控制，足以成立犯罪中止。当然，在一定情况下，即便有反向原因力的消解，哪怕正向原因力得以完全消解，也不能代表没有危害结果，从而，也不能消除行为人的罪责。如盗窃后的全部返赃，只能成为量刑上的情节，不能消除行为人的罪责承担。

（三）等值原因力

在危害行为原因力运行过程中，由于一定的主客观因素干扰使之发生偏差，着力点随之位移，不过最终的结果与危害行为原因力指向的目标具有同一性质或称同等价值，那么尽管原因力发生运行轨迹的偏差，但不失为同等价值的原因力。例如：甲欲射杀小河对面的乙，遂举枪射击，但射术不精，将乙身旁的丙打死。此处，甲射杀行为的原因力着力点尽管发生了位移，但是由于结果，即乙、丙二人的生命属同种危害性质，因而客观上判断，原因力没有差异。

倘若甲对射杀乙与丙任何一人都无所谓，而且结果致死其中一人，那么此处的原因力也可视为等同。但是，甲射杀了乙旁边的国家特级保护动物或毁坏了其他贵重财产；或者甲一枪将乙射杀并且致站在乙身后的丙重伤。这里情况有所不同，甲射杀行为的原因力发生了一定程度上的质量的变化。等值原因力理论对于分析刑法理论中的间接故意、想象竞合犯、犯罪既遂、犯罪未遂等可提供一定的帮助。

（四）原因力与条件的界分

当我国刑法理论长期纠缠在必然因果关系还是偶然因果关系的哲学迷思之中时，外国刑法理论也就因果关系问题长期争辩着，主要存在条件说、原因说、相当因果关系说、合法则的条件说、重要说以及客观归责论等学说，同一学说内也存在不同的观点。① 其中相当因果关系说与客观归责理论分别在日本和德国占据了通说地位。不过，我国亦有学者主张条件说，即行为与结果之间存在着没有前者就没有后者的条件关系时，前者就是后者的原因。② 此说旨在表明，除应采用禁止溯及理论和不排除就特定犯罪类型提出特别要求的限定之外，条件即原因。笔者无意于该理论的评说，仅对因果关系的条件说界定来看，可以认为，条件

---

① 张明楷：《外国刑法纲要》，清华大学出版社2007年第2版，第116页。
② 张明楷：《刑法学》，法律出版社2007年第三版，第167页。

和原因之间总有着剪不断理还乱的千丝万缕的联系，因而，界分条件和原因力也成为必要。

在最深层意义上，毫无疑问，所有的条件都是原因。不过决定某一因果关系发生和扩大的最沉稳、最持续的力道，无疑是其初始行为的原因力。条件只是附加在其因果链上的辅助力量，起到缓解、消解或者加强的作用。也就是一般意义上所说的，条件是指对结果的发生有某种可能性，但并不起决定作用的客观现象。条件只是因果关系发展的、一定的、外在的客观情况。条件在一般情况下对结果的发生仅有一定的作用，即对结果的发生提供某种可能性，条件和结果之间没有必然的联系。[①] 当然，如果某一特定的条件的确包含甚至决定了某一结果出现的趋势，其转化为原因，不是没有可能。关于这一点，在论述因果场的时候将加以分析。反过来，如果条件中没有包含导致结果必然发生的因素，此种条件与结果之间的外部或者非本质联系决定其不可能转化为原因力。例如甲将乙打成轻伤，乙在医院治疗期间突遭大火烧死或者被医生误诊、护士误拿药水致死等。此等情况，甲的行为不具有决定乙死亡的原因力，充其量只是在乙死亡事件的因果场中扮演辅助的角色。

二 原因力作用的空间、传杆及落脚点

（一）因果场：原因力形成、作用的空间

近代科学"场"的观念的提出，实是为了满足人类理解一些因果中实在连接性的心理需要。当人类不能肯定确认空间实在邻接性及时间实在邻接性的连结，但多少仍然可以补强时，即假设有个连结场之确实存在。犹如物理学中假设重力场和电磁场的各别存在一样。这些场可能是有形的、可见的，例如菜市场、农场、操场、战场等；这些场也可以是无形的、不可见的，存之于分析者心中有待盘算的，例如道场、名利场、静电场、电磁场等。[②] 一般来讲，因果场属于后者，但显然是可以琢磨和把握的，即引用道家的一句话，道无形体，但产生了天地。因果

[①] 唐烈英：《因果关系中条件与原因的关系探讨》，《西南民族学院学报》（哲学社会科学版）1998年第2期。

[②] 罗嘉昌、宋继杰：《场与有——中外哲学的比较与融通》（六），中国社会科学出版社2002年版，第8页。

场就是因果关系赖以生存的天地，原因力生成及发挥作用的空间。不过，在一定意义上又不同于名利场等纯粹的心理连接场，而是显现在外，为人们客观感知。比如有些行为与违法结果之因果关系就是设定在一定的时空范围内，如果不在这样一个界域内发生，即便类似的行为出现类似的结果，也可能因为刑事政策的规定阻断了刑法意义上的因果关系。比如非法狩猎罪就限定了禁猎区、禁猎期、禁用工具等限定的场域。刑法当中类似的规定不在少数，因而从某种意义上说，刑法条文已然暗含了因果关系的脉络；或者可以进一步推断，刑法意义上的原因力、因果场因刑事法律、刑事政策介入使得判断、分析变得更加重要。

因此，可以给因果场下一个定义：所谓因果场就是这样一个场域，在这个场域中我们要划分为危害结果在其中出现和危害结果在其中不出现两类，我们的目的就是要寻求危害结果在这个类中出现而不在另一个类中出现的原因。换句话说，也就是只有危害行为的原因力在这个因果场中发力，才能会产生刑法意义上的危害结果，从而才能存在刑法意义上的因果关系，这也是因果场的界定作用的体现。但是，由于考虑到刑事政策的介入，刑法意义上的因果场会区别于一般意义上的因果场，也就是，并非凡是进入此因果场的都会发生刑法意义上的因果关联。比如无刑事责任能力人杀人和具有刑事责任能力人杀人的区别关键不在于杀人行为与被害人死亡结果之间是否存在因果关系，而是因为刑事政策阻断了前者具备刑法因果关系的进路。

可以简单地归纳引入因果场概念的意义：第一步，判断行为原因力是否进入因果场；第二步，进入因果场的原因力是否为刑事政策所阻断。

(二) 因果链：原因力攀附的传杆

因果链是连接原因力和着力点的链条，是原因力得以传递的杠杆，可以说没有因果链，原因力将无法推进，甚至致使刑法意义上的原因力胎死腹中。

有学者在论述刑法因果关系时提出近因概念并为此下了定义："没有被介入因素打破因果关系链条的、当然地或者概然地引起危害结果的事实原因。"[1] 以此逻辑推断，与近因相对的原因（即远因），是否表示

---

[1] 储怀植著：《美国刑法》，北京大学出版社1987年版，第61页。

因果链已然中断。但在笔者看来，无论近因还是远因、直接原因还是间接原因，其原因力与着力点之间的衔接都是因果链，也就是说，只要存在因果关系，因果链就不可能断裂，反过来也可以说，没有因果链，刑法意义上的行为之原因力就会夭折，也就没有刑法因果关系。

不过此定义也给予人们一定的启示意义，即因果链的引入必定要对理解因果关系的介入因素有所帮助。由于刑法因果关系的存在事实表明（或者我们只有假定存在刑法因果关系才能有分析的缘由和意义），因果链不可能中断，那么其他条件或者介入因素是如何对因果关系发挥作用的呢？笔者认为，介入因素是通过加固或者剥离因果链来加重或者缓解原因力的；如果对因果链达到了消解的程度，则表明原因力失去了依附的链条，从而失去了刑法意义，同时说明，行为与结果之间的刑法因果关系就此失去了考察的价值。

因而，考察介入因素对因果链的作用时一定要用词精确，介入因素的加重或者缓解作用只能够影响先前行为的原因力，招致对因果关系的最终判断也为责任的划分起到了预决效果，介入者会因此分担一定的责任。但是如果介入因素异常涉入彻底消解了先前行为的原因力，等于将刑法因果关系中的原因力转嫁到自己的头上，这时就不得不考虑介入者也同时卸除了先行为者的刑事责任。[①] 正如有学者评价介入因素"如果被害人的行为是如此的'愚笨'或者如此不可期待，以致不但侵害者无法实际预见，而且任何正常人都无法预见时，那只能从非常遥远和不真实的感觉上说此结果是侵害者造成的结果，实际上他是由于被害方实施的而为他人无法正常预见的自愿行为所造成，因而就中断了侵害与危

[①] 就此有学者从事实和法律两个认识角度进行了有意义的阐释：研究因果关系的中断，首先要确定出发点，这里可分为两个问题。首先，研究"中断"是从事实因果关系角度，还是从法律因果关系角度展开。因果关系的中断可分两个层次进行研究，一是事实上的中断，即能够否定行为与结果之间存在必要条件联系的中断；二是法律上的中断，即能够排除因果联系的中断。其次，要确定研究刑法因果关系是为了确定刑事责任的全部根据，还仅仅是为了确定刑事责任的客观根据。具体参见张绍谦《论刑法因果关系的介入和中断》，《郑州大学学报》（哲学社会科学版）1999年第5期。虽然划分的目的不同，但也为笔者研究刑法意义上的原因力和事实上的原因力的划分，以及研究刑法因果关系与刑事责任的根据之间的联系提供了一定的注脚。

害结果之间的因果链条"。① 事实上,不单是被害人的行为,第三者和自然因素都可能成为异常的介入因素,这些异常的无法预料的介入因素被抬升为刑法因果关系产生的真正原因,替代的过程也就成为介入因素将原本因果关系中的原因与其结果斥离或肢解的过程,从而中断原有的因果链并建立了新的因果链。当然这个新的因果链可能具有刑法意义也可能不具有刑法意义,这要视介入因素的客观情况而定。附带修正一下上述学者的概念上的舛误,在这种情况下,不能仅仅简单认为因果链中断了,因为旧的因果链打破,新的因果链又建立了。

至于,介入因素并非异常或者难以预料,只是对原有的因果链起到加重或缓解作用,那么旧的因果链就依然存在,刑法意义上的因果关系依然存在。不同的是,客观责任的分配出现了变化,而且变化的趋势是和介入因素力道成相反方向,即介入因素加固因果链,说明介入因素的对原有责任卸除力大,先行为人的责任承担份额减小;反之,介入因素剥离因果链,则说明其对原有责任的卸除力小,先行为人的责任承担份额加大。

(三) 着力点:原因力发力的受力点

或许一般认为,着力点是刑法因果关系因果场中最不起眼的因素。其实不然,着力点恰恰是研究刑法因果关系最不容忽视的内容,着力点是原因力的受力点,它既是原因力指向的目标,也是原因力的最终落脚点。根据物理学原理,正确的对物体进行受力分析,是解决力学问题的前提和关键之一。因为,受力点位置的不同②、受力物体的特殊性质、受力物体的反作用力都是影响原因力作用的重要因素。这就告诫我们,行为人的原因力必然受到受力对象本身及其危害结果的反作用力的影响,从而影响对原因力及其因果关系的判断。比如特殊的原因力对象"蛋壳脑袋"在分析过失致人伤亡的因果关系时就成为必须斟酌的因

---

① 英国刑法学者迈里斯·柯里蒙那语,转引自张绍谦《论刑法因果关系的介入和中断》,《郑州大学学报》(哲学社会科学版) 1999 年第 5 期。

② 物理学上的受力点轶事:传闻重庆石柱县新乐乡九蟠村有块推不动却能挠动的 4 吨重的"怕痒"巨石,后来西南大学地理科学学院教授罗来麟赶到现场寻找巨石"怕痒"的秘密,发现村民们所说的怪石,其实是一块约 4 吨重的石灰石,挠了挠巨石,巨石果然晃动起来。他发现,这块巨石呈燕尾形,露出地面约 4 立方米,在巨石下边,还有一块露出地面的巨石,两石连接处约有 1 米宽,接触面高低不平。因而断定,巨石一挠就动,是因为它与另一块巨石的接触面高低不平,形成了多个不同的受力点。参见 (http://news.qq.com/a/20060926/001327.htm)。

素。原因力作用对象的反作用力也是值得关注的问题，比如"安乐死""相约自杀"等问题。对着力点位移的考察也许是引入着力点概念最有贡献的地方：着力点的向上位移会引起原因力上浮，反之，着力点下移则会引起原因力的下沉；而原因力不同方向的位移显然会影响其在因果场中的力道并进而影响危害行为与危害结果之间的因果关系的变化。例如甲的行为致使乙住进医院，结果由于医生的过失致使乙死亡。司法实践中，排除明显的介入因素异常情况（如医生恰巧与乙有仇，借机故意杀了他），法官很可能在权衡甲的行为和乙伤亡的结果之间的因果关系时，会随着乙在入院前是轻微伤、轻伤、重伤还是已经濒临死亡的情形之不同，做出其由弱到强的判断。因为随着着力点着力在A、B、C、D等四个不同的受力点上，原因力也会随之发生位移，着力点不断上浮的过程就是其原因力不断下沉的过程，也是司法实践中法官判断甲之行为与乙之伤亡之间因果关系由弱变强的过程。反之亦然，不复赘述。（可图示为2-2）

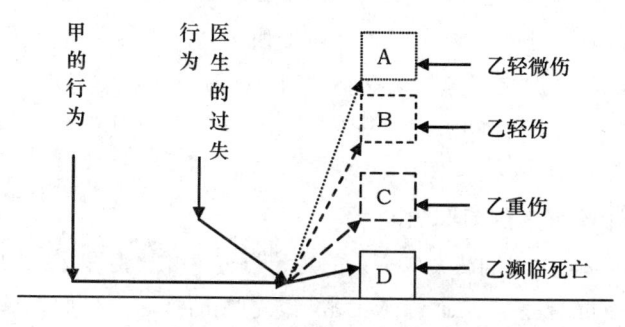

图2-2 着力点、原因力位移示意图

三 功能与适用：原因力理论的归结

（一）原因力理论的功能

1. 对因果关系的定位功能

原因力理论的引入旨在打破以往刑法因果关系身陷哲学泥潭的僵局，力图给刑法因果关系一个清晰的定位。事实上，原因力在刑法因果关系中的主导地位使其能够从容胜任。因果场是原因力形成和发挥作用的空间，唯有在此空间里，原因力才能称其为刑法意义上的原因力；因果链给了原因力前进动力和方向导航，而且依循因果链人们观察原因力的视线也变得清晰明朗；着力点成为危害行为给与损害结果致命一击的受力点，对受力点的准确判断，也成为找准并衡量原因力强弱的关键。可以看到，原因力在因果关系场域里的穿针引线，成为准确把握刑法因果关系的纲领。事实上，因为原因力独辟蹊径的理论界域可以使其能够从条件说与原因说之间的战争旋涡中抽身而出。因为，原因力强调的是行为的指向、力度和对结果的驱动，加之因果场、因果链和着力点三者的框定，其一条线的运行轨迹符合"孤立简化"的因果分析法则。换言之，只要依循因果关系中三个框定因素，把握原因力这条主线，就能够清晰认定行为与结果之间是否存在因果关系的脉络。

对原因力的判断不仅能够有助于确认刑法因果关系的有无，同时还可以成为刑法因果关系强弱的测试仪。介入因素对因果链的加固或者缓解甚至消解是判断原因力强弱的标准；着力点的位移牵引着原因力的上浮或下沉同样明晰原因力的强弱。原因力的强弱恰是刑法因果关系强弱的检测器。以往的刑法因果关系理论大多着眼于对其有无的判断，却忽略了对其强弱的判断。事实而言，如任何事物的性质一样，因果关系的客观性决定其也是质和量的统一体：有无只是涉关刑法因果关系的质的规定，强弱乃是其量的标尺，是对其进一步的精细化分析，相较而言，后者尤为重要。

2. 对干扰因素的筛选功能

其实，原因力对刑法因果关系的定位过程就是比对非原因力因素和原因力因素之间的差别，进而筛选出影响人们判断刑法因果关系有无和强弱的真实因素和干扰因素。因果关系在哲学上之所以为人们津津乐道[①]，原因多在于其理论的可塑性，也足见其复杂性。而且，刑法上的因果关系判断还要胜于哲学上任何一种因果关系的论争。现实中，刑事案件因关乎人类的自由、财产甚至生命，其人类学、社会学意义自不待言，仅就

---

① 有学者充满激情地描述因果关系：探索事物的原因乃人类智慧的本性，在很早的古代哲学中就已经出现了原因与结果的概念，有的哲学家甚至把探求事物的因果关系视为最高的目标，认为找到一个原因胜过当一世国王。由是，对于因果关系的研究，在哲学史上一直作为一个重要的内容延续下来，构成人类因果思想的发展史。参见维之《因果关系研究》，长征出版社 2002 年版，第 3 页。

一起具体刑事案件,如想彻底弄清其来龙去脉恐怕都是一种奢想。探究的难度从另一方面更加彰显出对刑法因果关系准确定位的重要性。

就原理推断逻辑来说,原因力对与第三者介入因素的感应最为敏锐。介入因素最可能切入的关键部位是因果链。通过上文的例证可以得知,介入因素对刑法因果关系的迷惑或者干扰主要通过作用因果链试图改变原因力的着力方向来完成。因而,原因力作为危害行为的形成指向,对行程中所受的干扰最清楚不过,换句话说,只要原因力因为附着于上的因果链加固或者削减甚至消散,据此就可以判断原有的因果关系是否强弱,还是彻底为介入因素阻断原因力的进路而就此消失。此外,原因力还能通过介入因素对着力点的触碰感知其影响力。毫无疑问,举凡介入因素都会对着力点形成一定的冲击,从而致使其发生位移;而着力点的位移无疑会牵动原因力的位移。可以说,着力点的变化是判断原因力及刑法因果关系是否变化的风向标。

3. 表达刑事政策的功能

借助于原因力理论,较为清晰地判断出刑法意义上的因果关系的有无或者强弱为最终行为者罪责的分配提供了客观性基础。其意义有二:一是明确了刑法因果关系的有无和强弱,等于明确了行为者罪责承担的有无和份额,不至于有罪不判、罪重轻判,以此弥补了被害人的损失,维护了社会的利益;二则也不至于无罪误判、轻罪重判,冤枉好人,从而保护了行为人或者犯罪人的合法利益。保障犯罪者的权利、维护国家的秩序是一个国家刑事政策的题中之意,但是没有较为妥当的表达,其价值的显示度会大打折扣,原因力理论恰是其最好的注脚。

此外,与一般意义上的因果关系有所不同,即如果没有刑法因果关系也就无须考虑责任分配的问题。成问题的是,刑事政策上的规定会在一些情况下阻断刑法意义上的因果关系,但是在一般人的眼里,似乎刑法意义上的因果关系并无不当,此时,原因力理论对具体刑事政策的准确诠释显得尤为重要。比如关于无刑事责任能力人和限制责任能力人的刑法规定,就属于刑事政策的阻断使得原本存在的因果关系从有到无、由强至弱。原因力理论在此种情况下实际上已经领会了或者反过来已经昭示了刑事政策必然如此规定才显合理,因而在其行为人行为之初就会因为是无责任能力者而不发力或者在行为人行为之初因为是限制责任能力者而力道减弱。

(二) 原因力理论的具体适用

原因力的形成带动因果关系的成立，只是一种一般的事实判断，只能说明一个行为与结果、多个行为与结果、一个行为或者多个行为并介入因素与结果之间存在没有此者则无彼者的联系，但不能就此认定一个行为是不是犯罪的构成要件，更不能就此确定它对于责任负担的份额，因此尚需要联系危害行为与结果，做大量的事后工作。这也是原因力理论的具体适用问题。

对于一因一果甚至简洁的一因多果判断较为容易，几乎不需要原因力理论的涉入。笔者以为，原因力理论的适用范围主要在于多因现象，主要包括：多个危害人的多个危害行为共同导致危害结果的发生；危害人的危害行为与第三者的行为共同导致危害结果的发生；危害人的危害行为与受害人的行为共同导致危害结果的发生；危害人的危害行为与受害人自身的特殊性相结合共同导致危害结果的发生；危害人的危害行为与某种自然因素结合起来共同导致危害结果的发生。后四种情况可以统一概括为危害人的危害行为与介入因素共同导致危害结果的发生。

1. 多数人的危害行为共同致害的情形

多个危害人的多个危害行为共同导致危害结果的发生是典型的多因一果，不过，其原因力可表现为多元原因力，亦可表现为单一原因力。

当多个行为人之间属于刑法理论上的共同犯罪情形，多行为的原因力其实因为性质的同一成为实质上的单一原因力。尽管此时的原因力仍然有区分的空间和必要，但是对客观结果的分担份额几乎一致。以甲、乙二人同谋并共同潜至丙家里盗走现金5万元为例，甲、乙不管分赃多少，其承担的盗窃份额是一样的，都是5万元。

如果多个行为人之间并无主观上的意思联络，数个行为之所以能够结合完全出于偶然，但是他们的危害行为共同导致了同一危害结果的出现，不同于上述共同犯罪的情形，多人之间的责任负担份额应该以其实际的原因力大小来确认。以甲、乙二人皆与丙有仇，一日二人从不同渠道得知丙在某茶庄喝茶，分别携带刀具，并几乎同一时间找到丙，分别砍了丙几刀，致丙重伤。此种情况下，甲、乙二人的对丙重伤的客观结果的分担份额应根据其二人行为之原因力对危害结果所释放的力道强弱有所不同。

附带指出,如果多人在同一时间分别导致被害人不同的危害结果,则各自对自己的行为负责,无需借助原因力理论来区分各自的责任负担份额。以盗窃为例,甲、乙二人于一月黑风高的夜里同时潜至丙家中实施盗窃,分别窃走丙现金4万元和1万元。此时,甲、乙二人应分别根据其盗窃份额划定其责任份额。

借助原因力理论区分多个行为人之间责任份额还需要视危害结果的性质而定。如果危害结果在一定意义上可以区分,则根据其行为原因力相对于危害结果而言是主要还是次要原因力、直接还是间接原因力来分配其责任。虽然"确定原因力的百分比的确有些困难",[①] 但是,这道难题只好交给法官去处理。如甲、乙二人盗窃份额不同,责任承担亦有所区别。倘若危害结果属于确实不能分裂开来,比如危害结果属人身性质的重伤或死亡。此时则首先应该推定各行为人的行为对于结果的发生或者扩大的原因力大小相当,判定其承担责任份额相当。当然,原因力大小只是客观危害结果的份额分担依据,具体的罪责负担还需要考虑行为人主体情况、主观过错等其他因素。

2. 介入因素的干扰之情形

无论是受害人过错、第三人过错,还是自然因素或者类似自然因素的受害人的特殊体质等介入因素,都给原本正常行进的原因力平添了一股足以改变其运行轨迹甚至彻底阻隔其行进线路的力道,使得原本单纯的原因变得复杂起来。

其中受害人过错是民法理论上启动较早并运用较为娴熟的制度[②],刑法学界至1947年被尊称为"被害人学之父"的以色列法学家、律师门德尔松(Benjamin Mendelsohn)首先提出被害人学后,学者们才开始重视被害人在犯罪中的作用,并兴起了被害人学的研究,其中不少学者从不同层面、不同角度对被害人过错进行归类。笔者认为,门德尔松对被害人过错所做的归类最为典型也最具启发意义。门氏根据被害人过错

[①] Nicholas J. Healy, "The Basis of Apportionment of Damagesin Both-to-Blame Collision Cases", *Loyola Law Review* (Fall 2001).

[②] 民法上,受害人过错是指就损害的发生或者扩大,如果受害人也有过失,则法院可以其职权减轻或者免除加害人赔偿责任,从而公平合理地分担双方责任份额的一种制度。

的有无及程度的大小将被害人分为完全无辜的被害人（即理想的被害人）、罪过较小的被害人（即无知的被害人）、罪过等同的被害人（即自愿的被害人）、罪过较大的被害人（包括诱发性的被害人和疏忽大意的被害人）和全部过错的被害人（包括攻击和激发性被害人、妄想被害的精神异常人和假装的被害人）。① 依循门氏的划分，理想的被害人因为完全无辜在设定的分析框架内不可能影响危害人的原因力的发挥，所以排除在分析之外；从无知的被害人起至攻击性等全部过错的被害人止，其对行为原因力的影响力道呈现逐步上升的趋势，也就意味着，被害人的过错对危害人行为之原因力的干扰强度亦呈递进趋势，直至完全阻断。门氏的分类过于详细或者基于外国人特有的语言表达，也许不易在我国刑法规范或者司法实践中找到一一对应的犯罪类型。我们单取其中的几种犯罪类型进行比较：相约自杀、安乐死、被虐待狂的邀请，可以视作被害人自愿的过错类型；被害人的言语挑拨、侮辱当属诱发性被害人的过错类型；防卫过当应属攻击或者激发性被害人导致的过错。总之，通过和被害人对危害结果的原因力的比对，可以推定二者之间原因力承担的份额，并据此分配二者的罪责，当然，被害人对罪责的负担只能体现在犯罪人罪责的减轻上，而不是相反的方向。

第三人过错对危害行为之原因力干扰与被害人本身过错对其影响有异曲同工之妙。至于出现自然因素等不可抗力或者类似于自然因素的无法预见的被害人的特殊体质（民法上的蛋壳脑袋规则是其适例）②，则要根据这些干扰因素究竟对危害结果产生多大程度的原因力来最终确定危害人的罪责负担。

---

① 郭建安主编：《犯罪被害人学》，北京大学出版社1997年版，第155页。
② 基于被害人的身体特质而减轻甚至免除行为人的罪责的事件时有发生，笔者撷取其中一例。《潇湘晨报》2009年4月25日报道：6年前，李秀勇和3名同伴一起，殴打了兰桂生，兰桂生遭殴3天后突然死亡。李秀勇认为自己犯了杀人罪，畏罪潜逃。6年后，李秀勇实在不堪忍受逃亡路上巨大的心理压力，投案自首。公安机关宣布的消息，却让他大吃一惊，自己并没有犯杀人罪，兰桂生是病理性死亡。转引自 http://news.163.com/09/0425/02/57N9FJP600011229.html。

第二章　刑法学新概念

第四节　刑法因果关系之因果场

刑法因果关系历来是刑法理论上的一个重要问题，也是一个新论迭出的领域。[①] 笔者就曾基于出新的意识，借鉴民法学原因力理论，创设了刑法因果关系之原因力一说。[②] 虽然笔者说过刑法因果关系之原因力理论是一套自洽却不自闭的理论体系,[③] 但它之于庞大的刑法因果关系理论阵营只是沧海一粟。除原因力之外，刑法因果关系还包括因果场、因果链和着力点等几种构成要素。因而，笔者希图进一步构设与之呼应的因果场等相关理论以利于刑法因果关系理论的整体繁荣。

一　因果场之构造

事物之间总是存在环环相扣的因果关系。于刑法上，讨论行为与结果之归属关系存在与否之理论，即称为因果关系论。[④] 而因果关系的理论旨趣在于，从认定的角度考察研究人的行为与结果之间的因果关系；从结局上考察研究犯罪行为与犯罪结果之间的因果关系。[⑤] 也就是说，刑法因果关系理论的目的在于为人们在无数连锁之因果系列中快捷、准确地找出可归责于行为人之行为，提供智力上的支撑。无疑，行为和结果在刑法因果关系中既是逻辑起点也是最终落脚点。

而在我看来，只有当行为和结果限定在一个特定的场域之中才具有刑法学上的评价可能，而且也才能真正做到相对准确和便捷地寻找到刑法因果链上那至为重要的一环。这个特定场域并不是要将与刑法因果关系出现有关联的所有事物都包罗进去，而只包括刑法因果关系成立的直接环境。在此，人们只需要考察危害结果在这个领场域中出现还是不在这个场域出现两种情形。接下来要做的就是找到危害结果在这个场域出

[①] 黎宏：《刑法总论问题思考》，中国人民大学出版社2007年版，第155页。
[②] 关于刑法因果关系之原因力的详尽论述，请参见拙文《论刑法因果关系之原因力》，载《政治与法律》2010年第4期。
[③] 张训：《论刑法因果关系之原因力》，《政治与法律》2010年第4期。
[④] 陈子平：《刑法总论》，中国政法大学出版社2009年版，第116页。
[⑤] 张明楷：《刑法学》，法律出版社2007年版，第160页。

刑法科学化进程中的新探索

现而不在另外一个场域出现的原因。这一特定场域就是刑法因果关系之因果场。刑法因果关系的演绎过程都浓缩在这里。正如笔者曾经的描述：在因果关系的体系中，原因力是"根"，着力点是"花"，因果场就是孕育这一切的"春"。延续原因力理论中的分析路径，可以认为，某一行为发出的原因力，通过因果链的传杆作用，加工在特定的着力点上，对危害对象发生作用，从而产生危害结果。这个过程是刑法因果关系的演绎过程，也是刑法意义上的因果场结构之展示过程。可以通过简单的图示予以说明。

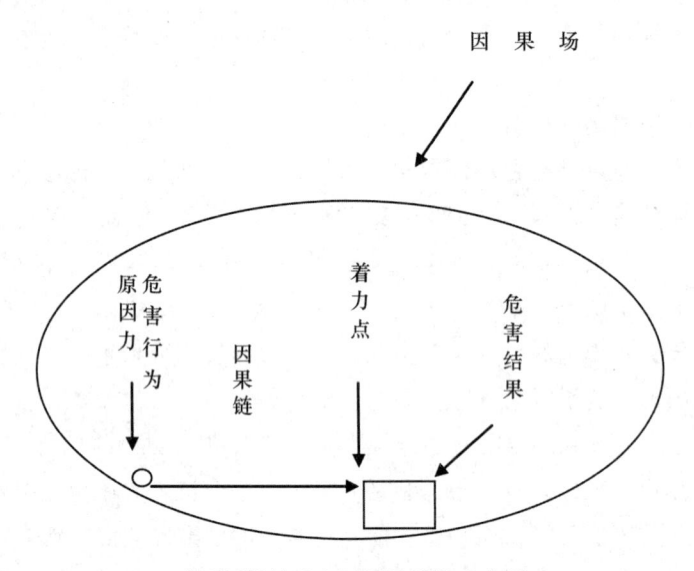

刑法因果关系之因果场结构示意图

把"场"的概念引入法学领域并嫁接出新的学术概念，早有学者为之，其中以储怀植教授所创设的"犯罪场"理论最为引人注目。[①]"场"本是物理学中的概念，是指一定的质量、能量和动量相互结合的

[①] 储怀植先生认为："犯罪原因产生犯罪效应的特定领域，或者说，犯罪原因实现为犯罪行为的特定领域，成为犯罪场。"后来又将其定义为："存在于潜在犯罪人体验中、促成犯罪原因实现为犯罪行为的特定背景。"参见储怀植《刑事一体化论要》，北京大学出版社2007年版，第254—255页。关于犯罪场的更为详尽的论述请参见该书第254页以下。

第二章　刑法学新概念

作用领域。只要事物之间存在互动，就必然存在着一个作用领域，这就是"场"。① 因果关系体现的过程就是行为人之行为与结果在特定场域互动的过程，也是刑法意义上的因果场从萌发到最终形成的过程。在此过程中，因果场的构造得以生动体现。

从心理学角度，"场"的观念的提出，是为了满足人类理解一些因果中实在连接性的心理需要。当人类不能肯定确认空间实在邻接性及时间实在邻接性的连结，但多少仍然可以补强时，即假设有个连结场之确实存在。从物理学的角度，可以确证的是，因为行为和结果的互动，因果场是客观存在的。而且，因果场不能单纯地被视为一个机械切面。它不仅是时空两个维度的交织，还表现为一种系统的互动性。为便于学理上的推演和司法上的认定，刑法意义上的因果场需要从心理学上的隐形场中走出，通过法律技术生成一种实实在在的结构，以便支持立法的技术性和司法的可操作性。这一点亦为我国刑法条文所确证。比如刑法将有些行为与结果的发生场域设定在一定的时空范围内，如果不在这个特定的场域内发生，即便类似的行为出现类似的结果，也不具有刑法上的评价意义。禁猎区、禁猎期、禁渔区、禁渔期等时空场域对行为犯罪性质的限定即为适例。刑法中类似的规定不在少数，因而从某种意义上说，刑法条文已然暗示了因果场的客观存在。

在因果场的结构切面中，我们看到了危害行为之原因力、着力点、因果链和危害结果等诸要素的横断面。通过因果场结构的功能展示，我们觉察到了发端于危害行为的原因力通过因果链和着力点的传递与衔接施加在被害对象身上最终产生危害结果这一动态过程。总之，危害结果的形成源自于危害行为之原因力的作用机制，而这一切都必须限定在一个特定场域，行为和结果才具有刑法上的考察意义。换句话说，刑法意义上的因果场使得行为和结果演变成犯罪行为和危害结果。

需要提醒的是，在判断某一具体刑事事件之行为与结果的因果关系时，要留心因果场空间上的位移与时间上的接续，并且通过分类排除等手段锁定需要的因果场。从哲学角度而论，世间万物都是变动不居的。当人们在因果链上排查、追问时，因果场可能随时会发生空间上位移，

---

① 谭志君等：《犯罪场语境下的被害预防》，《法制与社会发展》2008 年第 5 期。

这时，需要注意其间衔接的连贯性。例如，在一起李四被撞死的交通肇事逃逸案件中，人们发现案发现场几公里处丢弃一辆严重变形的汽车。人们会问"是不是这就是肇事汽车？"此时的因果场就是这辆汽车及其司机。因为这辆汽车有明显的撞击痕迹，而且就在案发的不远处。但是当人们追问"会不会是其他汽车肇事，然后逃掉了呢？"这时候的因果场就转移到特定时段所有通过这一路段的汽车和司机。于是，寻找危害行为便从因果范畴引入到因果场范畴。当然，侦查人员很快会通过侦查技术给出明确答案，并且也就此锁定需要的因果场。只是，从这个角度而言，与其说是危害行为与危害结果及它们之间的因果关联依存于因果场中，毋宁说，也是它们制造了因果场。

至此，可以梳理出刑法因果关系之因果场的基本含义，并给其下一个相对精确的定义。刑法意义上的因果场就是危害行为与危害结果之刑法因果关系成立的直接环境和特定场域。在这个场域中只需要划分为危害结果在其中出现还是不出现两种情形，并且寻求危害结果在此出现的原因。当然，并非所有进入视野的因果场都能够成为有刑法考察意义上的因果场，一些牵涉的因果场可以通过技术手段予以排除。而且即便具有危害行为与危害结果因果关联的因果场，也并非一定就是刑法意义上的因果场。刑事政策和刑法规定的介入会人为地阻断这种刑法意义上的因果关联，从而消解已经清晰的因果场。比如无刑事责任能力人杀人和具有刑事责任能力人杀人所负刑事责任不同的关键，不在于杀人行为与被害人死亡结果之间因果关系和因果场的不同，而在于刑法条文阻却了刑法因果关系自然演进的路径。[①]

二 因果场之分类

就危害行为引起危害结果的逻辑关联而言，有复杂和简单之分，其依存的环境（即所处因果场）亦有繁复与单一之别。对处在简单因果关联和单一因果场之内的单一行为与单一结果之定性自然无须大费周章。然而相对于理论，生活是多变的，这无疑增加了事件的可变性和复杂性。现实中会存在一因多果、多因一果与多果多因的现象，而且行为

---

① 张训：《论刑法因果关系之原因力》，《政治与法律》2010年第4期。

与结果之间会因为时空的延展和异质性因素的介入而出现中断或者位移。如此，会导致这一事件中危害行为与危害结果之间的因果关联和所处的环境变得复杂起来。因而，分类研究成为必要。

（一）重合的因果场与弥合的因果场

对于可以评价为刑法意义上的某一事件而言，其多重危害行为和多重危害结果尽管存有多种因果关联，并可能依存于多种因果场内，但是在特定情形下，出于事实上的要求或者法律拟制的需要，这些不同的因果场会合二为一。以此而言，因果场需要做出重合的因果场和弥合的因果场之划分。

1. 重合的因果场

重合的因果场也可称为向心的因果场，是指两个以上行为分别制造了相同境状的因果场，主要因为时空上的高度吻合使得这些相同境状的因果场"相互重合"幻化成一种特定刑法意义上的因果场。此中，舍弃其中一个行为制造的因果场，这一特定刑法意义上的因果场仍将存在，舍弃全部行为制造的因果场，这一特定刑法意义上的因果场将消失。在此情形下，基于时空上的奇妙契合，不同行为所制造的因果场形成了场域中的向心力，最终汇聚成一个完整但可分的特殊因果场。因而，其中的任何一个因果场都成为刑法意义上的因果场。当然，这种理论上假定的因果场往往会被现实生活中时间上的不一致所打破，即在不同种因果场的形成时间上果真存有前后差异，那么，某一种因果场（主要是后一种因果场）会被排除出刑法学视域。以例为示：甲、乙二人意欲杀丙，没有事先的意思联络，同时举枪射击，均打中丙的心脏，致其死亡。于此，甲、乙二人的行为分别就丙死亡结果制造了两个相同刑法意义上的因果场，而且因为假定的时空高度一致，合成了一个特定刑法意义上的因果场。显然，舍弃甲、乙其中任意一个因果场，这一特定刑法意义上的因果场都将存在，但是两者都除去，则这一特定刑法意义上的因果场自始不会产生。如此，甲、乙二人制造的因果场都将进入刑法考察视域，成为具有刑法评价价值的因果场。当然，如果甲、乙行为存在时间上的先后关系，一方行为所制造的因果场将被排除出这一特定刑法意义上因果场的涵盖范围。也就是说，这一方的行为对结果不具备任何作用。当然，并不能就此认为这一方的因果场已经被排除出了整体刑法考察范围,事实上,此时这一方行为所制造的因果场只是被弱化了。因而,实施行为者仍须负刑事责任。以此例来看,其仍应负故意杀人未遂之刑事责任。

2. 弥合的因果场

弥合的因果场亦可称之为叠加的因果场,是指两个以上的行为分别制造了相同境状的因果场,主要因为时空上的巧合使得这些相同境状的因果场"合二为一",重合为一种刑法意义上的完整且不可分的特定因果场。在此,舍弃其中任何一个行为制造的因果场,这一特定刑法意义上的因果场都将无法最终形成。也就是说,这些汇聚在一起的因果场之间是相互弥补、相辅相成的关系。故此,这些因果场都将成为刑法意义上的因果场。例如:甲、乙二人没有事先的意思联络,欲毒杀丙,并分别向丙的食物里投放了致死量50%的砒霜,最终致丙死亡。甲、乙二人分别投毒的行为叠加在一起所制造丙死亡的结果这一特定因果场盖由甲、乙行为分别制造的因果场叠加而成,缺一不可。[①] 因而,甲、乙二人之危害行为与危害结果及其它们之间因果关联所依存的因果场具有刑法上的考察意义,此二人都应当负故意杀人的刑事责任。

重合因果场与弥合因果场的区分有助于理解刑法因果关系理论中的择一的因果关系和重叠的因果关系论说和共同犯罪等刑法理论。

(二)突变式因果场与渐变式因果场

正如上文所言,在一些特定的情境下,危害行为与危害结果及其因果关联所依存的刑法意义上的因果场是变化着的,表现在空间上的位移和时间上的流转。而且,这种变化不仅表现为因果场的外部变化,即从一种因果场跨入另外一个因果场;也可能表现为因果场的内部变化,即因果场自身的从萌芽到完成。前者的变化方式一般是突变式的,后者往

[①] 当然在与弥合因果场(叠加因果场)相关联的重叠因果关系理论中,学界有不同的见解。我国刑法学家张明楷先生认为,在这种情况下,由于存在着没有前者就没有后者的条件关系,故肯定甲、乙二人的行为与丙的死亡之间存在条件关系(参见张明楷《刑法学》,法律出版社2007年版,第169页)。而台湾学者陈子平先生则认为,尽管甲或乙之行为与丙之死亡结果间,皆有条件关系之存在,却不存在"相当性",因此二人亦仅得成立杀人未遂罪(参见陈子平《刑法总论》,中国政法大学出版社2009年版,第119页)。笔者依从张明楷先生的主张展开论述。

第二章 刑法学新概念

往是渐变式的。

1. 突变式因果场

因果场的突变并不仅仅指从一种因果场跨入另外一种因果场，完成空间上的位移，即可能完全跨入另外一个相对陌生的场域考察另外一种危害行为与危害结果之间的因果关联；还包括某一因果场因为特定情形的出现而致使这一因果场出现本质上的变异，原有的因果场因此消失，并创设出一种新的因果场。此处的突变式因果场更倾向于适用后一种情形。例如，甲本欲伤害仇人乙，遂持刀前往乙处，用刀狠狠地砍了乙的屁股之后，觉得还不解恨，遂起杀心，将躺在地上哀号的乙的脖子割断。此例中，原本存在的甲故意伤人行为与乙被伤害的结果之间因果关联所处的因果场随着甲行为的质变（从故意伤害到故意杀人）而发生了突变。这种因果场的突变还可以在抢夺、盗窃、诈骗转化为抢劫的刑事事件中得以体现。

另外，因果场本身的场域性质决定了其必然受制于环境的自然属性，因而必须承认环境变化所招致的因果场的全有或全无态势。引用台湾学者林东茂先生所列举的一个例子：张三听闻施工深洞内求救声，抛绳索拉人，接近地面时，发现是仇家，松手，人死。[①] 救人行为和杀人行为虽然维系在张三的一念之差上，但其实质性的界分点则体现在环境的突变性上，即指当环境允许张三能够清晰判断所救之人是仇家之一刻。就在这一环境突变成为适宜危害行为寄居之际，刑法意义上的因果场才倏然而成。

2. 渐变式因果场

因果场的渐进式变化，多体现为其内部一种量的积累，是一种从无到有、从小到大、逐步清晰化的量变引起质变的变化方式。对于刑法理论上所言的数额犯而言，行为所涉对象额度的多少往往成为判断该行为罪与非罪的标准。或出于主观控制，或受制于客观情势，行为人每次行为所得都未达到入罪的标准额度，但多次行为所涉及额度总量已然达到这一标准。对此，刑法理论认为行为人的行为是构成犯罪的，这一点亦在刑法分则中有所体现。比如我国刑法第 153 条关于走私普通货物、物

[①] 林东茂：《一个知识论上的刑法学思考》，中国人民大学出版社 2009 年版，第 49 页。

品罪的规定。其他如涉税犯罪、非法持有毒品犯罪、贪污犯罪、受贿犯罪等都明确规定了具体数额。盗窃罪、诈骗罪等虽没有明确具体数额，但也有"数额"上的要求，而且，司法解释随后对之做出了相对具体的规定。此情形下，危害行为与危害结果发生因果关联的因果场则会出现一种从模糊到清晰的渐变过程。每一次单独的违法行为显然无力制造刑法意义上的因果场，因而，行为、结果及其因果关系都因不发生在刑法意义上的因果场而失去刑法上的考察意义。不过每一次违法行为和危害结果及其因果关联所留下的轨迹，都在为刑法意义上的因果场的最终出现加深刻度、蓄积能量，直至破茧而出。违法行为也终于突破犯罪行为警戒线，正式踏入刑事法网。

此外，对于盗窃罪数额标准要求，还体现在行为的次数累加上。即便数次行为所涉额度没有达到盗窃犯罪构成的标准额度，但是次数累加到一定程度，亦作为犯罪处理。以此来看，刑法意义上的因果场的内部变化并非单纯地表现为单一的数额递增，还应注意到其次数累加。

需要提醒的是，因果场也可能因为需要时间的累积和空间的回旋，才能渐次形成。例如，甲用拳头连续击打乙的太阳穴，事实上单独的每一拳都可能无法致乙死亡，但是连续的拳击力道累加在一起最终导致被害人乙死亡。在此，每一拳（行为）所造成的危害都无法形成一个清晰的因果场，亦不必肢解开来置于单独的因果场加以考察，直至足够的拳击力度制造了刑法意义上的因果场出现，则将这连续的拳击动作视为危害行为的整体对待。

对于突变式因果场和渐变式因果场的划分有助于理解刑法理论上的转化犯、接续犯、常习犯、徐行犯、数额犯及刑事责任和故意内容的认定。

（三）加工的因果场、耗弱的因果场与异化的因果场

事物从来没有失去彼此之间的联系。这往往使局势变得复杂。行为和结果之间的因果关联也会出现一因多果、多果多因、一果多因等诸种情形。由此，因果场理论所面对的并非总是如张三潜入李四卧室盗取现金1万块这种单一因果场的局面。大多数情况下，就像因果关系理论所要拆解的层层迷局一样，现实的案件会形成扑朔迷离、盘根错节的因果场连环套。根据不同因果场的形成时间、对危害结果最终形成所起的作

用等，可以将其划分为加工的因果场、耗弱的因果场和异化的因果场。

举例说：甲欲杀乙，对其下毒（投放了致死剂量的砒霜），所幸乙被乙家人发现，急忙送医，不料却被乙家仇人丙知悉，遂驾驶大货车在半道上故意撞向乙所在的小汽车，制造车祸，致使乙胸腹受重创，濒临死亡（5小时后必亡），在医院救治过程中恰遇乙另一仇人医生丁当值，丁在手术过程中将手术刀戳向乙尚在跳动的心脏（当然基于职业的判断，丁只需通过拖延时间即足以致乙死亡，但出于仇恨，还是选择了直接出手），终致乙顷刻送命。在此案例中，经至时空转换，形成了三个不同的刑法意义上的因果场。

在三个前后接踵的因果场之中，虽然第一个因果场中的犯罪行为之目标最终实现，从形式上看，与危害结果的出现达成最终的关联，但是本质意义上，应当视第二个因果场对其阻隔的效果而认定其有效性。事实上，第一个犯罪行为并未完成其自然有效的运行轨迹，而是被第二个因果场中的犯罪行为有效阻隔，耗弱了对危害结果（被害人死亡）的原因力。也就说，第一个因果场能否成为本真意义上的因果场要取决于第二个因果场对其的耗弱程度。具体来看，倘若在毒药尚未发作之际，丙的行为不期而至，可能会彻底阻断或者消耗殆尽甲之行为的原因力，而使得甲行为对乙死亡这一结果之间的因果场几乎失去原本意义；倘若丙的行为来得稍晚些，毒药已经发生作用，甚至已经发挥致命效果，第二个因果场对第一个因果场仅仅起到弱化作用。由此，就第一个因果场应以第二个因果场对其阻滞情况而最终做出刑法上的认定：即第一个行为的原因力会随着第二个犯罪行为的阻隔效果增强而逐步变弱直至消耗殆尽，而其所制造的因果场也会随之减小直至失去原本意义。而其行为之于危害结果之间的因果关联也会随之减弱，表现在司法认定上，则会出现甲故意杀人从既遂到未遂的游离。即丙的行为阻断甲之行为本真意义上因果场形成，甲即为故意杀人未遂；反之，丙之行为的耗弱效果越弱，甲越可能形成故意杀人既遂。以此，相对于第二个因果场，第一个因果场被称为耗弱的因果场。

相对于丙的致命一击，丁只是在乙死亡的路上推了一把。较之于前面两个因果场（特别是丙之行为所处的因果场），丁之行为所制造的因果场只起到加工作用。因而，此因果场可称之为加工的因果场。当然，现实的毫厘之差都可能引起因果场的大小甚至有无。就上一举例中，丁的行为越提前或者丙行为对乙的致命性越弱，丁的行为之因果场就越大、气场就越强，在此情形下，丁故意杀人既遂的可能性就越大；反之，丁则倾向于故意杀人未遂。当然，如果运到医院的只是乙的尸体，丁仍然实施上述行为，则只能制造事后的因果场，超出了制造乙之死亡这一整体因果场的考察范围，丁之行为则在司法上宜于认定为侮辱尸体罪（从现实角度而言，作为医生，丁更可能明知乙已经死亡而为泄愤故意毁坏其尸体）。

所谓异化的因果场，是指某刑法意义上的因果场因为其他刑法意义上因果场或者不被刑法评价的因果场的介入（如第三人的行为、不可抗拒的自然力量、无法预见的特殊情形等所制造的因果场）而导致危害结果出现异常进而牵连因果场异化。如前一例中甲只是将乙打成轻伤，然后发生了后面的事情。于此，甲的行为显然不具有决定乙死亡的原因力，只是在乙死亡事件的整体因果场中带动了"蝴蝶效应"。此时，乙死亡所处的整体因果场对于甲之行为而言实乃被异化了的因果场。在司法处理上，对只能对甲最初意义上的因果场进行考察，而不能将其牵连到后续因果场中来，做出故意杀人而非故意伤害的认定。

关于耗弱的因果场、加工的因果场和异化的因果场之对帮助犯、共同犯罪、转化犯、犯罪性质的认定、罪与非罪、犯罪主观因素的考察将有所助益。

借助于因果关系之原因力的划分，因果场还可分为主要因果场与次要因果场、直接因果场与间接因果场、正向因果场与逆向因果场、单一因果场与多元因果场等。限于篇幅，本书不再延展。

不过，等效因果场有特别提出之必要。在危害行为对特定对象施加原因力之后，受一定主客观因素的干扰，原因力的运行轨迹会发生偏差，导致危害行为与危害结果的对接上出现偏离。此时的因果场也会随着变化之中的因果关联而飘忽不定。不过，奇妙的是，危害行为之原因力虽然最终发生物理意义上的位移，但由于着力点上的实际对象与预谋中的对象并无性质上的区分，那么原先游移的因果关系和因果场会被刑法规范有效矫正。此时刑法意义上的因果场等效于彼时犯罪行为预先设计的运行轨迹所制造的因果场。例如，甲举枪射击小河对面的乙，但由

第二章 刑法学新概念

于射术不精，没有打中乙，却将乙旁边的丙一枪毙命，甲在此仍然属于故意杀人既遂。此中，甲之行为虽然发生了空间上的位移，但从刑法评价角度，仍然有同质的危害结果出现，故而在空间上曾经断裂的因果关系得以修补，几乎迷失的因果场也得以完成刑法意义上的归位。不过，上例中，倘若甲一枪打死乙，并且致紧挨着乙的丙重伤，那么情形则有所不同，原先游移的因果场则会在瞬间分裂为两个因果场。而且这两个因果场都具有刑法上的评价意义。

等效因果场对于理解刑法理论中的间接故意、想象竞合犯、犯罪既遂、犯罪未遂等可以提供一定的帮助。

三 因果场之功能

（一）对刑法因果关系的定位功能

原因力、因果场理论的倡导旨在给略显杂乱且一度陷入哲学迷思的刑法因果关系理论提供较为清晰的拆解之道。具体而言，在因果关系里，原因力强调的是行为的指向、力度，原因力理论在刑法因果关系理论中发挥向导的作用。因果场作为刑法因果关系的活动场域，突出品质在于其准确的定位能力。因而，因果场理论之倡导给刑法因果关系提供较为准确的定位。

同时，有了刑法意义上因果场的概念，可以避免在刑事事件中寻找原因或寻求充分或必要条件时产生悖论。例如，在一起涉嫌放火罪的事件中。若问房子起火的原因或充要条件是什么，我们可能必须说房子起火的充分、必要条件不但包括这栋房子必须存在，而且还需要借助于风力和其他因素。仅以风力而言，就可以追溯到几近飘渺的境地：若不是枝头上栖息的一只蝴蝶扇动了她那美丽的翅膀，带动了气流，产生了风，房子也就烧不起来了。倘若不设置一定的界域，任由漫天联想，恐怕会陷入永远都无法拆解的迷局。有了因果场的理论，拆解这个悖论就会变得相对容易，就是将因果关系限定在房子这个因果场中，至于枝头上的蝴蝶则不处在要讨论的因果场域内。

因果场域的界分功能来自于哲学上关于普遍与个性之辩证关系的启示。这就是列宁所说的"原因和结果只是各种事件的世界性的相互依存、（普遍）联系和相互联结的环节，只是物质发展这一链条上的一环"。"我们通常所理解的因果性,只是世界性联系的一个极小部分。"①因果场的作用就在于它隔开事物的普遍联系,取出其中一部分加以精确的体认。

(二) 对刑事司法的导向功能

因果场对刑事司法认定的导向主要通过因果场的分类与排除作用体现出来。而因果场的分类与排除功能则是其对刑法因果关系定位功能的自然延伸。因为案件事实的复杂性,所以有时要进行多种牵连因果关系的梳理与必要的剔除,因而因果场在对刑法上因果关系的定位过程中往往伴随对某一纠结多个因果场的整体因果场域进行必要的清理和筛选,即剔除非刑法意义上的因果场,保留刑法意义上的因果场,进而在经过定位的因果场域内判断出刑法因果关系有无和强弱的真实因素和干扰因素。

具体而言,在一个危害结果由两个以上行为共同造成时,或者说,就某一危害结果而言,牵涉两个以上因果场时,要判断某一涉嫌行为人之"人"和"行为"有没有全部或者其中的一项进入刑法意义上的因果场,并据此做出此结果对他而言属意外事件还是其他刑法事件的分类。言即,若此人的"人"和"行为"都没有涉足这一特定因果场域或者仅仅是制造了与危害结果相关联的非刑法意义上的因果场,那么,此危害结果对他来说,属于正常行为或者意外事件。若是意外事件,自然无须纳入刑法考察视域,行为人当然无须负担刑法上的责任。例如:甲和乙是同村,一起喝酒散席回家,二人边走边嬉闹,行至一田头,二人兴起练起了摔跤,皆因醉酒多次跟跄倒地。此情形恰好被早就蓄谋杀死乙的仇人丙看在眼中,趁甲用力将乙掀翻在地之际,顺手捡起一块板砖,将倒在地上失去反抗力的乙活活砸死。这里,丙能够顺利制造乙死亡的因果场固然离不开甲之行为所制造的因果场之功效,但是甲行为的发力方向和着力点显然没有指向和附着在乙死亡这一结果上,其行为与乙死亡的危害结果之间显然不具有刑法上的因果关联,因而,其所制造的因果场不具有刑法上的评价意义,甲的行为属于正常行为。即便某人的行为属于非道德行为甚至是违法行为,但只要尚未建立起足够刑法评

---

① 《列宁全集》第38卷,人民出版社1959年版,第168、170页。

价的因果场，亦不能对其做出有罪的司法认定。例如：假设上例甲、乙二人沿着过往车辆颇多的国道边行走，甲突然童心大作，将手中未喝完的矿泉水冷不丁泼向乙的脸面，乙在突袭之下，慌不择路，斜冲至国道上，正好被一辆违章驾驶的运沙车当场撞死。

倘若行为人制造了刑法意义上的因果场，尚需要根据另外的因果场对其耗弱和异化程度进行犯罪未遂、既遂还是过失犯罪的认定。就此，上文已有论述，兹不赘述。

（三）宣示刑法理念的功能

考察人类刑法史会发现，人们倚重于道德因素划定自然犯，又侧重于政治考量划定行政犯。人们圈界犯罪领地的手段越来越丰富、编织刑事法网的技艺越来越娴熟，而且规模越来越大。不过在学者看来，刑法对于犯罪之防止并非万能，刑罚本身并不能免除其恶害性，因而刑法不应将一切违法行为都当作处罚对象，仅应规制具有刑罚必要性之犯罪，始有其适用之原则。此之谓刑法之谦抑主义。[1]

何况鉴于"出入刑法疆界的人，可能遭刑法的恶缘扭曲人格"[2]，在刑法现代理念主导下，划定刑事法网的工作应当愈加缜密。笔者曾试图通过建立指标分析体系的途径构设入罪的标准，认为应当基于刑法的补充性、片段性以及宽容性的理念，科学划定违法行为在社会活动中的正常区间，唯有当该类行为突破入罪临界点时，才能对其进行刑法规制。[3] 而且，一旦"刑法划定人的活动界限，意味着界限内的活动不受干扰"[4]。

因果场首先在构造上印证了刑法的局限性，因为场域概念本身说明了空间的有限性。而渐变式的因果场则进一步佐证违法行为进入刑事法网的标准确立。没有达到此等标准，因果场将不具有刑法上的评价价值，因而不具有刑法意义。而非刑法意义因果场则恰当地揭示了刑法谦抑性的根源。刑法的触角无法亦不能延伸到社会生活中的每一个角落，

---

[1] 陈子平：《刑法总论》，中国政法大学出版社2009年版，第10页。
[2] 林东茂：《一个知识论上的刑法学思考》，中国人民大学出版社2009年版，第6页。
[3] 张训：《入罪的理由：论刑法生成的标准——基于指标分析的理路》，载陈兴良主编《刑事法评论》第26卷，北京大学出版社2010年版，第394页。
[4] 林东茂：《一个知识论上的刑法学思考》，中国人民大学出版社2009年版，第7页。

必须有所限缩和保留。

此外，对于刑法，因果场理论之提倡不仅仅为了破解刑法因果关系的迷思，其更大意义在于对刑法谦抑、克制精神的宣扬。刑法并非一经制定与公布即获得生命。当然，刑法的诞生往往需借助类型化和概念化手段，而此赋予了它一定的显性特质。但是，刑法精神想要深入人心必须在司法践行中接受技术性手段的检测。而因果场结构的构设正是刑法技术含量的测试仪。现代刑法精神与因果场结构特质的暗合恰恰表明了刑法现代精神与理念的可证成性。

（四）表达刑事政策精神的功能

刑事政策系统主要依靠刑事司法的推进来激活。借助于因果场理论，能够较为准确地固化刑法意义上的因果关系，并为最终行为者罪责的分配提供客观依据。因果场对因果关系之有无或者强弱的固化作用通过其结构体敏感地反射出来，并投射在司法认定上，即明确危害行为实施者是否需要承担罪责以及确定罪责承担份额，不致于有罪不判、罪重轻判，亦不致无罪误判、轻罪重判，冤枉好人。以此弥补了被害人的损失，维护了社会的秩序，同时保障了危害行为实施者的合法权利。而保障个人的权利、保护社会的秩序无疑是一国刑事政策的题中之义，因果场理论的意旨恰好成为这一精髓的最好注解。

此外，刑法因果关系理论中言及的因果关系与哲学意义上的因果关系显然有所区别，最终落位于没有刑法因果关系就无须考虑刑事责任分配的问题上。而此，恰好与现实中的刑事政策相连接。一些情形下，刑事政策的相关规定会阻断刑法意义上的因果关系，最终阻却因果场在刑法意义上的完满。由于刑事政策的介入，刑法意义上的因果场会区别于一般意义上的因果场，也就是，并非凡是进入此因果场的都会发生刑法意义上的因果关联。刑事政策可能会阻断其具备刑法因果关系的进路。

由此可知，因果场的准确定位功能表达了刑事政策之保障人权和维护社会之基本理念；因果场刑法意义上的评价与分类功能则助益于刑事政策在刑事司法实施机制中的顺畅运行。

第三章 刑法规制新见解

刑法作为法律规制的最后一道防线,人们轻易不可僭越,但反过来,刑罚乃最严厉的惩戒手段,轻易不可动用,动辄伤身。研究者从不同角度论证刑法的谦抑品格和善良情怀。也有人对刑法应对社会乱象寄予莫大期望,对刑罚充满依赖感。那么,究竟该如何划定刑事法网,判断一项危险行为何时才界临刑法门槛,这是人们首先面临的难题,其后还要面临刑法内的罪域安排、刑罚体系、出罪功能等设计问题。本章将在宏观方面,尝试论述刑法如何生成,阐释入罪的理由;在微观层面,论证对什么样的罪和什么样的人才有必要动用刑罚武器。

第一节 刑法的生成

面对人类社会最严厉的规范和制裁——刑法与刑罚,人们总会质问:刑法的根据是什么,经验、理性还是犯罪的社会危害性?刑法生成的动力在哪,源于生活、社会还是外部的强加?把什么交给刑法,生命、自由还是财产?凭什么交给刑法,基于和议、认同还是权威?谁来制定刑法,大众、精英还是政治权威?刑法的任务是什么,保卫社会、国家还是个人?刑法的边界在哪,保护国家主权、社会发展权还是人类生存权?这一连串关于刑法乃至人类命运的关键问题的答案都需要沿循一条线索即刑法的生成轨迹,才能一一破解。

一 经验抑或理性:刑法的生成动力与根据

第一个核心命题,是刑法产生的动力及根据。一般认为,刑法的核心问题是刑罚与犯罪。有趣的是,如果仅仅停留在概念上的纠缠,刑罚

刑法科学化进程中的新探索

和犯罪之间的关系会像是"鸡"与"蛋"的关系。然而，从犯罪与刑罚两种现象之间的功能关系来看，刑法的存在则以刑罚为核心，换言之，离开了刑罚，人类根本无从创造刑法的模式。① 由此，认为刑法的产生源自犯罪现象的理论似乎有所疏漏。为了回应上述的论说并饱和刑法自身及其理论机体，须将触角延至刑法的开端，并且以人类社会共同体为场景检索刑法的诞生轨迹及刑罚与犯罪等诸多错综复杂的关系。

谈论经验和理性，似乎在刑法的生成理论中不着边际。但是理性人或者经验人在人类社会制度（包括刑法规范）构建中的足迹确乎为我们探寻刑法的生成原动力或称本源和其安身立命之基提供了创设性的甬道。西原春夫认为："人有想保护自己享受的利益的欲求，而这成为国家存在的基础，进而也构成制定刑法的原动力"②，"最深处的原动力循序渐进地诱发出离表层较近的原动力，最后引发制定刑法的直接的动力"。③ 而就常态情形而言，人类社会绝不是作为孤立的实践个体而是作为一个相互关联与影响的实践共同体存在并活动。显然，作为整体理性和理性的整体，人与人之间必然离不开理解与沟通、离不开由这种理解和沟通所形成的共识，一旦当这种共识为大多数社会成员共同维持并自觉遵循时，便成为人们在思想与行为以及对行为进行评价方面的习惯，并经由习惯演化成为规范，而后产生法律。顺便也可以总结，秩序并非是一种从外部强加给社会共同体的压力，而是一种从内部建立起来的平衡。④

而被规定为犯罪的，应该是违反社会伦理规范的行为中却有必要通过刑罚制裁来强调国民遵守的，上升为刑法规范的社会伦理规范的那一部分。⑤ 由此，犯罪是对"和议"或"认同"⑥的背叛，更是对习惯、规范、法律的否决，所以对犯罪的规制才使得刑法规范有其合理性和必

---

① 冯亚东：《理性主义与刑法模式》，中国政法大学出版社1999年版，第139—142页。
② [日] 西原春夫：《刑法的根基与哲学》，顾肖荣等译，法律出版社2004年版，第97页。
③ 同上书，第8页。
④ 周光权：《刑法学的向度》，中国政法大学出版社2004年版，第157—158页。
⑤ [日] 大塚仁：《犯罪论的基本问题》，冯军译，中国政法大学出版社1993年版，第19页。
⑥ 关于"和议"与"认同"，笔者会在下文述及刑法生成的模式篇章时，详加论述。

第三章 刑法规制新见解

要性，反之亦说明，犯罪应当视为刑法生成的动力。如自然界中的生物链，相生相克的犯罪与刑罚是刑事法链条上最具张力的一环。

即便是把犯罪作为一个假想敌对待，在制定刑法规范时，首先要对所有的犯罪品种进行假设，在对犯罪模式的量的下限（一般违法行为的量的上限）的界定上，主要是受相对稳定的刑罚手段影响。[①] 一般认为，犯罪是行为，仅此还不够，透视犯罪和衔接刑罚的关键点是犯罪行为的社会危害当量。事实往往是，人类社会行为中的某一类行为因为社会危害当量从量的积累到质的变化而必须通过立法层面上的技术处理迫使其步入刑事法调整视域，成为刑法规范规制的对象，从而使此类行为完成入罪的"成年礼"。由此，此类行为即意在强调某种特质的群体行为的社会危害当量成为衡量其社会危害性的重要指标。

在判断犯罪行为的社会危害性时，我们认为，它并不是指具体的客观事实，它是一种价值事实，一种对具体的客观事实的评价，而这种具体的评价不能不反映着评价者的价值观念。[②] 刑法意义上的社会危害性从根本上说不过是社会主文化群所做出的一种价值判断，或者说不过是社会上大多数人共有价值观在刑法领域中的具体反映。[③] 类行为社会危害性兼具事实和价值的双重秉性和社会危害当量的技术性，迫使人们将经验、理性和科学相继请入这个分析体系中。在构建犯罪与刑罚场景的同时，其革命性的意义在于帮助人们纾解诸多疑惑。

另外，理解犯罪的社会危害性，还要将其置于历史的语境巡视。因为，什么是犯罪是在国家成立之后才成为有实际意义的话题。而且，随着国家样态的迭进，社会危害性的衡量标准也在不断更替。但归纳起来，无非关涉道德、政治、科技、文化等因素。从自然犯的角度，我们只能说，犯罪行为大体源自失德行为，却不能完全赞同"刑法是最低限度的道德"之说。因为，即便当下，亦存在为道德所包容或者最少持暧昧态度的犯罪行为。比如"安乐死"为我国刑法规制，但并非为道德决然排斥。相对于自然犯而言，衡量法定犯罪社会危害性的标准似

---

① 陈兴良、邱兴隆：《罪行关系论》，载《中国社会科学》1987年第4期。
② 李洁：《罪与刑立法规定模式》，北京大学出版社2008年版，第151页。
③ 冯亚东：《理性主义与刑法模式》，中国政法大学出版社1999年版，第39—40页。

刑法科学化进程中的新探索

乎复杂一些，多半因为平添了诸多政治色彩，"国家把某些行为定为犯罪的行为原本就具有政治色彩"①。然而正如自然犯与法定犯纯属学理上的划分，界定犯罪的政治标准又离道德的源头有多远呢？实际而言，政治的源头一定是道德。

刑法生成标准或者根据的道德关切和政治标榜之建设性意义，在于揭示人们评价犯罪行为社会危害性时的主观感受。总体而言，犯罪行为的恶给人们带来情感上的冲击，主要表现在对社会公众正义感情的损害。不过，另一方面，它带给人们视觉上或者感官上的体验，有助于人们领悟、消化刑法的良苦用心。但是上述两个路径至少无法圆满纾解这样一个核心问题：我们为何要把这类行为或者这类人交给刑法？这就需要引入科技手段。关于类行为社会危害性的科学当量衡量标准的指标体系的设计，笔者另有专文论述，于此旨在表明，刑法生成的动力与根据既有经验的也需要理性。我们权且将刑法设立的道德、政治标准视为经验的，将刑法成立的指标体系标准视为理性的。其实，二者又何尝不是既是经验的又是理性的呢？正如庞德所言："只有能够经受理性考验的法才能坚持下来，只有基于经验或给经验考验过的理性宣言才成为法的永久部分。经验由理性形成，而理性又受经验的考验，舍此之外，在法律体系中没有任何东西能够站得住脚。法是通过理性所组织和发展起来的经验。"②

将经验和理性上升到哲学的高度，往往在刑法的生成中牵涉进自然法和形式法的概念。对于刑罚这种古老的制裁品种，自然法的意义不容小觑。撇开康德所谓纯粹理性的统摄，在传统意义上寻找刑法生成的自然意义，或许有益于在刑法与刑罚的本性里探视到自然界中永恒的公正。刑法中这种传统性成分，毋宁说是超验的，也可以说是理性的。唯有永恒且朴素的公平正义才配得上称为刑法的生命根基，这也是刑法安身立命的根据和致力完善自身的动力。

---

① ［日］大塚仁：《犯罪论的基本问题》，冯军译，中国政法大学出版社1993年版，第5页。
② ［美］庞德：《通过法律的社会控制法律的任务》，沈宗灵等译，商务印书馆1984年版，第110页。

二 和议与认同：刑法的生成模式

把什么交给刑法？凭什么交给刑法？谁来制定刑法？倘若无法回答这些看似朴素的问题，刑法就会沦为一个毫不修饰的强暴者。

毫无疑问，"要求自由的欲望在人类中是根深蒂固的"[①]。但"没有一个人为了公共利益将自己的那份自由毫无代价地捐赠出来，这只是浪漫的空想"[②]。正如霍布斯所言："人的本性是利己主义的，当人类生活在自然状态中时，处于'一切人反对一切人的战争状态'中，为了和平与秩序，人们必须将所有的权力和力量都交给国家，即统治者（君主）。"[③] 恩格斯也曾借用卢梭的经典话语指出，"人民拥立国君是为了保护自己的自由，而不是为了毁灭自由，这是无可争辩的事实，而且是全部公法的基本原则"[④]。

由此我们似乎弄清楚了把什么交给刑法的问题，"刑罚法规的制定，就是在其限度内限制国民的自由"[⑤]。顺带我们也知道了，人们把"自由"交给刑法是为了和平和秩序，也即为了更多的"自由"。接下来困扰我们的问题是，谁来制定刑法？民众，立法精英，还是政治权威？有没有万能的立法者？

历史与经验证明，就为人类建造法律大厦而言，没有精英与普通之别，只是分工不同而已。而且正是分工催生了规范演进为法律，这是人类社会这种特有的共同体的一种特殊的表达方式。按照经典作家的表述，"立法者不是在制造法律，不是发明法律，而仅仅是在表述法律，他把精神关系的内在规律表现在有意思的现行法律行为之中"[⑥]。而且，

[①] [美] 博登海默：《法理学——法哲学及其方法》，邓正来等译，华夏出版社1987年版，第272页。

[②] 转引自 [意] 贝卡里亚《论犯罪与刑罚》，黄风译，中国大百科全书出版社1993年版，第8页。

[③] 同上书，第3页，"译者注"。

[④] 《马克思恩格斯全集》第3卷，人民出版社1995年版，第482页。

[⑤] [日] 西原春夫：《刑法的根基与哲学》，顾肖荣等译，法律出版社2004年版，第54页。

[⑥] 《马克思恩格斯全集》第1卷，人民出版社1995年版，第183页。

刑法科学化进程中的新探索

卢梭的名言"要为人类制定法律,简直需要神明"①,则再次表明没有所谓的集人类智慧之大成的万能立法者。哈特进一步指出:"很明显,这个世界不是我们的世界。人类立法者根本不可能有关于未来可能产生的各种情况的所有结合方式的知识。"② 几乎可以断定,立法者只是按照历史和现实的规律在表述法律,更不能企及有先知先觉者去设计一整套涉关人类走向法律。

于是,为法律寻根,为刑法寻根,我们不得不将目光再次转向生活,聚焦在芸芸众生所组成的社会共同体上。为了共同体的有序发展,群体内的成员必须相互增加相同的意识。这种累积起来的共同意识,必须通过一种方式释放出来,于是规范最终使法律成为其重要表达形式。共同体中相同意识得以加强的途径可以大致概括成两种模式。一种是和议,即所有(随着共同体的增大,"所有"会逐步为"多数决"取代)参与者共同意志的凝结。另一种是认同,即没有或者无法参加和议的共同体成员的明示赞同或者默许。社会共同体的分工催生了规范,可以说,没有社会共同体就没有规范;但反过来,共同体也需要规范,"规范通过给人们为共同体充满活力的发展确定一个角色,而给人们在共同体中的存在赋予了地位。当人们在为共同体充满活力的发展正确扮演自己的角色时,规范必须最大限度地保障人们为正确地扮演自己的角色所必须的一切权利,否则,共同体就会衰落甚至灭亡"③。

如此看来,和议和认同是民主的刑法(专制的刑法往往是一个人的独裁)诞生与传承的必要方式。毫无疑问,刑事立法者只是在合适的时间和位置,对于切中和议与认同者意志的内容予以恰当的表述而已。当然,在政治共同体已经形成并且逐渐庞大的今天,谁也无法保证,究竟谁有资格能成为参与刑法规范产生和议的人,更加无法保证参加刑法规范生成的和议者能够代表整个共同体。这是一个值得深究的话题。不过,这显然已经超越了刑法生成模式探讨所涉及的范围,故就此

---

① [法] 卢梭:《社会契约论》,何兆武译,商务印书馆1982年版,第53页。
② [英] 哈特:《法律的概念》,张文显等译,中国大百科全书出版社1996年版,第128页。
③ 冯军语,转引自周光权《刑法学的向度》,中国政法大学出版社2004年版,第148页。

第三章 刑法规制新见解

打住。

关于和议,就是尽量开辟一些开放性的通道,设计出透明而且公开的程序,尽可能地选择能够反映共同体整体价值观、代表共同体整体意志的成员。他们中的一部分会成为刑事立法者,也是所谓的"精英"。但和议只是刑法产生的一种相对明确的模式。在无需法律和政治的早期共同体中,和议在"规范"的建设中占绝对优势,每个共同体成员都是和议者。但随着共同体的不断壮大,特别是政治共同体的形成搅乱了所有成员参与和议的美梦。和议成员随之浓缩并成为制度和规范的表述者(当然在依靠武力短期征服的专制政治共同体中,独裁者是唯一的"和议"者)。即便是民主的选择机制,事实上也是各种力量之间平等参与、公开进行的较量过程。较量的结局决不可能达成一个人人都签字接受的契约。[1] 由此,刑法生成的另一重要模式即认同的作用得以确认并加强。

认同的模式,对于当下刑法规范的生成,意义更大。毕竟和议者是少数,刑法的生成与传承,取决于共同体成员的整体认同。关于认同,涉及场域、时间,并据此做出细微的划分。

根据刑法规范生成的时间,认同可分为规范诞生之际的认同和规范产生后的认同。前者往往体现出积极的一面,能够反映出社会共同体的民主性。足够的参与度也是社会文明的最大显性特征。后者则在一定程度上可视为消极的认同,或者是一种被动的认同。它是在刑法规范产生并经政治权威推行之后的默许。只不过在相对民主的共同体里,鉴于刑法规范生成程序的开合性与兼容性能够顾及大多数的意识,周延了大多数人的利益,所以相对容易为共同体成员整体认同。而在相对专制、靠暴力统治又需要规范加以粉饰的政治共同体里,和议的达成往往出于少数人的利益考虑,因而缺乏必要的整体认同基础,不易为共同体成员整体认同。从人类文明的进程来看,这样的共同体也难以持久。

根据刑法规范生成的场域,可以将认同划分为在场的认同和缺席的认同。即便是和议产生刑法规范,仍需要其中某个或某些提出方案,其他参与者进行确认。当然可能的情形是,赞成者有之,反对者亦有之。

---

[1] 冯亚东:《理性主义与刑法模式》,中国政法大学出版社1999年版,第35页。

刑法科学化进程中的新探索

我们必须得承认"群体内部的合作永远都是不完善的"①。而且，可以将反对者进一步划分为普通反对者和异常反对者。后一种反对者极有可能成为刑法规范的违法者，也就是异端、犯罪者。但不管赞成与否，反对者的意见总是为多数决所吸收，只成为存在事实上在场认同的佐证。在场的认同，对于刑法规范的产生具有决定性的作用。也可以说没有大多数的在场认同，和议将失去效用。所以从这个角度而言，和议本身就是认同。换言之，和议和认同在刑法产生的过程中统一起来。不过，从某种角度而言，"认同促进了犯罪，那些认同感被伤害的人，比那些拥有稳定的认同感的人，更易有犯罪行为"②。

但是，一般意义或者严格意义上的认同，是刑法规范产生后的认同和缺席的认同。人们更愿意将刑法产生之际的认同和在场的认同视作产生刑法规范的和议。

认同对于刑法生成的另一革命性意义在于保障刑法理念的合理与正义，因为共同体的价值观必须能够确证为构成这个共同体的每一个成员大体具有的正常而非异常的价值观。和议的拘囿性决定其只能确证少数代表的意志，而认同则在刑法规范的传承和运行中起着至关重要的检验作用。唯有理性的、正义的刑法规范才具有被认同的品质，才具有恒久的动力。

所以，刑法规范和所有的其他法律规范的适用基石并非仅仅是统治者的权力和政治权威，而是服从者接受它是因为它有约束力，这才是起决定作用的。③ 法律规范尤其是刑法规范的生成在这一点上体现得尤为深刻。刑事法治视野下，从来没有绝对的政治权威和立法者，认同是刑法规范生成的基石，和议者不过就是刑法规范的表述者。

三 认知与规范：刑法的生成机制

国家的建立迫使人们对社会共同体做出国家与民众的划分。刑法规范生成并在社会共同体中的运行机制，随之划分为国家机制和民间机制

---

① [英] 罗素：《走向幸福》，王雨等编译，中国社会出版社1997年版，第570页。
② [德] 赫费语，转引自周光权《刑法学的向度》，中国政法大学出版社2004年版，第162页。
③ [德] H. 殷科：《法哲学》，林荣远译，华夏出版社2002年版，第188页。

两种。民众对刑法规范的理解并遵守集中体现在对刑法规范的认知上。事实而言，随着社会共同体日益庞大，刑法规范的民间运行机制几乎简化为一条通道即民众对它的认知。

认知刑法规范与认同刑法规范的最大不同在于，认同的形式和实质更接近于和议，体现社会共同体成员对刑法规范生成的参与度。而认知则是人们对其可能在一无所知的情况下生成的刑法规范的感知度。换言之，认同是刑法规范的一种生成模式。认知则是刑法规范的生成之际特别是生成之后的运行机制。当社会共同体大到即便拥有最大代表机关也无法倾听整个共同体心声的时候，认知刑法规范便成为一种必然的路径选择。刑罚是什么？有学者称，刑罚是对规范破坏者的反驳。① 问题在于，刑法规范的建立基础是什么？如上所述，民主刑法规范是对社会共同体整体价值观（有人表达为民意）的顺从。从这个角度而言，刑法规范的民间运行机制即人们一开始认知它便拥有了可行性的根基。

这也为刑法规范生成的国家机制定下了基调。对于立法者而言，除了对人们的情理、道德及价值观必须有考虑外，更需要的是时时惦记自己手中的控制手段效果如何。② 立法者作为社会共同体立法意愿的表达者，因为有了国家，从而产生了身份上的微妙变化，同时成为国家的发言人。因而这种游走于民众与政治权威之间的双重身份决定其在刑法规范生成和运行中扮演着至关重要的角色。这种身份也迫使他们不得不成为"精英"，他们既要深入民众的价值理念深处，又要洞悉国家的政治含义。在民众那里，他们要尽到让民众感知刑法规范的责任；从国家角度考虑，他们要知道如何使刑法起到有效规范的作用。正如雅科布斯将规范分为两类：弱规范和绝对规范。绝对规范是指数学的逻辑规则以及自然科学的因果法则。这些规范的绝对性表现在它们并没有规定什么，而只是固定地实现自己。换言之，这些规范的实现与人的意志无关，无论人是否知晓和认同这些规范，它都会自我地、绝对地实践。弱规范的效果与绝对规范大不相同，它不能固定地实现自身，它的实践取决于人

---

① 周光权：《刑法学的向度》，中国政法大学出版社2004年版，第315页。
② 冯亚东：《理性主义与刑法模式》，中国政法大学出版社1999年版，第135页。

刑法科学化进程中的新探索

的意志内容——是否认识到有规范、是否愿意遵守规范。[①] 国家要达到通过刑法规范有效控制共同体的稳定局面，必须首先完成对刑法规范本身的有效掌控。这不仅取决于刑法规范的生成模式，更取决于生成的刑法规范与社会共同体的整体意志吻合度。所以，进一步确证了国家在执行刑法规范时必须坚守自己也是刑法规范本身的操行。设若不是如此，就是对刑法规范的亵渎，而且对人类的危害会超过共同体成员作为个体所能累加的罪行的总和。

虽然人们一再提倡"举亲不避嫌"，但毫无疑问，从人性有恶的一面的角度考虑，参与和议并最终制定刑法规范的共同体的代表者很难不藏有私心。这一点，随着共同体的日益复杂化，特别体现在对"法定犯"范围的选择上。以贪腐犯罪这种监守自盗类型的犯罪和传统意义上的盗窃犯罪相比较。刑法规范的制定者因大多具有贪腐犯罪的"潜质"或称资格，并不会因衣食之忧而有登堂入室行窃之虞，故而在规定二者刑罚之轻重的时候，极有可能会受到私心干扰，多半为自己留条后路，即对监守自盗的贪腐犯罪往往规定处以比自然意义上的盗窃犯罪相对要轻的惩罚。这样的例证在刑法规范中随处透露着蛛丝马迹。当然也为后来的裁判者（往往和规则的制定者有着千丝万缕的诸种关联）开辟了一条可以避重就轻的通道。无法否认，能够在庞大的共同体中脱颖而出，参与和议并最终制定刑法规范的共同体的代表者（但也因为共同体庞大到令人心生倦意，这些代表者往往容易忘记自己的代表身份）的确在某些方面有过人之处，可以算是精英。因而，精英们炮制的刑法规范即便能够相对准确地反映共同体的整体意志，但是对其他普通成员来说还会因为其缺席、知识储备不足、专业局限等因素而对这些刚刚生成的刑法规范相对生疏。这种缺少足够热情和机会监督刑法规范诞生的局面容易使刑法规范在生成之际就滋生一些"病灶"，即挟裹一些不足为外人道的隐蔽之物。此乃刑法规范生成之际的私痛。不过值得警醒的是，千里之堤溃于蚁穴，不足为外人道的东西过多，会最终销蚀刑法规范存在并传承的正当根基，刑法规范也会因此在诞生之际就宣告

---

① [德] 雅科布斯语。转引自周光权《刑法学的向度》，中国政法大学出版社 2004 年版，第 123 页。

死亡。

尽管如此，刑法规范守卫社会的性质最终迫使它为上述可能的罅隙与迷乱做出让步，并将刑法的本质上升为国家的意志，"规范"（亦可表述为惩罚）成为刑法生成的机能之一。或许也大可不必将惩罚仅仅作为治理共同体的唯一形式，因为惩罚的权力已经由共同体交付且深深地嵌入共同体的机体之中，并与其他的治理方式融合在一起共同担负着防卫社会的重任。对刑法规范生成的认知机制固然体现出刑法规范本身的正当性根基，而在一定意义上，鉴于传统的自然犯罪和因长久实施并得到共同体整体认可的法定犯罪已经表达了共同体的集体愤怒，其他成员没有必要再参与到犯罪确证和如何设定惩罚的程式当中，甚至连认知都成为多余。由此，刑法规范生成中必定包含国家规范机制，因为犯罪不仅仅是对个别人的侵害或不敬，而且对共同体造成了整体危害。

需要强调一下的是，刑法规范的两种生成机制，会因为处在不同的地位必然表现为不同的姿态。无法否认，刑法规范的民间机制是检测其正当性的一条必要通道。不过历史和经验一再证明，民意绝非民主。显然，这也成为摆在刑法规范制定者面前的一个难题。如何防止民意的潜流不致引爆国家本身蛰伏着的巨大暴力危机，则不仅仅需要一种治理策略，同时需要将其上升到艺术的高度。可以说，参与刑法规范的制定者和认同者几乎都认定自己是个理性的好人，刑法和刑罚只是用来惩治那些将会给他们带来危机的狂徒或狂热分子。所以听由民意的话，刑事法网只会越扯越大，惩罚力度亦会水涨船高，刑法最终会成为人们臆想当中手握大棒无所不能的大力神。国家之所以成为一种最为稳定和相对优越的共同体，主要在于其在欲望与理性的长期对弈中逐渐掌握了治理共同体的艺术，即平衡策略。令人惊喜的是，相对于较为意气用事的刑法规范生成的民间机制，国家长期以来养成的机智令其足以认识到刑法规范本身的局限性。宾丁早就指出刑法规范残缺不全的特征。在他看来，刑法不具有广泛的法益保护体系，只是局限于特定的依据"应受处罚性"范畴而选定的重点。[①] 作为相对理性的一方，刑法规范生成的国家机制中必须时刻保持谨慎的态度，深刻认识刑法规范的不完整性并将其

---

① 转引自梁根林《刑事政策：立场与范畴》，法律出版社2005年版，第231页。

加以固化。

再三强调刑法规范的生成机制，旨在说明，惩罚不应是在刑法诞生之后，而是溶入于刑法规范的血液中，是刑法规范与生俱来的天性，认知则在于检测这种天性的正当性。民主的刑法规范时刻开启便于人们认知的通道，相反，专制的刑法规范则往往紧锁大门，宁愿留给人们一个神秘莫测的背影。

四 规制抑或指导：刑法的生成效能

法律一经制定就会改变初衷。面对活生生的现实，需要共同体成员的认知与熟知法律规则和洞悉规范运行轨迹的成员对其做出解释。因而涉及刑法规范生成效能的检验问题。

法律作为一种规则，其首要的、本位的意义在于为人们提供一种观念性的指导形象；社会交往中事先树立这种形象并在交往的全过程中时时遵守它（法以道德为基础并与之保持高度的一致性，为人们树立法律形象提供了最大可能）。法律之次要意义才在于对违反规则之惩罚——始终保持规则的权威性和有效性。[①] 所以，理智而且持久的社会秩序必然是刑法规范恩威并用的效果。指导与引领人们对刑法规范的认知比对规范违反者的惩治更加重要。对规范违反者即犯罪者的集体愤怒或许才是推动刑法规范有效运行的强大动力，也是刑法规范在国家层面上启动的前提。

犯罪固然是人类社会无法抹去的伤痕，但是纯粹的压制无异于往伤口上撒盐。"禁一奸之罪而止境内之邪"永远是人们一厢情愿的美好揣度。法治国家的本质在于正视社会共同体的整体价值观并顺从其成员的整体意愿。现代意义中，国家早已不是无所不能的"利维坦"，反而是一个以个人权利为依归的"弱者"。社会共同体把制定出的刑法规范交由其实施，故此国家无法摆脱受人之托的心理重负。这也决定其在运用刑法规范时基本上是以渐进和自然的方式进行。小心翼翼地求证并力求每个成员都满意，这是现代法治国家惯常的姿态。唯有将刑法规范用来保障人们的权利而不是用其对犯罪者进行惩治作为国家第一要务，刑法

[①] 冯亚东：《理性主义与刑法模式》，中国政法大学出版社1999年版，第43页。

规范才不至于被共同体成员误解为冰冷冷的、血腥的暴力。

当然，人类之所以有别于其他动物，最大的成就在于社会共同体的组建。群体之间、个人之间的争斗，自然灾害的侵袭，科技招致的负面影响，使得每个人都面临着巨大的风险。正是风险意识的养成将共同体中的每个成员最终培养成规范意识主体。因为唯有有规则的生活才是人们所预料的，也因此才是相对安稳的。刑法规范的目标最终指向社会共同体中的每一个成员，这不仅不会带来共同体的整体恐慌，反而因此有了可以一体遵循的最后一道准则防线，人们可以确保能够享受规则的福利。据此而言，刑法规范的规制作用成为必要，而且能够为共同体的成员认可。但也仅此而已。对刑法规范任何多余的干预都会形成另外一种风险，从而导致共同体的不安。当规制只有在确实必要的情况下才会被启动并成为一种惯常的形态时，刑法规范的最大功效则会通过其对共同体成员行为的目标指引这一渠道释放出来，即谓之刑法规范的指导作用。

需要指导的原因有两个方面。其一，鉴于共同体的日益庞大，只有少数的成员能够参与到刑法规范的生成过程当中，其他大多数成员几乎对刑法规范一无所知。其二，刑法规范的生成不是其最终目标，其效果需要在共同体运行过程中进行检验。如果刑法规范本身符合或者顺从共同体的整体价值观或者意志，但是因为不被人们认知而招致其不被认同、尊重，甚至为大多数成员有意违背，这样的刑法规范也终将是失败的或者说是无效的。刑法规范的指导作用除了体现在对共同体成员的行为预知性上，还会通过对规范违反者的否定评价展示出来，以便带给共同体其他成员更多的启示。

对社会共同体进行刑法规制的另一个效用在于便利树立政治权威的标榜作用。犯罪不是在社会的边缘通过连续的放逐而产生的，而恰恰是借助于在日益强化的监视下逐渐严密地嵌入，通过规范强制的积累而产生的。犯罪在任何社会中都具有某种经济—政治的功效。越有犯人，就越有犯罪；越有犯罪，居民就越恐慌；居民越恐慌，警察控制体系就越可接受和令人向往。[①] 据此来看，动用刑法规范对规范违反者进行必要

---

① 福柯语。转引自孙运梁《福柯之犯罪思想研究——犯罪的权力分析》，《河北法学》2009 年第 9 期。

的规制又何尝不是政治权威的别有用心呢。

当然，刑法规范的生成效用如何也取决于刑法与刑罚是什么的理念。在功利主义者那里，刑法很容易沦为统治者手中的工具。但是历史与事实已证明，得到的处方越多，病人离死神越近——犯人所受处罚越多，再犯的机会也就越大。① 历史经验无数次显示，指望以刑法来创造至清至澄的社会秩序的愿望往往会落空。因而，我们需要通过刑法来构筑生存环境，但刑法不能单纯地成为压制的东西。② 一味地剑走偏锋，无异于自掘坟墓，最终只会陷入无法自拔的泥潭，稍微清醒的政治权威都会意识到这些。

另外一个尤为重要的问题是刑法的边界在哪里？唯有确立了准确的边界，刑法规范才不致在生成之际就偏离了方向。既然刑法在某种意义上是"恶杀"之法，那么会涉及"恶"的衡量标准是什么？通过神明启示、道德裁判还是政治圈界？神明启示早已为人类的文明化流放到纯粹的臆想之中，无法泛起大的波澜。道德势力绵延于人类始终从而蓄积了强大的生命力，但终因"手无寸铁"而不得不寻求政治的庇护，而道德寻求政治庇护的过程恰恰就是刑法规范诞生的过程。正如日本刑法学家大塚仁所言的刑法规范的"政治色彩"。政治与道德依山带水的关系表明政治的源头就是道德，但能否可以反过来说，政治通过刑法驻守道德的最后一道防线。笔者以为，不尽然，道德的问题最好交还其自身，因为刑法规范的触角毕竟不够长。正如有学者从经济学角度分析法学，根据成本—效益分析得出的必然结论是，缩小犯罪圈，以有限的刑罚资源集中打击危害严重的犯罪行为。③ 可见，刑法规范与道德规范的价值偏差也变得容易理解，也由此得知，刑法规范的边界无法在道德的领地廓定。

民主是政治的一种形式，虽然不能说民主的东西全是善的。多数决并不意味着自由，因为多数的往往自认为代表最广大的民意，所以不择手段会成为常态；由于人数的优势，多数人对少数人的暴政，少数人的

---

① ［德］拉德布鲁赫语。转引自蔡道通《刑事法治的基本立场》，北京大学出版社 2008 年版，第 119 页。
② 周光权：《刑法学的向度》，中国政法大学出版社 2004 年版，第 98 页。
③ 梁根林：《刑事政策：立场与范畴》，法律出版社 2005 年版，第 109 页。

反抗是无效的。历史证明，有时多数决定制度不仅保障不了人权，还可能对个体或者人类造成"正当性"的灾难。① 但是在人类社会共同体如此庞大的今天，"民主"又成为较为妥当的政治形式，人们不忍回忆也无法回到少数人对多数人发号施令的专制时代。关键在于拿什么防范容易意气用事、剑走偏锋的民主？那就用合宪性为民主的立法设立防线。由此，宪政语境下的国家刑事法律的边界是：基本人权是民主的刑事立法不可逾越的界限。②

作为刑法规范的重要内容和表达形式，刑罚显然不是一种纯粹的技术性生成，因为技术仅仅依赖科学，而刑罚包含了太多的道德因素和政治色彩。故此，刑罚方式也有必要成为考察刑法规范生成效能的一个领域。以共同体的异己分子为假想敌所构筑的刑罚体系极有可能也成为刑法规范制定者们自己的灾难，不要当真认为自己就是不会触碰规范的纯粹的好人。所以在刑法规范诞生之初，精英们为了自身也要三思后行。面对同类包括自己，究竟应该如何释放堆积在人们心底已久的：对那些破坏或者潜在破坏人类既得利益的异己分子们的仇怨？剥夺他们再犯能力的最好方式显然是肢解他们的肉体乃至灵魂。但是，果真有谁拥有剥夺同类肉体或者生存的权利吗？当然，共同体内部的主流意识特别是道德观、价值观是影响共同体稳定的主要因素，而且人类社会已经到了单个共同体的事情不能自己说了算的时代，政治权威不得不顾及共同体内部的"民意"以及共同体之间的主流价值观，以便于确证并且扩大自己的政治影响。这些都是刑罚最终以什么形式用刑法规范固定下来的主要参数。舍此，民主的刑法规范无法形成或者即便形成也无法收到良好效果。

五　结语

我们一再强调，在制定法律方面从来没有卓尔不群的人类智慧之集大成者。但是，又难以保证所有参与刑法规范制定的人不存有私心或者不那么自认为高明。这就为刑法生成布下了陷阱。刑法规范中出

---

① 蔡道通：《刑事法治的基本立场》，北京大学出版社2008年版，第105页。
② 同上书，第112页。

刑法科学化进程中的新探索

现的同害异罚和同罚异害等不平衡现象就是很好的例证。即便所有参与刑法规范制定者都秉持公心，也难以抗拒民意的潜流和政策影响。这往往会导致刑法规范的速成，从而使其显得激情有余而理性不足。但是历史与经验证明，人们再也无法承受刑法生成的试错之苦。我们只能将希望寄托在确保刑法规范生成前设立一套精细的程序，而且对参与刑法规范制定者进行必要的公心培养，保证其中的大部分能够进行专业训练，以求其精通刑法规范生成的所有程式，养成熟练且圆润的立法技巧。

第二节 "入罪"的理由——基于指标分析体系

一 问题的提出

面对人类社会最严厉的规范和制裁——刑法与刑罚，人们总会质问：制定刑法的根据是什么？"入罪"的理由是什么？一般认为，刑法的核心问题是刑罚与犯罪。有趣的是，如果仅仅停留在概念上的纠缠，刑罚和犯罪之间的关系就会像是"鸡"与"蛋"的关系。然而，从犯罪与刑罚两种现象之间的功能关系来看，刑法的存在则以刑罚为核心，换言之，离开了刑罚，人类根本无从创造刑法的模式。[1] 由此，认为刑法的产生源自犯罪现象的理论似乎有所疏漏。即便是把犯罪作为一个假想敌对待，在制定刑法规范时，首先要对所有的犯罪品种进行假设，在对犯罪模式的量的下限（一般违法行为的量的上限）的界定上，主要是受相对稳定的刑罚手段影响。[2] 一般认为，犯罪是行为。仅此还不够，透视犯罪和衔接刑罚的关键点是犯罪行为的社会危害当量。由此，类行为的社会危害当量成为衡量其社会危害性的重要指标。

在判断犯罪行为的社会危害性时，我们认为，它并不是指具体的客观事实，它是一种价值事实，一种对具体的客观事实的评价，而这种具

---

[1] 冯亚东：《理性主义与刑法模式》，中国政法大学出版社1999年版，第139—142页。

[2] 陈兴良、邱兴隆：《罪行关系论》，《中国社会科学》1987年第4期。

第三章　刑法规制新见解

体的评价不能不反映着评价者的价值观念。① 刑法意义上的社会危害性从根本上说不过是社会主文化群所做出的一种价值判断，或者说不过是社会上大多数人共有价值观在刑法领域中的具体反映。② 类行为社会危害性兼具事实和价值的双重秉性和社会危害当量的技术性，迫使人们将经验、理性和科学相继请入这个分析体系中。在构建犯罪与刑罚场景的同时，其革命性的意义在于帮助人们纾解诸多疑惑。

另外，理解犯罪社会危害性，还要将其置于历史的语境巡视。因为，什么是犯罪是在国家成立之后才成为有实际意义的话题。而且，随着国家样态的迭进，社会危害性的衡量标准也在不断更替。但归纳起来，无非道德、政治、科技、文化等因素。从自然犯的角度，我们只能说，犯罪行为大体源自失德行为，却不能完全赞同"刑法是最低限度的道德"之说。相对于自然犯而言，衡量法定犯罪社会危害性的标准似乎复杂一些，多半因为平添了诸多政治色彩。

刑法生成标准或者根据的道德关切和政治标榜之建设性意义在于揭示人们评价犯罪行为社会危害性时的主观感受。总体而言，犯罪行为的恶给人们带来情感上的冲击，主要表现在对社会公众正义感情的损害。不过，另一方面，它带给人们视觉上或者感官上的体验，有助于人们领悟、消化刑法的良苦用心。但是上述两个路径至少无法圆满纾解这样一个核心问题：我们为何要把这类行为或者这类人交给刑法？这就需要引入实证分析方法和科技手段。

而就当下中国定罪、量刑及制定罪名（入罪）三者的运作来看，似乎出现了一种厚此薄彼的情形。当然，我们无法否认一些学者从法理层面献策献力；③ 司法界，更多地体现在人民法院，对如何裁判，尤其

---

① 李洁：《罪与刑立法规定模式》，北京大学出版社2008年版，第151页。
② 冯亚东：《理性主义与刑法模式》，中国政法大学出版社1999年版，第39—40页。
③ 学者们努力的结晶由下可见一斑：苏惠渔等《量刑与电脑》，百家出版社1989年版。周光权《基准刑研究》，载《中国法学》1999年第5期。赵廷光《论量刑精确制导》，载《现代法学》2008年第4期。白建军《罪刑均衡实证研究》，法律出版社2004年版。郑伟《法定刑的基准点与量刑的精雕细琢——美国量刑指南给我们的启示》，载《人民司法》2003年第7期。白建军《刑事学体系的一个侧面：定量分析》，载《中外法学》1999年第5期。

刑法科学化进程中的新探索

是对刑罚裁量的量化、细化、精准化进行了一系列的实践或称试验。①这些司法改革凝聚了法律工作者尤其是司法工作者的无畏的探索精神，体现了人们对中国司法何处去的关切，无疑让人眼前一亮。不过和人们对定罪与量刑的热切关注相较，一项新罪名进入刑法视域即"入罪"似乎越来越受到冷落。当然这个冷落是仅从技术层面上的关注度而言的，事实上，对于"入罪"，人们不仅没有忘记，还时时提起，君不见今天有人提出应新增"超生罪"，明天又有人提出再添"人肉搜索罪"，②而且立法界也表现出一定的呼应，除了1997年刑法将罪名扩增至400余项之外，接连出台的刑法修正案中的新罪名也接踵而至。具体表现为，有的直接增加犯罪行为，有的扩大犯罪构成要件，有的通过立法解释扩大犯罪的适用范围。③以至有学者称，"入罪"已经成为一种习惯。④

当然，笔者在此绝不是对刑法规范的制定与修正说三道四，也没有对其中任一新罪名拿出来加以批判的意思。只是笔者隐约感到，一定意义上，"定罪量刑"和"入罪"应该是保护人权的车之两轮、鸟之双翼。定罪量刑的精准固然重要，它可能关乎一个人的一天、一月、一年的自由甚至生命的存在与否，但是，在笔者看来，"入罪"的精准更加重要，因为它关乎整个人类的安危。具体而言，定罪准确，量刑规范、细化、量化是站在犯罪者个人的立场或思维角度考虑的，而这种立场和思维主要是一种个案主义的立场和思维，它要求的是在个案中实现公平正义。而对一项新罪名入刑的审慎，尤其是做到入罪依据科学、合理、精准则是站在人类整体的角度上考虑的，这种立场和思维主要是一种整

---

① 山东淄博市淄川区人民法院规范量刑和电脑辅助量刑的改革、江苏省姜堰市人民法院量刑规范指导意见的出台都是对量刑进一步细化、精准化、定量化的试验模式。

② 广东省委党校郑志国教授提出刑法应该增设"超生罪"，笔者曾在《南方都市报》撰文对此表示异议（分别参见《南方都市报》2006年8月26日和2006年8月28日）。刑法修正案七（草案）提交审议之际，有委员提出增设"人肉搜索罪"（参见人民网，http：//npc.people.com.cn/GB/14841/53042/7861514.html）。另外，不同阶层包括法律界人士提出的形态各异的罪名层出不穷，在此不一一罗列。

③ 一般理解，入罪不仅仅指新罪名的设立，还应包括对原有罪名的扩展，即通过扩大犯罪构成要件、立法解释等手段扩充原罪名的内涵。

④ 张国轩：《漫谈立法的"入罪"习惯》，《人民检察》2006年第5期（上）。

体主义①的立场和思维，它主要基于对整个人类负责的角度，因为，一项新的罪名不再是仅仅针对某一个人，而是针对整个人类，可能是你，亦可能是我。在这一点上，就某种意义而言，它与罪刑法定的旨趣和要义是一脉相承的。

鉴于此，笔者试图从"入罪"的精准化角度着手，力求做一番有意义的探索，更期望以此抛砖引玉，引起大家共鸣。

二　必要的说明

（一）"入罪"与"出罪"的简单说明

早在唐代，就有关于"出罪""入罪"的提法，《唐律·断狱》："即断罪，失于入者，各减三等；失于出者，各减五等。"可以简单地解释为，法庭裁判错误，认为有罪的人无罪，认为无罪的人有罪。

晚近以来，"入罪""出罪"成为刑法学人使用频率较高的词语之一。但正如夏勇教授所归结的那样，什么是"出罪"、应该怎样理解和使用这一概念、"出罪"与相关概念的关系如何等问题，却鲜有学者作深入、系统的探讨。②关于"入罪"，也面临同样的窘境。不光是学界对"入罪"概念的关注度不够，就是在理解和使用上也面临和"出罪"大致相同甚至更为困难的境况。何出此言呢？夏勇教授总结，人们通常在两种意义上使用"出罪"概念：其一，不构成犯罪。其二，把有罪归为无罪。在他看来，在理解第一种意义时有一种模糊之感，本来就不在"犯罪圈"内，不在其内，何以出之？只不过是"不归罪"罢了。③夏勇教授的困惑，我们每个人似乎都曾有过。不过，如果换个视角，"出罪"可能在两种意义上都能理解。一般而言，非犯罪化可以理解为立法意义上的非犯罪化和司法意义上的非犯罪化。其中前者，主要对某种一直以来对社会危害不大的犯罪行为进行除罪化处理，引用江湖里的话，就是金盆洗手，退隐江湖，具体的操作发生在立法层面上。而后者，则主要针对犯罪者个体，进行除罪化处置，可以广义地理解为采用

---

① 关于个案主义和整体主义的表述借鉴了刘远教授文章。参见刘远《论刑事政治与刑事政策——兼论"宽严相济"》，《甘肃政法学院学报》2008年第6期。

② 夏勇：《试论"出罪"》，《法商研究》2007年第6期。

③ 同上。

非刑罚化、非监禁化等处理方式。然而，从多年来的实践来看，无论是立法层面上的"出罪"运动，还是司法层面上的"出罪"行为，都是很少出现的，所谓上山容易下山难，这或许与中国历来重刑轻民，一定程度上迷信重刑主义的传统观念是分不开的。

至于"出罪"，因为不是本书的关注重心，不做过多阐释，只是借助对"出罪"的简单透析以及其与"入罪"之间的关系简单梳理以便更好地理解"入罪"。从上述来看，给"出罪"所找的理解路径对于"入罪"的理解也具有一定的借鉴意义。换句话说，理解"入罪"也需要在两种意义上展开，即从立法层面和司法层面两个角度透视它，才能做到完整、透彻。

（二）立法层面上的"入罪"与司法层面上的"入罪"

如上所言，与表征"出罪"的非犯罪化诸多模式相一致的是"入罪"的非犯罪化模式。表现为两个层面：之一，人类社会行为之中的某一类行为因为社会危害当量[①]由量至质的变化而必须通过立法层面上的技术处理使其步入刑事法调整领域，成为刑法规制的对象，从而完成"入罪"的"成年礼"。"入罪"仪式也正因为拥有了法治的外衣，所以才显得公平，实际上，社会正义实现的路径之一就是法治化，而法治的特征之一就是相同的恶予以同样的处置、相同的善给予同样的褒奖。之二，某一独立个体因实施了已然为刑事法网罗织列为规制对象的某一行为，从而触犯了刑法的底线，被"请入"犯罪圈。很显然，"入罪"的第一种含义是站在立法层面上的，可以理解为从犯罪圈外走入圈内，在进入圈内的一霎那之前，"入罪"的主体只能理解为全体公民。而第二种意义主要是立足于司法层面上的理解，在这里，"入罪"的主体具化到某一个个人身上了。当然，随着法治化的驾临，在刑事司法当中，受罪刑法定原则的约束和司法领域自身的规范与净化，"出入人罪"的情况绝少甚至不再发生了，因而严格意义上来讲，司法层面上的"入罪"已经没有过多探讨的余地。[②] 所以，本书仅从立法层面上来探讨"入罪"的理由。而

[①] 关于社会危害当量的提出借助于有的学者提出犯罪当量的概念。

[②] 当然，在此并不是说，从司法层面上对"入罪"的探讨就没有一定的实践意义，也不是没有研究的空间，笔者主要认为，更应该引起关注的还是立法层面上的"入罪"问题。

且，从实际上来看，"出罪"往往使人们向着光明，"入罪"则往往代表黑暗。特别是，对当下"入罪"似乎已经成为一种思维习惯的情形来说，认真地梳理一下历来"入罪"事由，并以此推导出一套相对科学理性的"入罪"依据，虽说是困难重重但也一定是有意义的。

三 一般理解的"入罪"标准

几乎可以断言，首先进入刑事法视域的一定是传统意义上的犯罪，即所谓的自然犯或刑事犯。因为，人类早期社会，并非没有现代意义上破坏社会的行为，而且，在野蛮、蒙昧状态下，那种赤裸裸的侵害、杀戮行为，在程度、后果、范围和方式上一定会让现代文明人心惊胆战、目瞪口呆。只是那时没有阶级、国家及其意志表现的法律，因而也就没有谁或什么东西把它们规定为犯罪。① 正如经典作家指出，在氏族内部，权利和义务之间还没有任何差别。参与公共事务，实行血族复仇或为此接受赎罪，究竟是权利还是义务问题，对印第安人来说是不存在的；在印第安人看来，这种问题正如吃饭、睡觉、打猎究竟是权利还是义务问题一样荒谬。② 由此看来，什么是犯罪是在国家成立之后才成为有实际意义的话题。当然不否认在某个特定的时代或国家可能会出现统治者的金口玉言成为一类行为或者一类人"入罪"的事由。

（一）"入罪"的道德标准——侧重于自然犯

犯罪行为大体源自违法行为和失德行为，所以可以说绝大部分的犯罪行为又是违反道德的行为，也有很大一部分是违法行为质变而成。为什么不完全赞同"法律是最低限度的道德"的绝然之论，因为，无论何时，都存在为当下道德所容许或者最少持暧昧态度的犯罪行为。当然，不能就此否认犯罪与社会道德之间事实上所存在的千丝万缕的多方关联。任何社会的法律都必然或多或少地反映该社会占主导地位的道德观念，法律所包含的评价标准与大多数公民最基本的道德信念通常是一致的或接近的。历史地考察，古代法的一个重要特征就是与占主导地位的道德在内容上高度重合，而在现代，就犯罪圈界来说，道德标准事关

---

① 张绍彦：《犯罪与刑罚研究的基础及其方法》，《法学研究》1999年第5期。
② 《马克思恩格斯选集》（第3卷），人民出版社1995年版，第159页。

犯罪标定的实质标准问题。①

笔者认为，道德对犯罪行为的圈界主要还是以自发的形式完成的，这一点特别体现在自然犯（刑事犯）身上。②而且，道德的自发性往往体现出一种自在的或称朴素的正义感，也正是这种正义感凝结成为多数人所认可的价值认同体系，犯罪行为一般表现为失德行为的根基就在于它违反了上述的价值共同体系，道德对犯罪的评价标准亦由此形成。

从上述分析可以得出结论，道德对犯罪行为的界定范式主要侧重于对自然犯的自发评价，一种失德行为真正步入犯罪圈，尚需体现统治阶级意志的法律的体认，正如习惯法、民间法需要国家认可才能成为成文法一样。

（二）"入罪"的政治标准——侧重于法定犯

虽然无论是自然犯还是法定犯都要通过刑法规范的最终圈界，但是，相对于自然犯而言，法定犯的"入罪"标准则复杂曲折得多，而且体现出更多的政治色彩。然而，就像自然犯与法定犯纯属学理的划分一样，界定犯罪的政治标准又能离道德的源头有多远呢？

实际而言，政治的源头一定是道德，关于这一点，早在古希腊的亚里士多德那里得以阐释："我们看到，所有的城邦都是某种共同体，所有共同体都是围着某种善而建立的（因为人的一切行为都是为着他们所认为的善）。很显然，由于所有的共同体旨在追求某种善，因而，所有共同体中最崇高、最有权威，并且包含了一切共同体的共同体，所追求的一定是至善。这种共同体就是所谓的城邦或政治共同体。"③以亚氏之见，是道德最终选择了政治。所以与其说这是对"入罪"政治标准的剖析不如说是对"入罪"道德标准的进一步探讨。

不过，并不是说对"入罪"的政治标准的探析就此失去了意义，

---

① 张远煌：《现代犯罪学的基本问题》，中国检察出版社1998年版，第221—233页。

② 自然犯（刑事犯）和法定犯（行政犯）的划分早在罗马法中得以体现，准确提出自然犯概念的却是意大利刑法学者加罗法洛，他指出："在一个行为被公众认为是犯罪前所必需的不道德因素是对道德的伤害，而这种伤害又绝对表现为对怜悯和正直这两种利他情感的伤害。……我们可以确切地把伤害以上两种情感之一的行为称为'自然犯罪'"。参见［意］加罗法洛《犯罪学》，中国大百科全书出版社1996年版，第44页。

③ 苗立田：《亚里士多德全集》，中国人民大学出版社1994年版，第4页。

第三章 刑法规制新见解

恰恰相反，随着政治与国家的诞生，恩格斯在《家庭、私有制和国家的起源》[①] 中所描述的原始社会没有犯罪的"美妙"图景也就此消失了。因而，政治才是犯罪得以圈界的正式标准或称形式标准。连日本刑法学家大塚仁也指出："刑法上规定的行为有政治色彩，国家把某些行为定为犯罪的行为原本就具有政治色彩。"[②] 这也就是人们所看到的一个现象，为什么不同的阶级社会，对于什么是犯罪、如何确认犯罪行为，基于不同的阶级立场和阶级地位会得出截然相反的结论。不过，有一点几乎可以肯定，总是掌握政治权力的阶级说了算。这样一来，圈界犯罪的标准可能不仅仅是看一项行为的社会危害量了。换句话说，刑法的阶级本质决定了立法者在决定是否以及如何将一定行为规定为犯罪时，不可能只从该行为对社会的客观危害角度去考虑，而必须同时充分顾及维护统治者现行统治关系的需要，即必须对行为的社会危害性从阶级利益出发进行评价。因此，刑法上的社会危害性，并非本来意义上的社会危害性，而只是客观分割性与统治意志不相容性的统一。这样说来，以刑法为研究对象的刑法学，也就只能戴着这层面纱去理解表征犯罪社会危害性的各种法律要素。[③]

如果说，在不同的阶级社会会因为不同的阶级地位和阶级立场，所制定的"入罪"标准理应不同，那么在没有阶级对立的国家（比如社会主义中国），"入罪"的标准依据是什么，会随着什么的变化而变化呢？笔者以为，主要是刑事政策。我国著名刑法学者储槐植教授就将刑事政策分为定罪政策、刑罚政策和处遇政策。[④] 所谓定罪政策，就是指刑法设置定罪规范的政策，其要解决的问题是如何编织刑事法网：刑事法网伸展到何处，即犯罪圈（打击面）划到多大？以及刑事法网的疏密程度怎样，即从不轨行为中筛选出何等行为进入犯罪圈？而定罪政策的法律化就是刑法中的定罪规范。定罪规范的每一个环节无不体现一定

---

① 《马克思恩格斯选集》（第3卷），人民出版社1995年版，第92页。
② ［日］大塚仁：《犯罪论的基本问题》，冯军译，中国政法大学出版社1993年版，第3页。
③ 张远煌：《犯罪理念之确立——犯罪概念的刑法学与犯罪学比较分析》，《中国法学》1999年第3期。
④ 储槐植：《刑事政策的概念、结构和功能》，《法学研究》1993年第3期。

的刑事政策。①

当然，一个国家可能在不同的时期采用不同的定罪政策，就基本刑事政策而言，大致可以划分为两种模式：一种是严密的刑事政策，即刑事法网相对宽泛，犯罪圈比较大，可以称之为犯罪化趋势；另一种是紧凑的刑事政策，即刑事法网打得不是很开，犯罪圈比较小，可以称之为非犯罪化趋势。在二者之间，还会有过渡阶段、调整阶段。总而言之，任何一个国家刑事法典所呈现的或长或短的犯罪名录即这些作为犯罪对象化的行为之设定并非是任意而为的，其中贯注、隐含着国家刑事政策的立法选择权问题，这种选择表明国家将不同类别的行为在立法上规定为犯罪，并确定轻重不同的刑罚所意图达到的消除、减弱或抑制一定行为的社会危害性的期望值。立法上的这种犯罪化过程中的优先权，正是刑事政策对犯罪圈划定所发挥的主要作用。②

不过，正如自然犯和法定犯的区分具有相对性一样，③ 犯罪的圈定标准也不可能心无旁骛地依赖于唯一的依据，道德、政治、文化、刑事政策、统治者个人的金口玉言会以非常奇妙的方式错综复杂地融合到令人难以疏解的程度，以至于一项新罪名的标准真正成为一个，那就是一个加工过的盘根错节的整体，往往通过刑法典或刑法修正案表现出来。这也是法治社会与以往社会最大的区别，即无论如何都要给这些"入罪"理由披上法治的外衣。

四 "入罪"的科学当量——指标分析体系④

上述探讨的几种"入罪"标准是一般意义上或者是传统的理解模式，可以肯定，几乎所有的人都能认识到犯罪圈界的重要意义，哪怕是荒淫无耻的封建君主也知道漠视自由和生命的后果。但是，对于犯罪圈

---

① 许发民：《刑法的社会学分析》，法律出版社2003年版，第120页。
② 张远煌：《现代犯罪学的基本问题》，中国检察出版社1998年版，第233—240页。
③ 台湾学者高仰止认为："因自然犯和法定犯之间，乃系流动而非固定不移。盖法定犯罪并非不可成为自然犯，而自然犯亦非不可成为法定犯故也。"参见高仰止《刑法总则理论与实用》，台湾五南图书出版公司1986年版，第140页。
④ 关于刑法生成的指标体系标准的构想得益并借鉴于汪明亮博士关于"严打"指标分析体系建构的设想（参见汪明亮《"严打"的理性评价》，北京大学出版社2004年版，第45—49页），特此致谢。

第三章 刑法规制新见解

界的道德关切和政治标榜似乎都不能解决，最少是无法圆满解答一个问题：什么样的行为可规定为犯罪？当然正如上文述及，有不少人对"入罪"的依据和标准做过探索也进行了些许①定量分析等方面的研究，然而在我们看来，研究工作还是过多地驻足于圈内，换句话说，他们提取定量分析数据主要来自犯罪者，然后在总结汲取犯罪者的特征数据之后进行了实证研究。不过，笔者在此没有讥笑任何人曾经的努力，只是怀揣一个善良的愿望，希望能借用科学的指标分析体系对犯罪的圈定从准犯罪行为的角度做一番探索，也就是说，是对诸多的社会行为中的某类将要入刑或者人们认为需要入刑的行为进行剖析以期夯实给予大家认同的基础，至于探索方法本身是否科学、研究是否能够展开、实证意义究竟有多大，说实话，笔者自己的心里也没有底，②但凭这种无知无畏的精神感染大方之家，希望给"入罪"标准的建立带来一丝新鲜的气息。

其实，判断一项准犯罪行为③是否达到"入罪"的临界点，也就是该行为的社会危害当量是否触及发生质变的最后一道防线，应该是一套科学理性的指标分析体系，换言之，社会危害当量的评判必须借助于科学的手段，不可寄托于估计、大约摸、差不离的估堆策略，更不应该以拍脑袋作为行动指南，如果以此作为判断"入罪"标准的话，从微

---

① 用了"些许"一词，旨在表明一个基本看法：人们研究刑事法问题时，对定量分析的方式重视不够。在这一点上，白建军教授也有类似的感慨："犯罪问题有许多侧面，其中，质的规定性和量的规定性，就共同构成了诸多侧面中的一个。而长期以来，在这个剖面中，比较容易被人忽视的，是其量的一面。"参见白建军《刑事学体系的一个侧面：定量分析》，载《中外法学》1999年第5期。

② 因为本书的写作涉及数学公式等定量分析方式，可以说笔者对此几乎一无所知，加之自身理论积淀和思维拘谨的限制，很难有高质量的或者更加开阔、精准的思路来完成"入罪"指标体系的构建设想，但令笔者略感安慰的是，它毕竟只是一个设想，即便错端百出，也没有太多遗憾，只求引起大方之家的注意，并投入精力为达成"入罪"这一关系民生、关乎国运的庞大复杂系统工程的建构贡献才智。

③ 笔者认为，这里的一项行为不应该理解成一个人的单一行为，而是抽象意义上的一类社会行为，当然如何界定首先还需要提炼，而提炼行为本身就需要借助科学的指标，所以也可以说，提炼某类社会行为的过程就是给该行为"入罪"寻找理由的过程。另外，还须说明的是，笔者不将之称为不轨行为或其他，而是称之为准犯罪行为，原因在于本书的主旨主要是考察"入罪"理由，考察的对象集中在潜在犯罪行为上，称这些潜在犯罪行为为准犯罪行为，比较符合理解和研究的脉络。准犯罪行为主要包含失德行为和违法行为，关于这一点会在书中体现，在此不做过多的说明。

观而言,"入罪"的科学体系永远无法构建;从宏观来看,法治的春天永远不会来临。

当然,关于"入罪"的科学指标体系的建构可能会和学界关于犯罪定量与定性之争①混为一谈,在我看来,这种理论之争可能还是过多地拘囿于刑法已然规制的对象,实乃是圈内之争,而好像对还没有踏入和行将踏入犯罪圈的准犯罪行为是否需要定量、如何定量没有给予太多关切或者即便提及也只是浮皮潦草、隔靴搔痒。事实上,如上文所言,对若干准犯罪行为已经到了非要定量不可的地步了,当然关涉犯罪圈内的对象是否"出罪"以及如何"出罪"的定量问题则是另外一回事了。

(一)"入罪"指标分析体系的机理分析

1. "入罪"指标分析体系建立的可行性

在做出"入罪"框架设定之前还是有必要做些许说明,因为"入罪"的分析对象集中在准犯罪行为的危害当量上,言下之意,准犯罪行为作为社会行为之一种,能否适用自然科学中惯常的方法进行分析?答案是肯定的。事实上,刑法学作为一门社会科学,虽然跟自然科学有着显著差异,研究方法与范式亦有所不同,但并非意味着刑法学的研究就不能引入自然科学研究中最一般的研究方法即定量分析方法。其实,不仅经济学,政治学也能够运用实证分析的方法进行研究。马克思在写作《资本论》过程中,十分注意搜集资本主义国家的政治经济社会的实际材料,甚至他在生病期间"吞下了大批统计学方面和其他方面的材料,对那些肠胃不习惯于这类食物并且不能把它们迅速消化的人来说,这些

---

① 有学者以犯罪构成中是否含有定量因素为标准,将我国刑法分则中的具体犯罪分为三类:第一类是没有直接的定量限制。诸如杀人罪、强奸罪、抢劫罪、放火罪和投毒罪等,约占刑法分则有罪刑规定的条文1/3。第二类直接规定了数量限制。诸如盗窃、诈骗和抢夺罪等。第三类是实质上内含了定量限制的载有"情节严重""情节特别恶劣""造成严重后果"的才追究责任的犯罪。后两者加起来约占2/3。参见许发民《刑法的社会学分析》,法律出版社2003年版,第134页。关于立法上能否设置犯罪的定量因素,学者们意见不一。有学者认为,通过立法一次性地将犯罪概念的定性因素和定量因素明确起来,事实上是不可能的,以这种期望来进行刑法立法是思维误区,这种情形必然导致立法者负担太重。参见宗建文《刑法机制研究》,中国方正出版社2000年版,第66—67页。而另有学者则认为不能一概而论,对于刑法第三章中的绝大多数犯罪可采用既定性又定量的立法模式,引入"定量犯罪概念"是进行"从严"掌握最简便的工具。对于上述经济犯罪以外的其他犯罪,则可采用"立法定性、司法定量"的模式。参见储槐植《再论我国刑法中犯罪概念的定量因素》,载《法学研究》2000年第2期。可见,学者们还是过多地聚焦于已经步入犯罪圈的犯罪,对准犯罪很少关注。

材料本身就足以致病"①。马克思的天才巨著《资本论》问世，与他注意运用统计数据进行分析是不无关系的，恩格斯也很注意使用"数量概念"来阐述其理论。《英国工人阶级状况》一书多处就是用反映客观事物的统计资料写成的。英国的政治算术学派创始人政治学家威廉·配第甚至天才地写出《政治算术》，此书列举了大量数字，论证了英法荷三国的政治经济实力，从而探讨了当时这三个国家的社会政治经济现象中的共同规律。② 这些例证为笔者科学探险指出了一条路径，不致自感太过唐突，此其一。

其二，实证学科的发展为构建"入罪"指标体系夯实了理论根基。汪明亮博士在分析"严打"的指标体系时非常欣喜地指出三种支持力量，分别为：理论基础、技术基础、法律基础。诚如汪博士所言，社会指标运动（Social Indicators Movement）与现代社会统计学的建立为构建指标分析奠定了理论基础。1966 年美国雷蒙德·A. 鲍尔等人编辑出版了《社会指标》（Social Indicators）一书，它立足于"大社会"角度，试图建立一套社会指标体系，以定量形式来探测社会的各种变化，并试图建立一种全面的社会系统的核算模型，来评估整个国情。可以说，《社会指标》一书掀起了一场被称之为"社会指标运动"的热潮。受该运动影响，现代统计学应运而生，并由此派生出运筹学、决策学等新兴科学。可见，利用非经济社会指标来研究犯罪现象，是有其理论基础的。现代计算机信息处理技术的高速发展和广泛应用，为科学高效地处理各项复杂数据提供了技术上的支持。《中华人民共和国统计法》第 5 条规定："国家加强对统计指标的科学研究，不断改进统计调查方法，提高统计的科学性、真实性。"这为指标分析体系的构建提供了法律依据。③

2. "入罪"指标分析体系的含义及意义

所谓"入罪"的指标分析体系，是指通过对相关严重失德或违法行为亦即准犯罪行为的指标分析来确定该行为是否达到社会危害当量以至进行刑法规制之必要的系列参数集合。我们认为，指标分析体系想要

---

① 《马克思恩格斯全集》（第32卷），人民出版社1974年版，第526页。
② 关于社会科学包括刑法学、犯罪学的实证研究古往今来尝试者大有人在，除列举了经典作家之外，恕不一一列举。
③ 汪明亮：《"严打"的理性评价》，北京大学出版社2004年版，第46—47页。

刑法科学化进程中的新探索

成为一个逐步成熟的理论体系必须满足以下两点要求：之一，这一定量测量准犯罪行为的理论，在内容上不应与前人研究成果中的正确思想相去太远，而且必须具有抓住社会行为本质的深刻性，具有适用于一切社会行为的概括性，具有能够被重复运用于不同社会条件的操作性，并具有广泛的应用价值；之二，在形式上，这一理论还应构成一个标准化的逻辑系统，具有稳定的内涵，以便可以接受反复的准确操作，才不致辜负艰辛的前期准备。

在这样的理论涵摄下，"入罪"的指标分析体系主要是以准犯罪行为平均指标为分析手段，而准犯罪行为平均指标，指的是用以反映社会危害当量总体的各社会失德行为、违法行为，其某一数量标志着在一定的时空下所达到的一般水平。[1] 在社会危害性同质总体中，每个单位都有许多数量标志来表明它们的特征。虽然这些数量的取值大小差异很大，但在同质总体内的各个具体的失德、违法行为又分别具有共同的质的规定性，由此把数量上的差异制约在一定的范围内，就有可能利用一定的量来代表总体单位数量标志的一般水平。例如，准犯罪行为主要是严重违法行为[2]的社会危害当量的质界点[3]的突破与否，这取决于违法频率、受害率、违法处置率、公众的道德喜恶度、公众对准犯罪行为的容忍度等多种因素，由此，我们可以通过准犯罪行为平均指标计算出一定时空内的平均准犯罪行为的社会危害当量。

依据准犯罪平均指标确立的"入罪"指标分析体系是决定一项准犯罪行为是否需要刑法规制的重要参数，只有当准犯罪平均指标达到社

---

[1] 我们知道，准犯罪行为统计的数量描绘，并不纯粹是一堆杂乱的数字，而是社会失德、违法行为的实际过程在量上的表现，是准犯罪行为发展规律性变化的结果。因而，用统计方法反映和研究这种社会现象，就能科学地测定前犯罪状况，较准确地用数学语言表述失德、违法现象在一定时间、地点和条件下的规模、程度、结构、速度、特点、各种数量比例关系以及发展变化规律，从而对这些准犯罪情况有一个综合的、全盘的、宏观的总体认识。笔者所称的准犯罪和前犯罪行为都是刑法潜在的规制行为，但是只要没有纳入刑事法网就不能称作犯罪行为。

[2] 因为准犯罪行为之一的失德行为大都为传统犯罪圈界完毕，只有少量的失德行为会随着社会道德标准的嬗变而有所调整从而进出犯罪圈。所以，在一定程度上，"入罪"的绝大多数考察对象还是违法行为。

[3] 就是失德行为、违法行为等准犯罪行为的社会危害当量渐次完成量的积累正要突破质的界定，从而跨入犯罪圈的临界点。

会危害当量的质界点时，才可启动刑事法网。过早或者过迟都是不科学的。当准犯罪平均指标尚未达到临界点时，发动刑法不仅会造成司法资源的紧张甚至浪费，还可能无端发动刑罚，引发正义的缺失；而当准犯罪指标超过临界点，刑事法网尚未有所反应，则造成难以弥补的社会损失也就在所难免了。由此看来，早先的"入罪"标准之所以大多成为流弊实质就在于缺乏科学的分析指标体系。

3."入罪"指标分析体系对犯罪概念的照应

一般而言，犯罪概念是对犯罪行为的自然圈界，也可以说，凡为犯罪概念所涵摄的行为就一定是犯罪行为。当然关于犯罪概念本身的界定问题，学者们见仁见智，[①] 因非本书关注重点，只就其一般接受的几个要件，谈谈"入罪"指标分析体系对其的照应，这样也能从侧面检测该体系的科学性与完整性。

总体而言，犯罪概念回答了两个不同层次的问题：第一，应当将哪些行为作为犯罪（刑法应当将什么行为规定为犯罪）；第二，为什么这些行为是犯罪（刑法为什么将这些行为规定为犯罪）。对这两个犯罪概念的基本问题解答是否妥当恰是检验"入罪"指标体系是否完整与科学的试金石。

[①] 关于犯罪概念的界定可分为形式界定和实质界定。其中形式界定又有不同的流派：刑事违法说，认为犯罪是违反刑事法律的行为（参见[意]杜里奥·帕多瓦尼《意大利刑法学原理》，陈忠林译，法律出版社1998年版，第69页）；刑罚惩罚说，认为犯罪是具有刑罚惩罚特征的行为（参见[日]木村龟二《刑法学词典》，顾肖荣等译，上海翻译出版公司1991年版，第98页）；刑事违法与刑罚惩罚说，认为犯罪是违反刑事法律并且具有刑罚惩罚特征的行为（参见[日]大塚仁《刑法概说（总论）》，冯军译，中国人民大学出版社2003年版，第90页）；刑事违法、刑罚惩罚与刑事起诉说，认为犯罪是具有违反刑事法律、受到刑罚惩罚以及受到刑事起诉的特征的行为（参见[英]鲁珀特·克罗斯、菲利普·A.琼斯《英国刑法导论》，赵秉志等译，中国人民大学出版社1991年版，第1页）。实质界定也有不少学说：权利侵害说，认为刑法之所以将某种行为规定为犯罪，就在于该行为侵害了权利（参见高铭暄《刑法学原理（第一卷）》，中国人民大学出版社1993年版，第375页）；法益侵害说，认为刑法之所以将某种行为规定为犯罪，就在于该行为侵害了法益（参见[德]李斯特《德国刑法教科书》，徐久生译，法律出版社2000年版，第170页）；义务违反说，认为刑法之所以将某种行为规定为犯罪，就在于该行为违反了义务（参见[日]大塚仁《犯罪论的基本问题》，冯军译，中国政法大学出版社1993年版，第6页）；规范违反说，认为法定犯罪实质就在于行为违反了文化规范或社会伦理规范（参见[日]小野清一郎《犯罪构成要件理论》，王泰译，中国人民公安大学出版社1991年版，第14页）；社会危害性说，认为法定犯罪实质就在于行为具有严重的社会危害性（参见马克昌《犯罪通论》，武汉大学出版社1999年版，第19—20页）。

刑法科学化进程中的新探索

首先来看对第一个问题即哪些行为是犯罪的解答,"入罪"犯罪指标分析体系的立足点就是准犯罪行为的社会危害当量,唯富有社会危害当量的失德、违法行为才有资格首先成为准犯罪行为,刑事法网不是漫无目的,准犯罪行为正是它将要网罗的对象。对第二个问题即刑法为什么将这些行为规定为犯罪进行解答之前,首先要明白,其实第二个问题和第一个问题是同一事物的两个方面,是"表与里"的关系,因而解答了第一个问题,也同时解答了第二个问题,区别在于第二个问题是对"入罪"理由的深层次追问。为什么要将严重失德、违法行为等准犯罪行为规定为犯罪呢,究其原因,就在于这些准犯罪行为已经来到社会危害当量的临界点并随时考虑是否进入围城,踏入了就触雷了。由此可见,"入罪"的指标分析体系还是能够给予界定犯罪概念的两个最基本问题应有的观照。

(二)"入罪"指标分析体系的理论预设

操作层面上,"入罪"的指标分析体系的构建包括准犯罪行为的指标选定、数学计算模型和平均指标示意图三部分内容。

1. 准犯罪指标[①]

在"入罪"指标分析体系中,准犯罪指标至少包括以下内容:

(1) 一般违法行为发生率(每100人中一般违法行为案件数):案发数/人口总数·100%;

(2) 严重违法行为发生率(每100人中严重违法案件案发数):严重违法行为案发数/人口总数·100%;

(3) 一般违法行为处置率(每100起一般违法案件的处罚数):处罚案件/一般违法行为的备案数·100%;

(4) 严重违法行为处置率(每100起严重违法案件的处罚数):处罚案件/严重违法行为的备案数·100%;

(5) 一般违法行为公众容忍率(每100人中对一般违法行为的容忍数):容忍人口/人口总数·100%;

[①] 正如上文所述,失德行为(包括一般失德行为和严重失德行为)因为具有零星性特点对其建立指标分析体系太过浪费司法资源,所以在此准犯罪行为主要指的是违法行为(包括一般违法行为和严重违法行为,只是更倾向于关注严重违法行为)。

(6) 严重违法行为公众容忍率（每100人中对严重违法行为的容忍数）：容忍人口/人口总数·100%；

(7) 受害率（每100人中受到准犯罪行为侵害的人数）：受害人数/人口总数·100%。

2. 计算方法

由于不同指标在总体平均指标中所占的比例（系数）不一样，准犯罪平均指标数学计算方法可以是加权算数计算法。① 在计算之前，先假定上述七项指标的权数（系数）分别为f1、f2、f3、f4、f5、f6、f7。具体计算参照"入罪指标统计表"：

入罪指标统计表②

指标	单位	数量（x）	系数（f）
一般违法行为发生率	%	X1	f1
严重违法行为发生率	%	X2	f2
一般违法行为处置率	%	X3	f3
严重违法行为处置率	%	X4	f4
一般违法行为公众容忍率	%	X5	f5
严重违法行为公众容忍率	%	X6	f6
受害率	%	X7	f7

根据上列统计表，我们可以得出平均准犯罪指标的计算公式：

$$平均准犯罪指标（x）= x1 \cdot \frac{f1}{\sum f} + x2 \cdot \frac{f1}{\sum f} + \cdots x7 \cdot \frac{f1}{\sum f}$$

$$= \sum x \cdot \frac{f}{\sum f}$$

---

① 平均指标有多种计算方法，如算数平均数、调和平均数、众数和中位数等，它们都用来反映现象的一般水平。其中算数平均数是统计研究中最常用的指标计算方法，它又包括简单算数平均数和加权算数平均数两种计算方法（参见汪明亮《"严打"的理性评价》，北京大学出版社2004年版，第48页）。

② 本统计表以项（即某一类，比如"人肉搜索"这类行为）为单位，以全国领域为分析范围。

在平均准犯罪指标的基础上,可以进一步计算某类准犯罪行为的行为当量。

3. 准犯罪行为平均指标示意图

在计算出某类准犯罪行为平均指标和行为当量的基础上,我们可以绘制出该类犯罪平均指标示意图。在该示意图上我们要找到该行为的两个关键点:警戒点和入罪临界点;并注意两条线——正常区线和刑法启动线。该行为在正常区线以下活动视作一般违法行为,基本上不用进行刑事关注。处于正常区线与刑法启动线之间,视为严重违法行为,特别是达到警戒点时,要进行必要的观察,但只有该类准犯罪行为突破入罪临界点时,才能对其进行刑法规制。

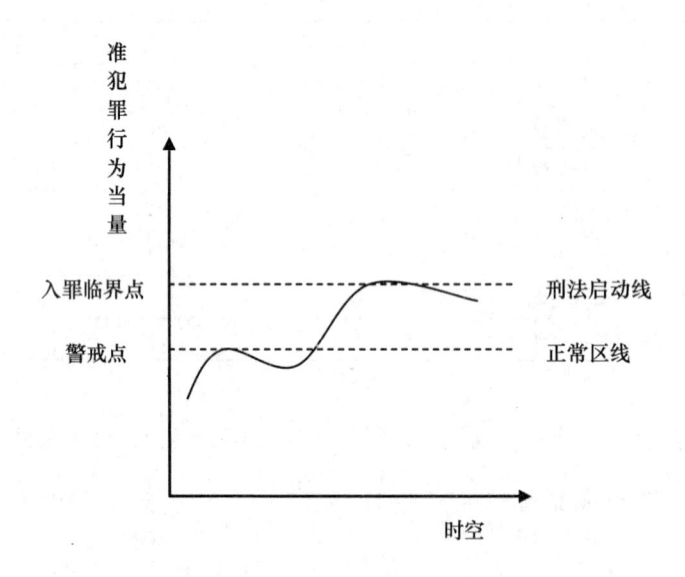

图3-1 准犯罪平均指标示意图

从准犯罪指标示意图中一类行为的曲线运行趋势来看,任何一项行为(主要指违法行为)都有可能表现为两个运行方向即"入罪"和"出罪"。这一方面为我们对一类行为进行刑法规制寻找到数据上的支撑;从另一个方面来看,也是一项犯罪行为"出罪"的正当理由。

（三）"入罪"指标分析体系的配套设施

笔者在研究"入罪"指标分析体系构建的过程中首先为研究方法本身的拘囿性所困扰，主要归咎于没有经过定量分析范式的专门培训因而没有形成定量分析的思维模式。另外，面临的最大的一个问题是公开的数据资料的匮乏，而指标分析的特征恰恰是一切从数据出发，一切拿数据说话。但也正是各方的困境反而拓展了研究"入罪"指标分析体系建构的思路，激发了建立起相应配套措施的迫切愿望。

1. 严格准犯罪指标统计制度

严格准犯罪行为指标统计制度是对一项准犯罪行为发动刑法的信息保障和数据支持。首先，设立相应的统计机构。鉴于准犯罪行为指标统计的特殊性，建议准犯罪指标统计机构设置在司法部、厅、局三级部门，由其负责全国范围的各行政部门备案，处置准犯罪行为的采集、梳理、整合，并以此形成立法与否的建言。其次，要严格按照《中华人民共和国统计法》的规定对准犯罪指标进行科学统计，对那些违反法律规定的虚报、瞒报、拒报、迟报，甚至伪造、篡改准犯罪指标的直接责任人员追究相应的法律责任。

2. 建立法律信息公开资源共享制度

白建军教授指出，就我国实际情况来看，有关政府信息的公开范围缺乏明确的法律规定，哪些属于保密范围，哪些应当向学术界公开，尚无完善的法律可依。加上对数据资源在学术研究中的重要性缺乏应有的认识，掌握大量数据资源的实际部门在提供有关信息时的确心存疑虑。这就造成了我国丰富的法律信息和数据资源的巨大浪费。[①] 可见，信息公开资源共享的缺失不仅制约了学术界的研究思路和兴致，还客观上掣肘了研究技术上的开发。正如白教授所感慨，由于技术手段和应用能力的不足，在我们的刑法、犯罪学教育中，定量分析方法没有得到应有的重视，培养出来的学生很难和国外相同领域的学者进行交流。有些研究项目虽然计划进行田野调查，但受财力人力的限制，只好用些二手资料。如此下去，不知我们的刑事学将走向何方。[②] 建立法律信息公开资

[①] 白建军：《刑事学体系的一个侧面：定量分析》，《中外法学》1999年第5期。
[②] 同上。

源共享体系无疑给犯罪学理论研究提供了研究素材,也增添了研究者的信心,拓宽了研究路径。

3. 建立准犯罪指标发布制度

客观而言,有些准犯罪行为的"入罪",很多时候是起因于民愤或者领导的拍案而起,这种个案式的"入罪"模式很难经得起科学的推敲和检验,即便"入罪"了,也可能因为完成了一时一事特定的使命,从此束之高阁,不具有普适性,这是对司法资源的极大浪费。只有建立在信息公开资源互动基础上的准犯罪指标体系才是国家发动刑法的直接依据。也就是说,当一项准犯罪行为达到"入罪"临界点了,国家才能(也必须)发动刑法。另外,通过准犯罪指标体系的发布至少可以做到三方共赢:安抚民意(定期发布的信息让普通民众一目了然,有了一个明白的"说法")、学术界的理论构建(以前打不开研究局面是苦于资源的短缺和技术支持,通过指标的公开和资源的共享,这一问题基本解决[①])、司法界的操作便利(一方面拥有更多的理论界提供的理论资源的引领,另外也得益于自在资源的充裕)。

第三节 几种具体犯罪的刑法规制

一 "人肉搜索"及刑法规制[*]

"人肉搜索"究竟是彰显真善美的旗帜,还是仅仅是道德的幌子、正义的招牌?在我们看来,作为网络上源于人性的一个宣泄口,"人肉搜索"本身的工具性决定其必将是一把双刃剑。因而,如果任其率性而为的话,道德的闸门一旦开启,恐怕奔涌而出的不仅仅是善良正义的洪流,邪恶肮脏的泥沙也将随之俱下。而且,一旦被别有用心之

---

① 正如有学者所说,国家刑事政策的制定离不开犯罪学理论的支撑,而犯罪学又必须建立在实证的基础上。如果缺乏客观、权威的犯罪数据,犯罪学研究只能是"纸上谈兵"。美国的犯罪学之所以高度发达,与其犯罪数据发布制度是密不可分的(参见汪明亮《"严打"的理性评价》,北京大学出版社2004年版,第50页。)

* 本部分内容主体部分系本人与齐晓伶合作完成,出版时做了一定调整与修改。

人所利用，必将危害他人、社会和国家的利益，甚至还会衍生网络钓鱼等其他计算机犯罪行为。特别值得一提的是，随着网络的兴起，①基于网络并借助网络的"人肉搜索"必将催生更多的网络罪行。鉴于此，笔者认为，探讨"人肉搜索"的"入罪"话题及其应对具有一定的实践意义。当然，在"入罪"已经成为一种习惯的今天，②尚需对"人肉搜索"行为进行形式上和实质上的双重圈界才能称之为犯罪。

（一）"人肉搜索"的泛滥

1. "人肉搜索"的缘起

关于"人肉搜索"，定义者甚多，在此列举几种以陈其情。有人认为"人肉搜索"是利用现代信息科技，变传统的网络信息搜索为人找人、人问人、人碰人、人挤人、人挨人的关系型网络社区活动，变枯燥乏味的查询过程为"一人提问、八方回应，一石激起千层浪，一声呼唤惊醒万颗真心"的人性化搜索体验。③还有人认为，所谓的"人肉搜索"，是网民利用一些网站的搜索功能，不断变换输入关键词来搜索目标，或通过一些较受欢迎的网络论坛来交换信息，从被搜索的目标对象入手，搜查其本人及朋友的博客、论坛等，从而找出搜索目标的所在地、工作、背景、详细身份资料等。④笔者总结，"人肉搜索"是通过网络与现实中的人的结合、搜集出关于某个人或事件的信息的行为，最大限度地发挥网络引擎与现实社会的联络功能以至于在短时间内完成以往费尽周折也难以办到的寻找目标的任务。

作为越来越流行的热门词汇，"人肉搜索"成了很多人关注的焦点。"人肉搜索"最早发端于2001年微软公司的"陈自瑶事件"。而2006年2月发生的"虐猫事件"，更堪称"人肉搜索"的首次经典案例。继而，"奥运冠军寻父事件""铜须门事件""辽宁女事件""华南

---

① 截至2015年6月底，中国网民人数达6.68亿，超越美国跃居世界第一位（http://finance.ifeng.com/a/20150724/13860732_0.shtml）
② 张国轩：《漫谈立法的"入罪"习惯》，《人民检察》2006年第5期。
③ 中宁：《"人肉搜索"：互联网上新势力》，《东北之窗》2008年第18期。
④ 佚名：《"人肉搜索"的罪与罚》（http://news.xinhuanet.com/tech/2008-09/03/content_9760784.htm）。

虎事件""死亡博客事件""很黄很暴力事件""贞操妹妹事件""菊花门事件"纷至沓来。① 而"人肉搜索"正是通过一个个标志性的案例才逐步走进人们的视野并越来越为人们所熟知。

2. "人肉搜索"的泛滥

"如果你恨他,把他放到人肉引擎上去,因为那里是地狱。"② 这句话或许是"人肉搜索"泛滥的真实写照,亦隐含着"人肉搜索"作为双刃剑所具有的"恶害"一面。不可否认,"人肉搜索"的某个案例或许是建立在人们美好愿望的基础之上的,但是,随着参与者的不断扩容,特别是一些素质不高甚至是别有用心者的加入,往往一个美好开端却带来一个恶果甚至一场灾难。

事实上,"人肉搜索"已经成为独特的网络现象,只要搜寻目标在网上留下过注册痕迹、身份证号码或邮件地址,或与网上论坛里的任何一名网民接触过,搜寻目标就很难逃出"人肉搜索"的追击。人们在进行"人肉搜索"的时候不断征用一些侦查术语,诸如"追捕""通缉令""网络侦控""侦破"等,俨然正义的化身,甚至制造一些听起来有些让人不寒而栗的词语,如"狙击""扒皮"等。不去分析某件"人肉搜索"案例的具体内容妥当与否,单看字眼就有一种不祥之感,这也或许是因为笔者至今还惊悚于孩提时代所读的"狐妖扒皮"的聊斋故事。不仅在中国本土,即便是境外也难以逃脱中国网络发出的"通缉令",正所谓网络无国界,也正基于此,我国发生的疯狂的"人肉搜

---

① 所谓"陈自瑶事件"是指早在2001年,有网民在论坛贴出一张美女照片,并声称是自己的女朋友。结果,明眼人很快即查清此照片属于微软公司的女代言人陈自瑶,且贴出了陈自瑶的大部分个人资料。陈自瑶事件也被公认为"人肉搜索"的首次小试牛刀。所谓"虐猫事件"是指2006年2月,有网民在网上贴出极其残忍的虐猫视频,"通缉"虐猫嫌疑人的"人肉搜索"重出江湖,网民通过人格分析、私人信息比对和发出"通缉令"等手段,短短6天之内即将发布虐猫视频的3个嫌疑人锁定,在彰显网络搜索巨大能量的同时,也将"人肉搜索"上升到了广为人知的标志性事件,并第一次拉开了虚拟世界极大影响"被通缉者"现实工作、生活秩序的大幕。其他事件在此不一一介绍(http:// games. tom. com/2008 - 08 - 17/00 Q2/13386856_ 10. html)。

② http://www.darkst.com/bbs/viewthread.php? tid = 24694.

索"现象甚至引起了国外媒体的关注。①

其实,针对上述诸多的标志性事件,稍加分析就可以看出有不少"人肉搜索"案例实乃泛滥之举。

3. 我国刑法对"人肉搜索"的回应及不足

关于侵犯人格权和隐私权,我国法律已有相应的规定,甚至有地方已经出台明确将"人肉搜索"规定为违法行为的法律规范。②

另外,《宪法》第38条:中华人民共和国公民的人格尊严不受侵犯,禁止用任何方法对公民进行侮辱、诽谤和诬告陷害。这是从宪法的高度给予人格尊严权的关切。

我国在立法上虽未承认隐私权,但是《民法通则》对公民的隐私利益采用间接的方式予以保护。《民法通则》第101条规定:公民、法人享有名誉权,公民的人格尊严受法律保护,禁止用侮辱、诽谤等方式损害公民、法人的名誉。《民法通则意见》第140条规定:以书面、口头形式宣扬他人的隐私,或者捏造事实公然丑化他人人格,以及用侮辱、诽谤等方式损害他人名誉,造成一定影响的,应当认定为侵害公民名誉权的行为。以书面、口头等形式诋毁、诽谤法人名誉,给法人造成损害的,应当认定为侵害法人名誉权的行为。

相关司法解释也对此做出说明。最高人民法院《关于执行〈民法通则〉若干问题的意见》关于名誉权的规定,其第159条:以侮辱或者恶意丑化的形式使用他人肖像的,可以认定为侵犯名誉权的行为。其第160条:以书面、口头等形式宣扬他人的隐私,或者捏造事实公然丑化他人人格,以及用侮辱、诽谤等方式损害他人名誉,造成一定影响

---

① 英国广播公司(BBC)在2008年6月报道有关中国"人肉搜索"的新闻时,还用"witch hunt"(搜捕女巫)一词,形容中国如火如荼发展的"人肉搜索"。在美国,媒体为表达中国的"人肉搜索",专门创造了一个短语"Chinese style internet man hunt"(中国特色的网上追捕)。《泰晤士报》则分析,"人肉搜索是一个强大的概念,现在中国的网络已被用来作为惩罚婚外情、家庭暴力和道德犯罪的一种强大工具。"具体参见 http://news.xinhuanet.com/tech/2008-09/03/content_9760784.htm。

② 关于"人肉搜索"的明确限制已经出台立法。《徐州市计算机信息系统安全保护条例》经省十一届人大常委会第七次会议通过,于2009年6月1日起生效。该条例对计算机安全等级管理、保护措施、禁止性的行为、法律责任等,做出了详尽规定,特别是对近来社会广泛关注的"人肉搜索",该条例明确"说不"。资料来源于:http://news.qq.com/a/20090119/000095.htm。

的，应当认定为侵害公民名誉权的行为。以书面、口头等形式诋毁、诽谤法人名誉，给法人造成损害的，应当认定为侵害法人名誉权的行为。其第161条：公民死亡后，其名誉受到侵害，使其配偶、父母、子女或者其他有关人员受到损害的，受害人可以提起诉讼。

我国刑法中也有关于侵犯公民人格尊严的晦涩规定。1997年《刑法》第246条规定：以暴力或者其他方法公然侮辱他人或者捏造事实诽谤他人，情节严重的，处三年以下有期徒刑、拘役、管制或者剥夺政治权利。前款罪，告诉的才处理，但是严重危害社会秩序和国家利益的除外。

从《刑法》规定来看，如果利用"人肉搜索"在网络上侮辱他人或者捏造事实造谣中伤、诽谤他人并造成严重后果的，可以"侮辱诽谤罪"处置。因为即便"人肉搜索"属"网络暴力"乃彼岸暴力非此岸暴力可能会被司法界否认，但是总可以牵强地理解为"其他方法"，所以一旦出现严重情节，定罪是没有太多异议的。但问题是，法条中关于"告诉才处理"的限定对于"人肉搜索"案件来说，似乎多余，可以推断，立法原意很大程度是出于保护被害人的隐私才将处置权交给受害者个人。但是互联网已然让你无处藏身，所以"告诉才处理"似乎沦为司法机关拒绝介入"人肉搜索"案件的借口，或者即便介入也无定罪量刑的法律依据。而且"人肉搜索"犯罪的重心在于对公民个人隐私的肆意践踏。所以即便有现行刑法对侵犯公民隐私权的保护，现有的刑法也难以应对复杂、多样的"人肉搜索"犯罪。

在许多人看来，《刑法修正案（七）》完善了对个人信息的刑法保护，应该是对"人肉搜索"防范的刑法依据。其第7条规定："国家机关或者金融、电信、交通、教育、医疗等单位的工作人员，违反国家规定，将履行公务或者提供服务中获得的公民个人信息出售或者非法提供给他人，或者以窃取、收买等方法非法获取上述信息，情节严重的，追究刑事责任"。但是，稍加分析便知，《刑法修正案（七）》之第7条打击重点显然是国家机关或者金融、电信、交通、教育、医疗等特定领域的特定主体。当然一般主体也可以通过窃取或收买的方式获取个人信息从而成为刑法规制的对象。但是，《刑法修正案（七）》并没有如有关专家建议的那样，明确将"人肉搜索"写进去。而且第7条规定无论内涵还是外延都与人们就"人肉搜索"进行刑法规制的主旨有一定距离,因为"人肉搜索"的最大特征不是出售、非法提供与收买或窃取个人信息(当然客观上也会造成公民个人信息的泄露),而在于利用网络引擎以及人与人之间的关系资源攻击、侮辱、谩骂、诋毁受害人以谋取精神上的愉悦或者达到其他非法目的。

总体而言,相关"人肉搜索"的法律规制在我国还是不尽如人意。

(三)"人肉搜索"的刑法规制

1. "人肉搜索"入罪的民意考察

正如有关人士所言,网络地带从来不是法外地带,对于名誉权而言,中国现行保护名誉权的法律对在网络中涉及的侵权行为也是同样适用的。言论自由这个宪法赋予每个公民的基本权利在网络这个管理仍不完善的空间中被扭曲地伸张。不论名人、普通人,但凡行为举止失当或被人视为不顺眼,便会招致一通恶意的口水。然而,一些网友没有意识到,他们这种滥用话语权的行为其实已经严重侵犯他人名誉权了。[①] 如上所言,"人肉搜索"已经成为一些人用来谩骂、侮辱、诽谤他人名誉等人格权的违法犯罪工具。所以,对"人肉搜索"进行刑法规制也越来越多地被人们所主张或接受。

如上文所言,《刑法修正案(七)》规定的范围,并未涵盖全部侵犯公民个人信息并造成严重后果的行为,对日益泛滥的"人肉搜索"从刑法上进行规范是十分必要的。而且从正义网和人民网的调查结果来看,人们越来越倾向于"人肉搜索"应当入罪的观点。正义网就"人肉搜索"应否入罪展开调查,结果显示,选择"应入罪"网友约为32%。人民网的民意调查显示:79.9%的公众认为应该用法律规范"人肉搜索"。

2. "人肉搜索"入罪的几个前涉问题

对"人肉搜索"进行刑法规制之前,首先要弄清以下几个问题:

第一,判断"人肉搜索"造成损害结果情节严重的标准是什么?

如上述分析,对他人进行造谣、诽谤的,刑法已规定了诽谤罪,对于在网上进行辱骂、骚扰的,刑法已规定了侮辱罪,对于侵犯他人隐私

---

① 欧阳海燕:《受害者的维权成本》,《新世纪周刊》2008 年第 3 期。

的轻微行为，可以通过民事诉讼来解决，唯有"人肉搜索"侵犯他人隐私权的情节严重时才需要刑法规制。笔者以为，在此"情节严重"具体内容包含：造成了当事人或者其近亲属自杀、自残、精神失常或者其他恶劣的社会危害。这也印证了自体恶之恶性系与生俱来，不待法律所规定，早已存在于行为之本质中了。① 当然，仅仅是道德上的"恶"还不足以给"人肉搜索"定罪，因为刑法上规定的行为有政策色彩，国家把某些行为定为犯罪的行为原本就具有政策色彩。② 涵摄主观恶性和社会危害性的危害当量是"人肉搜索"情节严重的应有之义。

第二，如何区分"人肉搜索"中正当舆论监督与侵犯隐私权？

上文已经分析，正因为"人肉搜索"对隐私权的侵犯才产生填补刑法规制空白的需要。不可否认，"人肉搜索"在某种程度上，也是一种公民行使监督权、批评权的体现。网民将涉嫌违法、违纪或道德败坏的人和事及其相关信息公布在网上，进行评判，如果行使得当，有利于社会进步，也有利于社会公共利益的实现。而且从现行法律看，相关的法律尤其是刑法并没有对隐私权做出明确规定，也没有对隐私权的概念做出明确的界定。这导致"公众人物"的隐私权及其界限没有法律依据。那么，该以什么为标准来判断网民的行为是在监督、批评社会不良现象，还是在侵犯他人的隐私权呢？笔者以为，应该主要从两个方面分析，一是发起人的主观方面，恶意还是善意成为判断正常行使监督权还是侵犯别人隐私的起因判断根据；二是事件结果，恶果虽不一定皆由恶因，但是一般认为，严重的恶果中还是能够寻找到不良的踪影，何况不管是善良的初衷还是恶意而为，他人的隐私权已然受到严重侵害。

第三，对"人肉搜索"侵犯隐私由谁进行追究？

目前诽谤罪、侮辱罪都是自诉案件，是"告诉的才处理，但是严重危害社会秩序和国家利益的除外"。如果把"人肉搜索"侵犯隐私也规定为自诉案件，在取证难的情况下，"人肉搜索"入罪能起到多大的作用值得商榷。正如笔者在上文中所提及的，互联网使得"人肉搜索"案件的受害人无处躲藏，因而立法机关设定自诉罪的初衷之一即保护被

---

① 许发民：《刑法的社会学分析》，法律出版社2003年版，第140页。
② [日] 大塚仁：《犯罪论的基本问题》，中国政法大学出版社1993年版，第3页。

第三章 刑法规制新见解

害人的隐私、尊重被害人的自我选择，似乎已经失去了意义。所以笔者认为，不应该在将"人肉搜索"罪设定为自诉罪，即便为了表述的连贯，设定了自诉罪，也应该和其他侵犯公民人格权的犯罪有所区别，不能等待严重危害社会秩序和国家利益时才启动司法程序。因而，笔者建议，针对"人肉搜索"犯罪，国家和公民应该联起手来。

第四，对"人肉搜索"侵犯隐私权的行为追究谁的责任？

应该看到，"人肉搜索"这种特殊的集体匿名表达，已经酿成了对个人隐私与个体匿名表达的严重伤害。众多的"人肉搜索"事件都显示出一种对个体匿名表达的集体打压，同时也充分暴露出匿名表达的固有缺陷，它无法承担起最起码的社会公正。它以集体语言暴力制造了某种不平等：一种强势话语权利对弱势话语权利的剥夺。就目前来看，网络自发的个人隐私保护非但无助于保护匿名表达自由，反而成为对匿名表达自由的另一种伤害。假如说，人们出于对公权的担忧而有理由支持匿名表达，则匿名表达泛滥却已对自身进行了否定。从长远来看，我们显然要完善有关法律，真正意义上实现对个人隐私的保护，并通过谨慎地推行网络实名制，结束混乱不堪的网络匿名表达，更为公平公正地保护更多人的表达自由。①

关于网络匿名制，文化学者朱大可对此有形象的解释："他们以无名氏的方式，藏在黑暗的数码丛林里，高举话语暴力的武器，狙击那些被设定为有罪的道德猎物。"由此看来，"人肉搜索"行为之所以难查处，主要原因在于，网络匿名制的存在使得其责任主体具有不确定性，即该行为主要在网上发生，责任主体分散，取证成本高。如果由被侵权人自行调查取证，司法机关很难对这种行为进行有效的打击。因而追究"人肉搜索"的发动者和参与者变得异常艰辛，所以无论从维权成本还是从司法资源的角度来看，规制"人肉搜索"罪似乎都成了得不偿失的事情。

然而，鉴于上述分析的"人肉搜索"泛滥所招致的灾难，将其看作可有可无或者浮皮潦草地应付，从长远角度来看，绝非明智之举。请牢记"千里之堤溃于蚁穴"的忠告。笔者以为，"人肉搜索"毕竟不是

---

① 江德华：《人肉搜索当前，应谨慎考虑网络实名制》，《IT时代周刊》2008年第8期。

刑法科学化进程中的新探索

没有规制手段，魔高一尺道高一丈，网络技术同样能够为正义所用，受害者个人或者司法机关要充分利用计算机技术甚至也利用"人肉搜索"寻找到施害者，所谓以其人之道还治其人之身。而且，要将打击重点放在"人肉搜索"最初的发起者身上。

3. 关于"人肉搜索"的个罪设定

总结以上，刑法应当明确对"人肉搜索"的规制，给予"人肉搜索"清晰的定义，将"人肉搜索"作为独立的个罪处理。笔者建议，借着《刑法修正案（七）》出台的东风，在刑法第253条后再增加一条，规定："以利用网站的搜索功能和人与人之间广泛的社会资源实施违法犯罪为目的，故意利用网络引擎等现代信息技术获取他人信息并采用公示、传播、渲染等手段侵犯他人隐私，并就此对被害人进行侮辱、谩骂等人身攻击，情节严重的，处三年以下有期徒刑或者拘役，并处或者单处罚金。"

"人肉搜索"侵犯的是复杂客体，即公民的隐私权、名誉权以及互联网的信用体系。本罪的主体为一般主体，即年满16周岁、精神智力正常的具有刑事责任能力的任何人。在主观方面，本罪要求犯罪分子以利用网站的搜索功能和人与人之间广泛的社会资源实施违法犯罪为目的，故意利用现代信息技术侵犯他人隐私。本罪的客观方面一般表现为犯罪分子利用网络引擎和人与人之间的关系资源非法搜寻获取他人的信息并且将获取的信息在互联网上公开、渲染同时引诱其他网民参与并借此扩大事件的影响力。

当然，在实际生活中，"人肉搜索"者在成功获取他人的信息以后并没有进行大肆渲染因而也没有造成被害人自杀、自残或者精神失常等严重后果，不应该以犯罪论处。或者，"人肉搜索"者获取他人信息后进行其他后续性犯罪，如用来商业交易或者从事其他犯罪，此时亦不宜以"人肉搜索"定罪，而应该以侵犯商业秘密罪或其他相应的罪名定罪。

"人肉搜索"虽应规制，但在立法之初，首先要考虑如何避免"人肉搜索"积极作用的抵消。为此，有几个问题有待理清：其一，在我国现行法律中，诽谤罪、侮辱罪均属自诉案件，即"民不告，官不究"，对"人肉搜索"中的侵犯隐私，是否应遵循这一规定，笔者在上文中明确表态,"人肉搜索"基于其自身的特性不宜设定为自诉罪;其二,应该借鉴民商法的一些经验,如为保护消费者的权益,规定侵权理赔对象不仅限于销售者,还包括生产者,因此,笔者认为,如有被搜索对象起诉"人肉搜索",追究对象不光是最初发布者还应当包括不当转载者和幕后操纵者;其三,在对这类案件量刑时,法官应有一定的自由裁量权,否则,真成了梅里曼所讥讽的那样,法官酷似一种专门书记官,他的作用也仅仅在于找到这个正确的法律条款,把条款和事实联系起来,并从法律条款与事实的结合中自动产生解决办法。① 事实上,如有证据表明被搜索者确有道德劣迹或违法事实,法官应有权在一定程度上减轻、免除搜索者的刑事责任,反之则可加重刑罚。换言之,法典和制定法的存在并不使法官显得多余,法官的工作也并非草率和机械,而是会有需要填补的空白,也会有需要澄清的疑问和含混。②

不过,涉关一项或一类越轨行为是否"入罪",尤其是做到入罪依据科学、合理、精准是站在人类整体的角度上考虑的,因而应当审慎为之。③ 关于"人肉搜索"的入罪问题,尚需从其"入罪"的道德、政策尤其是指标分析体系等几个标准再三权衡,万不可操之过急。

二 重婚罪内涵之实践检视④

(一) 从一则案例说起

《南京晨报》一则题为《妻子疑丈夫外遇欲捉奸,推开房门发现丈夫同性恋》的报道引起了笔者的关注。⑤ 报道称:"妻子赵丽(化名)发现丈夫手机上有一则暧昧短信,认定丈夫在南京有了外遇,决定捉奸取证。昨天凌晨,赵丽发现了丈夫王东(化名)与'二奶'租房同居的地方,报警抓小偷捉奸,却发现丈夫与一名男子同居在一起。"并且

---

① [美] 梅里曼:《大陆法系》(第 2 版),顾培东、禄正平等译,法律出版社 2004 年版,第 30 页。
② 同上书,第 6 页。
③ [日] 小野清一郎:《犯罪构成要件理论》,王泰译,中国人民公安大学出版社 1991 年版,第 13 页。
④ 本部分内容主体部分系本人与齐晓伶合作完成,出版时做了一定调整与修改。
⑤ http://tt.mediaclub.com.cn/article/2008-12-29/6787shtml.

在王东租房内，赵丽发现王东与同性恋男子公开同居，王东称该男子为老婆，该男子称王东为老公。

姑且认定此报道完全属实，而且假定报道中妻子发现丈夫与同性恋伴侣"公开同居"亦属实。因为这类事件一旦进入司法程序，① 会像"包二奶"等一干重婚案件一样很难调查取证，② 特别是同性恋同居者可以更好地利用身份进行掩饰，可以想象取证会更加困难。所以，笔者无意周旋于事实真相的调查，姑且假设该报道中所称的同性恋者确系同居。当然这种做法或许难免有一厢情愿的学理揣测之虞，但也正如有学者所言，"任何一种理论都是建立在一定的假设前提之上的"③。

基于这样一个前提假设，人们会产生两个疑问：一则，倘若司法介入此案的话，能否以重婚罪论之？二则，如果不能以重婚罪之名启动刑事司法程序，原因何在？

对于第一个问题，西方社会是有指控同性恋结婚者或者同居者犯重婚罪之先例的，④ 但并不意味着西方社会开了先河，我国就可以大胆地借鉴、移植。甚至几乎可以肯定，南京这起妻子因丈夫与同性恋者公然

---

① 对于此类案件能不能以重婚罪名义进入司法领域，笔者是持怀疑甚至是否定态度的。

② 王利明教授认为："若婚姻法中规定对'包二奶'的行为都按重婚罪处理，在司法实践中也很难操作。因为'包二奶'者大多不公开以夫妻名义生活，很难取证证明其公开以夫妻名义同居，因而不能适用最高人民法院的司法解释（该解释认为构成重婚应以夫妻名义同居生活）。此外还有一些具体问题需要研究。例如，同居时间多长才算重婚，如何计算？中间间断后，是否重复计算？偶尔发生了性关系，但生育了子女，是否属于重婚？这些问题均很难确定。即使规定了期限，也很难认定。而且对于同居的时间，在实践中往往遇到举证上的困难。"参见王利明：《婚姻法修改中的若干问题》，载《法学》2001年第3期。笔者首先认可王教授关于"包二奶"以重婚罪论处取证困难的看法，但是"包二奶"是否需要刑事规制，尚不能做简单的断言。

③ 唐盛明：《社会科学研究方法新解》，上海社会科学出版社2003年版，第18页。

④ 新浪网：现年29岁的苏珊是英国萨罗普郡什鲁斯伯里市的一名酒吧服务员，她和46岁的丈夫查尔斯生活在当地一座两层楼的住宅里。然而一年多前，苏珊在一家酒馆中认识了24岁的同性恋女友卡罗琳，两人立即产生了异样的感情。此后卡罗琳竟然搬到了苏珊家中，和苏珊同居在楼上的房间中，而查尔斯则一人生活在楼下的卧室里。2005年，英国更改法律允许同性恋人结婚。没多久，苏珊就在婚姻登记表格中谎称自己是单身，和同性恋女友卡罗琳在当地婚姻登记办公室登记结婚，成了一对同性"夫妻"。可事实上，此时她和丈夫查尔斯仍然没有离婚。有人向当地警方报了警，称苏珊在没和丈夫离婚的情况下，又和女友卡罗琳结了婚，显然违反了英国婚姻法。英国警方立即来到苏珊家展开调查，随后苏珊就受到了"重婚罪"的指控，苏珊于2007年5月23日出庭受审。参见 http://news.sina.com.cn/s/2007-05-14/014612982188.shtml。

第三章 刑法规制新见解

非法同居而起诉重婚的案件最终会不了了之，最多也就是进入民事程序通道而已。为什么说英国检察机关会以重婚罪起诉这对同性恋者，原因在于英国承认同性恋婚姻的合法性，即准许同性恋伴侣可以像正常情人一样走进婚姻登记机关履行登记手续从而给这一婚姻披上合法而且神圣的外衣。其实，重婚罪的罪设缘由关键是在三人或者最多四人①之间有了两个前后不一、相互冲突的婚姻关系。而在我国，刑法和司法解释规定，事实上的婚姻关系也可以成为导致重婚罪的导火索。当然关于法律婚姻与事实婚姻之辩，学界见仁见智、莫衷一是，②限于篇幅不做探讨。

第二个问题其实就是对我国刑法关于重婚罪设定的检讨，对第二个问题的回答同时成了对我国重婚罪的外延和内涵的追问。就我国目前的情况来看，无论是刑法的规定还是相关的司法解释，重婚罪的内涵外延都无法包括诸如"包二奶""有配偶者与同性恋伴侣非法同居"等情形。关于"包二奶"的刑法动议，提者众多，反对者亦有，③笔者无意讨论。笔者认为，关于"有配偶者与同性恋伴侣非法同居"也会面临如此的境况，不过，笔者也没有就此明确立场的必要，在此仅就重婚罪涵摄不足提议是否应该进行理论上的梳理，以期给予司法界应有的

---

① 我国施行的是一夫一妻制，所以一夫多妻、一妻多夫的情况在我国不为法律承认。

② 有学者认为：事实婚姻为无效婚姻，其形成的婚姻关系自始不受法律保护，因此不能成为重婚罪的客体，参见王作富《中国刑法研究》，中国人民大学出版社1988年版，第711页。有人认为：根据我国事实婚姻的有关司法解释，我国已经不再承认事实婚姻，因此前后两个事实婚姻，均不受法律保护，当然也不构成重婚罪，参见《法律服务时报》2002年10月11日版。也有人认为：事实婚姻既包括符合结婚的实质要件，仅欠缺形式要件的事实婚姻，还包括结婚的实质要件和形式要件均不符合的事实婚姻。参见吴爱辉《事实婚姻与"重婚"关系之探讨——兼议民刑"重婚"之关系》，《西南民族大学学报》（人文社科版）2006年第3期，第223页。

③ 关于"包二奶"的刑事规制民众呼声甚高，也有人就此提出立法动议，全国人大代表周红玲建议：刑法相关条例应做修改，对"包二奶"现象进行更明确的定义并加以严惩，即"有配偶者在婚姻关系存续期间与他人在固定住所有稳定同居关系，或明知他人有配偶而与之在固定住所长期共同生活，除几种特殊情形外，处二年以下有期徒刑或者拘役。http://www.chinalawedu.com/news/2005/8/ma775222312512850029728.html。学界有人支持，崔军林先生撰文表示支持对"包二奶"行为进行刑法规制，参见 http://www.ce.cn/xwzx/gnsz/szyw/200803/11/t20080311_14789425.shtml。而王利明教授则持反对意见，具体参见王利明《婚姻法修改中的若干问题》，载《法学》2001年第3期。

引领。

（二）重婚罪内涵之检讨

我国婚姻法规定禁止重婚。刑法第 258 条也明确规定，"有配偶而重婚的，或者明知他人有配偶而与之结婚的"，构成重婚罪。最高人民法院在 1994 年做出的对国务院颁布的《婚姻登记管理条例》的司法解释中明确规定，"有配偶的人与他人以夫妻名义同居生活的，或者明知他人有配偶而与之以夫妻名义同居生活的，仍应按重婚罪处罚"。也就是说，依照目前我国刑法及司法解释的规定，重婚罪有两种情形：一是，有配偶者又与他人登记结婚，或者明知他人有配偶而与之登记结婚；二是，有配偶者与他人以夫妻名义同居生活，或者明知他人有配偶而与之以夫妻名义同居生活。就此来看，刑法规定和司法解释都无法包含"包二奶"和"有配偶者与同性恋伴侣非法同居"的情况。如上所述，"包二奶"是因为绝大多数不以夫妻名义公然同居，或者说即便同居也难以取证，加之婚姻法的私法栅栏的保护，刑法作为最强势的公法很难涉入。正如王利明教授在谈及对"包二奶"行为的法律制裁时所言："在婚姻法中只能规定与婚姻有关的民事法律后果问题，而不宜规定罪名与刑罚。即便确实有必要对实践中存在的'包二奶'问题加以制裁，也应当通过修改刑法或者由全国人大通过颁布单行的刑事法律加以解决。如果在婚姻法中对刑事问题做出规定，那么法院引用婚姻法这样一种民事法律进行定罪量刑，则显然是不恰当的。"[①] 换句话说，遵照罪刑法定原则，有配偶同性恋者重婚连说法上都没有法律依据。就目前的状况分析，重婚罪的刑法设定或者司法解释无法囊括现实生活的状况，这的确给司法操作带来难以克服的困境，基于实践的需求和消解人们对法律滞后性诟病的需要，有必要首先在理论上回应重婚罪设置的乏力，及早地通过实践的检验达成对其理论上的检讨。

1. 有关婚姻法基本原则和精神的拷问

"有配偶者与同性恋伴侣非法同居"，首先是对一夫一妻制度的直接挑战，这也暗合了重婚罪的罪设主旨。按照传统刑法理论，重婚罪的保护客体是社会主义的一夫一妻制度。如果单从同性恋者非法同居的社

[①] 王利明：《婚姻法修改中的若干问题》，《法学》2001 年第 3 期。

会危害性来看，其不仅侵犯了重婚罪的保护客体，还侵害了受害人的合法权益，所以目前重婚罪对这种情形的无能为力进一步说明了对其反思的必要性。

一夫一妻制是我国《婚姻法》的一项基本原则。为了贯彻一夫一妻制，《婚姻法》第3条规定"禁止重婚"。重婚是破坏一夫一妻制的犯罪行为，应依据刑法258条的规定追究刑事责任。可见《婚姻法》保护的是一夫一妻制的婚姻关系，第三者插足、婚外情的行为不仅违反了我国婚姻法的基本原则，也违背了社会主义伦理道德观念，更败坏了社会风气，是一种违法甚至犯罪行为。具体表现在以下几个方面：其一，破坏了婚姻家庭关系，影响了婚姻家庭制度的稳定和巩固，酿成家庭悲剧。其二，违反一夫一妻制的现象，直接影响了社会生活秩序和社会道德准则。众所周知，合法、文明、健康的婚姻是以夫妻双方爱情专一、相互忠诚为基础的。它既是婚姻法对人们的要求，也是人类社会文明进步的表现。而抛妻离子与同性伴侣公开同居[①]所引起的婚姻家庭纠纷，直接影响了社会生活的秩序。其三，从宏观层面看，作为违反一夫一妻制的现象之一，同性恋非法同居还妨害了社会主义物质文明和精神文明建设。

2. 刑法对婚姻法外延照顾不周的责问

一般而言，从法律的应用位序来看，[②]关涉私法领域的法序应当排在公法之前，此谓之私事领域的私法优先权，换句话说，只有在穷尽一切可能的私法手段之后，才能交由公法处置。反过来，也可以认为，公法应当在一定的情形下给予私法应有的观照。婚姻本来是私法领域的事

[①] 笔者认为，如果我国法律也如西方一些国家认可同性结婚的话，也一定会有众多的同性恋者走进婚姻的殿堂。近些年来，随着变性手术技术的提高，同性恋者变性之后再结婚的事件倒是时有耳闻，据说官方也就此做出了回应。广东省民政局社会事务处一负责人说："根据《婚姻法》规定，新《婚姻登记条例》禁止同性结婚。对于已经做了变性手术的变性人，婚姻登记机构将根据其被公安部门确认的性别，并且要求结婚双方提供户口本和身份证，只要户口本和身份证上的性别登记为一男一女，就可以办理结婚登记。"参见 http://news.qq.com/a/20050114/000027.htm。

[②] 当然这种提法只是基于一定的程度而言，即在一件事情面临私法、公法都可调整的情况，因为私法、公法的调整对象不可能完全重合，所以针对不同的事件就谈不上私法和公法的位序之争了。

情，之所以最强势公法即刑法会介入，是因为重婚行为显然超越了婚姻法的管辖权限，动摇了整部婚姻法的立法根基，挑战了国家关于婚姻实行一夫一妻制的立法权限和当代公民对一夫一妻制认可的道德底线。致使婚姻法乃至一般的行政手段无法完成对其应有的道德和法律谴责[①]，不得不交由刑法规制。所以，从这个角度上说，公法是私法的屏障，刑法是私权泛滥的最后堤坝，换言之，刑法是对婚姻法这个私法外延的最大照料。然而在"有配偶者与同性恋伴侣非法同居"这一问题上的疲软表现或者无能为力，恰恰表明刑法的这一责任或称义务没有完成，这不能不说是一种遗憾，也使得人们不禁对一个国家法律体系的递进性、严密性与完整性进行叩问。

实质而言，对同性恋非法同居者不能处以相应的法律责难，根本原因在于法律存在罅隙，才给人以可乘之机。当然法律的罅隙是一个庞大的命题，因为不是本书探讨的主旨，在此笔者只做些简单说明。一般意义上的法律罅隙应该包括两种：法律漏洞和法律空白。其中法律漏洞是指现有的法律部门或者法律体系对某一事件、问题、对象规定得不够周全。按照王泽鉴先生的观点，所谓法律漏洞是指关于某一个法律问题，法律依其内在目的及规范计划应有所规定而未设规定。[②] 法律漏洞的基本特征在于其违反法制计划或者法律权威。[③] 实践中，法律漏洞的存在也给法官造法打开了方便之门，用之得当能够彰显个案的实质正义，用之不当则成为法律泛滥的决堤者。而法律空白则是现有的法律部门或者法律体系没有足够的涵盖法律问题，这里的缺失不仅是形式上的，还包括精神实质上的，也即意味着现有的法律权威没有意识到一定的事件、问题、对象有进入法律视野的可能与必要。因而法律空白实际上是在等

[①] 当然，对于一般的重婚行为无须也不便动用刑法武器，进行民事制裁就足够了。而本书以案例所探讨的问题是建立在当事人已然构成更加严重的行为的理论假设之上的，所以民事手段或者行政手段都无法达到应有的责难效果。

[②] 王泽鉴：《法律思维与民法实务——请求权基础理论体系》，中国政法大学出版社2001年版，第251页。

[③] 关于法律是否存在漏洞的问题，法学史上曾有肯定说和否定说两种观点。否定说认为法律不存在所谓的漏洞，持这种观点的有：自然法论、纯粹法学和概念法学；肯定说认为法律存在漏洞，如自由法学、科学法学、利益法学和现实主义法学等。时至今日，应该说，任何法律秩序皆有漏洞的观念已得到公认。

第三章 刑法规制新见解

待立法的召唤。所以法律漏洞的修补与法律空白的弥合相较或许相对容易一点。而刑事法关于重婚罪的规定不足应该是法律漏洞而非法律空白或者盲区,从这个角度来看,关于重婚罪的修缮值得期待。

3. 重婚罪涵摄不足的质问

不是绝对地抨击已然存在的立法罅隙,事实上,正如上述所言,就重婚罪,无论是刑法典还是相关的司法解释都给予了积极的响应。我们也知道,家庭这个人类社会的最小单位却是社会机体中最重要也是最活跃的有机元素,其数量的庞大与形态各异决定了其复杂性。可以想象,面对这样一个客体,任何一部法律甚或任何一个国家的法律体制都无法应付所有的家庭问题。因此,刑法典和司法解释在一般意义上或者对规律性、常态性的家庭问题做出规制的做法,虽说情非得已,但也没有脱离立法的一般轨迹。但问题是,这也决不能成为搪塞之所以有法律漏洞或者立法罅隙的借口。发现问题、提出问题、思索问题、解决问题的研究范式才是一切科学的演进路径。

反过头来看我国刑法和司法解释关于重婚罪的规定。《刑法》第258条规定"有配偶而重婚的,或者明知他人有配偶而与之结婚的",首先划定了重婚罪和民法上重婚行为的界限,也就是说,不知道别人有配偶而与其结婚的最多只是民法上的重婚行为,也就承担无效婚姻的结果,不会受到刑法规制。但是,从概念上分析,刑法典设定的重婚罪名涵摄的主体只有两种人,即有配偶的人和明知他人有配偶的人,两种行为即有配偶还与他人结婚的行为和明知他人有配偶还与其结婚的行为。可能正是意识到刑法典重婚罪名概念外延的拘囿,最高人民法院在1994年做出的司法解释中补充规定,[①] "有配偶的人与他人以夫妻名义同居生活的,或者明知他人有配偶而与之以夫妻名义同居生活的,仍应按重婚罪处罚"。至此,重婚罪涵摄的行为增加了两种行为,即有配偶还与他人以夫妻名义同居的行为、明知他人有配偶还与其以夫妻名义同

---

① 从时间上乍一来看,最高院的司法解释好像并不是对刑法典的扩大解释。其实不然,最高院1994年的解释主要是就1979年刑法典无法应对1994年国务院公布的《婚姻登记管理条例》而做出的。就重婚罪的设定,1997年刑法典基本延续了1979年刑法典的规定,所以,从这个意义上,最高院也就没有再次做出解释的必要了。只是有一点疑惑,1997年刑法典为何没有就此做出相应的修正。

居的行为。但也就仅此而已,司法实践中本来就面临取证困难、司法资源耗损的境况,加上没有现成的法律依据,偷偷地同居或者公开地不以夫妻名义同居等各种实质上的重婚行为就难以"寻求"刑法的归宿。这些法律的盲点说明,补充过的重婚罪的外延仍旧不够周延。而且,有配偶者与同性恋伴侣非法同居这种新情况形成了对重婚罪罪名更加深刻的冲击,就是对重婚罪名内涵的质疑。倘若单单从重婚罪的外延来看,已有配偶的同性恋者公然以"夫妻名义"与其同性恋伴侣同居的行为已然符合了最高院司法解释中的重婚罪的构成要件,似乎可以以重婚罪诉之。但是本书所引用案例中的这对同性恋同居者的"夫妻名义"究竟在多大程度上得到认可,实在值得怀疑。很显然,结合中华人民共和国《婚姻法》和国务院颁布的《婚姻登记管理条例》来看,无论是刑法典还是补充的最高人民法院的司法解释中的重婚罪内涵上都不可能包括同性恋者的婚姻。

综上,我们几乎可以肯定,本书案例中妻子赵丽的遗憾最终归咎到我国法律设定重婚罪概念外延的不周和犯罪构成内涵的不足上。致使受害人一方的权益无法得到妥当保护、另一方不能受到应有的刑事谴责的直接原因是,法律对同性恋婚姻的否认和刑事法没有就此做出应有的规定。

三 "老鼠仓"的罪设及适用

鉴于基金"老鼠仓"行为的严重社会危害性,《刑法修正案(七)》将其规定为犯罪行为。具体表现,《刑法修正案(七)》在第180条中增加一款作为第四款:"证券交易所、期货交易所、证券公司、期货经纪公司、基金管理公司、商业银行、保险公司等金融机构的从业人员以及有关监管部门或者行业协会的工作人员,利用因职务便利获取的内幕信息以外的其他未公开的信息,违反规定,从事与该信息相关的证券、期货交易活动,或者明示、暗示他人从事相关交易活动,情节严重的,依照第一款的规定处罚。"

虽然对基金"老鼠仓"进行刑法规制在一定程度上呼应了司法的实践需求并且顺应了民意。但是绝不能将基金"老鼠仓"行为入罪当成顺理成章的事情。有关基金"老鼠仓"的入罪问题,比如,罪设的

第三章　刑法规制新见解

缘由及其具体适用，学理上仍然存在进一步探讨的必要。

刑法规制的确为治理基金"老鼠仓"行为增添了一种震慑手段，但绝非意味着刑罚是最好的手段。对刑罚的迷信和依赖早已与法治现代化格格不入。结合宽严相济的刑事政策和刑法本身所包含的谦抑性意蕴，对基金"老鼠仓"动用刑罚必须选择在恰当的时机——即穷尽所有的其它治理方式之后。事实而言，也唯有建立在综合治理的理念之上，基金"老鼠仓"的入罪才具有正当化根据和现实意义。

（一）树立正确的刑法观

证券市场毕竟不同于其他社会领域，是市场经济特征更为凸显的地方，刑法对其调整的深度和广度均必须拿捏得当，否则极有可能出现打击了证券犯罪却阻碍了证券市场发展的局面。因而，树立与证券市场相适应的刑法观成为当务之急。具体可采用如下做法：

1. 改变过时的刑法观念

在相当长的一段时间里，我国刑法理论和司法实践较注意对行为人具有"图利""谋利""营利""赢利"等目的之犯罪行为的惩罚，由此在很多人的头脑中长期保持着凡营利者必不法者的观念，所谓"无商不奸"的说法指的就是这种观念。但是，在对证券、期货犯罪认定和处罚时，我们就必须改变这种陈旧的刑法观念，不应该随意地将营利和违法犯罪视为同一概念。因为，在证券、期货市场上，人们的投资行为离不开获取利益的目的和动机，从某种程度上说，获取利益实际上是证券、期货市场永恒的主题，也是证券、期货市场上投资者永远追求的目标。就此而言，我们应该摒弃鄙视"谋利"行为的传统观念，严格划清正当营利行为与非法获利行为的界限，根据法律法规判断行为是否具有社会危害性以及能否构成犯罪。对于那些凭借个人能力通过合法手段而获取巨额利润的投资者，刑法非但不能加以处罚，相反还应注意保护。只有对那些主观上具有赢利目的、客观上实施了违反刑法以及证券、期货法律法规的行为者，才能依据刑法规定对其进行惩罚。[①]

2. 调整刑法的渗透程度

正如上述，证券市场毕竟有别于其他社会领域，其得以维系是建立

---

① 刘宪权：《证券、期货犯罪的成因及防范透视》，《犯罪研究》2004年第2期。

在一个较为宽松的环境里。刑罚作为具有最具强制力的治理手段,对基金"老鼠仓"的打击必须注意分寸。具体体现在以下几个方面:

其一,在立法上,可就基金"老鼠仓"建立刑事、行政、民事、经济多层次的立体法律调整模式。每一类犯罪行为大都由量累积达至质变而成,基金"老鼠仓"犯罪盖由最初的不道德行径,进而演化为违法行为,最终累聚发生质变达到刑法警戒点,从而步入刑法的"雷池"。针对事物发展的阶段性规律,治理基金"老鼠仓"的立法体系应当体现出一定的阶段性和层次性。对一般的违法行为,首先要从证券公司内部做起,对企业员工特别是拥有职权优势的高管进行必要的公心培养、给予其一定的利益制衡,加强企业的内部控制机制,改变分配方式,最好是让基金管理者持有一定的基金。对一般的或者轻微的基金"老鼠仓"侵权完全可以通过民事赔偿等方式解决。对涉嫌违反证券法规而达不到严重社会危害性的基金"老鼠仓"行为则通过行政立法进行完善。实践中,对基金"老鼠仓"的行政处罚只要及时得当就能够取得良好的法律效果和社会效应。唯有情节严重、具有显著社会危害性的基金"老鼠仓"行为才可进行刑法规制。

其二,在司法上,既不能因没有刑事立法却已然拥有一套相对熟稔的非刑罚处遇手段,而延续这种态势,应尽量采用相对熟悉的行政程序或者民事程序而放弃相对陌生的刑事程序。更不能因为刑事法律的介入而倍感新鲜,故适用起来乐此不疲。对基金"老鼠仓"犯罪的认定和处罚必须严格遵循罪刑法定的原则,如果行为人实施了违反刑法规定且具有严重社会危害性的基金"老鼠仓"行为,就必须追究当事人的刑事责任。倘若不是,就要借助其他司法手段。

其三,在具体处罚时,应严格贯彻罪刑相适应的原则,充分考虑证券市场和基金"老鼠仓"行为本身的特征,不能简单地套用处罚传统刑事犯罪的标准。例如,近年来,我国司法实践中已经形成了明确的认定和处罚各种财产犯罪的数额标准,但是如果用这些数额标准去套用基金"老鼠仓"犯罪,或者根据这些数额标准制定类似的标准则有些失当。因为,证券市场是资金集散之地,投资者动辄几十万、几百万乃至几千万、几亿,如果用传统财产犯罪的标准去套用的话,那么基金"老鼠仓"犯罪很容易达到数额巨大甚至特别巨大的程度,这样就会导致对这种犯罪要么不判，要判就一定要重判的倾向出现。这显然不符合刑法适度介入证券市场的要求，也与我国刑法中罪责刑相适应的原则相悖。

（二）清理基金行为的外围市场

理顺基金市场的管理体系，强化查处基金"老鼠仓"犯罪的职能。证券市场理应是一个具有严格管理体系和监督体系的市场。一个健康的证券市场首先应具有集中统一的监督管理体系。而证券投资基金管理机构作为证券市场中较为活跃的一部分也理应成为证券管理与监督的重点对象并且更应该拥有一套自身运行与监督机制。证监会应当依法制定有关证券投资基金监督管理的规章规则，并依法行使审批或核准权。加强对证券投资基金募集与发放等相关行业进行日常的行政检查，并利用其行政和信息优势被有关部门授权可对基金领域的犯罪行为进行调查，对涉嫌犯罪者提起公诉并移送检察机关，这样就可以充分发挥社会分工的优势，及时、准确、有效地遏制犯罪。

（三）建立业界、学术界与司法界的链接通道

基金投资行为是专业性很强的活动，基金市场违法犯罪活动也具有很强的专业性。而我国有关基金等证券立法又不完善，从而实际导致目前基金违法犯罪查处不多，但这并不意味着我国基金市场上的违法犯罪情况不严重。由此来看，加强基金违法犯罪的研究，正确界定基金投资行为的合法与违法、违法与犯罪等的界限成为当务之急。

尽管《刑法修正案（七）》已经将基金"老鼠仓"行为作为刑法规制对象，但此类犯罪行为有很强的专业性，这就使得实践中单凭司法部门很难独立判断或者界定此类行为的罪与非罪。故此，司法部门需要与基金市场内部专职人士和有关此领域的研究专家特别是研究证券、金融犯罪的刑法学者保持便捷、常规的联系，最终建立一个准确、有效遏制此类犯罪的综合治理机制。

四 寻衅滋事罪向何处去

我国1997年刑法设立的寻衅滋事罪源自1979年刑法中的流氓罪。考察国际刑法史，会发现，寻衅滋事罪亦有源自流氓罪的传统。如1994年法国刑法典中规定的"聚众滋事罪"前身可追溯到1810年法国

刑法科学化进程中的新探索

刑法典中的"流氓罪"。① 可见，流氓罪在我国因广受诟病只存活不到20年，但它在世界刑法史上却历经200年的岁月。与之相较，寻衅滋事罪是个"新生代"。不过，在其身上仍能看到流氓罪的影子。在立法层面，人们仍然以流氓概念为起点，从流氓动机内容、流氓动机的评判标准等角度设定寻衅滋事罪的规范属性。在法律适用层面，寻衅滋事罪则继受了流氓罪的"口袋"特质，因而亦加大了对其进行司法认定的难度。多年来，司法人员一直在为寻找寻衅滋事罪与故意伤害罪、抢夺罪、毁坏他人财产罪等罪名之间的边界而纠结，也由此导致了人们的诸多隐忧。尤其是因涉及名人而轰动一时的"肖传国雇凶伤人案"（以下简称"肖案"）把寻衅滋事罪再次推上风口浪尖，使其缺陷被无限放大，关于废止此罪的呼声也一时间甚嚣尘上。其实，几年前就有学者认为寻衅滋事罪的四种行为方式均能为其他相关犯罪所包容或涵盖而提出需要重新审视该罪的独立品性。② 更有学者直言，鉴于寻衅滋事罪的出台欠缺必要性和正当性，其犯罪构成要件不具有独特性，其司法适用也缺乏可操作性，因而该罪名应当被废止。③

而另一方面，作为流氓罪分解细化后的一个分支，寻衅滋事罪终究因为相对明确和具体而增加了其在司法适用中的可操作性，因而未见其在刑法规范中的生命萎缩迹象，反而因《刑法修正案（八）》对其刑罚结构进行调整而增添了活力。《刑法修正案（八）》在寻衅滋事罪中增设了"纠集他人多次实施前款行为，严重破坏社会秩序的，处五年以上十年以下有期徒刑，可以并处罚金"。此项条款的增设明显调整了此罪的刑罚结构，体现了处罚上的差别性，因而增加了寻衅滋事罪在司法适用上的张力。如此，寻衅滋事罪之明确的立法信号和趋于理性的姿态在一段时期似乎消弭了反对者的厌恶情绪。关于寻衅滋事罪的纷争也似乎暂告一段落。然而，前一段时间闹得沸沸扬扬的

---

① 徐岱、张维：《刑事政策下的寻衅滋事罪立法及其完善》，《当代法学》2010年第6期。
② 梁剑、叶良芳：《寻衅滋事罪立法规定质疑》，《政治与法律》2003年第6期。
③ 王良顺：《寻衅滋事罪废止论》，《法商研究》2005年第4期。

第三章 刑法规制新见解

"假和尚把妹案"①和近期成为热点司法事件的"温岭虐童案"②主角均被警方以涉嫌"寻衅滋事罪"刑事拘留,使得原本沉静下来的"罪名"再次"滋事"。而且,与之前的"肖案"因聚讼于寻衅滋事罪与故意伤害罪之界限区分有所不同,"假和尚把妹案"抑或"温岭虐童案"则将寻衅滋事罪的"口袋性"展现得一览无余从而增加了人们对口袋罪的警觉。

(一)寻衅滋事罪缘何成为口袋罪中的口袋

1979 年刑法中的流氓罪曾经被视为最大的口袋罪而广受诟病,这也是其很快退出历史舞台的重要原因。而其细化而来的寻衅滋事罪如今又面临同样的指责。有人戏称其为口袋罪中的口袋。那么寻衅滋事罪究竟是不是口袋罪,如果是,又是什么原因促成的呢?

1. 寻衅滋事罪规范本身的口袋性

在确认寻衅滋事罪是否属于口袋罪之前,还需要对口袋罪进行划分。依据刑法规范或者学理通说是否在完整意义上赋予刑法中某罪名一个特定名称,将口袋罪划分为典型口袋罪和非典型口袋罪。考察我国刑法中历来的罪名,流氓罪和投机倒把罪算是典型意义上的口袋罪(有学者称之为完全口袋罪或者大口袋罪),而刑法规范是以兜底性条款或者相对的兜底性罪名使得某一罪名具有口袋性质的,一般称此罪为非典型意义上的口袋罪(有学者称之为相对口袋罪或者小口袋罪)③。

另外,在陈兴良教授看来,典型的口袋罪也是绝对的兜底性罪名,如唐律中的"不应得为罪"。而我国现行刑法中虽没有绝对的兜底性罪名,却存在相对的兜底罪名和兜底性条款。以危险方法危害公共安全罪

---

① "假和尚把妹"事件回放:2012 年 3 月,搂美女开房的"和尚兄弟"红遍网络。4 月 7 日,"和尚兄弟"在北京法源寺内被僧人识破,之后被警方带走。"和尚兄弟"其实只是北漂歌手。他们的视频、照片都是作秀,照片中成捆的大钞其实是冥币,LV 包也是从地摊上买来的。4 月 28 日,有媒体报道称,二人已被警方刑事拘留,涉嫌罪名是"寻衅滋事罪"。参见:http://view.163.com/12/0503/05/80ID46P600014MO9.html?from=zyk1。关于此案是否移送审查起诉尚未见后续报道,但是作为准司法机关的公安机关以"寻衅滋事罪名"对其实施刑事拘留则无疑在一定程度上表明了此罪在司法适用中的状态。

② 陈东升:《温岭虐童案嫌疑人被报请批准逮捕》,《法制日报》2012 年 10 月 29 日。

③ 关于大口袋罪和小口袋罪、旧口袋罪和新口袋罪之说请参见刘仁文、刘淼《破坏社会主义市场经济秩序罪若干问题探讨》,载《中国法学》1997 年第 4 期;刘仁文《解决"口袋罪"立法司法须并进》,载《检察日报》2008 年 5 月 10 日。

· 181 ·

即属于一种相对的兜底罪名,而我国《刑法》第 225 条第 4 项关于非法经营罪中"其他严重扰乱市场秩序的非法经营行为"则属于兜底性条款。① 以此而言,以危险方法危害公共安全罪和非法经营罪等则属于非典型意义上的口袋罪。

接下来要看,能否在寻衅滋事罪身上找到这种口袋性。寻衅滋事罪作为"扰乱公共秩序罪"之一被纳入刑法分则第六章"妨害社会管理秩序罪"之中。这已经使得寻衅滋事罪披上了口袋的外衣。因为,妨害社会管理罪一干罪名本是为防止刑事法网挂一漏万而设置的兜底性罪名群。寻衅滋事罪身在其中自是难脱口袋罪之嫌。就其自身而言,寻衅滋事罪在犯罪客观方面表现的几种行为方式也进一步印证了其口袋特质。因为表述该罪行为之条文中的"随意""任意""严重混乱""情节恶劣""情节严重"等有关价值判断的表述加大了刑法规范的概然性,使得刑法的明确性程度大打折扣。故此,寻衅滋事罪乃是一个崭新的"口袋罪"。

只不过鉴于妨害社会管理秩序罪这一兜底罪名群的相对性和寻衅滋事罪自身条文再无其他有损刑法明确性程度的兜底性行为方式、兜底的行为方法之规定,所以,应当将其定性为相对意义上的口袋罪。

2. 寻衅滋事罪在司法适用中的口袋化

事实上,正是寻衅滋事罪在司法适用中的口袋化坚定了人们对其口袋罪的认定。正如上文所言,司法人员受刑法秩序中心主义、司法权威中心主义、重刑主义、刑法工具主义以及司法职业习惯的影响,常常戴上入罪甚至重罪的有色眼镜来看待嫌犯。此外,司法人员对宽严相济刑事政策的理解也不无曲解之处。对"宽严相济"做出"当宽则宽""当严则严"或者"轻轻重重"这种蕴含选择性的理解极有可能会加深司法操作的随意性,从而加深司法人员选择入罪的倾向。而从结果危害性看起进而对刑法规范做出符合已然结论的解释往往会僭越司法解释权限。正是如此,寻衅滋事罪本身仅存的一些规范性亦被一点点剥蚀,其口袋化特征愈加明显。

---

① 陈兴良:《刑法的明确性问题:以〈刑法〉第 225 条第 4 项为例的分析》,《中国法学》2011 年第 4 期。

在"温岭虐童案"与"假和尚把妹案"上都可以清晰探寻到寻衅滋事罪演化成口袋罪的路径。在"温岭虐童案"中,尽管颜艳红有殴打儿童的行为,如果因此造成被虐儿童人身伤害并达到轻伤以上严重程度,完全可以以故意伤害罪处之。该案中显然没有造成如此结果,但问题是,事件一旦成为热点,犹如被带上脚镣舞蹈,司法者有时也难以把控,此时,恰是一些口袋罪粉墨登场的良机。不管是出于"好玩",还是为了"泄愤",基于定罪的需要,警方显然认为颜某的殴打行为太过鲁莽、草率而带有"随意性",正好与随意殴打型寻衅滋事罪相契合。即便不去追究警方对"随意"一词的理解是否规范,仅就其对刑法条文理解的完整性而言,以寻衅滋事罪刑拘颜某并申请批捕亦有违罪刑法定原则。寻衅滋事罪侵犯的重要客体是社会秩序,考察虐童行为发生的时间和地点,可以推断颜某的行为并未达到严重扰乱社会秩序的程度。可能正是基于这样的认识,检察机关并未批准逮捕颜艳红,最终此案司法程序亦未能继续下去。但是,"温岭虐童案"能够进入司法程序,也足以显示了司法者在寻衅滋事罪口袋化上的推进力量。

而"假和尚把妹案"则进一步将实践中存在的选择性司法现象凸显出来。在我国,假和尚被定寻衅滋事罪早有先例。2010年内蒙古某法院就对曾经猖獗一时的"和尚团"的几个成员做出寻衅滋事罪的认定。鉴于"和尚团""随意殴打收费站及路政工作人员,造成3人轻微伤,打砸路政车辆及路政岗亭,造成收费站工作秩序混乱"[①]的犯罪行径,该法院的判决似无不妥。问题是,在"假和尚把妹案"中,此和尚与彼和尚虽然都是假和尚,但其行为却大相径庭。此案中,将假和尚穿僧袍、把妹、喝酒、开房的行为,跟寻衅滋事罪的4种客观行为进行比照,与"随意殴打""追逐拦截辱骂""强拿硬要任意毁损"并无吻合之处。能沾上边的恐怕只有"在公共场所起哄闹事"。但正如有人揶揄的那样,非要说"假和尚"招摇过市,引发网络围观也算"起哄闹事",那也太"非典型"了。如果非要拿"假冒"说事,那么,同样假冒的"二炮刘圆圆V"和假冒"中国红十字会商业总经理"的郭美美

---

① 《内蒙古假和尚围攻公安局案21人被判刑》,http://society.people.com.cn/GB/42733/13579797.html。

为何最后不了了之，偏偏假和尚被定性为寻衅滋事罪。结论只有一个，就是司法机关在选择性执法。① 可见，几乎同样的情形，司法机关可以选择其中的一种套上寻衅滋事罪名，那么，显然，司法实践中的这种随意性在有损司法公正形象的同时，也加剧了寻衅滋事罪的口袋化程度。

司法机关的选择性除了体现在对类似情形做出不同处理的选择性执法上，还体现在能够依据（或者利用）寻衅滋事罪条文上的模糊性"随意"解释刑法规范。后者也就是被有学者上升到理论高度的"罪名转换规则"的应用。该论者认为，司法人员是"出于感性认识不甚自觉地被迫来使用"罪名转化规则的。上文中述及的"肖案"从故意伤害罪转化到寻衅滋事罪就是适例。② 可是在我看来，司法人员在立法上并无明文规定转化犯的情况下，选择所谓合宜罪名的规则实在有僭越罪刑法定原则之虞。这也是"肖案"倍受争议的原因所在。当然，"假和尚把妹案"似乎并无罪名转化的需要，却也显露出司法人员关于行为性质转化的可能。不过，无论是罪名转化还是性质转化为何最终都转到寻衅滋事罪身上？难道，寻衅滋事罪真的已经成为一个新"筐"？毫无疑问，司法实践中的这种做法致使寻衅滋事罪一步步滑向了口袋罪的深渊。

（二）寻衅滋事罪的存与废

1. 关于寻衅滋事罪存废之争的启示

在法治领域，理论对实践的影响是不容忽视的。这也是笔者解析关于寻衅滋事罪存废之争的初衷，以期在学术观点中透视出寻衅滋事罪在现实中的最终路向。正如当年学界提出关于流氓罪的修正方案，立法机关采纳了其中"分解保留论"。当然这种立法选择是否值得商榷已成为一桩历史公案，此处不复赘言。关于寻衅滋事罪之存废，学界亦有各家之言。多数意见是从立法上的缺陷和司法中的困境双重路径来质疑寻衅滋事罪的正当性与合理性。如有学者认为鉴于寻衅滋事罪中的几种行为方式均能为其他相关犯罪所包容或涵盖，所以该罪因缺少独立性而无立

---

① 沈彬：《假和尚把妹，人不了"寻衅滋事罪"的筐》，http://view.163.com/12/0503/05/80ID46P600014MO9.html? from = zyk2。

② 聂立泽、胡洋：《寻衅滋事罪与故意伤害罪之关系新探》，《政治与法律》2011年第3期。

第三章 刑法规制新见解

法之必要。有学者则从寻衅滋事罪在司法中的困境入手追溯至立法的完善问题上。还有学者直接提出该罪的出台欠缺必要性和正当性,其犯罪构成要件不具有独特性,其司法适用也缺乏可操作性,因而该罪名应当被废止。与之对垒,也有学者主张保留寻衅滋事罪。在保留论下,有人提出应当准确理解、把握并适用其限制性条件。有人则精工于如何区分寻衅滋事罪与容易混淆的故意伤害罪、聚众斗殴罪和抢劫罪等几个罪名。也有学者别出心裁,以罪名转化规则理论确证故意伤害罪转化为寻衅滋事罪的合理性,并顺及表明了保留寻衅滋事罪的立场。[①]

以现有的文献来看,我国学界主张寻衅滋事罪犯罪化的观点似乎略占上风。当然其中各种主张的理论依据和论证路径自不相同。而学界关于寻衅滋事罪这种口袋罪名的纷争给我们的启示还在于其显露出当下中国关于刑法秩序维持论与权利保障论、国权主义刑法与民权主义刑法、政治刑法与市民刑法、敌人刑法与民生刑法的理念之争。而此,恰恰为分析和整肃寻衅滋事罪和其他口袋罪的生存根基带来理论上的便利,以便进而给予其理念与规范上的准确定位。

2. 寻衅滋事罪的理念定位

刑法或者刑罚究竟是维护社会秩序还是保障民众权利历来是学者们拉锯的"重镇"。当然,当代刑事立法者似乎已经解决了这一难题,因为几乎很难发现哪一部刑事法典会以纯粹地强调其中一种机能之面目出现,而是机敏地采取了折中主义态度,即对二者巧妙融合以完成最少是形式上的美观。转而,症结出现在保护社会和保障人权孰优孰劣的问题上,这一问题当然也为学者们开辟了极富学术意义的"第二战场"。不过,对于制定者而言,其立场的倾斜,会带来不一样的刑罚体系。

正如上文分析,寻衅滋事罪之所以成为新的口袋罪,从而成为人们

[①] 以上详细内容请参见梁剑、叶良芳《寻衅滋事罪立法规定质疑》,载《政治与法律》2003年第6期;张维、黄佳宇《寻衅滋事罪司法困境之评析》,载《法学杂志》2011年第5期;王良顺《寻衅滋事罪废止论》,载《法商研究》2005年第4期;范大平、窦德长《论寻衅滋事罪的限制性条件》,载《江苏社会科学》2006年学术版;潘庸鲁《寻衅滋事罪与故意伤害罪比较研究》,载《法律适用》2011年第2期;徐立明、周波《寻衅滋事罪与聚众斗殴罪的区别》,载《人民司法》2010年第8期;谢锡美、张志军《寻衅滋事罪与抢劫罪之界限探析》,载《政治与法律》2004年第1期。

指责客观归罪化的口实,其根源仍在于对人们产生深刻影响的刑法观和犯罪论的理念。

考察犯罪者处遇史,会发现它就是一部把犯罪者作为"非人""异类"和"人类一分子"之认识演变的历史,同时也是人们犯罪观、刑罚观和刑法功能论演变的历史。而能够体现理性的刑罚观至少应当如贝卡利亚所说的那样,即刑罚的目的既不是要摧残折磨一个感知者,也不是要消除业已犯下的罪行。刑罚的目的仅仅在于:阻止罪犯再重新侵害公民,并规诫其他人不要重蹈覆辙。[①]

然而,当报应主义刑罚观仍然在社会中发挥着惊人的余力时,法律工作者尤其是司法者也不能脱离实际。一方面,他们深受报应主义刑法观念的浸染;另一方面,他们又不得不考量报应主义刑罚观的合理性。事实上,报应主义和功利主义刑罚观往往最容易在此时"拧成一股绳",而且一旦涉入民意的力量,纯粹的复仇和报应就将变得不再纯粹。"它所传达出的往往是一种乔装后的功利立场:刑罚是正当的,因为它提供了一种有序的情绪发泄途径,若否定之,则这种情绪将会以一种更难以为社会所接受的方式表达出来。"[②] 由此,此时的刑事立法和刑事司法往往埋下仇恨的种子。立法者一般选择围绕秩序中心主义构建刑法体系,而司法者则力图在刑法践行时塑造司法权威主义形象。

具体到寻衅滋事罪上,其立法上的口袋性所体现出的秩序中心主义理念及其司法的口袋化所体现出的权威中心主义理念都需要警惕。而经常在其身上倾向于选择危险结果相当性的司法解释也因有逾越罪刑法定原则之虞同样需要防范。此外,寻衅滋事罪具体适用过程中所体现出的司法工作者对现行宽严相济的刑事政策的曲解亦需要修正。为此,在驱动权力刑法向权利刑法、国家刑法向民生刑法、仇恨刑法向宽容刑法转向这一现代刑事法治理念之下,限缩国家权力触角,从而为贯通国家、社会与市民之间话语交流辟出空间,"更好地实现其巩固社会和平与和

---

① [意] 贝卡利亚:《论犯罪与刑罚》,黄风译,中国大百科全书出版社1993年版,第42页。
② [美] 哈伯特·L. 帕克:《刑事制裁的界限》,梁根林译,法律出版社2008年版,第37页。

第三章 刑法规制新见解

谐的目的"①。这也是对寻衅滋事罪在理念上的定位。

3. 寻衅滋事罪的规范定位

除了与上文述及的口袋罪规范化路径相衔接之外，还需结合寻衅滋事罪的自身特征进行规范性定位。

虽然没有无能的刑法只有无能的刑法解释者之说在一定程度上抑制了人们动辄要求对刑法"动手术"的冲动，但是时代前行的脚步必然会打乱旧有刑法体系的完整性，致其出现一定的罅隙。对刑法体系与时代之间的隔膜的消弭，显然靠司法解释一己之力难以完成，最终还需要依赖立法的修正力量。就目前情形而言，寻衅滋事罪作为刑法体系之部分已经成为既定事实。秉承法律不是嘲笑的对象的观念，对寻衅滋事罪最切实际的规范形式乃是采用立法的方式。而《刑法修正案（八）》中关于该罪的完善既是此罪延展生命力的表现，也是对其运用立法方式予以进一步规范的例证。此外，还可以通过立法解释的方式予以规范。在我国，此种方式已有先例。如全国人大常委会先后对《刑法》第93条、第228条、第294条、第313条、第342条、第384条、第400条中的规定做出过立法上的解释。

而立法规范的目标应当以解决因寻衅滋事罪条文本身的概括和模糊所招致的司法困境为中心，具体定位在对该罪条文中的"随意""任意""严重混乱"等有关价值判断之表述的进一步明确上。"以随意殴打他人"之寻衅滋事为例，司法实践中的困惑盖因对"随意"一词理解的乱象迭起。那么，该如何明确"随意"的内涵和外延以防止司法操作的"随意性"呢？鉴于"肖案"中引人注目的是故意伤害和寻衅滋事罪名中的"故意"与"随意"的纷争，笔者将在此两种罪名的简单比对中顺及对"随意"一词加以说明。动机是出于报复还是无事生非、侵害对象是否特定、有预谋地准备犯罪工具还是现场随手获取作案工具是区分故意伤害罪与随意殴打型寻衅滋事罪的几个重要参数。而此也是廓定"随意"一词的重要参数。"肖案"的纷争之处即在于司法机关对"故意"和"随意"之区分的视而不见，并突破"随意"所不能

---

① ［美］博登海默：《法理学法律哲学与法律方法》，邓正来译，中国政法大学出版社2004年版，第367页。

涵盖的实际上的"对象特定、蓄意报复、准备作案工具"之范围，而硬性将"故意"解释为"随意"。显然，司法机关此种姿态的根源还在于刑法条文并未对"随意"做出明确界定。因而，对"随意"一词应当采用立法的方式对上面述及的几个方面进一步明确。

如果说对于"肖案"盖因有"轻微伤"之司法鉴定故而无法做出故意伤害罪的判定，因而司法机关无奈地选择了寻衅滋事罪，那么，对"假和尚把妹"做出寻衅滋事罪的认定，其选择则多少显得有些"随意"了。故而，在刑事立法未做大的变动情形下，对寻衅滋事罪的规范还要落位在司法操作中对刑法条文的解释上来。

任何刑法都有解释的必要，要求刑法明确到不允许解释的程度，只是一种幻想。[①] 问题在于，如何规范刑法的司法解释和司法者对具体刑事案件的解释。在刑事法治时代，罪刑法定原则是司法解释不可逾越的藩篱。我国刑法也就此做出了明确规定。立法机关亦为此做出阐释。具体而言，实行罪刑法定原则要做到以下五点：（1）法不溯及既往；（2）不得类推；（3）对各种犯罪及其处罚必须明确、具体；（4）防止法官滥用自由裁量权；（5）司法解释不能超越法律。[②] 其中第（5）点就涉及刑法司法解释的规范问题。由此可见，司法解释的规范性是罪刑法定原则的应有之义。同时，罪刑法定原则也必然约束着司法人员在具体案件操作中对刑法条文、立法解释和司法解释的理解。

落位在"假和尚把妹案"中，公安机关以寻衅滋事罪为名刑拘事件主角，如何给出涉嫌寻衅滋事罪的明确理由实质是一个司法者（按照我国刑事诉讼法规定和司法惯例，公安机关此时是被视为司法机关的）的具体解释问题。这种解释的最直接和最准确的依据是刑法条文中规定的"在公共场所起哄闹事，造成公共场所秩序严重混乱"的情况。问题是，何谓"严重混乱"？如上文所言，这是考验司法者解释功力的地方。民众如果在制造出类似"严重混乱"的事件中看不到类似的处理结果，那么，最终可能会归咎到一点上，即司法机关执法选择的

---

① 张明楷：《刑法学》，法律出版社2007年版，第32页。
② 全国人大法工委刑法室编：《中华人民共和国刑法条文说明、立法理由及相关规定》，北京大学出版社2009年版，第6页。

随意性。而这种执法的随意性必定伴生着对刑法条文含义解释的随意性。故此，在寻衅滋事罪的具体适用上不仅要规范司法者的执法选择权，还要对该罪条文中概括、模糊词语的含义做出确切的说明，以便指引司法人员对此做出准确的理解。

4. 去罪化：寻衅滋事罪的最终路向

对于流氓罪这一典型口袋罪的处理，立法机关结合理论上的建议，最终采用分解保留的方式，将流氓罪具体分解为寻衅滋事等四个罪名。寻衅滋事罪作为一种非典型意义的口袋罪，因而对其处理可采取不同于流氓罪等典型意义的口袋罪之做法。

理论上关于寻衅滋事罪废除的主张有所不同。大致可以概括为：（1）完全废止论。该观点认为寻衅滋事罪的出台欠缺必要性和正当性、犯罪构成要件不具有独特性、司法适用也缺乏可操作性，因而应当完全废止。（2）剔除式废止论。该观点认为该罪所规定的一些行为仍然具有一定的合理性和正当性，应予保留。（就此而言，此种废止论其实也是一种保留论）。只不过，该罪所涵盖的有些形式的行为因为不具有合理性或者欠缺实践操作性而应当予以剔除。（3）分解合并加弱化式废止论。对于衅滋事罪的四种不同形式的行为，要么可以通过刑法分则的其他罪名予以吸纳，要么并非一定寻求刑罚方式而是通过较为缓和的方式加以弱化处理。如，关于"随意殴打他人，情节恶劣"的情况，对于殴打他人造成他人重伤或者轻伤的，可以故意伤害罪来追究行为人的刑事责任；殴打他人造成轻微伤的，可依照《治安管理处罚条例》等进行行政处罚。关于"追逐、拦截、辱骂他人，情节恶劣"的情况，对侮辱他人情节严重的，应当以侮辱罪的规定来处理；情节较轻的，依照《治安管理处罚条例》等进行行政处罚。关于"强拿硬要或者任意损毁、占用公私财物，情节严重"的情况，其中，强拿硬要其实就是抢劫行为的一种事实上的表现，可以按抢劫罪来处理；损毁公私财物的，依据故意毁坏财物罪的相关规定进行处理；占用公私财物的行为和强拿硬要、损毁公私财物情节较轻的，可依照《治安管理处罚条例》等进行行政处罚。关于"在公共场所起哄闹事，造成公共场所秩序严重混乱"的情况，其中，聚众扰乱公共场所秩序，情节严重的，可以聚众扰乱公共场所秩序罪来处理；情节较轻的，依照《治安管理处罚条例》等进行行政处罚。① （4）分解独立式废止论。对于其中可以独立成罪的规定为独立罪名，其他行为方式要么并入刑法规定的其他罪名，要么废除。如可以借鉴意大利刑法和日本刑法的做法将刑法第293条第一项分解出来并加以适当修改作为独立的殴打罪或暴行罪。

笔者认为，去罪化是寻衅滋事罪的最终路向。只不过主张渐变式处理方式，即在现有的情势之下，建议先期对其进行司法上的规范，再寻求立法修正。具体而言，在寻衅滋事罪的司法适用上先进行软化和弱化处理。在可能涉及寻衅滋事罪法条含义相关的具体案件的处理上优先选择非犯罪化处理方式，倘若非要动用刑罚不可，也需择优选择其他适当罪名。这种对寻衅滋事罪司法适用上的克制，可以谨防其沦为打造司法权威主义的工具，亦阻却其因执法选择随意性而致使其进一步口袋化。当司法中对寻衅滋事罪的软化弱化处理成为一种践行习惯，即可进一步寻求立法上的细化、分化或转化处理。所谓细化，是指可先期借助立法解释的方式，对寻衅滋事罪条文含义做出更为具体明确的规定。也包含可对其采用肢解的方式，正如之前对流氓罪的肢解。当然，这一进程可与司法处置齐头并进。至于分化，是指将该罪的某些形式的行为方式分化到刑法分则规定的其他相关罪名中。而转化是对于可以使用其他法律规制的行为，交由其他法律管制，退出刑事圈界。司法上的规范和立法上的细化与分化都只是过渡手段，寻求立法上的废除才是最终路径。

第四节　刑事责任年龄确立标准新论

刑事责任年龄的确立标准问题，对于中国刑事法学界并不是一个陌生的话题，可以算是一个由来已久甚至当下再次提起会给人以陈词滥调之感的命题。然而，人们在论及刑事责任年龄确立的依据时往往只关注人（集中在青少年群体）的自然年龄，却忽视了人所生存的社会环境

---

① 以上相关论点请参见张维、黄佳宇《寻衅滋事罪司法困境之评析》，载《法学杂志》2011年第5期；樊华中《寻衅滋事罪规范内的追问与规范外的反思——以随意殴打型切入分析》，载《中国刑事法杂志》2011年第8期；王良顺《寻衅滋事罪废止论》，载《法商研究》2005年第4期；杜启新、安文录《论寻衅滋事罪的合理定位》，载《政治与法律》2004年第3期等。

第三章 刑法规制新见解

以及据此所养成的社会年龄。不得不强调的是，对于刑事立法和刑法学理论的完善来说，尤其具体到刑事责任年龄的确立标准问题上，社会年龄的确是一个不容忽视的重要概念。如今，刑法学界所倡导的刑事法一体化研究范式所包含的理念，绝不是仅仅满足于将刑法理论研究从单一刑法领域扩展到所有有关刑事法的范畴，还要从更为广阔的外部环境不断汲取一切有利于刑法理论繁荣的营养。众所周知，犯罪问题实际上是一个社会问题，因而社会学理论的研究方法也是刑法理论的研究方法。而人们在考察犯罪原因尤其是针对犯罪者个体展开的司法实践中必须借鉴一种重要的技术即心理分析法。据此二者，以社会学和心理学为主要构建因子和分析范式的社会年龄呼之欲出。显然，社会年龄与社会生产力的发展、社会环境的变迁、社会内涵的转化、社会心理因素的变化息息相关。因此，笔者拟从人的社会年龄切入，重新定位中国刑法中的刑事责任年龄（本书只论及我国最低刑事责任年龄）确立标准。

一 忽视与正名：社会年龄与自然年龄的分野

通常认为，刑事责任年龄是指法律所规定的行为人对自己实施的刑法所禁止的危害社会行为负刑事责任所必须达到的年龄。[①] 从其表述来看，此处的刑事责任年龄显然是指最低刑事责任年龄（本书以下如无特别说明，刑事责任年龄亦指最低刑事责任年龄）。1997年修订的刑法之第17条亦明确规定了我国刑事责任年龄是14周岁。然而，随着社会生产力的迅猛发展，社会大环境日新月异的变化，人的社会心理以及主体构成的社会年龄亦在悄然变化。学者尤其是立法者应该秉承与时俱进的精神，关注刑事责任年龄确立的动态标准，并以社会年龄作为确立刑事责任年龄的依据。究其原因，主要有以下几点：

（一）社会年龄降低趋势引发了设定刑事责任年龄标准的变化

正如前述，以往学者和刑事立法者在设定刑事责任依据时往往过分倚重人的自然年龄，殊不知，在以社会现象为分析和调整对象的刑法规范中，社会年龄往往才是刑事责任年龄较为恰当的设立依据。通过自然年龄和社会年龄的概念廓定和内涵界分，可以知其一二。

[①] 高铭暄、马克昌：《刑法学》，北京大学出版社、高教出版社2000年版，第92页。

刑法科学化进程中的新探索

在心理学和社会学的视域中，自然年龄是指自然人出生后作为个体在常态状况下自然延伸的年龄标志。社会年龄则是指自然人作为社会中人因受社会环境影响所呈现出的与常态年龄不甚吻合的并带有社会性的年龄特征。法律意义上，自然年龄侧重于生理学角度，社会年龄侧重于心理学角度。社会年龄虽然以自然年龄为基础，但往往表现为与自然年龄不相符；自然年龄则包容于社会年龄之中。社会年龄之于自然年龄犹如商品价格之于价值，商品价格随着供求关系的变化围绕价值上下浮动，社会年龄则呼应人类文明等诸多要素的变化围绕自然年龄浮动。当然，和价值规律轨迹并非完全一致的是价格受价值左右的双向振动明显，而在人类社会总体趋向文明的进程中，社会年龄以自然年龄为主轴往往呈现单边递减的趋势。即人类文明化程度越高，社会年龄愈加偏向自然年龄线的下方。

几乎可以总结，自然年龄主要依自然规律进行，人的社会年龄则除受社会规律的制约外，往往还取决于由经济发展水平、人类生活质量、文化教育状况、道德指数等因素综合而成的人类文明化指标，并与之成反比。中国社会的整体进步是不争的事实，与之相适应，以智力和知识为内涵的社会年龄必然呈下降趋势。具体到社会年龄发展规律上表现为两个方面：第一，相较于以往，当下的社会年龄呈现走低趋势；第二，社会年龄偏离自然年龄的进度和程度愈加明显，即在自然年龄线下越走越低。正如北京同仁医院临床心理科洪宝琴副主任医师指出，现在青少年的叛逆期已经提前了，十二三岁是个高峰期。① 这也从侧面说明了今天少年的成熟期已然提前。瑞士心理学家皮亚杰把人12—18岁年龄段称为形式运算阶段，在此阶段开始出现抽象思维，能够思考虚拟或假设的问题，对哲学问题感兴趣。由此进一步说明，青少年12岁可作为智力成熟的一个关键性阶段。

上文极力强调社会环境的变迁对人的智力和知识水平变化的影响，这在于考察犯罪人主观因素是从辨认和控制自身行为的角度出发，而辨认和控制行为的能力取决于行为人的智力和社会知识的发展程度。无可

---

① 杨杨：《直面学生的逆反心理》，《青少年犯罪问题》2003年第4期。

否认，人的智力和社会知识的发展程度受年龄的制约。① 不过，我们并不赞同青少年犯罪的生理决定论，罗新安先生曾提出一个别开生面的观点：缺钙是青少年违法犯罪的一个重要原因，② 并以"树大自然直"的古训说明有过犯罪倾向的青少年会因其体内钙缺失的平衡而"复归"。此观点似乎偏离了主题，殊不知，当自然年龄达到一定阶段时，影响其智力和社会知识发展的决定因素应是社会环境。"猪孩""狼孩"便是明证。

社会年龄的降低，为刑事立法找到了以社会年龄为设立标准的刑事责任亦随之降低的事实依据。

（二）青少年犯罪低龄化趋势是社会年龄趋低的明证，也是适当降低最低刑事责任年龄的直接动因

近来，青少年犯罪低龄化已日益成为法律界关注的焦点。应该明确，青少年犯罪低龄化正是自然人的社会年龄降低的伴生物。随着我国人民生活水平的提高，青少年发展成熟期比 20 世纪 50 年代提前了 2—3 岁，由此带来违法犯罪成员低龄化发展的趋势。③ 据统计，青少年犯罪在全部犯罪中所占比例在 50 年代末为 30%，1965 年为 60%，1976 年为 71%，1978 年为 76%，1980 年为 80%，1990 年为 86%。进入 2000 年以来青少年犯罪比例更大。④ 青海省青少年研究会的资料显示：一些少年儿童往往十二三岁就开始作案。"九五"期间，青海省全省 4985 名青少年犯罪中少年犯 703 人，占总人数的 14.35%，数据表明，低龄的少年犯为数不少。⑤

随着科技、文化、教育的迅猛发展，青少年的总体心智得以大幅提高的同时，也为不良少年实施犯罪行为提供了一定的心理条件。生理和心理的成熟，使得青少年犯罪手段日趋复杂化，对社会造成了更为严重

---

① 高铭暄、马克昌：《刑法学》，北京大学出版社、高教出版社 2000 年版，第 92 页。
② 罗新安：《缺钙：青少年犯罪的一个生理因素》，《青少年犯罪问题》2002 年第 5 期。
③ 张玲：《论刑事责任年龄》，《青少年犯罪研究》2003 年第 5 期。
④ 刘玉聪：《论青少年犯罪和降低刑事责任年龄》，来源：北大法律网（article.chinalawinfo.com）。
⑤ 张致第等：《改革开放以来青海青少年犯罪分析》，载《青少年犯罪问题》2003 年第 6 期。

的危害。面对如此情况，刑事立法不应抱残守缺，而应及时修正刑事责任年龄标准，弘扬正义。否则，只能使刑法陷入应对严重社会问题时无所适从的尴尬境地。①

（三）公众的认同是适当降低刑事责任年龄的社会依据

也许，不少人会存有降低刑事责任年龄能否得到社会大众认同的困惑。法律正义论者主张，报应作为一种常识，为社会所普遍认同。善有善报、恶有恶报的观念深入人心。② 早期的报应主义刑法观尽管有其不足之处，但作为一种恒久的自然法理念，至今仍能够为人们所接受。相反，不考虑公众的规范意识或刑法认同感，肯定其经验、情理、感受的合理性，刑法的权威性就会受到质疑，对其遵守和执行就会大打折扣。③ 而青少年暴力事件的社会危害性成为公众认同降低刑事责任年龄的感性基础。为此，本书结合青少年暴力事件的特点及其造成的社会危害性展开探讨。

特点分析在青少年犯罪研究中是一种十分重要的方式，它有助于更透彻地把握概念。当然，必须注意的是，研究青少年犯罪特点是与青少年的心理、生理特点及其社会地位密不可分的。近年来，青少年犯罪呈现出团伙性、凶残性、猖狂性、智能性特点，成为众所周知的事情。仅从这些特征来判断，较之于成年犯罪，有过之而无不及。少年暴力事件的犯罪化特征再一次表明，其制造者，无论是心理上还是生理上都触摸到了成人化的水准线。对严重危害社会的暴力行为仅因为其制造者是个孩子而一味姑息迁就，或者仅仅是因为立法不完善致其钻法律的空子而逍遥法外，是公众所无法容忍的，长此以往，也必将损害社会的道德根基和法律情怀。

---

① 打开电视、网页、翻开报纸，全国类似的少年暴力案件比比皆是。这些暴力事件的制造者皆因不满14周岁而逍遥法外，而且有时有恃无恐进一步作案，成为社会中潜伏着的巨大隐患。限于篇幅，在此仅举一例，具体可参见《湖南3个少年杀教师》（来源 http://help.3g.163.com/15/1021/10/B6ENDT8Q00964000.html）；《13岁强奸杀人考量刑事责任年龄》（来源 http://news.sina.com.cn/c/2006-03-27/11229453894.sht.）。

② 陈兴良：《当代中国刑法新境域》，中国政法大学出版社2002年版，第492页。

③ 熊立荣、郭慧英：《我国刑事责任年龄规定之反思》，《中国刑事法杂志》2003年第6期。

第三章 刑法规制新见解

（四）适当降低我国最低刑事责任年龄的法理依据

责任主义是不可动摇的原则①，但是，对法益的侵害及其程度更是衡量犯罪与否的关键指标。在寻求刑事责任依据的漫漫征途上，客观归罪与主观归罪两派的战争硝烟终在18世纪启蒙思想家们的精神感召下尘埃落定。欧洲刑事古典法学派对中世纪的罪刑擅断进行了猛烈抨击，提出了罪刑法定原则并精心搭建了犯罪理论的框架。由此，确立了主客观相统一的追究刑事责任的原则，摒弃了主观归罪，也反对客观归罪。刑法学发展到今天，再抱守着以单纯的主观归罪或单纯的客观归罪作为立法与司法过程中追究刑事责任的信条，势必是法律的悲哀。如果撇开危害行为论定犯罪人的主观恶性大小，则势必陷入主观归罪的泥潭。而一味地以青少年的自然年龄为标准却无视其社会年龄从而推断其主观恶性小，不具备犯罪的主体条件，因而无法追究刑事责任，这种观点恰恰是主观归罪的表现。这就要求法律工作者尤其是刑事立法者应当将青少年暴力行为对法益所造成的严重危害后果考虑进去。贝卡里亚说："衡量犯罪的标准就是它的社会危害。"② 虽然贝氏之说有客观归罪之嫌，但足以说明在追究当事人刑事责任时，造成的客观危害起关键作用的理论根源。唯有结合青少年的暴力行为对社会造成的严重危害，采用主客观相统一的归罪原则，才能促进法律价值的提升，达成立法技术的完善。此其一。

其二，罪刑相适应原则作为刑法的一项基本原则，指导着刑事立法和刑事司法。背离这一原则，则严重违背了刑法的价值取向和精神，甚至是对整个刑法的舍弃。1997年刑法第5条明确规定了这一原则：刑罚的轻重应当与犯罪分子所犯罪行和承担的刑事责任相适应。学界将其解释为刑罚的轻重与社会的危害性程度、犯罪人的人身危险性和应当承担的刑事责任相适应。那么，我们假设一个十二三岁的少年强奸继而杀人，且手段凶残，主观恶性较大。对此，这项刑法基本原则马上陷于休克状态。理由很简单，因为此少年未满14周岁，尚不足定罪，何来刑事责任？于是有人建议，罪刑相适应最好泛义地理解为一种刑法精神，即使将此少年绳之以法，亦不会违背刑法精神的。然而此举无疑又违背

---

① 张明楷：《刑法学》（第三版），法律出版社2007年版，第157页。
② 黄风：《贝卡里亚及其刑事法思想》，中国政法大学出版社1987年版，第68页。

了刑法的另一项基本原则——罪刑法定原则,这同样与刑法的精神相悖。如此,岂不是陷入了两难境地,该如何解脱呢?笔者认为,最好的办法就是适当降低最低刑事责任年龄,唯有如此,才能体现罪行统一的原则,充分彰显刑法的精神。

其三,适当降低我国刑事责任年龄更能体现刑罚的目的。刑事古典法学派创始人贝卡里亚早在二百多年前就提出了在今天仍然熠熠生辉的观点:"刑罚的目的既不是要摧残折磨一个感知者,也不是要清除业已犯下的罪行。刑罚的目的仅仅在于:阻止罪犯再重新侵害公民,并规诫其他人不要重蹈覆辙。"① 这种说法虽带有一定的功利色彩,但应当看到贝氏强调了刑罚预防的目的。贝氏不仅关注特殊预防,同时关心一般预防,即通过对犯罪人适用一定的刑罚,借以防止尚未犯罪的人(潜在犯罪者或者有犯罪倾向的人)走上犯罪之路。主张适当降低刑事责任年龄,对未满14周岁的少年犯施以刑罚约束之目的在于突出刑法的特殊预防功能。在刑事立法中基于未成年人责任能力不完备、思想可塑性大、易于教育和挽救的特点及早实行特殊的刑事政策是可取的,对青少年及时得到矫治具有重大的意义。当然,刑罚并非唯一甚至不是主要的手段。但当刑罚更能彰显社会正义、体现法律美德的时候,应该毫不犹豫地选择它。

(五)司法实践中的倾向是适当降低刑事责任年龄的实践依据

"实践是检验真理的唯一标准。"归咎于刑事立法的不完备,刑事司法有时会陷入困境。如上文述及,面对一些凶残成性、作恶多端、民愤极大的暴力少年,只因其未满14周岁,无法适用刑法只好责令父母严加管教,最多只能收容教养。殊不知,许多父母本人就是社会蠹虫;加之我国收容教养制度并不完善,据了解,目前仅上海、广州两地建立了"少年教养管理所"专门收容和教育被收容人员,其他地方均在劳动教养场所单独编队收容和教育。这种局面一定程度上无法为人们所接受。一段时间以来,司法部门试图在实践中弥合社会心理和立法上的罅隙,制定了相应的规范与制度。1998年《公安部关于对不满十四周岁的少年犯罪人员收容教养问题的通知》明确规定,收容教养适用对象

---

① [意]贝卡里亚:《论犯罪与刑罚》,黄风译,中国法制出版社2002年版,第49页。

既包括已满14周岁不满16周岁的犯罪应负刑事责任但不予刑事处罚的人，也包括不满14周岁实施了刑法规定的几种特定严重犯罪行为但不负刑事责任的人。并明确了收容教养的适用对象包括三类人员，其中之一是已满12周岁不满14周岁实施刑法第17条之规定的8种特定故意犯罪的人。可见，司法部门实践中似乎带有追究不满14周岁少年犯责任的倾向。此举无疑会为适当降低最低刑事责任年龄的立法工作奠定一定的实践基础。

二 域内外的传统与现实做法对我国刑事责任年龄确立标准的启示

透视中国刑法史和外国刑法史，我们可以清晰地看到古代国家刑事责任制度中相关刑事责任年龄设定标准的演变。《礼》云：九十曰耄，七岁曰悼，悼与耄，虽有死罪不加刑；又有三赦之法：一曰幼弱，二曰老耄，三曰赣愚。可见，我国周朝的最低刑事责任年龄为7岁。汉代历朝也明确规定了刑事责任年龄：汉景帝时规定，80岁以上，8岁以下犯罪，给以宽容。成帝鸿嘉之年定令，未满7岁的人，贼斗，杀人及犯殊者死，上请廷尉以闻，得减死。光武建武三年下诏："男子八十以上，十岁以下——自非不道，诏所名捕，皆不得系。"[1] 除此之外，汉代历朝还明确了具体适用条件。《唐律》系我国封建法律集大成者，关于刑事责任年龄的规定更趋完善，规定："九十以上，七岁以下，虽有死罪，不加刑。"[2] 唐代以后各代基本沿用唐律。[3] 清朝的律例，将应负刑事责任的年龄，由已满7岁改为未满7岁，后又改为未满6岁，并由三次免钩改为五次免钩，毫不掩饰在刑事责任年龄方面贯彻结果责任论的原则。[4] 具有近现代刑法意义的《中华民国刑法》第18条规定：未满14周岁人参加叛乱组织于满14岁尚未经自首，亦无其他事实证明其确

---

[1] 《汉书·刑法志》，转引自高绍先《中国刑法史精要》，法律出版社2001年版，第153页。
[2] 高绍先：《中国刑法史精要》，法律出版社2001年版，第154页。
[3] 同上书，第156页。
[4] 郝金、安文录：《中外刑法史中的未成年人刑事责任制度》，《犯罪研究》2008年第3期。

刑法科学化进程中的新探索

已脱离者，自应负刑事责任。①

外国刑法史中，罗马法将刑事责任年龄区分为几个阶段：未满7岁的儿童的行为不认为是犯罪；已满7岁不满14岁，则视其辨别能力确定是否达到责任年龄，已满14岁为刑事成年人。俄国《1649年会典》则明确规定未满7岁的儿童免受刑罚处罚。② 1929年《西班牙刑罚典》规定未满7岁为绝对无刑事责任时期。

除中外刑法史中记载的刑事责任年龄制度所给予的启迪之外，现行各国刑法典中关于刑事责任年龄的标准也提供了鲜活的经验。1984年修订的《印度刑法典》规定刑事责任年龄为12岁。《加拿大刑法典》第20条："未满7岁之行为或不行为，不受有罪之判决。"《印度刑法典》第四章一般例外中规定（第83条）："7岁以上不满12岁的儿童，在不具有判断所实施的行为的性质和后果的能力的情况下实施的行为，不构成犯罪。"《瑞士刑法典》总则第四章第一节的第80条（年龄范围）中规定："本法对未满7岁儿童不适用之。"在香港，《少年犯条例》规定：未满7岁的儿童完全不负刑事责任。普通法关于责任年龄的划分多是7岁以下"没有刑事责任能力"。美国内华达州规定为8岁；利罗达州、路易斯安娜州和南科达州为10岁；阿肯色州为12岁；伊利诺斯及佐治亚州为13岁（这是多数）。③《土耳其刑法典》规定，凡行为时未满12岁的不起诉，不罚。

以上只是对世界各国（地区）历史及现行刑法中刑事责任年龄制度的简单罗列，仅起到为审视我国现行刑法关于最低刑事责任年龄之规定提供借鉴和启示的作用。当然不能简单将历史或者域外的做法嫁接过来，论证降低最低刑事责任的合理性注定将是严谨而艰辛的探究过程。

三 影响与救济：刑事责任年龄降低之后

正如上文述及，降低刑事责任年龄问题并非一个新鲜话题，有论者

---

① 林纪东编著：《新编六法参照法令判解全书》，五南图书出版公司1986年修订版，第158页。
② 郝金、安文录：《中外刑法史中的未成年人刑事责任制度》，《犯罪研究》2008年第3期。
③ 储槐植：《美国刑法》，北京大学出版社1987年版，第128页。

从不同角度论证并提出降低刑事责任年龄的具体标准；也有论者虽然不主张降低刑事责任年龄，却建议建立弹性的刑事责任年龄制度。① 结合上述，笔者提出适当降低最低刑事责任年龄的具体建议。

在众多影响刑事责任年龄的因素之中，无疑教育水平是关键性的。将刑事责任年龄与青少年的受教育年龄结合起来考虑，具有一定的合理性。《中华人民共和国义务教育法》第5条："凡年满6周岁的儿童不分性别、民族、种族，应当入学接受规定年限的义务教育。"众所周知，我国目前的义务教育为九年，两个阶段，一般为6—12周岁小学阶段，12—15周岁初中阶段。义务教育的普及，12周岁完成小学教育已经成为中国少年的普遍特征。结合本书总体论证，我们认为：将最低刑事责任年龄设定为12周岁，较为恰当。

当然，将刑法规定的刑事责任年龄适当降低无疑会带来诸如扩大刑事法网等问题。甚至会有人认为这样是重刑主义的复苏，与刑法的人道化趋势背道而驰。事实而言，从刑法观念上看，重刑主义在我国源远流长，其导源于义务为本位的伦理观，这种伦理以扼杀人的主体精神、摧残人的独立思考品格为价值取向。无非表现为炮制酷刑、轻罪重判、刑罚擅断、专任刑罚等方面。显然，我们主张降低刑事责任年龄并无重燃重刑主义思潮的意愿，谁都知道，树立轻缓的刑法观才能与民主、法治的环境相融。至于，有人认为降低了刑事责任年龄势必在一定程度上扩大刑事法网，这是否是重刑主义的体现，我们认为，只需厘清刑罚和刑事责任二者之间的关系，这个问题就会迎刃而解。承担刑事责任并非一定采用刑罚的手段，何况即使采用刑罚，其终极目的亦非旨在惩罚已然之罪，而意在预防未然之罪。这一科学的刑罚观体现了刑法的人道化。众所周知，早期的奴隶制、封建制的刑法文化是以折磨人、侮辱人、不把人当人为其特征的，犯罪人没有任何权益而言，纯粹是受刑法压榨的消极的司法客体。而法治国家的刑法文化，把人的理性与尊严置于重要地位，就是要以人为本，关爱人，尊重人，一切为了人。刑罚的根本目

---

① 有人建议刑事责任年龄降低到13周岁，有人建议降低到12周岁，也有人建议借鉴香港特区将刑事责任年龄降低到7周岁。主张弹性刑事责任年龄制度的观点虽然有一定可取之处，但是毕竟符合中国人"中庸"的惯常思维，而且在司法实践中并不好操作，亦可能滋生不必要的司法腐败。

的在于预防,同时也蕴含着教育的目的,对待青少年犯罪更是如此。基于未成年人的责任能力不完备、思想可塑性较大、易于挽救和教育的特点,应对其采用特殊的刑事政策。适当降低最低刑事责任年龄恰恰体现了刑法的人文精神,也是刑罚个别化的要求。更何况,针对青少年犯罪,我们可以制定出积极的应对措施,带动整个社会、家庭、学校齐帮共管。此其一。

其二,可以采取具体的措施,以确保最低刑事责任年龄降低之后青少年犯罪群体能够得到及时救济。具体如下:

第一,制定专门的《少年刑法典》。为了从源头上体现针对青少年的刑事政策的特殊性,我们建议,应汲取国外关于设立《少年刑法典》的有益经验并结合我国实际情况制定出一部具有中国特色的《少年刑法典》,并在少年刑法中的具体制度上进行有意义的探索。正如有学者建议的那样,适当地缩短刑期,对未成年人犯数罪,有期徒刑的并罚总和最高限为15年。采用不定期刑,是贯彻教育刑主义、目的刑主义的必然结果。[①] 之外,较之成年犯,应采用更多的刑罚替代措施。

第二,建立少年法庭,发放社区服务令。建立少年法庭在国外早已有之,我国也就此进行了积极的探索。1981年上海市长宁区人民法院率先建立了中国第一个少年法庭。该少年法庭于2002年7月17日首次推出了"社区服务令"。所谓社区服务令,是指在未成年人的刑事案件中,对构成犯罪的未成年被告人(年龄较大者),法院责令其到某一指定场所,为社会提供劳动服务的一种书面指令。少年法庭的建立和社区服务令的推行,可充分地维护未成年人的尊严,有利于健全未成年人的人格。上海市长宁区人民法院的积极探索,无疑给青少年犯罪在刑事司法阶段的机制健全,更彻底地矫治青少年犯罪、体现刑罚的终极目标,提供了良好的模式。

第三,建立消灭刑事污点的制度。所谓刑事污点,一般是指曾经被宣告有罪或刑事处罚的事实,又称前科。犯罪分子尽管已复归社会,重新做人,但刑事污点如同烙在他们脸上的印记,成为挥之不去的心理包袱和难以逾越的歧视屏障。刑事污点对青少年影响尤为突出,影响着他

---

① 赵俊:《我国青少年犯罪刑罚制度完善之管见》,《青少年犯罪研究》2003年第4期。

们的求学、就业，这无疑会给这些失足少年的人生之路增添了诸多的坎坷，也可能为其重新走上犯罪道路埋下伏笔。许多国家意识到这一点，采取了积极措施即取消前科，如《德意志联邦共和国少年法院法》（简称少年刑法）第 97 条即有青少年犯罪经法官判决消除前科记录之规定。《俄罗斯联邦刑法》和《瑞士联邦刑法》都对未成年罪犯规定了较之于成年犯更加优惠的前科消灭条件。而《日本少年法》第 60 条则规定："少年犯罪执行完毕或免于执行，适用有关人格之法律规定时，在将来视为未受过刑罚处罚。"我国亦可以此为鉴，建立青少年犯罪者消灭刑事污点制度。此外，还可借鉴国外关于青少年犯罪的缓科、假释制度的有益经验，探索并建立适合中国青少年犯罪治理的综合体系。

第四，完善我国未成年人监管改造工作。即便穷尽一切刑罚替代性措施尚不足以改造一些青少年犯罪者，也要在对其实施刑罚处遇时给予不同于成年犯的区别对待。我们应该看到，目前未成年人犯罪监管改造工作的管理体制、教育方式还过多地残留着计划经济时代的印痕，管理模式受成年犯监狱影响颇深，已明显不适应新时代的需要。尤其是干警的管教理念远远落后于形势的发展。最明显的一点就是监管中存在着未成年人犯与成年犯混押混管现象。[①] 这种做法不仅违反我国《监狱法》第 74 条规定，即："对未成年人应当在未成年人犯管教所执行刑罚。"更为重要的是，与成年犯混押混管难免"交叉感染"，不利于青少年犯的改造尤其是不能得到良好的心理矫治。更何况，即便在少管所，由于人员配备、经费不足等因素，对未成年人犯的心理矫治也是乏力的。显然，这种粗放式的管理方式甚为不妥，为了更能体现刑罚的改造目的，有关部门应及早采取有效措施，完善未成年人的监管改造工作。

总之，针对青少年犯罪行为，本着摒弃狭隘的报应主义刑罚观，从预防和教育的终极目标出发，在定罪、量刑以及刑罚的执行等各个环节上严格制定一系列的防卫和救济措施：对青少年犯罪者应尽量采用刑罚替代措施；必须采用刑罚处遇的，也要通过上述的措施给予相应的司法救济。否则，适当降低刑事责任年龄只能沦为水中月、镜中花。

---

① 李康熙等：《市场经济条件下未成年犯监管改造方式的改革创新》，《青少年犯罪研究》2003 年第 5 期。

第四章 刑事司法新视域

刑法学研究的旨趣主要不在于构建自洽的逻辑体系，而在于纾解法律文本的含义，也就是为刑法文本释义，从而为司法实践提供可资操作的解题思路。这是刑事司法学和刑法教义学的研究路向。在这一路向上，研究者们殚精竭虑，学术成果蔚为大观。于此，本章立足某些领域，力图从不同的视域，提出一些新命题和新看法。

第一节 扩张解释、存疑有利被告与择一认定

在刑法学术史上及当下刑法教义学理论中，扩张解释虽然争讼缠身，但一直在刑法解释论中牢牢占据一席之地，甚至在刑事司法实践中因其拥有"一技之长"受到垂青。一些人认为，相较于和罪刑法定原则机理格格不入而被全盘否定的类推解释，扩张解释的生存之道在于其对刑法文义解释的分寸拿捏得当。[①] 尤其当"有利被告"一度成为类推解释的"续命膏"时，扩张解释论者以此为进路，认为亦寻求到扩张解释存续的正当理由，并提出存疑时可以做出有利于被告的扩张解释。诚然，在被告人合法权益常因不合理解释而受损的情形下，有利被告的确是一个美丽的诱惑。而且，也正如邱兴隆教授所言，有利被告是规制刑事司法的一条原则。[②] 那么，扩张解释是否真是为了偏袒被告人而生的呢？即便我们承认有利被告之扩张解释有其合理性，但是会不会因此

[①] 至于对刑法文意解释的精准度怎样衡量，如何把握扩张解释和类推解释之间的细微区别，其话语权则在扩张解释论者及其适用者那里。有关此问题，纷争不断，这也是笔者对扩展解释论质疑的逻辑起点之一。

[②] 邱兴隆：《有利被告论探究——以实体法为视角》，《中国法学》2004年第6期。

而侵害了被害人的合法利益？要知道，在提倡刑法及其解释应当成为犯罪者（被告人）的宪章时，还要铭记它更应该成为善良人（被害人）的宪章。笔者将以此为切入点，揭开扩张解释的面纱，检视其真实面目。

一 无法遏制的冲动：扩张解释的扩张本性

近些年来，随着类推制度在刑法典中的消亡，废止类推解释几成共识。虽然仍有论者主张类推解释，认为类推作为一种重要的法学思维方法不可废弃。[①] 在提倡废止类推解释的阵营中，亦有学者主张允许对被告人有利的类推，并认为它是罪刑法定原则的应有之义。[②] 不过，提倡类推解释的学说已经势微终成事实。

与之相较，尽管主张废止扩张解释的声音从未中断，但时至今日，扩张解释论仍然拥趸众多。鉴于分析扩张解释存废之争以及如何区分扩张解释和类推解释的界限不是本章主旨，故于此不便完全展开。但笔者就此想表达的是，扩张解释的机巧之处在于其擅于利用语言的模糊性和文义的伸缩性游走在刑法解释的合理与正当的边缘。

刑法扩张解释论者为拉伸其理论张力，从其与类推解释的界分及适用限度方面进一步论证其存在的合理与正当。其中较有影响力的是"文义最远射程"标准说和"国民预测可能性"说，也可以将两种学说合二为一地理解为扩张解释应当被限定在国民可预测范围内的文义射程内。

然而，此学说所依赖的方法论究竟是否可靠，以此方法论证究竟是为其理论观点起到助力作用还是适得其反，却有值得推敲的地方。

以"国民预测可能性"说为分析对象，会发现，此学说不仅没有将扩张解释合理性完全展现出来，反而使其论证方法上的硬伤，即语言自身无法克服的模糊性和文义伸缩性的弊端显露无遗，进而增加了人们对扩张解释论者利用文义的伸缩性与模糊性进行刑法解释的警惕与隐忧。

[①] 黄继坤：《刑法类推解释如何得以进行》，《现代法学》2011年第5期。
[②] 胡云腾：《废除类推及刑法科学化》，《法学研究》1995年第5期。

刑法科学化进程中的新探索

　　例如，张明楷教授认为："一种解释能否被一般人接受，常常是判断解释结论是否侵犯国民的预测可能性的重要线索。因为当解释结论被一般人接受时，就说明没有超出一般人预测可能性的范围；当一般人对某种解释结论大吃一惊时，常常表明该解释结论超出了一般人预测可能性的范围。"① 显然，张明楷教授在利用语言及文义论证扩张解释合理性时，忽略了语言文字特别是汉语文义的复杂性。其认为，扩张解释的合理界限是建立在国民预测可能性上，而其标准则是极具中国语言语体特色的"大吃一惊"。可以说，在不同的时代，甚至在同一时代的不同地区，人们对某一事件的预测可能性无法形成统一标准。比如，对于同性恋卖淫或者男子被强奸事件，司法人员可以借扩张解释之名，将其解释为刑法上的卖淫行为或者强奸行为，并最终定罪量刑。② 倘若时间前移哪怕几十年，情形就会不一样，"男子卖淫"或者"男子被强奸"提法甫一提出定会让人"大吃一惊"。依据上述观点，在那个时代，公民的预测触角还无法延及此类行为，因而不能对其进行扩张解释。但问题是，即便在已然对此类行为适用扩张解释的今天，是不是一定表明人们不会对此"大吃一惊"了呢？可以判断，有不少人至少还会"小吃一惊"，甚至在某些相对封闭的地区仍会有许多人"大吃一惊"。因而，国民的预测可能性本身就是一种无法用语言准确描述的模糊概念。何况就语义而言，"大吃一惊"好像也没有统一、科学的标准，并且在语言的运用和表述上也不规范，特别是其具有附会于时代和区域变迁的特质。在以"大吃一惊"作为判断国民预测可能性标准的扩张解释论这里，人们或许会更多地注意到刑法扩张解释方法的随意性，及其因为语用的多变性和语义的多面性所挟裹的不安分。故此，以"大吃一惊"为依托所构建的国民预测可能性之扩张解释论的随意性特质多少令人有些担忧。

　　而"文义最远射程"标准说则一不留神就会因为文义的伸缩性而难以把握，在界定扩张解释的限度时反而抹杀了刑法文理解释和伦理解

---

① 张明楷：《刑法分则的解释原理》，中国人民大学出版社 2004 年版，第 19 页。
② 司法践行中因此获罪的案例为数不少，其中较为引人注目的如江苏省南京市秦淮区人民法院对组织同性恋卖淫者李宁做出有罪认定（参见李飞《南京：组织同性恋卖淫者一审被判八年》，《人民法院报》2004 年 2 月 18 日）。

第四章 刑事司法新视域

释的区分必要。甚至文义的伸缩性和模糊性所导致的失控极有可能使得扩张解释滑入类推解释的窠臼。因为语言文字尤其是中国文字含义的可能性犹如一张普罗透斯似的脸，变化多端，所以，运用语言文字来解释语言文字必然会增添诸多变数。至为重要的是，扩张解释和类推解释难以准确界分。正如学者所言，类推解释与扩张解释之间的实际界限完全是不可分的，这绝非只是一种高难度的区分，而是根本性质上二者无从区分，[①] 所以，难以保障形式上的扩张解释就是实质上的类推解释。

苛刻地说，只要超出文义涵盖范围的解释都应当归入类推解释，而但凡还在文义射程之内的解释就仍然属于文字解释或者当然解释，因为文义射程再远也仍然在字面含义之内。因而，在字面解释或当然解释和类推解释之间很难准确找到第三种解释，或言，利用文义解释的刑法解释方法只有类推解释和字面解释以及仍然"符合法条用语可能具有的含义"[②] 之内的当然解释，几乎不存在第三条路线即扩张解释和限缩解释的生存空间。仍以"同性恋卖淫案"为例，将与同性之间的性交易解释为犯罪所运用的方法并非所谓的扩张解释，而实际上仍属字面解释。卖淫的语词含义是以金钱或财物交换为前提的淫乱活动，卖淫这个词在字面上本身就包含女性向男性提供有偿性服务，也当然包含男性向女性或者男性向男性提供有偿性服务。如果非要牵强附会为扩张解释，则会因为无视人们对卖淫这个词的字面理解力而嘲笑了国民的预测能力。

为了清理出扩张解释足够的生存空间，而刻意延伸刑法条文字面含义的做法，从另一个角度告诫人们，语言虽然具有张弛有度的弹性，但同时具有文义上的侵略性和不可控制性。"文义射程"究竟有多远，这不仅为解释者的主观意念所左右，还同时为语言的内在驱动力所操纵。由此难以保障，以掌控文义曲张为手段的扩张解释不沾染"扩张性"。倘若寻找不到解释领域里的界碑（事实上，文义的海洋总显得漫无边际），解释者无异于在经历一次看不清终点的精神上的旅程。

---

① ［德］亚图·考夫曼：《类推与"事物本质"：兼论类型理论》，学林文化事业有限公司1999年版，第10—11页。
② 张明楷：《刑法分则的解释原理》，中国人民大学出版社2004年版，第19页。

故此笔者认为,在运用语言文字进行刑法解释时,还是老老实实地采取字面的归字面、逻辑的归逻辑的做法。对于刑法中解释不明或者无法有效解释的条文可以通过刑法修正案(立法的方式)予以解决。比如,鉴于实践中对偷税行为之"偷"在文义理解上的纷争,《刑法修正案(七)》对偷税罪做出如下修改:将罪名由"偷税罪"改为"逃税罪"。"偷税"代之以"逃避缴纳税款",恢复其本来之语义。另外,扩张解释的扩张本性还源于当下的"入罪"倾向。在国家主义刑法观和刑法客观(实质)解释论的基调之下,人们更倾向于从犯罪的恶出发,尽可能地拉伸刑罚条文的含义以便对犯罪者(有时还扩张到犯罪嫌疑者)施予刑罚。

综上,扩张解释有扩张的本性。因而,必须防范扩张解释"惩罚的冲动"。而且鉴于与类推解释之间界限的难以区分,更须警惕有人假扩张解释之名而行类推解释之实。

二 真的有利于被告么?

皮之不存毛将焉附?在"扩张解释论"正当性遭受质疑的情形下,依附于此的"有利被告论"自然根基不稳。即便存疑有利被告论因为在形式上契合罪刑法定原则的人权保障要旨而在一定程度上获得了认同,但其凸显"有利被告"的旨趣会不会造成对被害人权益的忽略?而且,做出有利被告的扩张解释时机既然是在案件有疑问之后,因而焦点自然定格在"疑惑"上。问题是,这里的"疑惑"是如何生成的,是司法技术没有达到"释疑"的水平还是司法人员自身素质没有达到"解惑"的水准?倘若因此招致疑惑的话,真正的有利被告应当是采用合理技术解除疑问,而非运用扩张解释制造更大的疑团。事实上,正如苏力教授所言,我们必须强调现代科学技术手段在当代司法中的重要性,并且必须把科学技术力量作为司法改革和司法制度结构的一个基本的制度变量或参数来考虑。司法的悲剧并不都是官吏的司法道德问题,而是与科学技术的发展相关。[①] 故此,匹配甚至超越时代的法律技术不

[①] 苏力:《窦娥的悲剧——传统司法中的证据问题》,《中国社会科学》2005年第2期。

第四章 刑事司法新视域

仅作为深化法治水平的必要手段也是固化法治化成果的技术支撑。① 就"有利被告"与"扩张解释"之间的嫁接而言，至少存有法律技术上的瑕疵，而此也会带来一个疑问：有利被告会不会仅仅是一个美丽的传说？

司法的能动性②体现于人们在法律与事实的匹配中寻求真相并最终实现正义，因而"在对法律规范的解释方面，法院不是选择对被告人最为有利的解释，而是选择正确的解释"③。这一点也在张明楷教授那里得以印证："当各种解释方法得出不同的解释结论时，最终起决定作用的是目的论解释，而不是有利于被告。如果说解释目标有利于被告，则意味着只有缩小解释是可取的，其他解释方法都得舍弃，甚至只有完全否认刑法，完全否认刑事诉讼法，才最有利于被告。但这显然是不可能的。所以，当出于法益保护的目的，需要对刑法条文做出必要的扩大解释时，即使不利于被告人，也适用这种解释结论。"④ 此观点虽然对不利于被告之扩张解释仍心存疑虑，但是总体而言，指出了扩张解释并非都是为了有利被告。

张明楷教授还认为，处罚的必要性越大，做出扩张解释的可能性就越大，处罚的必要性越大，扩张解释的扩张范围便越宽。⑤ 以此可以解析出扩张解释有以下几层含义：第一，有权解释主体拥有选择是否采用扩张解释的自由。解释者选择扩张解释与否，主要取决于犯罪行为对法益的侵害程度和对因其所招致的社会损害性进行弥补的要求程度。第二，扩张解释拥有极大的解释空间。一旦解释主体选择采用扩张解释，便同时拥有选择解释空间大小的便利。扩张解释方法上的伸缩自由，允许解释者根据处罚必要性的程度决定做出多大、多宽的解释。第三，采用扩张解释的动因并非基于有利被告。如上所言，扩张解释的扩张幅度

---

① 张训：《法治完善需要法能力》，《法制日报》2012年3月21日第9版。
② 当然，司法能动虽然近来为不少学者提及并赞许，但是也有学者为此表示隐忧，提出需要理性看待司法能动性，警惕司法能动的泛滥，主张司法克制之下的司法能动。
③ [德]汉斯·海因里希·耶赛克、托马斯·魏根特：《德国刑法教科书（总论）》，徐久生译，中国法制出版社2001年版，第190页。
④ 张明楷：《存疑时有利于被告原则的适用界限》，《吉林大学社会科学学报》2002年第1期。
⑤ 张明楷：《刑法学》（第三版），法律出版社2007年版，第37页。

刑法科学化进程中的新探索

实际上是由对犯罪者处罚必要性之大小决定的，因而，其根本目的在于弥合因犯罪而招致的法益损害。换言之，扩张解释是在对犯罪行为所招致的社会危害性评估之后所施予的一种危害相当量的处罚。第四，最终在实践中运用扩张解释的主体乃有权主体，言即扩张解释权是公权力的延伸。公权力在刑事法领域中的常态是防范与打击犯罪以便维护社会秩序。可见，扩大解释的动因、目的和运行机制都非出于有利被告，而恰恰相反，甚至是不利于被告的。

就此，司法实践关于刑事案件扩张解释与处理结论的倒置给予了进一步的印证。实践中，一些司法者在决定是否对刑法条文进行扩张解释之前，实际上已经通过其他途径，形成了对案件的处理结论。对于需要扩张文字的含义使案件事实能够被涵摄于刑法的有关规定，司法者会决定进行扩张解释。例如，南京发生了组织男性向男性提供性服务的案件后，法官认为这种行为虽与生活中常见的组织女性向男性提供性服务的情况有所不同，但本质上仍然属于组织他人卖淫，且做出这种理解不会超出"卖淫"一词的字面含义，故决定进行扩张解释，以满足打击此类犯罪行为的需要。[1] 在此意义上，苏力教授几乎一语中的：通常所谓的扩大解释和限制解释只是基于解释的后果对解释的分类，而根本不是一种方法。[2]

而且，侧重实体意义的有利被告之扩张解释尚需得到程序意义上的保障。如果无法得到程序法的有力回应与保障，那么有利被告只能成为一个美丽的幌子。作为疑罪在程序法上从无理念的固化，无罪推定原则已经成为衡量现代法治水平的重要参数。对于有利被告而言，有了无罪推定原则的程序保障，才会有切实可靠的技术保障和操作平台。在有些国家无罪推定原则已经被作为一项宪法或者刑事诉讼原则确认下来。虽然我国积极吸收其合理内核，并给予法律确认（如2013年实施的《刑事诉讼法》明确规定不得强迫任何人证实自己有罪并且明确了证据确实、充分的具体条件）。但显然无罪推定原则里所有的题中之意并未在

---
[1] 竹莹莹：《刑法扩张解释的适用与限度》，《人民司法》2010年第23期。
[2] 苏力：《解释的难题：对几种法律文本解释方法的追问》，载梁治平编《法律解释问题》，法律出版社1998年版，第55页。

我国刑事法中得以完整展现，比如沉默权尚未被法律确认。而程序意义上的有利被告如果不能完整体现的话，实体意义上的有利被告亦不可能全部实现。

三 凭什么有利于被告？

法治社会的醒目特征是民众权利意识的觉醒，而强调权利保障则是刑事法治精神的体现。在二元社会渐渐清晰的时代背景之下，人们急于从国家至上的理念束缚中挣脱出来，提出刑法应当以人性为基础，突出民众权利与商谈自由，宣扬刑法的契约精神和福利性，以此构建市民刑法或者民生刑法。然而，民生刑法也应当以维护社会秩序为基本机能，否则秩序不存，何谈民生。而且，过分宣扬刑法的人权保障机能则会削弱刑法作为控制手段的社会功效，难免矫枉过正。当然，法治之下刑法必须成为权利宪章，问题是，它是谁的权利宪章。难道仅仅是犯罪者或者被告人的权利宪章么？从与保护社会机能的对位上来看，权利保障机能显然侧重于刑法对犯罪者的人权保障。但这并非是刑法权利保障机能的所有内涵，它至少应当还包含保障所有民众的权利。言即，刑法还应当成为被害人乃至所有善良人的权利宪章。正如学者指出："没有对被害人基本人权的呵护，同样没有现代刑法的诞生，刑法的存在也将失去其合理的基础与社会的支持。呵护被害人应当成为现代刑法得以安身立命的基本内容和基本任务。"[①] 犯罪作为社会机体的一部分，其主要价值在于检验社会秩序的能力，但是对于人类文明而言，它永远都是一种恶。这必须成为应对犯罪以佑护人类社会稳步前行的永恒理念。

如上所述，案件存疑盖由法律技术水平（主要体现在立法和司法解释上）和司法人员水准（主要体现在对法律的理解与适用上）所致，因而理应由国家为此"埋单"。问题是，理论者不能就此做出有利被告一边倒的解释（当然如此描述也大抵仅停留在理论层面，司法实践中基于各方原因，特别是受国权主义刑法思想和入罪理念的影响，有利被告的扩张解释甚少发生），因为大多数刑事案件有被害人一方，国家能够承担无法追究被告人刑责的不利后果，固然勇气可嘉，但必须还要照

---

① 蔡道通：《刑事法治：理论诠释与实践求证》，法律出版社2004年版，第237页。

应到被害人的切身感受。否则，按住葫芦起了瓢，对被害人的忽视无异于制造了另外一种风险。对于被害人一方（可以扩展到以被害人为中心构建起来的被害人群体）而言，无疑又经历了一次沉重打击。可以预想，在刑事诉讼中对被害人权利的慢待不啻于对被害人的再次伤害，而此极可能会导致被害人一方乃至整个社会心理结构的失衡。正如一些典型司法案件中，被告人因为存疑被从轻处罚或者无罪开释，被害人一方的情绪却因此被点燃，有时渲染出民愤，形成与司法的集体对峙，甚至出现了"某某人不死、法律必死"的过激言论，以致社会司法心理失衡，并最终造成司法权威旁落，法治化进程亦受阻滞。

因此，就具体司法案件对法治化的贡献而言，其推进力当来自于犯罪者和被害人双方的合力。正如学者所言："难道还有什么比加害者与被害者的同时觉醒，更能意味着人类总体的解放吗？"① 其旨趣在于，刑事诉讼的开展和最终刑事处断还必须观照到被害人的合法权益和切身感受。在二元社会图景下，追诉不再仅仅是国家的义务，也同时是被害人的权利。这就意味着，国家为了维护社会秩序启动追诉权理应尊重被害人意愿，在因为一些情形而致案件出现疑问准备放弃追诉权时，则更要赋予被害人必要的商谈自由。

存疑时做出有利被告的扩张解释之举不仅可能因为再次打击被害人而制造额外的风险，还冒着逾越罪刑法定原则之藩篱的风险。

邱兴隆教授认为，有利被告是从罪刑法定原则派生出来的必然结论，是罪刑法定原则的应有之义。② 对此笔者不完全赞同。虽然人们认识到"要求刑法明确到无需解释的程度只是一种幻想"而强调"解释与适用"在罪刑法定原则从"法定化"到"现实化"③ 中的非凡意义，但绝不意味着它必须处处着眼于维护犯罪者。当然，未经审判，被告人最多只是一个潜在犯罪人，司法者理当在存疑时对其做出无罪或罪轻处理，但依据和最终体现的是疑罪从无、疑罪从轻的程序理念而非罪刑法定原则之精神实质。因为罪刑法定所强调的人权保障绝不单单指的是被

---

① ［德］汉斯·约阿希姆·施奈德主编：《国际范围内的被害人》，许章润等译，中国人民公安大学出版社1992年版，第567页。
② 邱兴隆：《有利被告论探究——以实体法为视角》，《中国法学》2004年第6期。
③ 张明楷：《刑法学》（第三版），法律出版社2007年版，第52—55页。

告人的权利维护，而它所依存的生存机理即罪刑均衡的标准也是同时代的一般人的价值观念。所以，罪刑法定原则对于被告人的有利之举是侧重于从程序意义上而言的。事实上，正如学者所指出的，非犯罪化和轻刑化虽然是一种历史趋势，但是这并不意味着应该或者可以超越时代实行轻刑化。使犯罪人受到应有的惩罚是刑法的内在属性。① 罪刑法定原则要义之一在于保障无罪的人不受刑事追诉，意味着至少要从程序上做到被告人不被冤枉，而并非意味着被告人必然在罪行处断上得到任何额外的让利。至于给予其尊严和人道上的关怀则是另外一回事，那是民众权利的应有之义。而从刑罚的惩戒与预防目的角度而言，罪刑法定原则对刑法适用性的制约也是出于为实现惩罚的正义与效率价值。以此，有利被告并非是罪刑法定原则的必然结论，也无法成为罪刑法定原则的最好注释。

邱兴隆教授还在我国刑事政策那里寻找到有利被告的政策根据，认为，有利被告原则与当代中国几成传统的"可捕可不捕的不捕，可判可不判的不判，可杀可不杀的不杀"的刑事政策不谋而合。因为，"不捕""不判"与"不杀"既是对被告有利的选择，也是司法者摆脱二难困境的路标。这与"有疑问便有利于被告"不但貌似，而且神合。② 姑且不论这种口号式的刑事政策是否忽略了对被害人的应有观照，仅将其置于中国的司法语境中，它究竟又蕴含或者展现了多少实践价值？实际上，它是作为制约或者防止"严打"扩大化的一种附属政策出现的，但很快就被"严打"的风暴所淹没，变异成"可捕可不捕的捕，可判可不判的判，可杀可不杀的杀"。不过，虽然"严打"作为一种基本刑事政策在司法实践中仍留有时代印迹，但是随着更加契合法治精神的宽严相济刑事政策的确立，对犯罪者甚至捎带所有被告人倾向于"稳、准、狠"的时代终要画上一个句号，姑且不论也罢。仅就当下宽严相济刑事政策而言，也绝非当然成为犯罪者的庇护所，因为这一刑事政策的主旨在于，强调对刑事犯罪区别对待，当严则严，该宽则宽。因而排除程序上对被告人也是对所有人的应有观照之外，就其精神实质而言，

---

① 张明楷：《刑法学》（第三版），法律出版社2007年版，第54页。
② 邱兴隆：《有利被告论探究——以实体法为视角》，《中国法学》2004年第6期。

宽严相济刑事政策并未体现出对被告人"恩宠有加"。

就刑法而言，刑事政策是其灵魂与核心，① 就刑罚而言，罪刑法定原则是其不可突破的底线。对任何一项涉及刑法（刑罚）的原则或者规则进行考察，都无法脱离其与此两层含义的关联。从上文分析可以看出，无论是刑事政策还是罪刑法定原则都没有体现出对有利被告的特别观照，就此，可以得出一个基本结论：有利被告论并不可信，而就其对被害人的再次伤害而言，有利被告论亦不可行。

四 择一认定是对存疑有利被告论的加功么？

所谓择一认定，是指虽然不能确信被告人实施了某一特定犯罪行为，但能够确信被告人实施了另一处罚较轻的犯罪行为时，可以认定另一犯罪的成立。② 这一命题产生于19世纪中叶的德国，后经德国、日本、中国台湾等地区的理论阐释和司法践行，日渐成熟。在我国大陆地区，直到21世纪，才为学界关注。择一认定在一定程度上能够促进刑事政策之机能并有助于某些具体疑难案件之纾解，但总体而言，仍存有不少值得探讨的地方。比如，其逻辑上是否周延、有没有入罪倾向、会不会制造司法实践新困惑、是否有违罪刑法定原则等等。

我们姑且抛开择一认定理论本身是否合理的相关纷争，仅就其理论立场而言，乍一看来，它好像是站在被告人的立场，替被告人说话。其实，在张明楷教授看来，"法官只能选择处罚较轻的犯罪判处，可谓有利被告"，不过其话锋一转，"不能因为某种特定罪名不成立，而轻易宣告无罪从而有利于被告，这可谓对'存疑有利于被告原则'的限制"。③ 事实上，择一认定理论则恰恰是为防止司法中无罪判决的泛滥而出现的。正如学者所言，为避免违反公平正义的无罪判决，选择确定理论容许法官在一定的条件之下，就处于选择事实选择关系的案例，判处被告一较轻的罪名。④

---

① 陈兴良：《刑事政策视野中的刑罚结构调整》，《法学研究》1998年第6期。
② 张明楷：《刑法学》，法律出版社2011年版，第66页。
③ 张明楷：《"存疑有利于被告"原则的适用界限》，《吉林大学社会科学学报》2002年第1期。
④ 林钰雄：《严格证明与刑事证据》，台湾学林文化事业有限公司2002年版，第173页。

第四章 刑事司法新视域

需要说明的是，无罪推定尽管已经成为现代法治国家刑事司法中的一项重要原则，但奉行无罪推定并不意味着无罪判决一定增多。实质上，无罪推定只是一种为防止法官主观偏见的理念，而不是一项裁判规则。无罪错判成有罪和有罪错判成无罪都是司法中的错案，因而对"宁可错放、不可错判"的倡言要有清醒的认识，不能一遇到争议案件，为了避免和被告人群体产生不必要的纷争，就选择无罪认定以息事宁人。但是，别忘了，在有被害人案件中，选择无罪判决哪怕是从轻判决都可能引起被害人群体的抗议。当然，司法实践中，也可能因为顾及其他因素而产生另外一种现象，即在面临争议案件时，如果主张无罪，就显得时髦，被认为明智；如果主张有罪，则显得落伍，被认为僵化。[①]

以此而言，择一认定理论对司法中无罪判决的泛滥起到了必要的警醒作用。由此，也进一步表明，择一认定理论不仅无法明示有利于被告的立场，反而在更大程度上是基于对"存疑有利被告原则"的限制。这一点也可以从其理论的源流那里得以印证，"刑事政策的需要和经验，即法院在模棱两可的情况下一般不做无罪判决，而是试图多少有些强制地做出明确的认定，有着决定性的意义。如此，全面承认择一认定的大门也就敞开了。当帝国法院刑事判决69，369首先承认这一结果后，1935年6月28日的法律无保留地规定了择一认定"[②]。

借助经常用于说明择一认定理论的一个经典案例加以讨论，也会发现，这一理论往往倾向于，在模棱两可的情形下，出于刑事政策或者司法实践的需要，牺牲被告人的利益。例如，警察在被告人住处查获一辆被盗汽车。在接下来的刑事诉讼证明中，可能会得出三种结果。第一种是该车系被告人盗取，第二种是被告人窝藏他人犯罪所得，第三种是该车为被告人在不知情的情况下购买或者接受。当然，如果能确切得出第三种诉讼结果，自然只能宣布被告人无罪。但问题在于，当合理排除了第三种可能，只是在第一种可能和第二种可能之间犹豫不决时，也就是

---

① 张明楷：《"存疑有利于被告"原则的适用界限》，《吉林大学社会科学学报》2002年第1期。
② [德] 汉斯·海因里希·耶赛克、托马斯·魏根特：《德国刑法教科书》，中国法制出版社2001年版，第182页。

说，对于到底是盗窃还是窝赃，无法得出准确结论，陷入事实不明的状态时，如何处置？择一认定的理论旨趣显然倾向于对被告人适用较轻的法条。

而事实上，在此情形下，按照"分离的观察方法"来看，无论是盗窃还是窝赃，均未得到证实，由此应宣告被告无罪。为何择一认定理论坚持至少让被告人承担较轻的罪责，是基于无罪判决可能会阻碍刑法（刑罚）预防功能的实现这一认识，因为既然已经证实被告人实施了两种犯罪行为中的某一种，缘何又让其逍遥法外，如此的裁判是否具有正当性是值得怀疑的。如果我们在上述的情形不想接受无罪判决的结果，那么就必须要针对这种情形创设一个疑罪从无原则的"例外"，使行为人负起（在某种程度上）应得的刑事责任，这就是择一认定制度形成的来由。[①]

另外，择一认定理论秉持疑罪从轻而非罪疑唯轻的立场。罪疑唯轻源于无罪推定，不同于"疑罪从轻"，"疑罪从轻"本质上是违反无罪推定原则的，而罪疑唯轻是指存疑时有利于被告。故罪疑唯轻原则亦会导致证据迟疑不能决者，唯有做成无罪判决之后果。因此，罪疑唯轻原则亦可谓罪疑唯无原则。[②] 可见，择一认定所主张的疑罪从轻虽然在一定情形下有利被告，但是绝不轻言放弃对被告人的刑事追诉，相反，还可能会借助对被告人从轻发落的借口遮蔽了其"入罪"的本来面目。根本而言，择一认定是对无罪推定的反动，从其理论源流、宗旨和实践来看，择一认定理论并非对存疑有利被告论的加功，相反，进一步削弱了存疑有利被告论的根基。

五 结语：规则的例外

类推制度在当代走向末路已成为不争的事实，为了禁止类推解释的死灰复燃，必须同时禁止有利被告之类推。而鉴于"扩张解释"的扩张本性和有利被告论的不可信及不可行，对于有利被告之扩张解释需要

[①] 蔡圣伟：《论罪疑唯轻原则之本质及其适用》，《战斗的法律人——林山田教授退休祝贺论文集》，林山田教授退休祝贺论文编辑委员会2004年版，第175—176页。

[②] 林山田：《刑事程序法》，五南图书出版股份有限公司2004年版，第93页。

第四章 刑事司法新视域

持怀疑态度。当然，也正如上文所言，因为扩张解释在当下仍有生存空间，所以，至少在人们对扩张解释概念和内涵等理解尚未达成一致的情况下，笔者并不绝然反对扩张解释之运用。只是主张，在进行扩张解释时请不要打着有利被告的幌子。但是笔者禁止扩张解释的学理倾向是明显的，并为此预设了如何禁止扩张解释的路向，即先期确立有利被告扩张解释之禁止规则。不利被告之扩张解释反而因为尚未完全脱离中国的司法语境而予以保留。等到"形式的罪刑法定在中国的土地上生根发芽"①的那一天，秉承刑法学应当成为"最精确的法学"②的精神，也到了扩张解释论废止的时候。不过，仍然坚持有规则就会有例外。在无被害人案件中，倘若国家自愿出让权力配置的，在司法实践中仍然可以允许有利被告扩张解释之适用。

第二节 带着镣铐舞蹈：典型司法案件的法社会学镜像

一 司法案件被典型之后

"典型案件"不仅仅作为一种普通用语挂在民众嘴边，也是一种学术用语挂在期刊网上。③ 一般而言，"典型"意指具有代表性的人物或事件，词义属中性。但异化的语境下，"典型"这个词完全可以沾染上贬损之意。比如"某地人的典型特征"。以此，本节将分析司法案件在特定的情境下成为"典型"究竟意味着什么。

自从网络飞入寻常百姓家，民众可以依托网络这种具备强大视听功

---

① 于志刚：《罪刑法定原则认识发展中的博弈》，《法学》2010年第1期。
② 王世洲：《刑法学是最精确的法学》，载罗克辛《德国刑法学总论》，王世洲译，法律出版社2005年版，译者序。
③ 笔者通过中国知网（1979—2011年）在检索项"题目"一栏中输入"典型案件"进行精确查找，论文达124篇之多；"关键词"一栏搜索中，则有393篇；"主题"一栏搜索则为895条。通过中国期刊全文数据库（1980—2011年），在检索项"篇名"一栏中输入"典型案件"进行精确查找，论文亦有120篇；"主题"一栏中更多达740篇之多；"关键词"一栏亦有347篇。尚不包括与之相近的"典型事件""热点案件""热点事件"等。亦有人给"典型案件"明确定义，即"典型案件"在中国大众语境中通常是指已经发生的、具有特别意义的案件，甚至有走向判例法的可能。参见章剑生《作为行政法上非正式法源的"典型案件"》，《浙江大学学报》（人文社会科学版）2007年第3期。

· 215 ·

能的介质作为阵地释放情绪、显示情结。这使得事件成为"典型"变得相对容易，而且其影响力散播亦呈几何倍增趋势。作为一般民众，当其认为权益受到侵害无法获得有效救济、哭诉无门之际，为吸引众人围观、博取同情、引起有关部门注意，似乎上网聊胜于"上墙""上树""上电线杆""上高架桥"。但网络终究是一把"双刃剑"。首先，人们无法剔除不怀好意之徒的起哄，更无法阻断无端媒体的渲染。即便我们承认参与事件评论的绝大多数网民出发点并无不当，但因道听途说的难免是谎言而无法准确查知事件的本原，故无法阻止民意的泛化和异化。而且，就司法案件而言，即便普通民众知道案件始末与真相，也会因为不能准确运用法律术语和法律思维表达意图，而使得事件之外的异质性因素进一步堆积，终至混淆了什么是真实意图、什么是虚假表示，进而模糊了、至少是干扰了司法事件决断者的眼睛。

所以，"典型"了未必是好事。以司法案件被典型化而言，虽然它可能一时间成为人们茶余饭后的谈资，以及成为学者们引经据典、著书立说的材料，甚至机缘巧合之下有可能上升到成为启动某部法律出台、开启某项司法制度设置的"标杆"，但是对典型司法案件的当事人和直接参与人而言，有时候事件被典型化，也许意味着其厄运的序幕才刚刚开启。

特别是自"人肉搜索"引擎启动后，网络上一直暗流涌动，连带网络下的平静也被打破，但凡曾在网络上喧嚣过的司法案件，其当事人有几个还能一如往昔？有的虽逝者已逝，但若有灵魂也不得安宁，活着的有时甚至"生不如死"。药家鑫也好、赵作海也罢，还有牵连进来的主审的法官、辩护的律师、声援的亲友、帮腔的学者、作证的学生与村民，有几个能够"全身而退"？

此处，仅以"南京彭宇案"作为印证。自"彭宇案"成为中国司法史上的一个"标志性事件"之后，牵涉此中的相关人员的梦魇便开始了。不仅网络上的各种"口水之潮"大有吞噬一切之势。真实世界里，各路媒体包括猎奇者或蹲守，或围堵，致使事件女主角徐秀兰一家再无宁日，最终搬家以求片刻清静。但跑得了和尚跑不了庙，其房屋租客亦难堪其扰，只能换租。被徐家弃用的电话的新主人也因为"天天被打错"受骚扰而懊恼不休。"城门失火殃及池鱼"，就连邻居也因为

第四章 刑事司法新视域

经常被按错门铃，最终愤而切断门铃线以图耳根清净。因为"彭宇案"，年轻的律师高式东确乎火了一把，但自从彭宇"输"了官司，高式东这几年"隐藏"了。彭宇案的主审法官王浩也离奇地被调往街道办事处工作。而另一主角彭宇不仅因此失去工作，还离开了南京这座让他伤心不已的城市，并更换了手机号。①

"硝烟"散尽，虽不见"边庭流血成海水"，但也是"哀鸿遍野"。而且，令人迷惑的是，这场战争的胜利者是谁？我们还要追问，究竟是谁让这些案件摆上了桌面，成为"刀俎鱼肉"。事实证明，绝大多数典型司法案件都是被绑架着戴着脚镣跳舞。那么，牵涉其中的当事人、司法、媒体和民意，谁是绑架者，谁是被绑架者，谁又是最终的胜利者，此将成为本节探讨的中心话题。

二 谁是绑架者：民意？媒体？

近年来，一些司法案件如"孙伟铭案""药家鑫案""李昌奎案"被典型化的过程中，总夹杂着剪不断理还乱的民意与司法之间的纠葛。有人说是媒体煽动了民意，最终二者合伙"绑架"了司法；有人说司法"玩弄"了媒体、"强奸"了民意；也有人说法律的归了法律、民意的归了民意。各种说辞纷至沓来，"乱花渐欲迷人眼"，即便定睛凝神亦真假莫辨。但依从"无病一身轻"的自然法则，似乎媒体和民意更可能因来去自由而扮演绑架者的角色，司法尤其是当事人则深陷其中无力自拔只能任人宰割。

（一）民意的失范

民意是什么？要给民意下一个准确的定义的确有些困难。好在这不是本节的重心。不过，民意往往因为缺失必要的理性而泛滥则成为人们的共识。正如麦迪逊所告诫，"即使所有的雅典公民都是苏格拉底，每次雅典会议的成员依然会是一群暴徒"②。

不可否认，民意的交流与散播成为界分人与动物的标志性行为，当

---

① 《南京彭宇案追踪，老太已搬家，主审法官调离岗位》，参见 http://bbs1.people.com.cn/postDetail.do? boardId=1&treeView=1&view=2&id=112772538。
② [美]亚历山大·汉密尔顿、约翰·杰伊、詹姆斯·麦迪逊：《联邦党人文集》，张晓庆译，中国社会科学出版社2009年版，第262页。

刑法科学化进程中的新探索

人类遭受整体性灾难或遇到蔓延性心理恐慌时，往往可以借助这种特质度过危机。仅就民意对司法现代化的促进而言，公众对司法事件背后的违规操作所表达的"民愤"，在一定程度上可以起到减少司法腐败、促进司法正义的监督作用。但民意"口口相授"的传播方式和语言载体本身的流质性，很容易致使民意的洪流冲破理性的堤坝。

"跟风"就是民意失范的最好注脚。因为无知或有意起哄，一味地"随大流"一定无助于民意的良性发展。毫无疑问，"跟风"是失却理性的表现。在"药家鑫案"中，众人对网络上"药家鑫不死，法律死"这句名言的崇信即是例证。同时，这也表明了此间非此即彼的偏执逻辑占据了民意的主导地位。以至于，腾讯网在策划药家鑫案件的"今日话题"中认为"皆曰可杀，不容置喙"的公众心理是药家鑫死罪难免的决定因素，并感叹如果一个社会充满"无正义的伪理性"，那么必然会逼出很多"反理性的伪正义"。①

逻辑上的背反本身也是对理性的背弃。民意的反复无常、不论道理、不讲逻辑实在令人纠结。例如，既然规范意义上，马加爵更应处死，却因为家境贫寒、刻苦勤奋、长期受人欺负，而博得民众同情。药家鑫罪行稍轻，而且亦曾刻苦学习，却因没有长期受人欺负、媒体无端渲染、公共知识分子不当评判②惹怒了民意，就最终堵死了其免死的所有进路。一样的大学生，同样残忍的故意杀人，主要因为有人抢先发表了偏袒意见，就引起公愤。看来人们痛恨的不是药家鑫，而是替药家鑫帮腔的人。射箭尚要对准靶心呢，如此民意还按照常理出牌么？

民意虽不可违，但民意有时令人不寒而栗！不可否认，人性的深处定然有一根善良的弦瑟，一经撩拨宛若春风习习；亦无法否认，人性的暗角也蛰伏着恶的巨魔。因而，在民意的洪流中必然凝结着一股潜藏人

---

① 《李玫瑾挨骂与孔庆东受捧》，http://view.news.qq.com/zt2011/lmjkqd/index.htm?pgv_ref=aio。

② 有媒体称药家鑫是个"品学兼优""安静""文气""多次获奖"的"优秀学生"。参见张寒《从撞人到杀人药家鑫的蜕变》，《新京报》2010年12月6日。李玫瑾教授亦忘情地依从职业习惯评价药家鑫的动作是在他心里有委屈、在他有痛苦、在他有不甘的时候，却被摁在钢琴跟前弹琴的一个同样的动作。参见《药家鑫杀人心理分析》（http://video.sina.com.cn/v/b/50736491-2071395861.html）。

第四章 刑事司法新视域

性丑陋的恶源。"围观起哄""喊打过街老鼠""痛打落水狗",一如杀红眼的刀客,逮谁是谁。"一人犯罪,株连九族",在"药家鑫案"中,当事人自然是口诛笔伐人人喊打的对象,律师、证人、发表意见的学者也都成为谩骂的对象。

"民意"发挥最大功效所依赖的手段——"舆论"是否足够可靠?在学者看来,"'舆论'这个词本身可能被公认为最危险的罪恶的代名词。人们可能借助习惯和联想教会自己去怀疑那些在他们不动脑筋的情况下莫名其妙地钻进他们头脑里的倾向和信念,而这些倾向和信念只要其来源未被追究,任何一个被雇用来制造的聪明的组织者都能制造"①。

这就预示着民意在一开始就可能偏离中立的轨道。因为无法要求每个人都能整齐划一,对于司法案件的评判,必然包含着评论者的个人立场,而抢得"沙发"的评论总能以各种方式影响后来者,但却阻止不了被后来者不断篡改,从而使得汇集起来的民意在一开始就可能偏离了方向。

民意的失范几乎成为一种常态,网络的"保护色"所招致的"言论无节制"则加剧了这种趋势。心态各异的网民遁形于千里之外发表着各种无须负责也无法深究的言论,或激越,或思辨,或愤慨,或悲悯,自由且散漫地张扬自己的个性。当然,在互联网时代,这些言论可能会最终提炼出大众化语并通过它占据话语霸权。虽然,在学者看来,作为占据统治地位的大众话语也可能是伪造出来的"万众一心",是被诱导、被灌输、被体制化的通用心灵,并非自有主见而所见略同的公共理解。② 但无法否认民意的权威被肢解和重构,一股股汇集起来,发起一次次冲锋,成为势不可挡的洪流,冲刷着一个个被典型的司法个案,涤荡着牵涉其中的每个人。正如庞勒所言,在一场大众运动中,人群的智力特别是思考能力、逻辑推理能力和分析能力直线下降,反而是激情的演讲、精巧的暗示、耸人听闻的流言、强有力但是却缺乏逻辑分析的

---

① [英]格雷厄姆·沃拉斯:《政治中的人性》,朱曾汶译,商务印书馆1995年版,第126页。

② 赵汀阳:《每个人的政治》,社会科学文献出版社2010年版,第144页。

语言能够占据上风。① 在强悍的视听冲击面前再透彻的说理也往往显得如此蹩脚。面对携雷霆之势的民意洪流，主审的法官能否做到"两耳不闻庭外事，一心只在判决书"？能否一如有人期盼的那样，法律的归法律，民意的归民意？在失态的民意面前，这恐怕真要打上一个大大的问号。

（二）媒体的失德

毋庸置疑，在现代社会中，"媒体"更多时候是以正面形象示人的。主流媒体既是社会公信力的代表，也是民众获取信息的主要渠道。同时成为人们鞭挞丑陋、伸张正义、获得救济的较为妥当的便捷途径。通过网络、电视浏览新闻几乎成为当下人们的生活常态。

不过，这也恰好为媒体报道的事件由"老鼠变大象"提供了深厚的思想基础和群众基础。采用奇巧的语体、新异的构思包括"小葱变大树"的"杂耍"都是媒体吸引人们眼球的"技巧"。而此，正是媒体的"德性"。正如学者所言，大众传媒具有一种先天的内在矛盾：一方面，传媒的本性决定了它必须寻找广泛的受众市场和经济效应，而不是单纯地追求司法公正；另一方面，传播对象和影响因子的不确定性可能使传播的实际效果聚集多种社会力量，使结果具有不可预期性。这就把可以单纯纳入司法程序的、在法律上并不复杂的案件经传媒的渲染而变成一个有可能左右司法的社会性事件。当然，尽管传媒并没有着意影响司法程序与案件结果，尽管没有发表与司法有关的结论、意见或评论，但传媒的前期性工作或多或少地对法官产生了影响。一个充分接触案件的法官不可能忽视传媒的评论和报道，而其中的信息与话语极有可能潜移默化地渗透到法官的头脑中，作为裁判依据的一部分，这种影响却是很难做出区分的，因为法院与法官也是镶嵌或被包围在大众传媒氛围之中的主体。②

媒体在遵守德行和行规的情形下尚且如此，何况一些无端或者不良媒体添油加醋故意渲染，断章取义刻意歪曲，或者制造噱头引导事件升

---

① ［法］庞勒：《乌合之众：大众心理研究》，冯克利译，广西师范大学出版社 2007 年版，第 53 页。

② 栗峥：《传媒与司法的偏差——以 2009 年十大影响性诉讼案例为例》，《政法论坛》2010 年第 5 期。

第四章 刑事司法新视域

级,这些都可能会使事态变得更加扑朔迷离、真假难辨。

撇开媒体与司法之间的纠缠,当下社会上媒体和媒体人闹腾的事还少么?恐怕感受至深的是那些名人特别是娱乐明星们(当然他们之前仅仅是个"人名"如今变成了"名人"或许还得感谢媒体)。以"其他放两边,绯闻摆中间"为名训的"狗仔队"几乎成为明星们的梦魇。对于无处不在、无时不在的"狗仔队",明星们在"腾挪躲闪"无效之后,有些人会对狗仔队甚至新闻记者采取"怒骂""掌掴""吐口水""施老拳"等诸般招数伺候。但殊不知,此举恰恰再次中招,翌日他们又会成为"头版头条"。

对于司法事件,媒体的推波助澜和影响力总是令人印象深刻。"南京彭宇案"后,中国的土地上又雨后春笋般地冒出"彭宇案"的"重庆版""郑州版""广州版"。相声演员郭德纲也在《非常了得》节目中爆料,其母亲买菜时摔倒30分钟无人扶起。① 有人说,老人倒地没人扶,到底是谁搞坏了世道人心?与其说是司法,不如说是媒体,是媒体选择性的报道。②

虽然这种说辞有些偏激,但却提醒人们在参与评论社会事件的时候,一定要先叩问自己的良心。"我们应追问理性和良心,从我们最内在的天性中发现正义的根本基础。"③ 尤其是媒体,在策划制造一个典型司法事件时,务必斟酌一下,目的是为司法制度树立一个标杆,还是为人们对道德的衡量树立一个标杆?

对媒体而言,道德操守比职业操守更珍贵,媒体人在职业训练之前,更应该进行公德心的培养,在对每一事件报道时,多一点良心的检视。因为,"道德诉诸于人的良知"。④ 还因为,从人类踏入文明世界以来,道德就成为这个世界的主宰,成为人类社会一切文明的本源。更因

---

① 江苏卫视2011年11月9日《非常了得》(http://tv.sohu.com/20111114/n325574996.shtml)。
② 《媒体选择性报道让彭宇案谬种流传》(http://finance.qq.com/a/20100113/003150.htm)。
③ [美]本杰明·卡多佐:《司法过程的性质》,苏力译,商务印书馆2002年版,第45页。
④ [美]E.博登海默:《法理学、法律哲学与法律方法》,邓正来译,中国政法大学出版社2004年版,第389页。

为，道德的洪峰总是在不经意间被提起理性之闸，给人们带来灭顶之灾。

何况，随着人类社会的迅猛发展，人们的价值观、道德观也变得多元化，因而在已经萌生后现代解构主义色彩的当下，很难判断并分清主流道德与亚道德、真道德与伪道德之间的界限。即便分清，也会出现道德上的偏执。正如外国学者所分析的"一个社会的道德基调是由社会的上层阶级决定的"[①]。

陈兴良教授就曾以康德道义报应主义为例，责难道德不该成为社会生活的唯一准则："在社会生活中，道德规范固然具有重大意义，它对于法律规范，包括刑法规范也具有重要的制约性。但是，犯罪与刑罚作为刑法现象，主要应当遵循法律规范的评价。但是，康德却过分地强调道德评价，忽视了法律评价的重要性。康德甚至于还把道德对社会生活的作用强调到不恰当的程度，似乎不是道德为社会生活而存在，而是社会生活为道德而存在，这种道德至上论，完全是本末倒置。"而且，"道德罪过并非是犯罪的唯一本质"[②]。

由此，人们似乎嗅到时代上空弥散着一种道德的焦灼与恐慌。当然，"道德恐慌很少能够使任何真正的问题得到改善，因为受到攻击的目标往往是一些想象和象征。道德恐慌所利用的是既存的话语结构，这一话语结构发明出一些受害者，以便为它把'邪恶'当犯罪来对待的做法寻找理由。一般来说，道德恐慌的爆发，总是以寻找替罪羊的运动为其前奏的"[③]。

我们不愿如此悲哀，宁愿相信道德的底蕴和力量而选择信守道德。也相信坚守道德是抵御和补缺任何体制上罅隙的底线。为此，我认为对媒体的约束体制应当首先建立在道德根基上。或许媒体因为本来的德行而对司法事件造成了偏离正义目标的篡改，但是道德的底线却能保证媒体至少在一开始没有制造使这一事件偏离本来面目的噱头。

[①] [美]罗纳德·J.博格、小马文·D.弗瑞、帕特里克亚·瑟尔斯：《犯罪学导论——犯罪、司法与社会》，刘仁文等译，清华大学出版社2009年版，第600页。

[②] 陈兴良：《刑法哲学》，中国政法大学出版社2004年版，第290页。

[③] [美]葛尔·罗宾等：《酷儿理论》，李银河译，文化艺术出版社2003年版，第41页。

所以，媒体的失德体现在两个层面：一是不按照常理出牌，偏离了职业操守；另一层面则体现在媒体道德底线的突破，不按照伦理出牌，偏离了道德操守。对于司法事件而言，第一层面上的失德固然也可能会因带动司法机关、政府部门或组织启动非常规纠纷解决机制而遮蔽了司法的真实正义；第二个层面上的失德则不仅对于某一司法事件当事人意味着灭顶之灾，而且对于整个司法制度的打击也是毁灭性的。

所以一定意义上说，人们一直呼吁和企盼的媒体与司法之间的良性互动取决于媒体的德行。

三　谁被绑架了：司法？当事人？

施米特有一句名言：告诉我谁是你的敌人，我就能告诉你你是谁。这句话的狡黠之处在于什么都没说。不过却给本节的谋篇和布局尤其是深入论证带来一些警示：在司法案件被典型化过程中，民意、媒体与司法、当事人之间就真的是"你死我活"的敌对势力么？事实而言，相较于当事人双方的"真刀实枪"，民意、媒体一方与司法、当事人一方之间的争议似乎更像是一场"过家家"。但我始终认为，司法事件被典型直至被戴上枷锁不管有没有受益者（在客观上不排除有人以此获益，比如，事态的扩大化和公众化至少解决当事人投诉无门或无人问津的困惑，再比如，处理得当的有关官员可以借此获得政绩等），但一定有深受其害者。那么，受害的一方会是谁呢，司法、当事人，还是案件本身？在笔者看来，司法案件本身虽然是被挟裹着戴着脚镣舞蹈，但是究其本质，它只是一个没有感官的外壳，仅是事物得以展开的活动场域。认知并感受苦与乐的是参与到其中的主体。

（一）司法的无奈

在典型司法案件中，司法机关和司法人员承受的压力主要来自以下几个方面：

其一，陷入典型案件本身预设的"标杆困境"。案件一旦成为典型似乎就意味着能成为某种标杆。"许霆案""彭宇案""药家鑫案"等确乎都有一定的标杆意义，于是才会有"云南许霆案""重庆彭宇案""赛家鑫案"的说辞。不仅一般公众这么认为，有关法学专家、司法人员也这么认为。比如中国政法大学终身教授陈光中称："北海事件是司法制度上的标志性事件"①。云南高院的副院长田成有则对媒体宣称，"李昌奎"案10年后会是一个标杆。② 姑且不论这种标杆能否最终成真，标杆效应能维持多久？③ 也就是说不管你是"真标杆"还是"假榜样"，参与其中的司法人员都要承受比处理一般司法案件更多的压力，这就是"头雁"的困惑。

其二，当事人施加的压力，当然这是每一个司法案件中司法人员都要面对的，并非典型案件独有。这也是最直接、最令人感到逼仄的压力。以"李昌奎案"为例。对于李昌奎二审改判，王家人（被害人一方，笔者注）坚决反对：王廷礼、陈礼金（被害人父母，笔者注）夫妇俩到云南省检察院和省高院上访；王家崇（被害人哥哥，笔者注）在各大网站发帖呼吁网友关注；王廷金（被害人伯父，笔者注）则发动亲属、村民共计200多人签名抗议死缓判决。④ 另一方也没闲着，李昌奎的哥哥李昌贵说："如果李昌奎被判死刑立即执行，我们李家将恨王家一辈子。"⑤ "按住葫芦起了瓢"，司法机关和司法人员无时无刻不感受到来自案件双方当事人所施加的压力，并且很难顺畅完成利益蛋糕的切分，达至两全其美的效果。

其三，来自民意的压力。这是连绵不绝后劲十足的压力。霍姆斯曾言："法的生命是经验而非逻辑。"⑥ 法律的终极目标在于成为民众的习惯，依赖的方式是法律的普及，其效果则取决于此项法律有无习惯的因子，而这种蕴含生命力量的因子是在经验中孕育绝非逻辑所能造势。换言之，能够顺利成为习惯的法律必定从习惯中来。这是法治的意义也是法治的方式。在此过程中，民意常常经由司法反馈给立法，因而司法不

---

① 曹勇、黄秀丽：《中国律师界杠上北海公安》，《南方周末》2011年7月28日。

② 贺方：《对再审"李昌奎"案的期待和建议》（http：//opinion. people. com. cn/GB/15177602. html）。

③ 事实上，对于云南省高级人民法院副院长田成有关于"李昌奎案"的标杆论，很快就有人质疑："'李昌奎案'立志要成为10年后标杆的案件，其标杆效应都没存续10天，这是不是搬起石头砸自己的脚？"参见贺方《对再审"李昌奎"案的期待和建议》（http：//opinion. people. com. cn/GB/15177602. html）。

④ 《李昌奎案的免死"金牌"惹官民舆论战》（http：//news. qq. com/a/20110715/000580. htm）。

⑤ http：//bbs1. people. com. cn/postDetail. do? id =111872850&boardId =3。

⑥ O. W. Holmes, *The Common Law*, Macmillan, 1986, p. 1.

第四章 刑事司法新视域

仅检验法律普及的程度同时影响着法治的最终走向。在此意义上，司法必须认真对待民意，法官通过了解民意增长阅历，才能对法律做出合理解读，司法机关倾听民意才能不断修正运行机制。可见，民意与法律自始至终都相伴相生以致无法撇清关系，"法律的归法律、民意的归民意"只是一厢情愿的妄谈，参与到典型案件中来的民意的力量注定要通过法官渗透到司法机关的运行机制中来。

其四，来自媒体的压力。这是密不透风绵里藏针的压力。媒体不单会制造噱头，还会制造舆论。"舆论将个案推演为公共事件，常常会对司法构成压力。"[1] 媒体人长久以来养成的职业技能使其能够在公允与偏颇的刀锋上见机行事，其娴熟的语言运用和精巧的谋篇布局能够迅速通过情节设定来占领话语权的"制高点"。在具体的司法案件中，媒体往往通过叙事且逼真的话语，"根据社会教化语境下的善恶标准将案件主要人物进行划分和定位"从而自编自导完成"人物的形象建构"。[2] 正如学者指出，"话语设计是大众传媒制胜的一个主要手段"，在一系列典型司法事件中，人们"首先接受到极具视听和形象感的新词汇——躲猫猫等，这一个个极具创意的词汇足以吸引更多的民众关注。因为这些极具震撼性的词汇很容易使民众产生想象，它们总是能最形象地表述出该诉讼案件的离奇与独特之处，总能在第一时间抓住民众的注意力。同时，这些词汇包含了极大的情感色彩与态度，带有明显的倾向性。正是这些词汇所具有的独特魅力，使并未接触案件的大众很容易被灌输有色彩的第一印象，从而影响对整个诉讼案件的真正判断"[3]。而且媒体人的这种能力显然会感染并传染给司法人员，使他们能够在经过渲染和雕饰的"真实场景"中相对从容地把"相同的证据材料中获得的事件片段，通过叙事、修辞的技巧建构出不同的事实文本"，并得出

---

[1] 侯猛：《政法传统中的民主集中制》，《法商研究》2011年第1期。
[2] 刘燕：《案件事实的人物建构——崔英杰案叙事分析》，《法制与社会发展》2009年第2期。
[3] 栗峥：《传媒与司法的偏差——以2009年十大影响性诉讼案例为例》，《政法论坛》2010年第5期。

"不同的判决结果"①。这也是媒体对司法所施加的影响和压力的结果。

在对司法事件的加工上,民意和媒体可能并非相互捭掇并始终步调一致,但二者火借风势、风助火威必然会对司法乃至立法形成有力冲击。早就有学者指出,"立法有时在媒体话语的冲击下展开,不少制度安排是应对媒体话语冲击的回应型产物,立法活动被简缩为'冲击—回应'的被动过程,形成了基于媒体话语的压力型立法"②。面对媒体和民意夹攻的典型司法事件,一向以沉稳著称和惯以稳定性为内在要求的立法尚且如此,司法机关"偶尔"的相机行事就不难理解了。但问题是,"立法和媒体传播的内在逻辑并不相同,如果媒体话语过度渗透,形成压力型立法,那么,立法过程很可能失去应有的冷静、慎重"③。与立法相较,司法的机动性和灵活性固然能使"纸上的法"成为"活生生的法",但也正是这种便捷,为司法迎合大众口味和奉承媒体意旨演化为压力型司法开辟了"避风港",而这恰恰是令人担忧的。

虽然,在特定情势面前,司法并无太多的周旋空间,有时会显得如此落寞与无奈,顺应型司法或许成为最好的选择。但笔者并非迁就和纵容司法可以见风使舵,这绝不是司法应有的品性,突破原则的"灵活"必将招致司法权威的旁落。因而,笔者固然反对迫于情势的压力型司法,但从情势变更的角度,则倾向于接受立基于现实的顺应型司法。相较于压力型司法而言,顺应型司法多了些许的主动。因为顺应型司法要求司法机关和司法人员未雨绸缪,在司法案件成为典型之前就要建立常规的应对机制,而非等司法案件成了典型之后才临渴掘井。

(二) 当事人的无助

在司法案件成为典型之后,相对于司法的无奈,案件当事人更多时候显得无助。

事实上,一旦事件被曝光,直至成为典型,当事人总会因为"原形毕露"而无处遁形,纵有万般说辞难敌八方来袭,最后留给世人的往往是那苍凉无助的背影。比如近期发生在娱乐界的"狼吻事件",男

---

① 刘燕:《案件事实的人物建构——崔英杰案叙事分析》,《法制与社会发展》2009年第2期。
② 吴元元:《信息能力与压力型立法》,《中国社会科学》2010年第1期。
③ 同上。

第四章 刑事司法新视域

主角陈浩民一开始"态度强硬"极力否认,继而称自己因为"好客",最后"态度软化,并正式公开道歉"①。其前后态度反差恰好印证典型事件的发展脉络和大致走向:当事件逐步升级时,当事人正一步步坠入谷底。

就典型司法案件中当事人的考察而言,我们将撷取一些具有全国影响力的典型性案例作为范例。其中以北京义派公益团队发起、南方周末和中国法学会案例研究专业委员会联合主办的 2009 年、2010 年的"中国十大影响性诉讼"的评选案例为主要蓝本。②并结合之前的如"许霆案""孙伟铭案"和今年的"药家鑫案""李昌奎案"等作为分析样本。

当然,有趣的是,笔者把这些案件作为研究"材料"使用本身极具功利色彩,同时这种研究已经算是默认了这些案件的"标杆意义",并且为之成为"典型"添加注脚。但愿没有因此搅扰案件当事人及其亲属,戳到他们身上永远的痛。尤其对已经离开这世界的当事人,本着逝者已矣的习俗,本不该旧事重提。但笔者已然陷入利用"典型"给"典型"说事的研究陷阱,难以放弃这些最便于考察民意、媒体、司法、当事人之间纠葛的样本。

就司法事件成为典型对当事人的影响而言,大致可以区分为两种演进趋势:一种是朝着对当事人不利的方向发展,甚至一步步陷其于万劫不复的深渊。另一种则"似乎"朝向好的形势发展。前者如"刘涌案""药家鑫案""李昌奎案""李刚门事件"等;后者如"许霆案""赵作海案""邓玉娇案"等。当然,这种有利或者不利是在相对意义上所做的划分,因为在同一事件中有有利的一方,也有不利的一方。而笔者是

---

① 《"狼吻"事件升级,陈嘉桓憔悴抵港誓讨公道》(http://news.chinafilm.com/201111/2278148.html)。

② 2009 年十大影响性诉讼案件分别为:李荞明看守所离奇死亡的"躲猫猫"案、农民工张海超"开胸验肺"案、唐福珍"暴力抗法"案、邓玉娇"官员与女服务生"案、张晖"钓鱼执法"案、河南灵宝"跨省追捕"案、杭州胡斌"飙车"案、冒名顶替"罗彩霞"案、李庄案、"临时性强奸"改判案。2010 年十大影响性诉讼案件分别为:李启铭校园撞人案("李刚门")、赵作海案、"进京抓作家"案、"安元鼎"保安公司设立"黑监狱"案、江西宜黄拆迁自焚案、陕国土厅否决法院判决案、长沙官员以维稳抗拒法院裁决案、腾讯诉360不正当竞争案、"喝开水死亡"案、陈森盛被单位强制治疗案。

刑法科学化进程中的新探索

在以对事件主角为主体分析对象的思路上展开研究的，比如"许霆案"典型化以后，仅就量刑而言，事件主角许霆从中"获益"了。此外，也有对于事件双方当事人而言并无有利或不利而只是在混沌中被推搡着前行的案件，如"彭宇案"，没见到谁是最终的获利者，就此，笔者在上文中已经做出详细的交代。

此处主要延循"有利或不利"的思路，首先考察对事件主角不利趋势的典型案件，看看"药家鑫们"被"典型"之后的情形。

对于药家鑫，正如学者所言，当药家鑫案被推上舆论的巅峰，尤其是当案件成为传媒和公共知识分子讨论人性、宽容、文明等"普世价值"的平台时，药家鑫再无免死的可能。因为社会公众已经被传媒和公共知识分子激怒。这些愤怒最终指向的目标必然是罪已至死的药家鑫，社会公众因此宣称"药家鑫不死，法律必死"，通过诸种"本土资源"而免药家鑫一死的空间几乎不存。[①]

赛过药家鑫凶残的李昌奎，因为一审的死缓而声名鹊起，当98%的微博网友认为其罪该当死的时候，李昌奎在"公众狂欢"的背景下走向深渊似乎也是一种必然了。

当忽然有一天"李刚"不再是一个人名而成为一个代名词和寓意体在中国的土地上滋生并蔓延开来的时候，已然意味着牵涉其中的主角们的好日子将暂告一段落。不管是真心"忏悔"还是假意"道歉"，人们的确看到李刚放下往昔的尊严"声泪俱下"了。而事件始作俑者李启铭，我们虽然无法还原其喊出"我爸是李刚"这句话的真实神情，但是可以确定的是这句注定成为经典的"流行语"定会深深铭刻在他的记忆里，并将伴随和影响他一生。

还有一个代子受过的李姓父亲——李双江也在"李天一打人事件"升级为"准公共事件"之后，屈尊亲往医院看望受害者并声称甘心受领棍棒。[②]李天一本人也因此被收容教养一年。当然有人为此愤愤不平，认为对只有15岁的孩子处罚过重，都是舆论惹的祸，与当事人的

[①] 陈柏峰：《法治热点案件讨论中的传媒角色——以药家鑫案为例》，《法商研究》2011年第4期。

[②] 《李双江现身医院看望伤者，诚恳道歉称绝不会纵容儿子》（http://society.people.com.cn/GB/1062/15622064.html）。

· 228 ·

第四章 刑事司法新视域

特殊身份高度也有关联,并预测,李天一的前途会变得暗淡。①

那么,情势看好的典型司法案件中的当事人一定会迎来生命的新曙光么?与"真相可能永远死去"且本人亦已永远逝去的聂树斌相较,赵作海能够逃脱囹圄之灾并且受领国家赔偿,算是不幸中的万幸,因而他似乎有理由"喝口小酒、听着豫剧"面对新生活露出"微微的笑意"。可是不久,他的"新生活"已经"面目全非"了:因为受领65万巨款这事人尽皆知,被传销组织骗走小二十万;也因为有了些钱导致亲戚反目;赵作海此刻再次陷入孤寂,正在苦思冥想怎样才能躲过他人生中的"第八十一难"。②

"赵作海们""许霆们""药家鑫们"仍然在品尝着"典型"带来的阵痛。而笔者却陷入了深深的沉思:为何几乎所有的典型司法案件对那些当事人而言,只意味着旧伤未愈、新痛又来?

(三) 结语

"战争是死神的盛宴",任何一场战争都是由尸骨和鲜血堆积而成。对于司法案件的典型化而言,这是一场没有硝烟的战争,而且是没有胜者的战争。在这场视觉盛宴中:民意似乎可以快意恩仇了,但在我看来,民意的洪流时刻面临泛化的危险,随时可能被扭曲以致异化,甚至有一天参与其中的任何一个人都有可能成为直接受害者。媒体呢?循规蹈矩尚且无风三尺浪,制造噱头则无异于自毁形象。当事人?虽然有人可能享受了一时的惠利但挡不住被公众化的命运。而对于司法,在舆论面前任何的彷徨与无奈或者处理偏差都是对司法威信的致命损害。

因而,这不仅仅是一两个当事人的悲剧,也是一场场司法的悲剧。虽然苏力教授曾言,道德对司法悲剧的上演并无必然的关联,③ 但笔者宁愿相信并期盼道德对司法的救赎力量,在应对司法案件典型化运动过

---

① 参见搜狐微博特邀中国政法大学、青少年犯罪与少年司法研究中心主任皮艺军教授做客微访谈的谈话内容(http://t.sohu.com/talk/1009355?1=1&next_cursor=0&page_no=3)。

② 刘珏欣:《65万赔偿金让赵作海生活"面目全非"》(http://news.qq.com/a/20110914/000939.htm)。

③ 苏力教授曾说过,司法的悲剧并不都是官吏的司法道德问题,而是与科学技术的发展相关,参见苏力《窦娥的悲剧——传统司法中的证据问题》,《中国社会科学》2005年第2期。

程中，任何娴熟和精巧的司法技术都会沦为替补，唯有道德自律才能带给人们一些生机与希望：通过对民众、媒体人和司法人员的道德告诫与修复，使司法进程重新回到理性的轨道上来或者在司法程序启动的那一刻就让它们处在正确的轨道上。

"典型"抑或"标杆"无非是词语的伪饰，笔者所真切看到的是这些司法案件被一次次戴上枷锁，但愿它们不会被一次次送上绞刑架。

第三节 如何安放被害人——刑事错案纠正之后

近年，随着中共中央政法委员会、最高人民检察院和最高人民法院三机关关于防止（防范）冤假错案的意见的陆续出台，司法系统明显加快了平反冤假错案的步伐。据最高人民检察院工作报告显示，2013年全国各级检察院对认为确有错误的刑事裁判提出抗诉的案件为6354件。法院系统亦密集平反、纠正了一批多年前的错案和因证据不足或因证据存疑的案件，引人注目的如浙江张氏叔侄案、河南李怀亮案、浙江陈建阳案、福建念斌案、广东徐辉案等。

无疑，对刑事错案的拨乱反正，宏观上体现了司法改革锐意进取的勇气，也契合法治化的要旨，而对于蒙受不白之冤或者因为程序出错而遭受刑罚苦楚的受害人而言，则是天大幸事。虽然多年的囚禁之灾为其制造的精神苦楚一时难以消解，但重获自由和物质上的赔偿也算是一味镇痛剂。

需要注意的是，敢于纠错固然勇气可嘉，但纠正一个刑事案件往往比审理一个刑事案件还难，须谨慎为之，司法机关切勿因为要紧跟形势，而出现集中处理冤假错案的跟风式运动，否则可能会矫枉过正。倘若错上加错，不仅有损实质正义的根基，亦无益于形式正义的实现。特别是，如何安放涉及其中的被害人将成为摆在人们面前的现实问题。在"真凶现身"或者"亡者归来"的错案中，尚不存在被害人情绪波动过大的问题，但在一些因为证据不足又找不到真凶的情形下，刑事疑案改判之后难免会遭遇来自被害人一方的阻碍，也面临如何平复被害人情绪和均衡被害人物质帮助的问题。如果处理不当，无异于安抚了一只受伤的绵羊，却不经意制造了一头凶猛的狮子。这就意味着，刑事法治体系

第四章 刑事司法新视域

不仅要凸显被告人权利保障的意识,还应当充分彰显被害人保护的精神。

基于此,刑事错案纠正之后如何对待被害人具有重大的法治价值和社会意义,亟待纾解。本节将结合一些具有重大社会影响力、特别是涉及死刑等重刑的典型案件进行剖析。

一 两个前提问题

(一)关于刑事错案

"人无完人,孰能无过。"刑事错案是刑事司法程序的衍生物,几乎不可避免。正如罗尔斯所言,即便法律被仔细地遵循,过程被公正恰当地引导,还是有可能达到错误的结果。[①] 当然,这不应成为犯错者的开脱之词,因为任何一件尤其是涉及死刑等重刑的刑事错案都可能会给涉及其中的人带来灭顶之灾,也会给刑事司法的文明化进程蒙上一丝阴影。毕竟,哪怕是一次不准确的判决也会污染水流。何况,有些刑事错案并非司法者小心求证而是其疏忽甚至枉法裁判的结果。笔者于此只是提议人们应当持开放的心态看待它。错则错尔。关键在于如何纠错,以及纠错之后如何对待牵涉其中的主体。

循此进路,首先需对刑事错案加以界定。关于刑事错案的概念界定,大致的结论是刑事错案乃处理决定与案件事实或法律规定不符的刑事案件。[②] 不过这一界定虽然突出了其对案件发展客观规律的扭曲,却忽略了其中司法人员招致冤案、假案的主观过错,而且其表述中还引发了关于"法律真相"和"事实真相"悖论的问题。至于是"法律的错案"还是"真实的错案",仍有理论思考的空间。从本节的研究进路来看,刑事错案意指司法机关改判之后的案件,既然司法机关改判,那么在程序意义上,它就是错案。当然,要给刑事错案下一个准确的定义确实很难,基于概念本身的复杂性和其所处语境的特定性,刑事错案会呈现不同的含义。好在这不是本节的分析重点。笔者将在考察刑事错案的

[①] [美]约翰·罗尔斯:《正义论》,何怀宏等译,中国社会科学出版社1988年版,第86页。

[②] 王晋、刘志远:《关于刑事错案界定与判定的反思——以检察环节为视角》,《法学杂志》2007年第6期。

分类过程中寻找分析基点。

其一，从外延来看，刑事错案有广义、中义和狭义之分。

广义的刑事错案是指任何具有瑕疵的刑事案件。主要包括刑事隐案、刑事漏案、刑事冤案、刑事疑案、刑事假案和非因合法是由停顿下来的案件。

刑事隐案的出现在一定程度上归咎于社会犯罪应对与控制机制。在广义上，其当属刑事错案范畴。虽然与刑事隐案之未进入司法视野不同，刑事漏案不仅最终进入司法程序，亦可能并无处理不当问题。但将其归入刑事错案范畴，只因司法者有错在先。在错案范畴内，刑事疑案是指那些在事实认定或法律适用上存在疑问，被司法者不当认定的案件。刑事冤案和假案的成因错综复杂，但多是司法者制造出来的。

中义的刑事错案应摒除未进入司法程序的案件，主要包括刑事冤案、刑事疑案和刑事假案。

狭义的刑事错案仅指刑事冤案和刑事假案。因为从狭义角度而言，刑事疑案中的被告人被认定为罪犯并不一定冤屈，只是在刑事法学理上其事实认定和法律适用上有值得商榷之处。刑事冤案与假案多因证据不足使得案件存疑，亦可因司法人员违规操作或者故意枉法裁判而导致。冤假错案乃典型的刑事错案，成为刑事司法的最大污染源。

其二，依据案件的现实样态，刑事错案可作显性与隐性之区分。显性的刑事错案是指经过司法机关纠正的案件。隐性的刑事错案是指未被察觉或者虽已被察觉却未予纠正的事实上的刑事错案。换言之，从其所处阶段来看，刑事错案可以分为已决的刑事错案和未决的刑事错案。实际上，未决的刑事错案乃刑事疑案，如上所述，只有经过司法机关依法裁决为错误的案件才是刑事错案。当然，这里的刑事疑案与上文分类中使用的概念有所差异。上文主要是在刑事实体意义上使用，而此处主要在刑事程序意义上使用。

其三，根据案情程度，刑事错案有轻微与严重之别。轻微刑事案件涉刑较轻，往往社会关注度不大，不容易成为社会典型案件。严重刑事错案涉刑较重，特别是涉及死刑的刑事案件容易引起社会广泛和持久的关注。在另外一个层面，根据司法机关犯错程度，刑事错案亦有一般错误与严重错误之分。当案件在认定事实上没有根本偏差，只在法律适用上有值得商榷之处时，其可视为一般刑事错案。在事实认定上出现明显偏差或者法律适用上出现重大错误所导致的刑事错案都是重大刑事错案。不过司法实践中，一般的情形是，性质严重、涉及重刑的案件在法律适用上不会出现多大出入。错误的性质多属于认定事实错误，即司法机关在没有确实、充分证据的情况下认定了被告人的犯罪事实。最终纠正错误裁判的理由都是原判证据不足以认定原审被告人实施犯罪的事实，或已经发现了指控的犯罪事实系他人所为。事实认定错误导致重大冤、错案件，这是错案领域的一种普遍现象。[1]

其四，从再次启动司法程序的原因来看，刑事错案纠正活动主要存在以下几种情形：有的是基于"真凶"出现；有的是因为"亡者"归来；有的是由于案件本身证据不足。依据基本的常情常理，前两种情形下的刑事错案的纠正活动并无多少障碍，而在法治信仰尚处培植阶段的当下，后一种情形可能会遭遇来自以被害人为中心的各方压力。

本节倾向于在狭义立场考察刑事错案。因为，刑事冤假错案容易引起社会的广泛关注而成为典型司法事件，纠正错误之后仍然有强劲的后续跟踪，这给研究提供了丰富的经验素材。虽然刑事疑案也可能产生同样的社会效应，但其中究竟孰对孰错不易判断。所以，基于本节以刑事错案纠偏之后的情形为考察重心，宜坚持狭义的研究立场。基于此，隐性、未决的刑事错案不在本节考察之列，在遴选刑事错案实践案例时，亦以严重刑事错案为主。

（二）关于被害人

刑事错案中的被害人也是刑事案件中的被害人，在我国一般称为刑事被害人，美国、韩国等国称之为犯罪被害人。只是刑事被害人是在原初意义上使用，而刑事错案中的被害人是延伸概念，是在刑事案件被司法认定为错案时使用。

我国刑事法律文本虽然频繁使用"被害人"一词，但并未给其下定义。美国《犯罪被害人权利法》将其定义为，直接或间接遭受犯罪

---

[1] 李建明：《死刑案件错误裁判问题研究——以杀人案件为视角的分析》，《法商研究》2005年第1期。

行为侵犯的个人。① 这里的"间接"限定在"最接近"上。并且在特定情形下可以将"个人"解释为州、地方和联邦政府机构等单位。② 据此，一般意义上，刑事被害人是指受犯罪行为直接或间接侵害的人。

需要说明的是，刑事错案中的被害人并不是刑事错案中的受害人。因为一般而言，刑事错案的受害人是指因错案而遭受囹圄之苦甚至灭顶之灾的当初的"被告人"或者"罪犯"，是需要启动国家赔偿以尽可能地弥补其遭受的损失的"那个人"。

与之不同，广义的刑事被害人除自然人外，还包括受犯罪行为侵害的单位、团体乃至国家与社会。侵害行为亦不仅仅限定为犯罪行为，甚至包括违法行为在内的一切越轨行为。正如学者所言，被害人是因他人的犯罪行为（一般也包括尚不构成犯罪的违反刑事法律的行为）而受到伤害、损失或困苦的个人和实体。③ 受害程度不仅限于直接的物质和精神损失，只要其正常生活受到影响。侵害对象也不限于直接对象，甚至延伸至因犯罪行为感到危机的潜在受害者。因为，在犯罪行为直接侵害对象的周围总会存在一个或大或小、或疏或密的关系体，其利益或多或少受到犯罪行为的侵扰。甚至，还有人基于生态中心主义立场，提出应当承认动植物和自然环境本身作为被害人的地位。④ 由此，广义的刑事被害人是指一切因犯罪行为而遭受利益侵害的"人"（包括自然人、单位、团体、国家乃至自然环境等）。

狭义的刑事被害人是具体犯罪行为的受害者，是指其人身、财产或其他权益遭受犯罪行为侵害的人。⑤ 刑事被害人可分为自然意义上的被害人和法律拟制的被害人。前者是指受犯罪行为直接侵害的个体，而后者多指程序意义上的被害人。不过，法律拟制的被害人一般也是犯罪事件的利益受损者。当然，这种划分并不绝对，因为与犯罪行为的原初被

---

① 吴大华、邓琳君：《美国〈犯罪被害人权利法〉扩张适用及其启示》，《现代法学》2014年第5期。
② 朱嘉珺：《美国联邦刑事被害人赔偿制度》，《苏州大学学报》2014年第3期。
③ 郭建安：《犯罪被害人学》，北京大学出版社1997年版，第3页。
④ 吴大华、邓琳君：《美国〈犯罪被害人权利法〉扩张适用及其启示》，《现代法学》2014年第5期。
⑤ 陈光中：《刑事诉讼法》，北京大学出版社、高等教育出版社2002年版，第79页。

害人关系亲密的法律拟制被害人往往也是自然意义上的被害人,特别是在直接被害人因犯罪而死亡的案件中,其关系体中的近亲属亦要受到精神和物质上的双重打击。

本节研究主要围绕狭义的刑事被害人展开,但同时兼顾广义上的刑事被害人。因为,本节分析样本中有不少属于命案,其直接被害人多已死亡,所以在狭义角度考察这些刑事错案纠正之后的被害人生存样态成为不可能。另者,本节将刑事错案中的被害人限定为自然人。因为,只有自然人才最可能面临精神上的困顿和经济上的窘迫,才最需要情绪平复和经济补救等后续工作的开展。

二 刑事错案中的被害人反应样态考察

刑事案件中受伤最深的莫过于被害人,而刑事错案又使得当初的"犯罪者"饱受酸楚,成为另外一个受害人。好在,后者往往成为安抚的对象,司法机关亦会谋求如何给予其赔偿。问题在于,刑事错案纠正会不会再次触及被害人的伤痛,致使其遭受二次伤害。在一些因为犯罪者无力赔偿或者司法救济不足的刑事案件中,被害人本就有怨尤。再加上基于对程序意义的不甚了解,或者基于私心,特别是在一些非因"真凶现身"或"亡者归来"的重刑案件中,当其在刑事错案纠正之后,发现原先的"犯罪者"不仅获得自由,还获得"丰厚"的经济赔偿,可谓"名利双收",他们会不会因此积怨再起,衍生出新的抗争事件。这些都是摆在人们面前的现实问题,也是对中国刑事司法法治化的重大考验。笔者将撷取一些典型刑事错案考察涉及其中的刑事被害人的反应。

(一)样本的遴选

古今中外的刑事司法史表明,法治不彰时代,冤假错案屡见不鲜。尽管当下中国法治畅行,但刑事错案仍时有发生,经年累积,数量竟相当惊人。所以,基于本书的研究主旨,笔者将时间维度界定在20世纪80年代以后,案件性质定位在经过媒体曝光具有较高社会效应、涉及无期徒刑或死刑的重刑案件。重点考察对象是具有原初被害人明确反应信息的案件。分析样本的选取平台为网络、报纸、期刊等媒介。

笔者共收集到从1980年至今媒体公开报道的刑事错案218起。其

刑法科学化进程中的新探索

中涉及死刑、无期徒刑的重刑错案83起。通过仔细阅读、筛选，笔者在这83起刑事重案中，能捕捉到被害人在纠错之后表达不满或者表示理解等"发声"之信息的案件有9起。分别是：湖北"杨锡发强奸杀人案、河北"张新亮杀妻案"、湖北"王洪武杀妻骗保案"、河南"李怀亮杀人案"、安徽"于英生杀妻案"、浙江"五青年抢劫杀人案"、福建"念斌投毒案"、广东"徐辉强奸杀人案"、内蒙古"呼格吉勒图强奸杀人案"。

从这组数字可以看出，在成为社会热点事件的刑事错案中，能够在其间搜寻到被害人身影的寥寥无几。稍加推敲可知，并非被害人一方无话可说，造成被害人"失声"局面的主要原因是，新闻媒介关注焦点往往是刑事错案的受害人，而非刑事案件的被害人。人们按图索骥，更多地同情刑事错案的受害人，而再次忽略了刑事案件的被害人。其实，作为被害人，在忍受多年伤痛之后，还要面临被揭起伤疤之苦。何况有些案件中的受害人与被害人乃亲属、邻里关系。在一些刑事错案中，有受害人获释返乡的第一件事情就是燃放鞭炮以示欢庆，如云南"范家礼父子杀人案"。还有的受害人归来竟获得"大半个村子的人"的迎候，如河北"徐东辰杀人案"。可想而知，身处其境的被害人情绪出现波动甚至有过激反应亦在所难免。

当然，还有一种情形是刑事错案中的受害人或因已被执行死刑（湖南"滕兴善杀人案"），或因其他原因冤死狱中（河北"宋保民强奸案"）。这种情形下，刑事案件的被害人基本都会三缄其口，没有出现过激反应。之所以如此，可能因为在人们心目中，人死为大，人都不在了，还有什么好说的。甚至在一些故意杀人案中，被害人归来还主动为"凶手"申诉冤情。所以，此类样本亦不作为本节的分析重点。

（二）样本中所涉刑事被害人的具体反应

延循此思路，笔者将受害人尚在的刑事错案作为分析重点，并按照刑事案件纠错的启动原因将其主要划分为三类：一是因"亡者归来"，二是因"真凶现身"，三是因"证据存疑"。

在"亡者归来"的刑事错案中，基本不存在本节所言的被害人的反应问题。此类案件主要有两种情形，一种是"无头尸案"，"凶手"被司法人员"移花接木""冠名"在刑事错案受害人头上，如湖北"佘

第四章　刑事司法新视域

祥林杀妻案"。在此类案件中，真实被害人无从知晓，假想被害人又安然归来，所以不存在本节所言的被害人反应问题。另一种是根本没有被害人，乃"纯属虚构"的刑事错案，当"被害人"出场，"闹剧"自然落幕，也不会有被害人反应问题。此类如河南"赵作海故意杀人案"。

"真凶现身"的刑事错案，亦大致分为两种情形。第一种情形是案件纠错程序是因为真凶现身而启动，如云南"杜培武故意杀人案"。第二种情形是因为证据不足等疑问而启动纠错程序，在再侦过程中捕获"真凶"，如安徽"于英生杀妻案"。后一种其实质属于案件因"证据存疑"而启动，"真凶现身"不过是"拔出萝卜带出泥"而已。一般而言，在此类刑事错案中，被害人并无过激反应，毕竟"冤有头债有主"。只是在后一种情形中，被害人可能会在"凶手未定的真空期"而出现情绪波动。如在安徽"于英生杀妻案"中，于英生2013年8月无罪获释直到2013年11月抓获真凶。在这段空白期，被害人还是呈现出较大的情绪波动。报道称，"该案中被害人韩某的死对于父母是一个沉重打击，终致韩父过早离世"。在"于英生无罪获释后，被害人韩某的家人一直不肯原谅他，他们坚持认为于英生就是杀害韩某的凶手"，只是在"得知真凶落网后，被害人的母亲才表示不再恨女婿了"[①]。

一般在因"证据存疑"启动并最终得以纠正的刑事错案中，被害人情绪波动较大，仅就媒介公开的资料来看，有的痛苦不堪、有的充满仇恨、有的表示绝望。

如在福建"念斌投毒案"中，痛苦不堪的被害人家属坚持认为凶手就是念斌，并徘徊于法院门前多日不愿离去。[②] 广东"徐辉强奸杀人案"中的被害人父亲满腔都是刻骨仇恨，"要求徐辉杀人偿命的话被反复地提起，声音中满溢的悲怆带着一股火药味扑面而来"[③]。河南"李怀亮故意杀人案"中被害者父亲郭松章则表示，家里已经陷入绝望，

---

① 李显峰：《蚌埠官员杀妻冤案真凶是交警》，《京华时报》2013年12月4日第22版。
② 王田歌：《念斌投毒案追踪：被害者家属至今未离开法院》（http：//news. xinhua-net. com/yzyd/legal/20140826/c_ 1112237300. htm.）。
③ 杨亮：《姗姗来迟的司法纠正与徐辉案背后难以消弭的仇恨》（http：//paper. nan-du. com/nis/201405/19/218254. html.）。

刑法科学化进程中的新探索

不知道日子还怎么过下去。① 被害人母亲杜玉花则擦拭着泪，反复说着："谁来还我闺女公道！"② 悲愤之情溢于言表。

也有被害人显得迷茫、无助，如湖北"杨锡发强奸杀人案"中的被害人家属就感到"原本明晰的仇人形象一下子变得模糊，凶手似乎成了一个捉摸不到的印象"，但其仍不忘寄希望于公安机关能尽早破案，将杀害自己女儿的真正凶手绳之以法。③ 同样寄希望于司法机关的还有浙江"五青年抢劫杀人案"中的被害人家属，只不过他们希望"这一次司法机关不要再搞错了"，话语中尽是无奈与悲哀。④

不过，也有一些刑事错案中的被害人虽然疑惑，但情绪还算稳定，例如河北"张新亮杀妻案"中被害人家人并不痛恨女婿，只是疑惑"不是他，能是谁呢"。虽然被害人母亲得知女婿获释拒绝与其见面，却又以"反正没这个闺女了"来安慰自己。⑤

与之相较，有些案件中的被害人不仅表示理解，甚至还由衷高兴。在湖北"王洪武杀妻骗保案"中，媒体这样描述王洪武的岳母韩秋林，这些天来她望眼欲穿："在王洪武兄弟俩放出来的那天，我要带着他们的孩子和所有的亲戚朋友去迎接他们，我们要写一封很大很大的感谢信，贴到高院的大门口。"⑥

在以上不同的刑事错案中，被害人反应的巨大反差主要源于被害人与受害人之间关系的亲疏程度。就收集到的刑事错案文本来看，在被害人表示理解、宽容受害人的刑事错案中，二者之间都存在亲属关系。

另外，因"证据存疑"而启动纠错程序的一些案件，或者是证据明显存在问题，如河北"徐计彬强奸案"；或者乃司法人员伪造或者隐匿证据而制造冤案，如河南"张振风强奸案"。当这些案件真相公之于世时，其被害人亦能够平复情绪、坦然接受。

---

① 卢美慧：《李怀亮案不予抗诉检方促警方再立案》，《新京报》2013 年 5 月 9 日第 1 版。
② 孙思娅：《死者家属：谁来还我闺女公道》，《京华时报》2013 年 4 月 28 日第 11 版。
③ 张振军等：《湖北枣阳：58 岁的"强奸杀人犯"，两年后从死刑走向无罪》，《中国法治观察》2004 年第 10 期。
④ 祝优优：《迟来的审判》，《法治周末》2013 年 5 月 29 日。
⑤ 刘秀平：《张新亮"杀妻"疑案》，《法律与生活》2006 年第 3 期。
⑥ 傅剑锋：《"杀妻骗保"：从死刑到无罪》，《南方周末》2005 年 6 月 16 日。

总之，媒介等公共平台显示出的刑事错案中被害人反应，负面情绪居多。被害人与受害人之间的亲属或邻里关系固然有时可以消解一些怨愤，但是丧亲之殇随时可以吞噬理智，而司法运作在其间往往成为左右被害人情绪的重要介质。例如在河南"李怀亮故意杀人案"中，被害人与受害人本为邻里，且关系不错，自从公安机关告诉她李怀亮是凶手并且其本人也承认了之后，被害人一家就坚定了这一看法。李怀亮获释之后，杜玉花口中还是一口一个杀人犯地叫着。这是因为公安局抓了李怀亮、检察院批捕了李怀亮、法院也判了李怀亮。若非如此，她又何必为难李怀亮。[①] 这恰恰是本研究关注的重点，即当刑事案件成为错案之后，社会各界尤其是司法机关如何才能在对待受害人和被害人时达成平衡，避免"按下葫芦浮起瓢"？

三 该如何安放刑事错案纠正后的被害人

在措辞上，笔者刻意选择"安放"一词，而没有使用学术气质稍浓一些的如"对待"等词。原因在于，上述样本中，原初被害人多已逝去。在中国当代的生命伦理语境中，亡灵安息仍有一定的符号意义。刑事错案纠正之后，善待并妥当安置受犯罪事件侵害一方，也算是对逝者有个交代。

虽然，上述案件样本显示，刑事错案纠正之后，很少有被害人因为情绪过激而制造事端，也不见被害人因此走上私力复仇的犯罪之路，但这并非表明被害人安抚工作开展得有声有色。实际上，刑事错案纠正之后的被害人精神抚慰与物质帮助问题并未得到应有的重视，多数情形下被害人的"苦果"需要"自我消化"，相关的制度也不完善。例如在内蒙古"呼格吉勒图强奸杀人案"中，案件纠错之后，被害人杨家人并不关心呼格案的进展，"没有意义，反正人都已经死了"。对于谁是真凶，杨家人也懒得去追究。倒是有一点，杨某的大哥想不通：为何作为受害人，自始至终我们一分钱的赔偿都没有？[②] 由此可见一斑，就此，笔者下文将予以剖析。此处需要指明的是，不要安心甚至醉心于"这

[①] 孙思娅：《死者家属：谁来还我闺女公道》，《京华时报》2013年4月28日第11版。
[②] 谷岳飞：《再审之后》，《新京报》2014年12月20日第14版。

里的黎明静悄悄",被害人的"禁声"并不意味着"平安无事"。毫无疑问,因为犯罪事件和错案纠正程序的双重压力而集结的负面情绪在被害人那里时刻"暗流涌动"。

而且,被害人的负面情结影响的不仅仅是其本人,并同时影响了以被害人为中心集结起来的被害人群体甚至更远的人群。"受害者们热衷于把自己的伤口展现给大家看,并希望可以得到关心和同情。他们对此有很强烈的愿望。从某种程度上看,其实是把别人束缚在他们的受害者情结中。"① 可见,被害人负面情结所带来的影响已然成为人类共同体中的一个不稳定、不和谐的音符。

为此,人们需要注意并予以承认的是,刑事错案纠正程序有时就是衍生乃至引发被害人负面情绪的导火索。本着有侵害就有救济的理念,需要构建与刑事错案纠正程序相配套的被害人救济机制。这一救济不同于之前刑事司法程序中的被害人救济,而是在刑事错案定性之后与受害人赔偿同等对待情形下的救济。这句话说起来容易,但事实上,一旦启动刑事错案纠正程序,司法机关往往热衷于寻找案件本身和程序推进中的可疑之处,很少赋予被害人参与和表达的空间。

于此,首先要厘定刑事错案纠正的原则问题,当然,这也是法治理念问题,即如何对待刑事错案纠正。就此,有学者认为,在错案纠正方面,对有利于被告人的错案纠正,应该采取客观标准,"坚持有错必纠";而对不利于被告人的错案纠正,应该根据一事不再理原则和既判力理论进行严格限制,原则上不予纠正。② 这种看法笔者不敢完全苟同。姑且不论是否能够真的有利于被告,实际上,诸多司法程序的设计动因、目的及其运行机制并非都出于有利被告。因为,司法的精髓本该"不是选择对被告人最为有利的解释,而是选择正确的解释"③。而且,人们还会追问,凭什么有利被告?"没有对被害人基本人权的呵护,同样没有现代刑法的诞生,刑法的存在也将失去其合理的基础与社会的支

---

① [美] 格雷格·拜尔著:《真爱生活》,王玉梅译,中国铁道出版社 2010 年版,第 83 页。
② 陈学权:《刑事错案的三重标准》,《法学杂志》2005 年第 4 期。
③ [德] 汉斯·海因里希·耶赛克、托马斯·魏根特:《德国刑法教科书(总论)》,徐久生译,中国法制出版社 2001 年版,第 190 页。

第四章 刑事司法新视域

持。呵护被害人应当成为现代刑法得以安身立命的基本内容和基本任务。"① 因此，一如上文所言，对待刑事错案除了持开放与宽容的心态之外，还应当对待当事人一视同仁，不能设定将被害人救济排除在外的单一标准，并确立仅仅针对受害人的单方救济体系。

那么，在确立应当认真对待刑事错案中的被害人之后，如何构建被害人救济体系呢？为此，至少要面临并解决以下两个方面的理论问题。

其一，之前的遗留问题如何解决？纠正刑事错案犹如在刀锋上行走，自然会遗留诸多问题，姑且勿论刑事错案本身就是个历史遗留问题，也不说因"证据存疑"而定性的错案会衍生出新的社会问题，此处只关注刑事错案中被害人已经获得的赔偿或救助问题。

刑事错案中的受害人在早期的司法进程中是被视作"犯罪者"对待的，因而会存在一些案件已经给付了赔偿金的情形，而当案件被定性为错案、"犯罪者"无罪获释，亦不该承担附带民事赔偿责任，那么，这些"赔偿金"理应如数返还给受害人。但问题是，通过何种方式返还赔偿金，是受害人直接向被害人索取，还是通过司法机关追回？如果遇到被害人实在无力偿还的情况怎么处理，是受害人自认倒霉放弃追索，还是由司法机关予以补偿？当然，可能的情形（因为，未有实践中案例佐证，所以只能推测）是，受害人为了息事宁人或者出于人道主义考虑，会放弃赔偿金的追偿。如果受害人坚持主张赔偿金追偿权而被害人又无力偿还或者其因仇恨怨尤而导致情绪难平不愿意偿还的，司法机关则需要基于人道主义、司法安宁以及过错承担等因素予以垫付，之后可向负有责任的司法人员追偿，也可在做通被害人工作之后予以追回。不过，后一种追回显然不宜推行，在实践中也无法推行，因为这与本该给予被害人经济救济的做法相冲突。

至于，被害人因刑事错案中的受害人无力赔偿，或者诉讼旷日持久而未获得赔偿金却获得一定数额的国家经济救助金的，当然不宜收回。此外，国家还要面临再次救助的义务。原因在于，受害人毕竟是犯罪事件的受害者。作为社会秩序的守护者，国家有义务保障公民的安全。国家未尽保护义务加之司法机关在刑事诉讼中未尽责任导致错案从而对被

---

① 蔡道通：《刑事法治：理论诠释与实践求证》，法律出版社2004年版，第237页。

刑法科学化进程中的新探索

害人造成双重打击，理应想方设法恢复刑事被害人原有的生活状态。当然，被害人原有的生活恐怕再也无法复原，国家能做的只有"聊表心意"了。

其二，后续的救济工作如何展开？犯罪事件的打击不仅使得被害人精神萎靡，经济也陷入困顿。而耗费时日的刑事错案纠正程序又使得一部分刑事被害人因为疲于抗争而陷入彻底穷困的境地。以河南"李怀亮故意杀人案"为例，为质疑该案审判管辖权和审判结果，被害人家属至今还奔波在上访的路上，一家人贫病交困。姑且不论他们会不会在某些时候放弃使用"弱者的武器"而"恶逆变"[1]为拿起"复仇之剑"，这种不稳定不光威胁其自身，同时具有面向更广社会群体的辐射性。当务之急，就是安抚其情绪，并同时给予其应有的物质帮助。

接下来，人们面临的是如何建立刑事错案中被害人救助制度的问题。随着被害人学的理论兴起和国外被害人救助经验的引入，逐渐催生了我国被害人救助制度的实践探索。不过，这一做法总体上带有"临时性""过渡性"和"有限性"。与其他国家和地区的刑事被害人国家补偿制度相较，我国践行中的刑事被害人救助制度存在补偿对象单一、范围狭窄、金额有限、条件不明确、标准不统一、没有专门机构和程序失范等缺陷。[2]

虽然学界讨论的被害人救助问题并不是本节的关注重心，但笔者于此还是要说明，我国被害人救助工作至少存在以下两个方面的问题亟待解决，而这两方面的问题恰恰是关涉刑事错案纠正之后刑事被害人救助的。

一方面，我国刑事被害人救助缺少持续性。对陷入困顿的刑事被害人，救助不仅要及时，还要持续。实证研究表明，目前的被害人救助方

---

[1] 恶逆变是指被害人在受到犯罪行为侵害后，在不良心理的支配下和其他因素的推动下，导致被害人的逆向变化，即从被害人向施害人方向的转化。参见王丽华《美国被害人保护制度及其借鉴》，《社会科学家》2012年第7期。
[2] 熊秋红：《从刑事被害人司法救助走向国家补偿》，《人民检察》2013年第21期。

· 242 ·

第四章 刑事司法新视域

式均以一次性金钱给付为主,而且救助标准不高。[①] 前期的救助金如果能及时到位,对于特困刑事被害人而言无异于"雪中送炭",但是,这种"一步到位"且"适可而止"的救助往往只能解一时之急,却难除后顾之忧。加之我国并无相关的被害人社会保障体系,所以大多数的情形是刑事被害人长期生活在"水深火热"之中。特别是当案件被定性为错案之后,有的刑事被害人还要面临错案受害人赔偿金的索取问题,这不啻"雪上加霜"。当然,改变这一局面的长效机制是建立统一规范的被害人国家赔偿制度,并将刑事被害人救助纳入社会保障体系。虽然,国外的被害人补偿制度多采用限制补偿的原则,但是其往往以被害人社会保障体系作为后盾,所以拓展了刑事被害人救助体系的多元化和后续性。不过,这种后续工作的开展是针对所有需要关注的刑事被害人的,并未见有任何国家的立法或司法案例显示对刑事错案中的刑事被害人给予特别的关注。而以我国目前的情形来看,构建完整的被害人国家补偿制度和被害人社会保障制度非朝夕之事。当务之急是,在重视一般刑事被害人救助工作持续性的同时,应特别考虑如何将救助工作延伸至刑事错案纠正程序中来,追加刑事错案刑事被害人救助的工作量,逐步构建包括刑事被害人司法救济、国家补偿、社会保障和社会救济组织帮扶等在内的多元化的救助体系。

另一方面,我国刑事被害人救助倾向于物质层面,而忽视了精神损害补偿和心理抚慰。与民事上因侵权行为可主张精神损害赔偿不同,我国刑事立法以及相关司法解释并不支持犯罪事件所造成的精神损失的赔偿要求。这也成了我国司法实践中刑事被害人救助一贯忽视精神层面的法律指引。事实上,精神抚慰并非没有必要,也不是无法实现。说其并非没有必要,是因为刑事案件的受害人所遭受的精神创痛往往重于身体之苦,而刑事错案纠正的"二次打击"无疑又加剧了这一症状。如果处理不当则会引发被害人的仇恨情结。可以说,仇恨是人类的一种天性。在国家权威驾临之前,私力复仇被视为人类社会中的一种普遍正义。只是国家强力禁止私力报复之后,犯罪事件所引燃的复仇怒火才被

[①] 代春波、姚嘉伟:《检察机关刑事被害人救助制度实证研究》,《中国刑事法杂志》2012年第10期。

国家追诉程序所压制或吸纳。反过来也印证"司法制度的基础动力就是人们的复仇本能：如果受害人或其亲属没有复仇意识，司法审判就很难启动"[①]。当然，被害人复仇的情绪也可能会为犯罪者的尽心尽力赔偿和真诚道歉所消弭，但刑事错案纠正程序的启动则极可能意味着"重新洗牌"，谁能保证隐藏起来的怨愤不会再次作祟。正如上述一些案例描述的那样，被害人家属又重走"上访路"。

而复仇的情绪又会带来心理上的隐忧。相较于经济困顿，精神和心理上的创伤更难修复。所以，提倡刑事被害人精神和心理层面的救助也是对救助工作需要持续开展的另一个要求。至于刑事错案中刑事被害人，精神救助和心理修复可以通过司法工作人员登门致歉，司法机关聘请有关心理专家进行心理辅导等方式实现。

与之相关，刑事错案中被害人救助制度还要体现被害人的参与度。一直以来，公诉案件中被害人的参与权因被国家追诉权截留与吸收而被广泛提及。就上述列举案例而言，除少数案例发回重审之外，多数涉及重刑的刑事错案纠正程序都在终审之后启动。不管再审程序是依职权启动还是依被害人的申请启动，一旦进入审判阶段，被害人参与权"打折扣"的情境就可能会再现。例如，在诸多刑事错案重审或者再审阶段，并非每一个被害人亲属都能领取旁听证。

果敢启动刑事案件追错程序，固然体现了司法者知错能改的勇气。但知错能改不等于知错善改，而且任何后程序都不能保证一定是对前程序的推进，事实上后者也可能是对前者的反动。所以，司法者必须保持清醒，认识到刑事错案纠错是把双刃剑，才能由此秉持公心，认知到刑事错案纠正不仅仅关乎错案受害人的切身利益，也关乎刑事被害人的切身利益。以此而言，保证刑事被害人参与到刑事案件纠错程序中来，获悉案件进展情况、表达自己的意见也是对他们的另一种救助。这就要求，保障被害人参与权、知情权、表达权并非仅仅停留在口头，对待一些因为犯罪事件而陷入困境无力参与到刑事诉讼中来的刑事被害人，还要为其提供一定的物质帮助。例如在美国，为了帮助被害人获取各种信

[①] 苏力：《法律与文学——以中国传统戏剧为材料》，生活·读书·新知三联书店2006年版，第44页。

第四章 刑事司法新视域

息，美国司法部设立犯罪被害人办公室，其中一项重要的职能就是为被害人提供资金。而英国亦通过《犯罪被害人操作法案》，将"确保被害人能保持对案件进展情况的了解"规定为司法机构提供给被害人援助的一项最低标准。①

综上，当刑事错案成为检验司法改革决心和勇气的重要司法指标时，必须同时关注并处置刑事案件纠错程序中的被害人参与权、知情权、表达权等权利保障问题，基于本节的主旨，特别是如何解决刑事错案纠正之后的被害人物质救助和精神安抚问题。至于应当如何具体设计我国的刑事错案中被害人救助体系，笔者并不想简单借鉴甚至套用以往相关理论经验。毕竟这是一个新问题，需要等待实践中的经验积累，笔者于此的提议是粗略的，只期抛砖引玉，而更为具体的研究尚需推进。

---

① Chris Lewis、Tom Ellis：《一个刑事被害人保护的法律、政策与实践》，载李霞译、张鸿巍主编《刑事被害人保护问题研究》，人民法院出版社2007年版，第207页。

第五章 犯罪学新探索

秉承刑事一体化的研究路径，犯罪学也是刑事法学中的重要分支。人们在犯罪学领域的探索，同样会给刑事法理论和实践带来启示。对于社会中存在的一些越轨行为，如果仅仅停留在刑法学视域中分析，可能会有所偏颇甚至疏漏。刑法学研究的是犯罪行为的法律构成要件，目的在于就此类犯罪如何准确适用刑罚。换言之，刑法学主要是在规范层面上研究犯罪，而犯罪学则是在事实层面上研究犯罪行为的发生、运行等规律。所以，犯罪学研究主要集中在犯罪现象本身。在犯罪学视野中，对犯罪行为可以从更为广泛和多重的角度进行解析，既可以从生物学、心理学和文化学的角度进行，也可以从社会学的角度进行；既可以从个体行为角度也可以从群体现象角度展开。由此，把犯罪行为放在社会背景下，研究其与社会之间的关系，从而能够更为科学全面地认识这一现象，进而制定相应的防控对策。本章即从犯罪学立场，对社会中存在的一些越轨现象进行评析。

第一节 显在犯罪

一 显在犯罪的概念化

人类社会的复杂化随着工业社会的驾临加快了奔袭的步伐，在此过程中，社会异质性进一步增加，等级层次进一步分化，这给各种社会人格的形成提供了巨大的滋生空间。正如学者所言，"现代社会确认出一万到两万种独特的职业，工业社会可能包含100万种类别不同的社会人格"[1]。而犯

---

[1] [美] 约瑟夫·泰恩特：《复杂社会的崩溃》，邵旭东译，海南出版社2010年版，第39页。

第五章 犯罪学新探索

罪作为现代复杂社会的一种特殊"职业",犯罪人作为一种独特的"社会人格",在某个"阴暗"的角落扮演着进一步搅局的"角色"。作为人类社会的一种丑恶现象,它无疑在持续地摧残着人类社会的进步和文明的延续。事实上,在宇宙进化过程中,人类文明是何其脆弱与短暂,一如维拉莫威茨说的那样,"文明会死,因为它已经死过一次"[①]。但是,"对于理性的人类生活而言,文明却是一个必要的条件"[②]。因而,积极应对犯罪成为维系人类社会文明的重要策略。

在应对和遏制犯罪的征途上,人们前进的脚步从未停歇。然而,受经济浪潮的挟裹,社会关系越发变动不居,进而加大了社会复杂化程度。这种局面必然导致在催生更多犯罪"品种"的同时,还在一定程度上遮蔽了一些犯罪场域,模糊了不同犯罪之间甚至是犯罪与否的界限,从而增加了发现犯罪的难度,降低了应对犯罪的速度。这就要求,在应对犯罪的过程中,人们不仅要善于审视熟知的犯罪品种、灵敏感应衍生的新型犯罪,还要善于在复杂社会关系的褶皱里捕捉潜在的犯罪类型。当然犯罪的常态性和复杂性决定了任何一国在应对犯罪的过程中都会困难重重,如对于一些隐性犯罪的治理终因存在一些难以克服的客观原因而无法圆满达成。但倘若因为主观因素导致一定种类或者一定场域某些常发犯罪无法引起足够重视并得到有效处理,并进而成为熟视无睹的犯罪,则多少有些令人遗憾。基于此,从发生学的角度和犯罪学的意义上就有了显在犯罪提出之必要。

从刑法学研究和司法学的角度,犯罪新品种的形成往往借助于类型化和概念化手段。显在犯罪虽非犯罪新品种,而只是作为法律术语上使用的一类犯罪,其学究意味更为浓重,但为了引起人们的足够重视和持续的关注,有必要将其上升到一般意义甚至学术意义。而此亦需要借助犯罪的类型化与概念化手段。为了更好地表达显在犯罪的概念,还有必要界分显在犯罪与潜在犯罪、隐性犯罪和显性犯罪等几个相关概念。

相对而言,潜在犯罪和潜在犯罪人的概念并不陌生。所谓潜在的犯

[①] [美]约瑟夫·泰恩特:《复杂社会的崩溃》,邵旭东译,海南出版社2010年版,第4页。
[②] [美]乔治·桑塔亚纳:《社会中的理性》,张源译,北京大学出版社2008年版,第58页。

罪是指具备一定的犯罪条件并具有犯罪即刻发生的倾向但尚未实施的犯罪。与之对应，潜在犯罪人是指已经形成犯罪性但是尚未实施犯罪行为的人。[①] 尽管潜在犯罪尚未对社会构成实质性的危害，但毫无疑问，潜在犯罪具有犯罪发生的极大可能性，因而潜在犯罪人群体是不容忽视的社会不稳定因素。而对潜在犯罪的预判与防范效果如何必将成为衡量犯罪整体防御和延伸防御成败与否的重要指标。

不过，潜在犯罪毕竟只是一种蛰伏着的不稳定因素，并非决然危害社会，亦有可能在适宜的时机化解于无形。与之不同，隐性犯罪一般是指已经发生但因为客观原因导致无法及时查知的犯罪。隐性犯罪亦可理解为刑事隐案、犯罪暗数或者犯罪黑数。按照学者的解释，犯罪黑数是指那些虽有犯罪事实，但未为刑侦当局（警方、司法机关）所获悉，因而未编入官方犯罪统计的犯罪行为的总数。[②] 可见，隐性犯罪是一股地地道道的黑恶势力。但是犯罪黑数的存在却是世界各国的普遍现象。德国学者曾做过三次抽样调查，结果表明犯罪黑数在一般盗窃案中的比例分别为 1∶15、1∶6、1∶8。在美国，全国犯罪调查组织（National Crime Survey）对被害人调查的结果显示，公民向执法机关报告的犯罪数量仅为他们调查发现的犯罪的 1/3。[③] 导致隐性犯罪现象出现的原因很多，诸如立案不实、权力干预、反馈信息渠道不畅、统计滞后、体制约束等。此外，受经济浪潮的挟裹，我国形成了空前的人口大流动。这种境况致使在一些已经立案的显性犯罪案件中，犯罪分子的基本信息也为涌动的激流冲刷而模糊了身影甚至就此遁形。案犯的这些"隐性"信息使他们成为了公安机关缉捕时的"隐性目标"。[④] 也就是说，即便登上司法机关的"花名册"从而成为显性犯罪，也可能因为案犯的遁形而成为无头案。结合隐性犯罪和显性犯罪中的隐性目标来看，出现应对犯罪不力的局面固然一部分原因可以归咎为司法机关主观上有所懈怠，但笔者以为，至为重要的制约因素则在于社会的复杂性和犯罪的常

---

① 犯罪性是指个人从事犯罪行为的心理倾向。参见吴宗宪《论犯罪性》，载《福建公安高等专科学校学报——社会公共安全研究》2000 年第 1 期。
② 徐久生：《德国犯罪黑数研究》，《犯罪与改造研究》1996 年第 1 期。
③ http://baike.baidu.com/view/960492.htm.
④ 李连忠：《缉捕"隐性目标"的策略探讨》，《政法学刊》2007 年第 2 期。

发性这一客观因素。

当然，显在犯罪与显性犯罪、潜在犯罪和隐性犯罪并非决然泾渭分明，几者之间往往存在一定的交集。显在犯罪中的一些具体案件可能会因社会危害性的增加或者成为社会事件而引起司法机关的重视从而演变成显性犯罪。基于犯罪在任何社会都属于非主流现象的基本事实，显在犯罪亦不可能堂而皇之地招摇过市，其中一些会以潜在犯罪的形式蛰伏于阴暗角落伺机而出。一些也会及时逃遁隐于闹市成为隐性犯罪。其中一些犯罪人也对伪装术驾轻就熟，在一定的场合能够有效规避司法机关的缉捕并转化为隐性目标。据此来看，要给显在犯罪下一个明确的定义并非易事，但是显在犯罪的迥异风格又使得给其定义有了必要和可能。

通过上述与几种相关联犯罪类型的比较，可以简单归结，所谓显在犯罪是指一些在特定场域正在发生或者已经显露端倪，只需顺藤摸瓜即可破获，却因为司法机关的疏忽或者没有采取应对措施而成为熟视无睹的犯罪类型。需要补充说明一点，这里的显在犯罪概念并非完全就刑法学意义上而言，而是带有一定的犯罪学色彩，即对显在犯罪概念的外延做了一定的扩大化理解。

二 显在犯罪的表现形式

显在犯罪为何成为熟视无睹的犯罪，这与其犯罪所属内容有一定关联。其中一部分显在犯罪属于理论上所言的无被害人犯罪。而我国刑法对无被害人犯罪一直持谨慎的态度，一般都没有将犯罪学意义上的无被害人犯罪规定为刑法中的犯罪，而更多地看作是道德范畴的事。[1] 一部分显在犯罪属于非暴力犯罪，很少能够演变为突出的社会事件，亦无法引起人们足够的关注。还有一部分显在犯罪属于通过介质传递，因而递减了犯罪带来的震动，也无法引起足够的重视。以下，笔者将结合显在犯罪的具体类型分述之。

（一）以火车站为典型代表的公共场域犯罪

火车站、汽车站、大型广场等公共场域是人口流动较大的地方，周

---

[1] 肖怡：《中西无被害人犯罪立法的比较研究》，《贵州民族学院学报》（哲学社会科学版）2008年第1期。

边地区也有各种闲杂人等聚集。因而这一人员迭替、鱼龙混杂的场域也成为便利犯罪和犯罪后容易脱身的地方,犯罪分子往往选择这一块"风水宝地"伺机作案。

发生在公共场域的显在犯罪类型主要有以下几种:

其一,倒卖伪造有价票证犯罪。其中以倒卖伪造或废弃火车票和伪造发票为甚。人们稍有留心就会发现,全国各大火车站都有在广场、车站出口、地铁口等处或单溜或三五成群的嫌疑人,小声嘟哝着"发票、发票……"。当你认真地和他们商谈,他们就会亮出底牌——假发票。在拥挤的售票大厅,也会遇上形形色色的"黄牛党",倘若你足够"幸运",你会买到一张登不上列车的假火车票。这一系列图景也为媒体频繁曝光的实例所佐证。[①]

其二,厕所文化里的猫腻。厕所文化是一个宽泛话题,广义而言,厕所文化包含一些有益的文明的宣传,诸如"来也匆匆、去也冲冲"等。狭义的厕所文化是指低俗恶搞的文化现象。恶劣、低俗的厕所文化使得公共场域的厕所不再仅仅是公众排忧解急之地,反倒真正成了藏污纳垢之所。进一步探视,会发现其中还包含一些隐藏着犯罪信息的犯罪文化。打开任意一扇厕所,门背后、墙拐角,凡是你眼睛能够扫描到的地方,都可能涂写一些贩卖迷药、倒卖枪支、传授千术、制作假证、提供性服务等热线电话,而且还呈现向广度(延伸到公共场域周边的电线杆和主干道上等)和纵深(延伸到火车厕所、汽车座位靠背上等)两个维度进军之态势。

其三,车站周边的黑店。车站周边有不少布满陷阱的店铺,人们统称之为黑店。图景一:一家公用电话亭,摆设的都是经过技术处理没有

[①] 关于车站涉嫌票证的犯罪不胜枚举,此处仅就较为引人关注的媒体曝光事件列举一二。图景一:据山西商报,一名怀有4个月身孕的女子竟带领家人长期盘踞在太原火车站周边倒卖假发票,涉案金额高达26亿元(参见http://www.sx.xinhuanet.com/shsh/2006-05/25/content_7088781.htm)。图景二:四女子火车站倒卖废车票假发票,在汉口火车站被武汉铁路民警抓获(参见http://news.163.com/07/0204/10/36FUATIK000120GU.html)。图景三:北京铁路警方破获最大倒卖假车票案(参见http://msn.ynet.com/view.jsp?oid=43773060&pageno=2)。当然,为媒体所曝光的大都是警方所破获的事件,而这只是冰山一角,绝大多数的此类犯罪仍处在人们熟视无睹的境地。因而,警方破获此类案件并没有损害此类犯罪仍属于显在犯罪的逻辑性。

计时器的特殊电话机,借此可以瞒天过海地要价。图景二:一家超市,除了商品标价过高之外,收银人员通过娴熟的手法少找零钱。图景三:一家小吃铺,店员以百元假钞调包顾客真币。图景四:一家饰物店门前,店员将一张卡片送至一旅客手中并将其引入店铺,诬赖其碰坏店中手表,必须赔偿,并且拳脚相加。①图景五:车站广场,一中年妇女窃声邀请一位候车旅客去一处所嫖娼,等待他的极可能是当头棒喝,最后乖乖交出钱财跟跄而出。图景六:街边发廊,迎接一旅客的不是理发师,却是一卖淫女。凡此种种,不一而足,可谓是机关算尽。

其四,流浪行乞成患。在西方有些国家,流浪本身就是一种犯罪。我国尚无此罪名。但有报道称,流浪群体是犯罪后备军,②此绝非耸听之闻。事实上,有不少流浪者自发走上犯罪道路或者为犯罪者所利用成为帮凶或者犯罪工具。火车站等公共场域恰是流浪者盘踞之地。因为人流庞大,"生意兴隆",公共场域也成为乞丐流连忘返的好所在。我国刑法虽然没有像香港等地设置非法行乞罪,但设立了组织残疾人、儿童乞讨罪,以应对日益为患的存有幕后操守的规模化乞讨。而且司法实践中,在组织乞讨罪的背后往往牵涉出拐卖妇女儿童、故意伤害、故意杀人、绑架等更为严重的刑事犯罪。

其他还有如盘踞在长途汽车上的盗窃、诈骗团伙,游走在公共场所周边将扣在掌心的手机伺机向过往行人兜售的盗窃团伙,以出租车转运为轴心的黄赌毒犯罪等。

(二) 以网络、通信技术平台为活动场域的犯罪

现代社会,网络和通信技术是一把双刃剑,在带给人们便利的同时,也滋生了一批新型犯罪。有人利用此项技术让网络和通讯平台变成其实施专业犯罪的场域,亦有人利用此平台的便捷与受众广泛性等特点帮助其顺利实施其他犯罪。笔者将结合具体实例略述几种典型的以网络和通讯为介质的犯罪类型。

---

① 朱先生路过南宁火车站附近一店面,一名男子把一张卡片送到他的手中,并让他到店中看看。朱先生进入店中归还卡片时,一名店员称他碰坏了一只价值400多元的手表,要他赔偿。朱先生没有答应,结果被店员打得头破血流。参见《南宁火车站附近的黑店又坑人》,《南国早报》2009年4月6日。

② 傅剑锋、张丽红:《流浪先锋队,犯罪后备军?》,《南方周末》2007年5月30日。

其一，以网络为介质的犯罪。网络犯罪可分为纯正的网络犯罪和不纯正的网络犯罪。前者指的是以网络为侵害对象实施的犯罪，如破坏计算机信息系统等；后者指的是以网络为工具实施的传统犯罪，如网络诈骗等。[①] 具体而言，主要有以下几种：（1）网络非法经营犯罪。结合刑法关于非法经营罪的规定，可以归结出以下几种典型的网络非法经营罪：网络传销[②]、通过网络外挂赢利[③]、在网上成立代写论文的枪手公司[④]、在网络贩卖国家禁止经营的其他物品[⑤]。（2）网络谋财犯罪。主要包括网络诈骗、网络信用卡诈骗、利用黑客技术侵入金融机构的网络系统实施盗窃、侵入同行业竞争者的网络系统窃取商业秘密、操纵证券股票价格牟利、内部工作人员侵入本单位财务网络系统贪污挪用公款等。其中较为典型的是网络诈骗犯罪，主要通过广种薄收的方式对MSN、QQ、小蜜蜂、网络猪等在内的国内各种IM软件的用户反复公布中奖信息进行诈骗。还可以通过在网络上发布虚假的买卖信息，利用钓鱼网站、六合彩、福彩网站进行诈骗。此外，还通过网络聊天交友，骗取对方的信任及感情后，继而骗取钱财。（3）网络色情犯罪。毫不夸张地说，色情是网络最大的毒素。网络色情犯罪主要指利用网络技术制作以色情视频或图片为主的网站吸引点击率或者接受付费会员牟取利益的犯罪。还可以利用网络手段比如QQ、MSN等聊天软件进行性交易。此外，亦有为了实现其他目的如"赚取积分""博取人气"传播淫秽图

---

① 冯曲：《浅论网络犯罪的讯问对策》，《湖北警官学院学报》2009年第5期。

② 网络传销主要通过几种"马甲"开展，分别是："网上资本运作马甲""付费广告点击马甲""网络游戏马甲""以销售软件为旗号的马甲""借助网络在线激活功能，披着金钱游戏、馈赠互助外衣的马甲"等。参见 http://news.gxnews.com.cn/staticpages/2010 1230/ne-wgx4d1c47c0 - 3513525 - 1. shtml。

③ 当然对于网络外挂行为是否属于刑法中规定的非法经营罪，学界见仁见智，具体可参见于志刚等《关于网络游戏中"外挂"行为的刑法思考》，载《山东警察学院学报》2009年第1期。

④ 专门代替别人考试、写论文的公司私下被称为"枪手公司"。"枪手公司"可以通过小广告、网络介质等方式进行宣传，倘若以QQ等网络平台进行招募写手、发布论文代写信息并进行论文传递情节严重者即可评价为网络非法经营罪。

⑤ 网络上倒卖文物、贩卖工业制剂的事例时有发生，还有的因此引发其它犯罪。其中较为引人注目的是发生在苏州"为独占房产每日0.1克亚硝酸盐杀妻案"中的谋杀工具"亚硝酸盐"就是犯罪人从网上花7元多钱买来的。参见 http://xw.2500sz.com/news/szxw/30180. shtml。

片或小说的犯罪。① 如此等等,不过,大多数的网络色情犯罪同时也是网络谋财犯罪。(4) 网上制贩假证。这较之于上文言及的火车站等公共场域用油漆刷于主干道、用墨汁涂于厕所墙壁等传统制贩假证之宣传手段更为"高明",网络制贩假证主要通过开办制假贩假网站、网上群发制贩假证信息和为制贩假证提供信息群发服务来完成。可见此举专业性更强、技术含量更高,当然反侦能力亦更强。(5) 怀有某些政治目的类型的网络犯罪。一些怀有敌意的国外专门调查机构,利用我国军事、科技、国防等领域的网络漏洞,非法侵入并搜集机密,构成侵犯国家安全的相关犯罪。一些邪教组织或恐怖主义者对我国政府网址的恶意攻击,或在网络上恶意散布反动言论,可构成编造、故意传播虚假恐怖信息等犯罪。② (6) 其他如网络侮辱诽谤犯罪、侵犯知识产权犯罪、侵犯商业秘密犯罪,都是可以利用网络为介质的犯罪类型。其中甚者还有专门的网络枪手公司受雇于专事去竞争对手的网站、宣传阵地"骂街"或者进行辱骂、诋毁甚至发布不利于竞争对手的虚假信息。③ 在此过程中就可能伴随着散布雇主的虚假广告,同时侵犯竞争对手的商业信誉,甚至侵害竞争对象个人的人格、名誉,情节严重者,会构成虚假广告或侮辱诽谤等罪。

其二,以通信为介质的犯罪。随着智能手机时代的来临,以通信为介质的犯罪形式更为多元化,几乎涵盖所有的网络犯罪类型。此外,还可以利用手机群发等便捷条件,突出自身的犯罪优势。简单概括,以通信为媒介的犯罪主要有以下几种典型:(1) 手机制作、贩卖、传播淫秽物品犯罪。④ 这类犯罪具体包括制作、贩卖、传播淫秽物品牟利罪⑤

---

① 王蔷:《一个研究生一个80后妈妈、两年轻人传黄受审》,《北京晚报》2011年1月6日。
② 冯曲:《浅论网络犯罪的讯问对策》,《湖北警官学院学报》2009年第5期。为行文需要笔者做了文字和语义的调整。
③ http://baike.baidu.com/view/2457112.htm.
④ 就此,"两高"联合发布了司法解释。请参见2010年2月4日实施的《关于办理利用互联网、移动通讯终端、声讯台制作、复制、出版、贩卖、传播淫秽电子信息刑事案件具体应用法律若干问题的解释(二)》。
⑤ 最高法曾公布手机淫秽色情信息犯罪典型案例:林俊良、林海长、傅进孝制作、贩卖、传播淫秽物品牟利案;唐小明制作、贩卖淫秽物品牟利案;罗刚、杨韬、丁怡、袁毅传播淫秽物品牟利案;陈光明复制淫秽物品牟利案等。参见新华网(http://news.xinhuanet.com/legal/2010-01/12/content_12797131_1.htm)。

和传播淫秽物品罪两种。(2)群发短信非法经营犯罪。非法经营的种类包括身份证、资格证、车牌及车证、可上网户口本、公证书、发票、护照、原版文凭及档案、有价票据、假钞、窃听器、药品、走私汽车、试题答案等等。较为醒目的实例是被称为全国首例的"周某等人因群发短信涉嫌非法经营案"。[①](3)通讯诈骗犯罪。具体表现形式为:发送短信中奖或短信消费信息,诱骗受害人支付所谓预付款、保证金;制造未接电话,等待受害人回拨时编造理由诈骗;冒称国家税务机关工作人员发送信息或拨打电话,谎称返还税费,要求受害人使用银行卡在ATM机操作,借此转移受害人资金;冒充医务人员或者朋友向受害人家属直接拨打电话,谎称其亲属在外地出车祸,要求家人尽快汇钱至某账户;利用异地存款热,群发"请将钱存入×××账户"的短信,蒙骗正要汇款或存钱的受害人。可以看出,通讯诈骗大多采用广种薄收的方式,蒙蔽和诈骗"机缘巧合"的受害人。当然,随着一些骗局逐渐为民众熟知,犯罪分子亦在挖空心思设计新的犯罪伎俩。

三 显在犯罪的应对策略

不可否认,一部分显在犯罪因为属于无被害人犯罪、非暴力犯罪和轻微犯罪,或者只显露犯罪迹象和线索而犯罪真身却蛰伏在暗处,因而无法引起人们的足够关注或者并不容易为人们轻易查知。但是,显而易见,与隐性犯罪和显性犯罪中隐性目标之形成因更多地受客观因素掣肘有所不同,显在犯罪现象大量存在的原因主要在于人们主观上的疏忽。

这一点也可从实践中显在犯罪往往游离甚至背离应对犯罪常规手段,从而成为犯罪整体防控体系中一道"奇异的风景"得到佐证。具体言之,显性犯罪因司法机关记录在案而成为衡量一国应对犯罪和制定相关法律文件的主流参数。显性犯罪中的隐性目标缉拿因是评价司法机关和司法人员绩效的重要指标,因而一直以来倍受重视。隐性犯罪自不是一国之困,亦不可凭一时之功即可解决,故亦可以客观因素搪塞过去。潜在犯罪毕竟是没有发生的犯罪,亦大可不必对其兴师动众。唯有显在犯罪,就在人们的眼皮底下,突兀扎眼,却无法引起人们尤其是司

---

① 刘洋:《群发短信首次被诉非法经营》,《新京报》2011年1月5日。

第五章 犯罪学新探索

法机关足够的重视，相对于致力于推进犯罪防控的整体策略而言，这种情形实在有些吊诡。

当然，我们无意指责谁要为此负责，事实上也无法苛求人们在应对犯罪和推进法治化的进程中做到天衣无缝。因为，在一个现代的、人员高度流动的工商社会中，任何负责行政、执法、司法的国家公职人员，即使其个人道德无可挑剔，具有高度的责任心和超过一般人的智识能力，也不具有而且也不可能具有完全的知识和明察秋毫的决断能力；仅仅凭个人道德直觉、经验积累和实践智慧，已经不足以解决现代社会生活中的问题。①

然而，一个不容忽视的事实，公共场域这一显在犯罪多发、常发地点的特殊性已然使其上升到一国应对犯罪体系的窗口地位，成为打量一国应对犯罪水平和法治进度的重要视阈。飞机场、火车站等公共场域和互联网的开放性非一般区域可比，盘踞此地的显在犯罪的影响力可能会被每一个路过的"介质"带到更为广阔的领域。对显在犯罪疏于防范或应对不力，不仅会对本国犯罪防控水平和法治进展造成一定的负面冲击，还会因为介质的扩散性而致使犯罪病毒迅速复制和传播，对其他区域而言，起到事实上的犯罪经验传授、巩固犯罪信心甚至衍生相关仿效犯罪的负面作用。

基于此，认真对待显在犯罪成为当务之急。如何才能形成关注显在犯罪的大气候，笔者以为，首先，要在学术上确证其术语地位并形成一个完整的学术话题以期引起理论界的进一步关注，并经由理论阐发提示立法机关和司法机关给予其应有的注意。显在犯罪的概念化就是可行的路径之一。其次，要在实践中抓住几个显在犯罪的典型案例通过普法形式加深普通民众对它的认识。再次，司法机关尤其是公安机关要及时完成对显在犯罪的归整便于集中应对，并且同时梳理不同的显在犯罪类型进行分类以便于分而治之。概括而言，要普及法治理念，完善立法，制定有效策略，建立切实可行的实施机制，全方位地应对显在犯罪。具体分述如下：

第一，普及理念、完善立法。笔者以为，一部分显在犯罪被人们忽

---

① 苏力：《道路通向城市——转型中国的法治》，法律出版社2004年版，第18—19页。

刑法科学化进程中的新探索

视或者视而不见在一定程度上显示了人们可能陷入理念上的误区。以性交易、毒品、赌博等无被害人犯罪为例。长期以来，国家之所以对无被害人犯罪持谨慎态度，主要从刑法与道德的界分角度考虑，尽量避免刑法的泛道德化。不仅如此，随着物质利益在经济社会的日益突显，人们似乎对道德的要求也放宽了界限，一些显在犯罪甚至得到一定程度的道德宽宥或者说漠视。人们价值取向的这一变化进一步巩固了国家就此类犯罪行为的立场。因为，法治国家的本质是正视社会共同体的整体价值观，并顺从其成员的整体意愿。① 似乎忽视某些犯罪是给法治建设让道的做法找到了光鲜的托词。但是，人们忽略了一个基本事实，即便是无被害人犯罪类型也并非仅仅侵害伦理纲常，同时必定侵犯了某些法益。而且，绝大多数显在犯罪还会让身处其中的受害人刻骨铭心。之所以会出现一部分熟视无睹或者有明显线索却无从查知的犯罪类型，笔者以为，重要的原因在于人们法治意识淡薄，无法充分认知此种犯罪，或者不愿积极参与营造应对此类犯罪的氛围。所以，至为重要的是肃清人们理念上的不正。

此外，应对显在犯罪不力还要归咎于法律的缺位。例如，手机犯罪之所以如此猖獗，一个重要的原因是，在技术发展的新领域存有立法空白。通过立法，可以明确短信息内容提供商、移动通信运营企业及短信息使用者在信息安全方面的责任和义务，为规范短信息提供法律依据。有了这种规范，打击犯罪就更有力，各方联动机制也才能更有效。② 事实就是如此，不少显在犯罪能够形成并且安营扎寨就在于法律跟不上技术的步伐。通过立法、普法的方式还可使普通民众迅捷地掌握一些先进的技术知识以便于切断此类犯罪的利益源头。比如，普及电子商务知识可加深人们对网络营销的认识，以此正确区分网络营销和网络传销，使不法分子的"电子商务"隐形衣彻底失效，从而截流网络传销犯罪的生命源。

第二，制定全方位的应对策略。尽管显在犯罪复杂多变，但其大多

---

① 张训：《论刑法的生成——以刑法规范的正当性为中心》，《内蒙古社会科学》（汉文版）2010 年第 5 期。
② 裴智勇：《严防手机犯罪》，参见 http://www.people.com.cn/GB/123869/123884/32526/199767/12398448.html。

彰显于外或有迹可循，因而便于制定"围追堵截"和"各个击破"之多管齐下的应对策略。所谓"围"意指针对公共场域之显在犯罪，进行必要的外围清场，即肃清其犯罪场域周边的有效犯罪环境。如性交易、毒品和赌博犯罪多发生在公共场域周边的旅社、美容美发店和出租车中，因而集中肃清这些重点外围场域，必然能收到应对此类犯罪的明显效果。"追"即指及时缉捕犯罪分子、追查犯罪线索。"堵"是指堵住犯罪渠道，堵住利于犯罪分子有机可乘的缺口，加大对显在犯罪的防控力度，延伸防控范围。一言以蔽之，"阻止恶狼猎捕羊群的最好办法就是修好栅栏"。"堵"的另一方式是切断犯罪利益链条，制造犯罪流程的梗塞，使之难以修成正果。而"截"之功效在于捕获、截取犯罪信息，从而及时掌控此类犯罪动态，便于掌控显在犯罪态势。不过针对显在犯罪的不同形态和犯罪品种和技术的更新，需要采取"各个击破"的应对策略。在应对显在犯罪的过程中，既不能幻想毕其功于一役，亦不能幻想以不变应万变，而应该灵活多变，以变应变。

第三，建立切实有效的实施机制。当然，仅在战略上重视它还不够，还需要制定科学的战术。具体为：（1）针对显在犯罪侦破工作，建立公安机关常规工作机制。无疑，公安机关驻守在应对显在犯罪的第一线。因而，公安机关为此建立的常规工作机制是否健全和科学决定着防控显在犯罪成败之关键。针对显在犯罪的多样性与复杂性，公安机关的工作机制亦必须在兼顾整体的同时体现具体犯罪具体对待的机动性。这就要求，各级公安机关要把应对显在犯罪作为一项事业来做，每级机关都要针对显在犯罪建立相应的日常机制，针对不同的犯罪种类制定相应的战术。例如，针对技术含量较高、受众较多的网络犯罪，公安机关应加强对重点网站、论坛、搜索引擎和接入服务单位的监督检查，对安全责任和管理制度措施落实不到位的服务单位限期进行整改，对违法信息突出、屡改屡犯的网站，公安机关将坚决依法查处，并通过新闻媒体公开曝光，为方便公众举报网上违法犯罪线索，应该在重点网站、论坛和聊天室设置"报警岗亭"，24小时接受群众网上举报。[①] 此外，创新"快""准""全"的工作机制，利用现有的资源，采取高新技术，利

---

① 参见 http://news.163.com/10/1224/17/6OMFRJ3F0001124J.html。

用信息平台（内部联网和互联网），采用多警种联动战术，全面提升对显在犯罪的侦破能力。（2）在显在犯罪的侦破阶段，建立警民联动长效机制。毫无疑问，法治社会也是大众治理的社会，没有全体民众的响应与参与，任何一项法治措施都终将失败。因而，想取得应对显在犯罪工作的最终胜利，必须依靠民众的参与，以期在侦破阶段建立警民联动的长效机制。在加大法律知识宣传力度的同时，可以利用受害人的亲身体验宣扬一些显在犯罪所招致的社会危害性，营造人们认知并参与防范显在犯罪的法治氛围。

第二节 乡村犯罪

乡村治理历来是学界关注的重大命题。早在20世纪40年代，费孝通先生就立足于人类社会学的视野研究中国乡村的秩序问题。近年来，社会学家以小村地景为切入点，在国家—社会框架视角下，分析中国农村混融与差序性的格局[1]。法学界亦有学者借助人类学与社会学的研究范式分析中国乡村的司法秩序[2]或者在试图解构人情取向的乡土逻辑背景下提炼当下中国乡村秩序格局的主宰因素[3]。

犯罪学者主要针对农民（工）犯罪问题和农村青少年犯罪问题展开研究。如陈鹏忠的《转型中国：农村弱势群体犯罪问题透析》[4]和徐建的《三农与法——未成年人犯罪预防与矫治》[5]。

实际上，从20世纪90年代开始，以贺雪峰为代表的"华中乡土派"就给予了乡村治理问题持续有力的关注。以乡村这一活动场域展开的研究为后来者提供了研究的经验图式。这也使笔者在试图构建自然村落犯罪图景时不仅具备了发生学的立场，还拥有一定的理论经验。

---

[1] 参见朱晓阳《小村故事——罪过与惩罚（1931—1937）》，法律出版社2011年版。
[2] 参见苏力《送法下乡——中国基层司法制度研究》，北京大学出版社2011年版。
[3] 参见陈柏峰《乡村江湖——西湖平原"混混"研究（1980—2008）》，中国政法大学出版社2011年版。
[4] 参见陈鹏忠《转型中国：农村弱势群体犯罪问题透析》，浙江大学出版社2010年版。
[5] 参见徐建《三农与法——未成年人犯罪预防与矫治》，吉林出版集团有限责任公司2008年版。

第五章　犯罪学新探索

　　对自然村落犯罪样态演化史的理论提炼能够将犯罪概念化和类型化手段放在历史层面上检视，以便为现代意义上犯罪类型的研究提供经验素材和比较工具，从而使得揭示这些犯罪类型之成因变得相对容易，并能够将人类学和社会学视域下的自然村落犯罪问题研究引向深入。

　　顺及说明一下，虽然本节言称是农村犯罪史考察，其实并非采用严格意义上的文献稽考等历史学研究方法，而是尝试运用法人类学的和法社会学（田野调查）的研究方法。

　　在样本的撷取上，本节主要以苏皖豫三省交界地作为考察重心。因为苏皖豫三省交界地具有一定的地域典型性从而使得研究对象更具文本上的张力。而且这一地区地域开阔、民风淳朴。各朝代地理志中多有关于此地民风厚重的描述，直至清朝光绪年间仍有这样的记载，"沛之民犹有先王遗风，重厚多君子，好稼穑恶衣服，以致蓄藏"[①]。如此亦利于为研究路径的拓展提供经验支撑。若干年来，特别是近代以降，外在的政治、经济格局的风云际变和内生的机理失调使这块土地滋生出各种越轨行为。即便在今天，省际交汇之地仍然在一定程度上处在"两不管"境地，无疑，政府控制力会因为基层政权之间的分化乃至冲突有所耗弱，这种情形反而使其成为犯罪学研究上的典型素材。

　　在具体对象采集上，本节亦非大面积撒网，而是选择一个或几个具有典型意义的自然村落作为考察对象。因为正如社会学家朱晓阳教授所言，选择一个自然村落作为分析单位适合这项研究，单一自然村是进行延伸个案分析的适合单位。[②]

　　另外，在历史切面上，本节在考察对象的撷取上亦无法顾及村落发展史的纵向结构，而是将考察重心移向近年来农村社会结构受经济因素切割而形成的农村犯罪新图景，对于新中国建立以前的乡村落犯罪则选择性地关注兴盛于民国初年的乡间匪患，并且以其间具有典型的犯罪防范措施如"圩""楼"的构筑与消亡为线索，考察农村犯罪的历史样态更迭。

---

　　① 光绪《宿州志》卷四《舆地志·风俗》，《中国地方志集成·安徽府县志辑（28）》，江苏古籍出版社1998年版，第94页。
　　② 朱晓阳：《小村故事——罪过与惩罚（1931—1997）》，法律出版社2011年版，第28页。

·259·

一 中国乡村的聚落形态及其犯罪学启示

影响中国乡村聚落形态的因素很多，其中地形是基础性因素，人们往往依其在生产活动实践中对土地的合理利用为准则设计自己的聚落方式。正如山地丘陵地带多为散居型村落，平原盆地地带多为聚居型村落。对于人类学和社会学研究而言，具有启发意义的是聚落形态形成的人文及社会背景。比如中国北方的家族，多喜群聚，以显得宗族繁盛，往往一个自然村落就是一个在血缘基础上构建的亲族群落，所以村庄以同姓为主，当然由于通婚和人口流动等原因也会在村落内容留一部分"外人"，主要有入赘的女婿和"外流"，因而也有不少村庄杂有外姓。其名称往往以村内主姓加上"庄""场""圩""营""楼""屯"等构成，如张庄、薛场、王圩、崔营、李楼、刘家屯等。而"圩""楼""屯"等称呼的来历则具有一定的犯罪学上的启发。调研显示，一般带有"楼""圩"和"屯"等称呼的村庄是因为这些地方曾闹过匪灾，为防匪患人们在村庄周围构筑起带有防御性围墙的土楼、寨子、圩子等。到今天，尽管在一些地方仍然可以寻找到这些防御性土墙的痕迹，但是"楼""圩""屯"更多意义上已经成为一种象征，而寻找这些犯罪防御象征生成的动因恰好为考察农村犯罪史找到了一个便利的切入点。

笔者调研的几个地方都地处中原腹地，不靠山临水，几乎都在民国时期遭受过严重的匪患。由于地形的差异，与鄂东、湘西等地借助有利地形盘踞山林的匪帮不同，这一带的土匪（当时人们称之为"马子"）以漫地的青纱帐为掩护，所以这里的匪患带有一定的季节性，往往高粱要成熟的时候，人们就要想办法防匪了。

皖北 X 县王圩村的王贵田是个供销社退休干部，80 多岁了，现居十里外的高庄集上。有人说，他小时候被土匪绑票过。笔者特意跑去找他谈谈情况。老人告诉笔者，当年他只有十来岁，家里有骡马、房产，过得比较富裕，村里的土匪"小眼子"就勾结外地土匪把他蒙上眼睛绑架到几十里外的江苏省徐州市的一个地方，后来交了"袁大头"（当地人戏称之为"冤大头"）才被赎回来。按照土匪的规矩，要不蒙眼，"熟客"就会被撕票。淡季，土匪们还干些帮人复仇、收账的"买卖"。王贵田的二叔就是在送新娘子回来的路上，被仇家雇来的土匪盯上，操

第五章　犯罪学新探索

到高粱地里，拉了半夜的呱（说话、谈心），最后还是给"铳了"（枪决）。

民国时期，苏豫皖三省交界之地的农民常受饥馑之苦，政治上的动荡也威胁着村庄的安全。土匪尤其擅长趁乱打劫。在无险可守的村子里，单门独户难以与匪患抗争。村民为了自保，在村子周围筑起围墙。围墙主体由厚实的土坯构筑，墙外还挖了护城河。庄子里有钱的人出资购买枪支等武器组织了自卫队。有围墙的村子就开始被称作王圩或者李楼，在更为遥远的东北地区则涌现了一批带"屯"字的村庄。

今天，在这片土地上已经很难再见到整段的旧围墙，据说，20世纪70年代，一些地方还遗留几段残垣断壁，但是在土地承包后就被惜地如金的村民们开荒成自留地或者宅基地了。这些曾经用来庇护村民生命财产的土圩已经完成了历史使命，在实体上几近消亡，只留下一个名称。这个名称顺其自然地让渡给村庄，因此村庄具有了"圩"或者"楼"的传承，而"圩"与"楼"则成了村庄的符号。笔者在一些村落调研时，问及"80后"的村民，都说没有见过土墙的模样，但也都知道有这么一回事。可见，厚实的土墙的确曾经挡住几个靠翻墙越户营生的小蟊贼，但很难想象它会在抵御大股土匪时究竟能派上多大用场。不过，防御工事毕竟作为一种实体存在过，并且已然演化为村民们的一种心灵慰藉。

对于以往的乡村犯罪研究而言，土圩子不会因为其实体的消亡而失去研究价值，相反这种符号上的传承对于研究者来说反而更富启发意义。土圩的形成在很大程度上说明国家控制力的耗散与削弱，甚至在一定程度上是对国家政治的分化，当然这种分化是自发的、潜意识的，更没有取得法律上的认可。正如吉登斯所言，传统国家本质上是裂变性的，其可以维持的行政权威及体系整合水平非常有限。[①] 在国家动荡、政权更迭的民国时期，尤为如是。

土圩的形成给予犯罪学研究的新启示，主要体现在以下几个方面：
（一）犯罪学研究需要开辟新场域，注重特定场域犯罪的概念化和类型

---

① [英]安东尼·吉登斯：《民族—国家与暴力》，生活·读书·新知三联书店1998年版，第63页。

化处理。把握关联的经验事实是确立犯罪学一般命题的必备环节。土圩内的村庄作为一个浓缩了的小型社会几乎涵括了犯罪学所要考察的各种核心要素——经济和政治、社会和文化、心理和精神、思辨和实证、经验和逻辑等。在较小的范围准确把握犯罪学与经济、社会、文化、历史、心理等学科之间的关联度,更利于对犯罪学中的某项分支做细致深入分析。(二)犯罪学研究需要关注历史的连续性。作为淮北地区农村特定时期的产物,"圩"与"楼"显然带有浓重的时代印痕。土圩的功能演变为考察和研究农村犯罪样态的演化提供了真实的历史标本。这同时也符合犯罪学作为一门学科的基本特质。(三)犯罪学研究要注重观察与挖掘犯罪学中的标签意义。防御匪患的土圩物质形态已经消失,但是它作为一种符号却深深烙在村民的心里。在当地,"圩"与"楼"甚至已经演化成衡量人们行为善恶的心理标志。(四)"圩"与"楼"本身所折射出的暴力倾向亦需要做出犯罪学意义上的解读。防匪的土圩所凝结的暴力既非国家层面上的政治暴力,亦不同于个体自然人的身体暴力,而是某些具有地缘或者血缘关联的人们之间自发集结所形成的一种群体的力量。对土圩子的暴力做出特别意义上的界定,有利于对特定场域做出犯罪学上的概括与归类,便于当犯罪学与人类学、社会学以及政治学交叉时甄别和提炼出属于犯罪学意义上的命题。

二 中国乡村社会的几种灰色群体

(一)"刁民"

贺雪峰归纳,"刁民"可以是认死理的人,可以是"刁滑"之人,可以是好惹事的人,可以是善于捕捉获利机会的人,可以是喜欢投机钻营的人。总之,他们是社会秩序的挑战者,甚至破坏者。[1] 其实,很难对"刁民"做出准确的界定。在顺民眼中凡是刁奸油滑顽劣者皆算得上"刁民"。如此,"刁民"的组织结构是开放性的。为了遵循本节的研究脉络,笔者舍弃带有明显个体性特征的如碰瓷者、缠讼者,而选择具有群体性或者组织性等结构张力的如讼棍、地痞无赖、乡村混混加以

---

[1] 贺雪峰:《乡村的去政治化及其后果——关于取消农业税后国家与农民关系的一个初步讨论》,《哈尔滨工业大学学报》(社会科学版)2012年第1期,第38页。

第五章 犯罪学新探索

考察。当然，不排除在特定的时代语境中，一些原本带有个体性特征的种类可能沾染上群体性特征。诸如城镇化进程中涉及拆迁中的"钉子户"，虽然单兵作战居多，却因为载体的广泛性和联动性而极可能获得一呼百应的群体效果和类型化特征。由此这一种类亦可纳入研究视野。

其一，讼棍。"贵和"是中国传统道德的精髓。受这一儒家思想的熏染和调教，人们习惯并尊崇"息讼"的社会风气。而讼师的出现显然打破了这种"宁静"。即便在"健讼"之风兴起的明清时期，在多数人眼中，讼师仍然属于不务正业的人，其中不少人还因为唯利是图、颠倒黑白而沦为讼棍。正如汪辉祖所云："唆讼者最讼师，害民者最地棍。"①

在官本位占主导地位的社会里，对于平常百姓而言，讼师并非绝对意义上的恶棍，相反，因为一些带有侠义精神的讼师常常作为民众和官府谈判的代言人，以至其在民间被演绎为羽扇纶巾，机智勇敢，与贪官污吏、奸商恶霸斗智斗勇的传奇人物。而在以正统思想自居的士大夫眼中，讼师变成了简直不可理喻的另类。在官方眼中，讼师则多为"刁民"，特别是一些唯利是图、颠倒是非的讼棍更是其眼中钉、肉中刺。

宋代的讼师，尤为乖张，几乎集中了所有讼师棍徒的伎俩和恶习，专事唆人诬告。官方对他们防不胜防，唯恐有失而令其翻告缠讼，故不惜一切努力进行打压。元代的讼师棍徒，比之宋代更恶劣。甚至出现许多妇女包揽词讼，以女色作诱饵，俘虏衙门中人作靠山，颇有力罩一方之势。② 以此而言，讼棍俨然构建起以自己为中心的地方恶势力，不仅挑唆并恶化邻里关系，更严重影响了乡村社会的秩序稳定。官方对讼师的打击从这个行业诞生之际就开始了，例如作为讼师的鼻祖邓析就死于当时执政者子产之手。其后几乎历代各朝皆以法律形式明文规定"教唆词讼"的处理规则，而对讼师的缉拿与惩处几乎成为封建国家司法机关的必修课。

其二，地痞无赖。据《现代汉语词典》释议，地痞乃"地方上的

---

① 汪辉祖：《学治臆说》，辽宁教育出版社1998年版，第62页。
② 龚汝富：《明清讼学研究》，博士学位论文，华东政法大学，2005年，第59—60页。

恶棍无赖";无赖则为"放刁撒泼,蛮不讲理,游手好闲,品行不端之人"①。在学者眼中,无赖被视作不从事正常职业,组织大小集团,在社会内部以非法的行动(主要是暴力)为谋生手段的一类人。②类似于经典作家所言的"流氓无产者"。

地痞无赖现象出现已久,最早可以追溯到夏商周时期。不过,早期的"地痞无赖还仅仅作为零星的个体存在",随着资本主义萌芽在中国乡村土地上生发,"商品经济的发展和市镇经济的繁荣,使一大批游民阶层进入城镇,并逐渐形成了专以打砸抢掠和坑蒙拐骗为生的地痞无赖集团",摆脱了散兵游勇的状态,"成为一个独立的社会阶层,并向群体化和集团化发展"。以此,地痞无赖似乎脱离了乡村场域。而事实上,他们中的绝大部分来自乡村,同时,鉴于当时市镇与乡村之间紧密的地缘关系,地痞无赖集团的触角势必蔓延至广大乡村。恰如学者所言,"他们不仅拉帮结伙,成立组织,而且还和地方官府相勾结,狼狈为奸,横行城镇和乡村"③。受经济因素刺激,社会结构必然呈现扩张状态,这为善于投机钻营的地痞无赖创造了更多的生存空间,所以在商品经济相对发达的明末江南地区,竟然出现了"棍风大炽"④的局面。伴随着豪赌之风的盛行,歙县"亡赖、恶棍串党置立骰筹、马局,诱人子弟,倾家荡产,甚有沦为奸盗,而犯者比比"⑤。

历史上的地痞无赖主要有:打行、白赖、窝访、牙棍、白捕、脚夫中的无赖之徒和赌博者等。

其三,钉子户。《现代汉语词典》对钉子户的解释是,"难以处理

---

① 中国社会科学院语言研究所词典编辑室:《现代汉语词典》,商务印书馆2012年版,第284、1374页。

② 吴金成:《明末清初江南的城市发展和无赖》,第六届明史国际学术讨论会论文集(1995),第633页。

③ 卞利:《明代徽州的地痞无赖与徽州社会》,《安徽大学学报》(哲学社会科学版)1996年第5期。

④ (明)傅岩:《歙纪》卷八《纪条示·杜棍谋以坚义济》,转引自卞利《明代徽州的地痞无赖与徽州社会》,《安徽大学学报》(哲学社会科学版)1996年第5期。

⑤ (明)傅岩:《歙纪》卷五《纪政绩·事迹》,转引自卞利《明代徽州的地痞无赖与徽州社会》,《安徽大学学报》(哲学社会科学版)1996年第5期。

的单位或个人,多指由于某种原因在征用的土地上不肯迁走的住户或单位"①。以此解释,钉子户的存在主要是相对于政府而言的。在其眼中,几乎一切要泼放刁有违统治秩序者都算是钉子户。与上述集团性或者行动有组织性的刁民相较,钉子户往往单打独斗,带有明显的个体性特征。不过,鉴于其在特定时期所兼具的群体效应,可以被纳入"灰色群体"加以考察。

钉子户现象古已有之。在传统社会,国家力量相对薄弱,无法触及乡村最底层,所谓"皇权不下县",在乡村社会参与国家赋税分摊过程中,为了守护既得利益或者谋求预期利益,自然会出现钉子户现象。秩序维护者一般采取软硬兼施的办法对付钉子户,其中,硬办法是用族规家法进行打压,软办法则利用血缘认同或笼络或排斥。而在今天,或许改革的红利无法惠及中国乡村的"最后一公里",但是市场经济的冲击波早已贯通整个乡村,在利益翻滚与资源流转的背景下,似是而非的农民权利觉醒和传统的小农意识结成怪胎,加重了农民的自我中心主义观念,最终促成特殊事件中的钉子户现象层出不穷。在这其中,为谋求过剩利益而以自虐甚至自杀相威胁的钉子户和传统社会中的"倚尸图赖"者何其相似。遵循"会哭的孩子有奶吃"的自然法则,钉子户的出现显然表达了一种欲望。如何甄别、协调、应对钉子户,成为摆在当下中国乡村秩序维护者面前的一道难题。

(二)光棍

光棍,贫无所依者,沦为地痞流氓,亦曰光蛋、赤棍。②《现代汉语词典》将"光棍"解释为,"地痞、流氓"③,与英文词"ruffian"相近。

用"棍"来形容和称呼顽劣之徒源自唐代李绅,其文《拜三川守诗序》描写了一群举着棍子打闹于拥挤人群中寻衅滋事、为祸乡里的

---

① 中国社会科学院语言研究所词典编辑室:《现代汉语词典》,商务印书馆2012年版,第304页。

② 杨琳:《条条、光棍、吊儿郎当、二郎腿、吊膀子考源》,《励耘学刊》(语言卷)2012年第1期。

③ 中国社会科学院语言研究所词典编辑室:《现代汉语词典》,商务印书馆2012年版,第484页。

恶少。遂凡欲以棒为棍，凶恶击人者谓之为"棍"。兹后，人们多假"棍"字来形容坏人，如地棍、土棍、痞棍、棍徒等。元代，人们始称流氓为光棍，并至明清时流行起来。明朝英宗时期，专门制定严惩光棍的条例。

《大清律》中亦设有"光棍例"，即刑律"恐吓取财"条所附康熙年间条例："凡凶恶光棍好斗之徒，生事行凶无故扰害良人者，发往宁古塔、乌喇地方分别当差为奴。"制定此条例旨在惩治尚勇斗狠之辈以防良民被侵扰，司法实践中依例适用者比比皆是。如道光三年河抚咨"国服期内职员演戏拒伤官役"案，嘉庆十七年南抚咨"知人获奸放走吓诈本夫自尽"案，嘉庆二十五年南城院移送的"欺凌懦弱贪夜讹诈攫取衣物"案，道光六年陕西司查例"生员健讼屡次滋扰情类棍徒"案等，其案犯皆以"棍徒扰害"例定罪量刑。①

当然，《大清律例》之"光棍例"亦为防止光棍之徒聚众对封建统治秩序造成更大冲击，所以其效力几乎延及各类聚众滋事者。如《大清律例》规定："山陕刁恶顽梗之辈，假地方公事强行出头，逼勒平民约会抗粮，聚众联谋，敛钱构讼，或有冤抑，不于上司控告，擅自聚众至四五十人者，照光棍例为首斩立决，为从拟绞监候。"② 司法实践中，亦不乏对待类似事件的适用。如嘉庆二十二年河抚咨"纠众讹诈致伙犯殴毙人命"一案。该案主犯石四系属本案首祸之人，应依棍徒扰害例拟军。③ 再如道光十四年漕督奏称"水手勒索裁减杂费殴伤旗丁"一案，白粮帮水手王士保等各犯均入教拜师，排列字辈已属不法，乃敢互相起意纠同丁幅成等七人向旗丁多次勒索，故皆照棍徒扰害例治罪。④

棍徒也是土匪的主要来源。仅以称呼可知其渊薮。流氓称"光棍"，土匪称"棒党"或"棒客"。小说《林海雪原》中的匪首即自称"许大马棒"。可见，棍匪本是一家。

---

① （清）祝庆祺等：《刑案汇览三编》，北京古籍出版社2000年版，第222、663、664、1780页。

② 光绪《钦定大清会典事例》卷七七一，《兵律》《军政·激变良民》，中华书局1990年版。

③ （清）祝庆祺等：《刑案汇览三编》（一），北京古籍出版社2000年版，第666页。

④ （清）祝庆祺等：《刑案汇览三编》（四），北京古籍出版社2000年版，第83—84页。

（三）乡村混混

始于20世纪80年代，混混迎合着中国改革的脉动在乡村率先"觉醒"，打乱了舒缓平稳的乡村生活节奏。随着市场经济的潮水漫过每一寸土地，中国乡村经历了巨大的变化，城镇吞噬着乡村，农民改变了往昔泥腿子的形象，乡村混混亦经历了由英雄主义向利益至上的转变，其活动场域也渐渐从乡村波及城乡接合部和城镇。如果说，20世纪八九十年代混混还遵循着涂尔干所言的"集体情感"的乡情原则的话，那么随着自然意义上的村庄逐步解体，农民对村庄的依赖感逐渐被隆隆的机器碾碎，他们的生活目光开始向外，村庄地缘机制逐渐疏松，市场经济的理性规则逐步建立，于此基础上，唯利是图的第三代谋利型混混开始上位。

可以说，中国乡村混混的转型速度如风云际变，倏忽二十年，其活动场域、侵犯对象、支撑信念都发生了巨大变化。例如20世纪80年代，流行于中国农村的露天电影院和戏台既是农民的精神家园也成为混混的"乐土"。而到了20世纪90年代，电视飞入寻常百姓家，露天电影院和戏台纷纷退出历史舞台，混混们亦失去了这一方"沃土"。随着开启于20世纪90年代的农民打工潮兴起，不仅卷走了混混中的一些生力军，年轻农民工的崛起还使得混混们失去显摆的对象，甚至在与见过世面的返乡农民工的个体对峙中有时小混混还落于下风。对第一代混混的打击还不止于此，法治观念的普及，使得逞凶斗狠的英雄主义开始没落，"打多少架赔多少钱"往往成为落魄混混们的笑柄。不过，一种精神支柱被抽取并未肢解乡村江湖，相反，另一种精神支柱很快建立。在中国乡村经济飞跃发展的过程中，上层混混迅速完成华丽转身，他们利用手中暴力所蓄积的既存资源占得先机。不少混混因此成了有钱的体面人，并且大都已经顺利洗白了自己的第一桶黑金，拥有了自己合法的生意。农村中学的不良少年、村落里的留守少年成为补充下层混混的童子军。他们和上层混混共同支撑起新的乡村江湖格局。

作为一股灰色势力，乡村混混不仅在中国乡村的经济、政治和司法秩序构建中发挥着重要影响，也成为传统中国乡村社会性质由熟人社会转向灰色化的染色体。从犯罪学角度看，乡村混混的转型也极大影响甚至是左右着乡村犯罪形态的变化。仅从近年来"犯事混混"的罪名即可窥知一二,与第一、第二代"混混"多以"流氓罪""聚众斗殴""寻衅滋事"等所涉罪名不同,第三代"混混"触犯的往往是"非法经营""非法集资""组织卖淫""聚众赌博"等涉利罪名。

三 中国乡村犯罪样态的历史演进

要在犯罪学意义上解析犯罪现象,需要将其与经济、文化等现象结合起来才能构建相对完整的犯罪学图景。皖北、苏北以及豫东南地区带有"圩"或者"楼"等特定历史称谓的乡村,历史同期发生的犯罪类型具有相似性,也使这些地区成为乡村犯罪学研究样本采集的适宜场域。笔者将以时间为线索,撷取新中国建立后几个典型的历史片段,归结这一地区乡村犯罪的历史类型。

(一)改革开放前的乡村犯罪图景

资料显示,20世纪50年代初期,农村还常发生残害、私宰耕畜,有意妨害生产、毁损农业生产资料、农作物,偷窃公共财产,干涉婚姻自由,强奸,流氓行为等犯罪类型。[①] 本节重点考察地区的乡村也不例外。只是在三年自然灾害期间,强奸等传统犯罪几乎在这块地方绝迹,取而代之的越轨行为是偷盗粮食和采摘青苗的小偷小摸。大约在这段时间,中国乡村开始尝试走集体化道路。历史证明,集体化在一定程度上需要依靠政治力量才能维系。正如朱晓阳教授所言,在一个时期,中国的村落居民在村内见识了许多政治暴力。这些暴力大多数一方面有国家发动、支持或容许的背景;另一方面它们投合了地方参与者的目的,跟地方性的社会关系交织在一起。[②] 而在政治暴力触角最末端的乡村,也是其最容易失控和异化的地方。在乡村经济与政治步调不再合拍、失去节奏的时候,地方的某些执法者可能会演绎成刽子手。

笔者在豫东 L 县李楼村走访时得知,一个叫"鬼子"(曾经在抗战期间捡过日本的钢盔戴过,乡邻们就给他起了这个外号)的生产队长"心肠坏",在"五八年、六〇年"(李楼的老者都这样称呼自己经历过

[①] 请参见全国人民代表大会常务委员会法律室编写《关于刑事案件的罪名、刑种和量刑幅度的参考资料》,全国人民代表大会常务委员会法律室1957年2月出版。

[②] 朱晓阳:《小村故事——罪过与惩罚(1931—1997)》,法律出版社2011年版,第30页。

的那段被林毅夫先生称为"人类史上最惨重的灾难"的岁月),他曾经将一个偷撸麦穗的寡妇悬挂在树杈上殴打示众。

实际上,当集体化的经济步调逐步陷入逼仄的政治漩涡时,一些地方干部所操持的"政治暴力"遮蔽了传统的犯罪。这些被异化了的暴力又何尝不是一种犯罪。这种想法实际上也左右了笔者的一些情绪,以致忘记自己调研者的身份,并没有专门走访"鬼子",其实他还健在,笔者在李楼村头的麻将桌上见过几次,这位年逾80的老人翘着纤长的指甲轻轻地弹拭着烟灰,不时被后辈们讥笑(淮海地区农村的麻将桌上似乎一直丧失老幼之序,人们可以随意笑骂)。关于他的"罪行"都是从其他老者的口中得知。在大约有3300万人口推迟出生的年代里,①"鬼子"的三儿子和四闺女分别出生于1958年和1960年。这是乡邻们一直耿耿于怀的事情,用他们的话说"这是作孽"。

"文革"期间,李楼村民们的政治热情虽未被完全调动起来,但是村民们还是很好地利用"政治暴力"这个大棒教训了一些"作过恶"的人,其中就包括"鬼子"。据说,当年他头上戴着用竹篾做成的一丈多高的"高帽",胸前挂上着那顶锈迹斑斑的"鬼子帽"被拉到街上"坐土飞机"。

当然其中也不免有投机分子趁乱打劫,参与盗窃和抢劫。李楼村的"嘎子"就是那时候被判了刑。就个人而言,这次犯罪影响了"嘎子"的一生,从此,人们当面背地都叫他"劳改犯",弄得最终连老婆也讨不成。不过相较于当时如火如荼的政治运动,这种犯罪往往成了鸡毛蒜皮的小事情。

(二)经济结构变化引发的犯罪井喷

改革开放给中国农村经济带来结构上的震动。在经济浪潮的冲击之下,农村地区出现一些新的犯罪种类,旧有的犯罪也伺机反弹。在苏豫皖交界地区较有特色的一种犯罪是收买被拐卖的妇女,以及由其滋生的强奸、非法拘禁,以暴力、威胁方法阻碍国家机关工作人员解救被收买的妇女等系列犯罪。由于多年的贫穷,这一地区囤积了一批年龄不等、

---

① Ashton Basil, Hill Kenneth, Piazza Alan and Zeitz Robin, "Famine in China, 1958 - 61", *Populantion and Development Rev. 10* (December 1984), pp. 613 - 45.

刑法科学化进程中的新探索

精神智力状况参差不齐的光棍。经济活络之后，一部分光棍手里有了点积蓄，人口贩子从云贵川等边远地区拐骗妇女来此地兜售。被拐骗来的外地妇女并不会因为光棍们交了钱就心甘情愿，光棍们则因为花了大价钱而采取软禁、轮番看守等非常措施以保证不会人财两空。更有极端者强奸妇女，以便生米煮成熟饭。遇到个别被拐妇女家人"过公函"来此寻人，还有人发动族人与解救人员公然对抗。

在当时的苏豫皖三省交界地的农村，具有极强针对性的犯罪行为就是拐卖妇女。不过，除了专门"放鹰"的骗子外，大多数外地妇女总归稳定下来，今天在一些村子里不时能遇到操外地口音的妇女。客观上，这一系列犯罪是在一定程度上促进了这一地区村落的宗族繁衍。

或许也是因为经济上的宽松，当地的光棍们不断制造流氓事件或者聚众斗殴，一些辍学的小青年也加入"混混"大军。他们在"露天电影场"调戏邻村的姑娘，有的甚至猥亵本村的妇女。这些流氓行为显然带坏了这一带的民风。皖北 X 县王圩村一个知书达理的先生也忍不住动了歪念。他当时是大队小学的老师，是个有学问的人，所以落了个"先生"的雅号。"先生"诱奸了一个高年级的女生，不仅丢了饭碗，还因此蹲了 8 年的大牢。在当时，不少人因为当时刑法中设有流氓罪这一口袋罪名而成了劳改犯。

"混混"势力在乡村的率先"觉醒"打乱了农村平缓的生活节奏。学者曾言，村庄社区中流动性的增加、异质性的凸显、理性化的加剧、社会关联的降低、村庄认同的下降、公共权威的衰退等，导致了村庄共同体逐步趋于瓦解，乡村社会面临着社会解组的危险。一种恶性的力量——乡村混混势力正在趁乱而起。① 实际上，苏豫皖三省交界地区"混混"最猖獗的时候恰恰就是在改革开放之初农村经济和人口结构还算稳定的那几年。按照陈柏峰博士的说法，这是第二代混混的活跃时期，大约从 20 世纪 80 年代末至 20 世纪 90 年代中后期，这段时期整个乡村江湖处于混乱状态，是"英雄辈出"的时代。乡村混混的混世方式大多以暴力形式进行侵财型犯罪。②

---

① 董磊明等：《结构混乱与迎法下乡》，《中国社会科学》2008 年第 5 期。
② 陈柏峰：《两湖平原的乡村混混群体：结构与分层》，《青年研究》2010 年第 1 期。

小"混混"在皖北一些农村被当地人称作"青皮"(青皮混子),到处招摇过市,有时倒不是为了钱财,而是为了显摆,为了挣面子、充光棍(在当地,光棍人意指高人一等的人),有时也有阿Q的行状,甚至干些调戏良家妇女的勾当。乡村的街面上还活跃着不少大点的"混混",他们在改革开放之初城乡还普遍贫穷无处捞金的时代,开始大肆招兵买马,有的逐渐演绎成为犯罪团伙。苏北T县高庄街上的高小三嫌农村"水浅",带着弟兄跑到街镇上甚至县城里去混世。一次,把县一中的女生架到石榴园,公然奸淫。高小三团伙还把一个仇家肢解丢在县啤酒厂的锅炉里烧掉。之后不久,值1983年"严打"风暴来袭,高小三等人被判了死刑。为了儆效尤,枪决的法场就设在高庄街窑厂的废砖池里,不少当地人跑去围观,场面甚为壮观。

此外,经济结构的松动和刑法罪名体系的设置使得投机倒把犯罪在农村地区也时有发生。当地"小能人"二孩,跑到沿海各地倒腾私货,甚至明目张胆地回乡办起了假烟厂,后来也被抓了。

(三)留守村落犯罪的新图景

基于人口与经济原因,皖北、苏北、豫东、豫南成为农民工输出大区。以至这一地区出现了大量的"留守村落"。"王圩""李楼"等曾以历史上防御姿态伫立民间的村落成了治安"空心村",不可避免地减弱了自然防护能力,也由此滋养了某些农村犯罪。

前几年引起社会轰动的皖北L县所辖村镇发生的连环强奸案成为鲜活的例证:犯罪分子可以轻易攻陷村落、如入无人之境般地实施犯罪行为,皆因留守村落成为不设防的空心村落。

最近几年,这些地区的村落里经常发生老人被抢的事情。抢劫的手段花样翻新。有用迷药的,有飞车抢劫,有入户抢劫。皖北X县王圩村两位老人骑电动车赶集回来,快到家门口时被人连人带车推倒,被抢走了脖子上的金项链。另一老太太则在家门口烧锅炉时,被人按在灰窝里,从耳朵上硬生生地扯走了两个金耳环。据说被抢的时候这位老太还苦苦哀求对方给留一只耳环,但丝毫没起作用。还有一家老人刚刚卖的一万多块的粮食钱被两个劫匪夜里洗劫一空。邻村的一位老人去赶集,刚出门,被劫匪迎面撒了一把迷药粉,就乖乖地回屋把所有私房钱和大小存折拿给人家,事后居然一无所知。这一地区乡村发生不少类似的事件。一时间人心惶惶。

许多外地打工的男子汉们坐不住了，纷纷打电话回来叮嘱，皖北 X 县王圩村还有人专门请假回来找村干部商量应对之策。村干部把村民的意见反映给镇里，镇里和当地派出所也通了气。派出所不是不知道这些事情，只是苦于抢劫的流窜性太大，一时间也没法抓获这些飞贼。最后派出所建议在各自然村安装摄像头，并给各行政村安排一个驻村民警。驻村民警来了一阵子，动员老人和妇女组织一个自防队，在夜里巡逻。但是热乎劲一过，驻村民警就没了踪影，加上村民们也忙于各自的事情，治安巡防的事就又松了下来。类似的犯罪事件反而有增无减。

留守村落犯罪的严峻形势已经摆在桌面上。这跟全国的治安形势大体一致。如据《2010年法治蓝皮书》，2009年1到10月，中国刑事案件立案数和治安案件发现受理数大幅增长，刑事案件数增幅在10%以上，治安案件数增幅达20%左右，全年刑事立案数达到530万件，治安案件数达到990万件。

除留守村落衍生出一批犯罪类型以外，其他传统犯罪类型亦在留守村落的滋养下大有繁荣之势。皖北B市政协一份农村劳动力输出后社会治安状况的调研报告显示：近年来，全市80%以上的盗窃、伤害、投毒、绑架案件均发生在农村。尤其是随着农村劳动力大量外出，盗割通讯电缆、盗窃变压器和电力设施等涉案金额在万元以上的盗窃大案增多。

因为留守儿童的增多，这一地区乡村所发生的拐卖人口犯罪也在形式上有所变化。犯罪对象由以前的妇女为主转移到儿童和婴幼儿身上。犯罪的主体也从以前的单个零星作案发展为犯罪团伙有组织的持续性作案。拐卖儿童不再单纯作为收养对象，还作为行乞、诈骗工具使用，在此过程中，还可能将拐来的儿童故意残致以骗取路人同情，从而伴随着故意伤害犯罪。

拐卖妇女也由卖做人妇为主，发展为胁迫卖淫等多样形式。在皖北X县王圩村还发生过婴儿被偷盗的事情。王圩的妇女在农闲时喜欢打麻将，有一个妇女把睡觉的孩子留在家里，去邻居家的院子里搓牌，牌局结束回来的时候，孩子已经被偷走了。为了牟利，在偷盗和拐骗儿童及婴幼儿的有组织犯罪中，也有当地人参与进来。豫东L县李楼村，就有个妇女被拉下水,充当人口贩卖团伙的眼线和介绍人,最后被判处有期徒刑 6 年。

由于大量农村年轻人的外出,"小混混"(青皮混子)的"事业"倒是遇到一些挫折,因为没有太多的农村"泥腿子"成为显摆和欺负对象,何况过去农村的"乡巴佬"当今大都成为见过世面的农民工,在与"小混混"的对峙中,心理上已经不再是绝对弱势的一方。而"大混混"们又都忙于钻营,在街上承包建筑、修桥铺路、跑运输、设赌局、放高利贷或者做一些洗浴、迪厅、酒吧的生意,乡下农民工有时倒成了他们的顾客,见面反倒客客气气。遇到外来不良势力欺负当地人或者内生机制扭曲制造了事端,大"混混"因为怕影响自己的生意,当然也是为了进一步树立威望,还想方设法去应付。所以,对于一般村民而言,这些"混混"成了他们心目中的"好混混"甚至是"保护神"。陈柏峰博士对于村庄公共品供给中的"好混混"现象做了深入、细致的分析。[①]

当然,皖北乡村江湖并未解体,"混混"们虽然不再醉心于打架闹事、到处显摆,所以似乎淡出了人们的视野。实际上,他们正着眼于经济利益,利用手中暴力所蓄积的既存资源在乡村经济飞跃发展的年代里占得先机。当然,采用非常规手段调解民间纠纷甚至黑吃黑仍然是他们一统江湖的方式。只不过,与前几代"混混"所构建的显性乡村江湖相较,当下乡村江湖建设的重心和其影响力方向已悄然发生了变化。

问题倒是,"混混"们的痞气却意外传染给一部分留守村落中的留守少年。他们的父辈大多是中规守矩的种田人,是以前"混混"的欺负对象。而今倒好,这些被父辈们送到镇里上学就不再被过问的乡下少年,由于家庭教育的缺失,很少能养成良好的学习习惯,加之失去学校和家长的有效监管,很快就都泡在网吧或者在街上浪荡,几乎没有一个愿意安安稳稳待在课堂上的。有的还和街上的小痞子沉瀣一气,为非作歹,甚至走上犯罪道路。近年来,留守青少年犯罪已经形成了气候,引起了社会各界的关注,也成为犯罪学研究的一块重要领域。为了挽救他们,社会各界建言献策,多管齐下,试图构设留守青少年犯罪的应对体

---

① 陈柏峰:《村庄公共品供给中的好混混》,《青年研究》2011 年第 3 期。

系。不可否认，留守青少年犯罪仍将是近期困扰中国乡村乃至整个社会秩序稳定的一大隐患。

与留守妇女犯罪、留守青少年犯罪和留守村落特定场域的农村犯罪相呼应，农民工犯罪、在外务工人员组建临时夫妻所引发的一系列社会"病灶"正在给中国社会的治安和法治生态制造着前所未有的冲击。

此外，在中国农村旧有的经济体制迅速瓦解而新的经济秩序构建尚未完成之际，必然出现经济节奏不协调及社会秩序复杂化的局面。涉农职务犯罪成为农村犯罪中新的衍生物。这些案件多以贪污受贿、挪用资金、挪用公款等犯罪形式出现，一般发生在土地等自然资源承包、征用、拍卖过程中以及国家扶贫、扶助农业资金的使用中，涉及领域波及卫生医疗、教育事业、金融等。豫东 L 县的藕塘行政村距离城镇较远，与城乡接合部的村子相比，这里的村干部们似乎没有多少油水可捞，但这几年仍不时有人在涉及扶贫资金、教育经费上栽跟头。

涉农职务犯罪的原因多种，而可能最为研究者忽略的一条是大量农村青壮年外出所导致的监督缺位。在过去，大家闲着也闲着，所以对大队、小队和互助组的财务"拨拉来拨拉去"，人人心里都有一本明细账，干部们就是想"伸手"，也没有施展空间，最多就是到各家蹭蹭饭。现在情形不同了，有热情和体力关心村事的青壮年大都外出。农村不再受"三提五统"困扰，除去有生育任务的村民们还主动和计生主任碰碰面，大部分留守农民无需过多地和村干部打交道，当然也顺带失去了监督他们的机会。干部们在村中几乎成了隐形人。这反倒给一些村干部暗地运作辟出了足够的空间。

四 从"人"到"地"：中国乡村犯罪样态注意力的转移

在一定程度上，苏豫皖三省交界地的某一村庄犯罪史能够折射出整个共和国村庄犯罪形态的更迭。在不同时期，乡村犯罪具有不同样态。

受政策气候和道德因素的影响，在特定时期，有些犯罪可视为被默许的犯罪，如弃婴甚至杀死女婴、暴力干涉婚姻、公然的家暴（在皖北、豫东和苏北等地农村主要表现为男人殴打妻子）、收买被拐卖妇女。

有些犯罪不仅不被道德力量约束反而受到其激励，如大义灭亲语境

第五章 犯罪学新探索

下的家族审判和私刑。

有些犯罪还可能会得到国家发动、支持或容许，如政治运动期间的打砸抢、计划生育推行力度强硬时期的强行人流及搬走财物。

而当留守村落成为一种特定的犯罪环境时，还可能会出现一些被忽视的犯罪，如专门针对留守妇女的奸淫行为。

虽然农村犯罪问题已经成为犯罪学研究中的重大课题，但到目前为止，研究主要聚焦在留守青少年、农民工等"农村人"身上，而没有留意到或者认真对待留守村落在当代已经成为新型犯罪滋生和传统犯罪多发的"集散地"。

笔者在皖北、豫东、豫南和苏北等地的村庄调研中发现，淮海地区这片广阔农村天地为某些犯罪的反侦查提供了天然保护色。以制贩假烟为例，犯罪者往往是利用这一地区农村村民倾向分散居住的有利条件，将制假作坊分置于不同农户，交易也选择在空旷的田野进行，以便于警察突袭时，趁着夜色分散逃离。

赌博团伙在对农村地形的利用上更是奇招迭出，有的把赌场开在农村乡间的河汊上，有的受电影《地道战》的启发，在农村大田里掏出曲折逶迤的地道作为赌场。

显然，人类社会的复杂化随着工业社会与农业社会的分离加快了奔袭的步伐。而在城乡二元结构分化加剧的进程中，农村社会异质性进一步增加、等级层次进一步分化，这给各种社会人格的形成提供了滋生空间。这就要求，在应对农村犯罪的过程中，不仅要善于巡视熟知的犯罪品种、灵敏感应衍生的新型犯罪，还要善于在日渐复杂的乡村社会关系的褶皱里捕捉潜在的犯罪类型。

当然农村犯罪的常态性和复杂性决定任何一国（尤其是作为农业大国的中国）在应对农村犯罪的过程中都会困难重重。但倘若因为主观因素导致一定种类或者一定场域某些常发犯罪无法引起足够重视并得到有效处置，则多少有些令人遗憾。

基于此，从发生学的角度和犯罪学的意义上就有了农村犯罪尤其是留守村落犯罪提出之必要，以便于完成对乡村犯罪样态注意力从"人"到"地"的重心转移。

第三节 消费犯罪

在犯罪学意义上,人们并未对经济犯罪和消费犯罪加以区分,或者干脆将消费犯罪纳入经济犯罪之中,也未在刑法规范学上甄别经济刑法和消费刑法,在刑法教义学上,则将消费犯罪的相关刑法规定视为经济刑法部分加以注解。当然,现代意义的消费行为一般离不开经济领域,而消费犯罪亦往往寄生在某种交易行为上,因而,可以认为,消费行为乃广义上的经济行为。不过,就自然意义而言,消费是人类的本能,不仅仅发生在经济领域。即便在社会意义上,消费行为也有别于经济行为。故此,消费犯罪和经济犯罪有了区分的必要。笔者将以消费犯罪在犯罪学意义上提炼之必要为逻辑起点,构建消费刑法这一刑法学的分支学科。

在现代社会,消费往往与交易相伴生,因而它一般活跃于经济场域中。但不能就此将消费行为视为经济行为。一般而言,消费行为的主体是独立个体,包括单位和个人;经济行为的主体是法人,不包括自然人。消费行为牵涉的一般是个体利益(当然也会通过个人利益波及社会利益),经济行为却牵动整个社会的利益。故此,发生在消费领域的犯罪和发生在经济领域的犯罪必定存在差异,也就有了区分消费犯罪和经济犯罪的必要。

一 消费犯罪的界定

作为一种新兴的犯罪,经济犯罪发生在国民经济领域和管辖机构内,必然侵犯国家和其他经济主体的利益,致而危害国家和社会的整体利益,因而有了运用刑法进行规制的必要。有学者认为,包括工业生产、农业生产、日用品生产等一切物质生产领域内发生的犯罪都属于经济犯罪范畴。[①] 而在有的学者看来,经济犯罪侵犯的主要是社会整体利益,而不是以特定人为侵犯对象。而且作为一种法定犯,经济犯罪的主

---

① [俄] Ю. В. 戈洛弗廖夫:《经济犯罪:概念和体系》,安道译,载《国外社会科学》1993年第11期。

第五章　犯罪学新探索

体主要是法人。典型的经济犯罪有价格垄断及不平等竞争行为、金融犯罪、保险犯罪、税收犯罪和破产犯罪等。[①]

随着市场经济的快速发展，经济犯罪呈现出复杂、多变和细化的特征，其主体、侵害对象以及类型都会出现一定程度的变异。这恰恰表明有必要对其进行分类和细化研究。消费犯罪的在一定程度上可以视为经济犯罪技术分化的产物。

所谓消费犯罪是指发生在消费领域，需要借助于一定的流通手段，以消费伴生交易的方式实施的犯罪。需要说明的是，不管这种消费领域的存在是否合法（即勿论其是"地上的"还是"地下的"），也不管它们是否具有严格的经济学意义，只要具有一定的公众辨识度（即这种消费所伴生的交易已经形成气候足以让公众辨识甚至认可），就可以视为消费犯罪之活动场域。

与经济犯罪相较，消费犯罪的衍生场域更为逼仄，但其主体范围较为宽泛，既包括单位也包括个人。犯罪品性也较开放，可以是单位对个人合法利益的侵犯，也可以是个人对单位施加的侵害，言即，侵害的发生可以是双向的，而不必然表现为经营者或者消费者的单向行为。不过，某些消费犯罪不至于如某类经济犯罪可以危及整个国民经济，它所侵犯的仅是涉入消费领域的局部利益。大多数的消费犯罪有悖于伦理，因而属于自然犯。

按照现行的刑法罪名体系，消费犯罪散布在不同的罪域之中。比如公司的价格垄断致使消费者人身和财产受损的行为、销售伪劣商品、走私、倒卖车船票、非法出售发票、恶意透支信用卡、强迫交易等犯罪纳入破坏社会主义市场经济罪，其中很大一部分属于典型的经济犯罪类型。以消费的形式骗取财物则归于侵犯财产罪或者妨害社会管理秩序罪。需要借助于消费流通渠道（不论渠道合法与否，但至少在形式上仍遵循一定的流通规律）的贩卖毒品、贩卖淫秽物品、倒卖文物、组织卖淫、非法组织卖血、强迫卖血、组织出卖人体器官等犯罪则归入妨害社会管理秩序罪、侵犯人身财产罪等罪域。

需要特别指出的是，诸如贪渎犯罪中的贪污贿赂行为也多以交易的

[①] 李培泽：《经济犯罪与经济刑法学研究之前瞻》，《法律科学》1996年第2期。

形式完成，但其交易的场域过于逼仄和隐蔽，往往不可复制和推广而失去市场的当然属性，其活动场域亦不具有消费领域的显在特征，因而应当将此类犯罪排除出消费犯罪罪域。

可见，存在消费犯罪与其他刑法学意义上的罪域之间的竞合现象，这无疑加大了对消费犯罪概念和内涵进行界定的难度。同时，消费犯罪与消费不法行为在"不法"方面具有同质性，因而也会出现消费犯罪与行政违法行为之间的竞合，实质上，消费领域罪犯的刑事责任就是相关行政责任积量到质的结果。因此，消费犯罪的边界还需要在行政法主要追求合目的性和刑事法主要追求法的安定性之价值博弈中加以圈界。

此外，如学者所言，刑法学对犯罪的分类，无外乎是以犯罪客体、犯罪方式或者犯罪对象为标准来分。背离刑法学这一内在要求的任何犯罪概念之提倡都是不科学的。[1] 这又给消费犯罪的界定增添了学理上的诘难，即消费犯罪之界定标准究竟是犯罪客体、犯罪方式还是犯罪对象？

不过在笔者看来，如上文所述，消费犯罪的一个显在特征是其对象都具有流通性，其行为都需要借助于一定的流通渠道，并以消费伴生交易（并非严格经济学上的概念）的方式最终完成。因而，就其犯罪领域特征的共性而言，消费犯罪也具有了分类定性的合理性。这一点也在学者所倡的经济刑法、环境犯罪、劳动犯罪等概念上得以印证。

二 消费犯罪的类型

消费犯罪类型多样，而且随着社会变迁，仍将不断变化。加之消费犯罪在现行刑法罪域中的分布较为分散。为了便于消费刑法学的研究，笔者将结合现有刑法罪名体系安排和现实生活中发生的实际案例尝试对消费犯罪进行初步分类。

（一）消费欺诈

消费欺诈可以分为消费敲诈和消费诈骗两种常见犯罪行为。消费敲诈犯罪可以是利用商家的经营管理漏洞对商家进行敲诈勒索。如，近期各地频频发生的利用"淘宝网"网站管理规则漏洞实施敲诈勒索的行

---

[1] 刘远：《经济犯罪死刑立法的多维解析》，《现代法学》2007年第6期。

为。消费敲诈犯罪也可以是发生在消费纠纷领域，消费者的合法权益固然可能受到商家侵害，可消费者却突破维权的界限以曝光甚至暴力手段相威胁向商家"狮子大开口"，漫天要价。

消费诈骗是指消费者用虚构事实或者隐瞒真相的手段，骗取经营者之财物或者服务以达到自己消费目的的行为。当这种行为达到一定严重程度必然触及刑事法网，从而招致刑法规制。就此的实例不胜枚举。例如，发生在河南的"天价路费"案。再如，近期热议的北京杜某私刻医院收费章骗取巨额透析费的案件。

仍需说明，无论消费敲诈还是消费诈骗都是双向的，即可能是消费者为达非法目的向经营者所实施的欺诈行为，也可能是经营者对消费者实施的欺诈行为。后者如用人单位对雇工的敲诈、恶意欠薪等。还如网络经营商在提供商品或者服务中，采取虚假或者其他不正当手段欺骗、误导消费者，诱使消费者在违背其真实意思的情况下实施消费行为，从而使消费者的合法权益受到损害的行为。

（二）越轨交易

消费领域的越轨交易犯罪既可以是僭越法律规范的法定犯，也可以是为一般伦理所不许的自然犯，其犯罪行为表现形式多样，仅以交易的内容或者对象而言，就包括交易禁止流通物品、专营物品、不宜流通物等。其中禁止流通物品中的管制物品如《刑法》第125条规定的枪支、弹药、爆炸物、核材料，《刑法》第283条之窃听、窃照等专用间谍器材。交易消费违禁物品行为如贩卖毒品、非法买卖毒品原植物种子或者幼苗、贩卖淫秽物品、组织卖淫、贩卖使用假币等。交易专营物品行为如倒卖文物、黄金、白银及其他贵重金属；非法组织卖血、非法出售发票、倒卖车船票等。交易不宜流通物品行为如人体器官买卖、人口买卖等。

当然，这种划分是粗线条的，既不精准也不全面。比如，《刑法修正案（七）》增设非法获取公民信息罪，其第一款规定"国家机关或者金融、电信、交通、教育、医疗等单位的工作人员，违反国家规定，将本单位在履行职责或者提供服务过程中获得的公民个人信息，出售或者非法提供给他人，情节严重的，处三年以下有期徒刑或者拘役，并处或者单处罚金"。其中"出售"就带有交易性质，那么"公民个人信息"作为一种交易内容，应当归入上述所言的哪一类呢。相信随着市场和社会结构的进一步复杂化和刑法罪名体系的变动，诸如此类的问题也会越来越多。之所以在消费领域犯罪中设定非法交易之类型，是笔者注意到其中所蕴含的学理意义有必要借助概念化和类型化手段进行技术处理。

（三）恶意消费

恶意消费属于广义上的消费欺诈，但和消费欺诈仍存有诸多差异。二者根本的区别在于消费欺诈必然带有前置性的欺诈行为，致使对方相信并自愿提供服务或者交付财物，最终达到消费目的；而恶意消费并非需要这种前置性的欺骗行为，而是利用消费领域中双方已经建立起来的信任关系和设置好的技术操作平台，以非法占有为目的进行消费。可见，消费欺诈犯罪必然包含两个前后衔接的行为过程，欺诈是前置行为，消费是终极行为，欺诈行为和消费行为具有时间上的间隔性，不可能同时完成；而恶意消费行为中的前置行为要么严重萎缩，要么被吸纳，因而恶意消费行为往往在外观上独立一体不可分解。如某人没有带钱却到面馆吃面就属于典型的恶意消费行为。如果涉案数额过大，就可能触犯刑法。如某女子在美容店消费多个项目故意不付金额达到万元的行为。在刑法中亦有关于恶意消费的相关规定，如《刑法》第196条规定的信用卡持有人恶意透支的行为。

（四）强制消费

强制消费是指发生在流通领域中的一方以暴力或者其他方式威胁另一方在非自愿状态下进行交易的一种消费行为。日常生活中的"强买强卖"即为适例。现行刑法罪名体系中亦有相关立法例。如《刑法》第226条强迫交易罪之规定；《刑法》244条以限制人身自由方法强迫职工劳动之规定；《刑法》第333条强迫卖血罪之规定；《刑法》第353条强迫他人吸食、注射毒品之规定；《刑法》第357条关于强迫他人卖淫之规定等。

上述关于消费犯罪类型的划分仍有进一步完善的空间和需要，笔者所做出的粗线条勾勒尚需要学理上的检视与实践的信息反馈，以期对其进一步修正。

三 消费犯罪的属性

消费犯罪不仅具有一般犯罪的基本特征，也拥有其自身的一些特别属性。为了便于对消费犯罪的性质深入认识，笔者将就消费犯罪的特殊性进行初步说明。

（一）补充性

消费作为盘活市场经济的杠杆，必须给予其充分的活动空间以保证其功能的实现。因而，即便对待非法消费行为亦需谨慎用刑。也就是说，对于非法交易或者非法消费行为，尽可能地运用民法和行政措施处理，只有其超出了民法或者行政法的调整范围和能力，才能被认定为消费犯罪。对大多数非法消费行为不予刑罚处罚的做法受社会行为整体可控制理论的影响，即社会中某一类行为虽然具有一定的社会危害性，但整体上仍然处于非刑罚措施可以控制的状态，所以刑罚将作为最后的选择。这也是由刑法的补充性所决定的，表现在消费犯罪方面，就称之为消费犯罪的补充性。

（二）交叉性

消费犯罪的交叉性表现在两个方面：一是它与其他犯罪类型主要是经济犯罪之间的竞合；二是消费犯罪违法与罪责上的交叉。第一种交叉关系的形成是因为消费行为作为一种广义上的经济行为必然和相关的经济活动想牵扯，随时会"同处一室"的消费犯罪和经济犯罪之间的竞合在所难免。第二种交叉关系源自于消费犯罪的双重违法性即行政违法性和刑事违法性之间的结合。多数的消费不法行为介于触犯行政和刑事法规之间，可能会出现不纯正的刑事不法或者不纯正的行政不法这种中间状态。

（三）创生性

消费犯罪的创生性体现在它的开放性、互动性和吸纳性上。消费犯罪活动场域的流通性决定了它的开放性特质。但凡是消费或者交易领域发生的越轨行为都可以成为其吸纳的对象。这也是消费刑法的实践基础和价值所在。消费犯罪的互动性体现在其与经济犯罪等其他犯罪类型的互动上，即可以和经济犯罪等其他犯罪类型之间进行相互转化。此外，消费犯罪的互动性还体现在其对消费领域越轨行为的走势具有一定的预见性。配之以消费犯罪的开放性、吸纳性特质，消费刑法有能力选择合宜的时机将某些消费越轨行为吸纳进来。如针对非法消费毒品行为可设置非法消费毒品罪等。当然这种互动是双向的，既可以表现为一般违法行为向犯罪行为的临界,也可以表现为犯罪行为向一般违法行为的靠拢。后者如性交易行为在79年刑法中可归入素有"口袋罪"之称的流氓罪,现行刑法则将其斥除。

(四) 反伦理性

如上文所言,经济犯罪是新型犯罪,故大多属于法定犯,与之相较,大多数的消费犯罪却属于有悖伦理的自然犯,如消费欺诈、强买强卖、人口贩卖等。当然,反伦理性的强弱,并不能决定消费犯罪成立与否。例如,反伦理性较强的非法性交易行为,就没有被现行刑法规范规定为犯罪行为。

四 结语

在学者们的推进下,刑法学研究越来越细化,出现诸如经济刑法、行政刑法、劳动刑法、环境刑法的分支学科。作为刑法学的一个分支学科,消费刑法主要研究消费犯罪。构设消费刑法的学理价值和实践意义在于引起人们对消费领域越轨行为的关注,指导人们如何对消费犯罪行为和入罪临界点的消费不法行为做出技术甄别和处理。对刑法规范中的消费犯罪予以梳理并归类以利于人们更为细致、深入地研究刑法。相对专注的研究路径便于人们警惕徘徊在罪与非罪之临界点的消费越轨行为,并做出快速反应。例如,如何应对非法消费毒品行为,就是对消费刑法实践机理的一次检验。对于非法消费毒品行为进行刑法规制,国外已有立法例。印度尼西亚法律规定,非法消费古柯、大麻毒品的,处2年以下监禁;而非法消费其他毒品的,处3年以下监禁。日本《刑法》第139条规定,吸食鸦片烟者,处6个月以上7年以下惩役,而在其1955年颁布的《麻醉品控制法》中,非法消费海洛因及其盐类或其他含有这些成分的麻醉品的,处1年以上15年以下惩役,而消费海洛因以外的麻醉品的,处7年以下惩役。[①] 我国《刑法》对非法消费毒品并非持全部否定态度。依据我国现行《刑法》第6章第7节的规定,一些非法消费毒品行为被列入了刑法的调整范畴,可见之于《刑法》第353条至355条的规定。但是,对于自己主动的吸毒行为,我国《刑

---

① 邱创教:《毒品犯罪惩治与防范全书》,中国法制出版社1998年版,第493—498页。

法》并未规制,而由相应的行政法规加以调整。刑法如何机敏地应对此类行为则在一定程度上依赖于消费刑法的建构速度和体系的成熟程度。

此外,对消费刑法的构设还面对如何协调刑法与行政法之间的冲突问题。由此也折射出消费刑法的边缘性特征,而此决定了消费刑法需要相邻学科的学理支持和经验支撑。正如环境刑法的研究与生态经济学和环境法学的成果有着诸多牵连一样,消费刑法的内涵与外延的界定尚需建立在经济法学、行政法学等相关学科研究成果的基础上,立足法理学的研究立场,从法学的一般理论和刑法的基础理论出发进行分析和阐释。当然,消费刑法的构设,并不意味着对其研究将取代其他的刑法学研究路径,而是消费刑法的研究充实了刑法学的研究内容,以利于刑法学研究的突破和整体繁荣。这些将通过对消费刑法的立论根基、价值理念、规范属性、运行模式、研究内容、目标定位的解析逐步体现出来

第四节　被害人情结

随着犯罪人学的兴起,有人立足心理学层面为犯罪者开脱,认为人们在安全需要、爱的需要、归属需要和自尊需要方面受到根本阻碍和威胁的时候,就会更多地表现出自私、仇恨、进攻性和破坏性来。[①] 此种观点虽然折射出犯罪原因的复杂性一面,却在一定程度上干扰了人们关于犯罪事件发生本源的思维定式。不过,以犯罪人(加害人)为特定研究对象的范式给检视被害人在犯罪事件中的作用尤其是审视被害人情结带来了一定启发。

被害人情结是由犯罪事件引起的,不同于一般的损伤情结。韦尔克认为,"与民法上的损害不同的是,犯罪造成的精神损害,不是存在于外部世界的客观物,而是情绪、感觉、愿望、冲动,简言之:是心理现象"[②]。在犯罪事件中,被害人的心理状态在心理学视域中可以归纳为

[①] [美] 马斯洛:《动机与人格》,许金声等译,华夏出版社1987年版,第141页。
[②] [德] 米夏埃尔·帕夫利克:《人格体主体公民:刑罚的合法性研究》,谭淦译,中国人民大学出版社2011年版,第47页。

以下几个方面：第一个方面是觉察到受伤害的攻击，其情感反应主要表现为内心痛苦，包括无辜的委屈、恐惧、焦虑等；第二个方面的情绪反应则被标识为正义的愤慨，包括愤怒、轻蔑以及报复心理等；第三个方面是积极的情绪反应范畴，包括友好、爱、宽恕及建设倾向性等。[①]

一般认为，被害人情结是指被害人在犯罪事件之后的恐惧、委屈、落寞、挫败、自责和疑虑并以此所形成的防范、戒备甚至敌对心理。在另外一个层面，被害人情结亦被视作被害人与加害人之间的心理反应，包括仇恨、宽恕甚至欣赏的微妙心理变化。

被害人情结存在转化现象。其中既有上述两个不同层面之间的转化，亦有同一层面不同情结的递进。毫无疑问，第一层面的被害人情结对于修复为加害行为所破坏的社会关系而言，是一股巨大的反冲力，而随着被害人情结在第二层面的递进，则愈加有利于修复加害人和被害人之间的关系，从而为构建刑事和解等司法制度并使得被害人谅解在量刑规范中得以落实提供了心理基础。

以此，考察被害人情结的转化路径，如何纾解被害人情结的负面作用以及被害人情结转向具有怎样的法治意义将成为本节考察的重心。

一　被害人情结的消极影响

关于"情结"（complex），瑞士著名心理学家荣格认为，在无意识之中，一定存在着与种种情感、思维以及记忆相互关联的种种簇丛（情综）。它们宛如是总体人格结构之中独立存在的、较小的人格结构。它们是自主的结构，具有自身的内驱力，在控制我们的思想和行为方面，它们可以产生极为强大的影响。[②] 而且，某种情结并非单纯影响个体自身，还会因为上升为情绪而影响别人。正如人们在讨论被害人对犯罪事件发生所起的加工作用时，有学者认为，在某种意义上，被害人决定并塑造了罪犯，被害人与犯罪人之间具有深刻的互相作用，直至在该

---

① 傅宏：《宽恕心理学：理论蕴涵与发展前瞻》，《南京师范大学学报》（社会科学版）2003年第6期。

② [美] 卡尔文·S.霍尔、沃农·J.诺德拜：《荣格心理学纲要》，张月译，黄河文艺出版社1987年版，第29页。

第五章　犯罪学新探索

戏剧性事件的最后一刻，被害人会起到决定性作用。①

事实上，在特定的犯罪事件中，被害人因为恐惧、委屈、忧郁所招致的情绪反而会加剧犯罪者的侵害力度。早在1940年，以色列法学家门德尔松就在《犯罪学上的强奸》一文中指出，强奸案中的被害人在遇害时丧失意识的状态、引起恐惧等生物学方面的反应，乃至被害人的性激素、放纵的生活环境等因素，都影响到被害人的抵抗强度。②

在犯罪事件之外，第一层面的被害人情结同样于事无补，还可能会招致更深的伤害。基于情结是情绪的深层动力这一心理学原理，负面的情结必然制造恶性情绪。情绪则涉及身体的变化和有意识的体验，成为行动的准备，并且包含了认知的成分，涉及对外界事物的评价。③ 被害人恶性情绪势必影响其行动潜能，往往表现为一种基于恐惧心理的过度保护行为，或者在索要补偿心理驱使下的攫取行为。正如学者所言，受害人情结不仅仅是一种有力的攫取及保护行为，也是所有其他攫取及保护行为的基础。若我们没有觉得自己受到伤害，我们就不会欺骗、攻击、逃避和固执。④ 以此而言，犯罪行为不仅宰割了一只羔羊，还同时制造了一头狮子。

被害人的负面情结影响的不仅仅是被害人本人，并同时影响了以被害人为中心集结起来的被害人群体甚至更大的群体。"受害者们热衷于把自己的伤口展现给大家看，并希望可以得到关心和同情。他们对此有很强烈的愿望。从某种程度上看，其实是把别人束缚在他们的受害者情结中。但是，他们也会有这样的疑问：我现在这么痛苦，尤其是如果这种痛苦是别人造成的，那么我为什么不能随心所欲？谁敢质疑我们有这样的权利？所以别人不敢违背他们的意愿，只能报以同情。"⑤ 事实上呢？被害人极可能因为一贯的凄苦而带给人们视觉上的疲劳，甚至，某

---

① 郭建安：《犯罪被害人学》，北京大学出版社1997年版，第154页。
② 肖建国、姚建龙：《女性犯罪与性受害》，华东理工大学出版社2002年版，第221页。
③ [英] M. 艾森克主编：《心理学——一条整合的途径》（下册），阎巩固译，华东师范大学出版社2000年版，第736页。
④ [美] 格雷格·拜尔著：《真爱生活》，王玉梅译，中国铁道出版社2010年版，第69页。
⑤ 同上书，第83页。

· 285 ·

刑法科学化进程中的新探索

种带有夸张成分的可怜相会招致憎恶。与之相应，被害人的"不被人理解"则只会加剧其委屈、落寞直至仇怨心理，以此深陷恶性循环的泥沼。此种境况极可能催生"从受害者情结到攻击"与"从攻击到受害者情结"之循环不止的剧情，在此剧情中几乎每个人都成了受害人。

或者，人们会因为同情被害人的境遇，受被害人境状的感染，而仇视犯罪并仇恨犯罪者。尤其随着现代传媒系统功能之加强，这种情结容易以某些具体的典型犯罪事件为介质而广为传播。这种情况下，弥散开来的仇恨情结又在不断淤积，影响着每一个接收到讯息的人，特别是当加害人假以公权或公权便利时，民众不再保持作为局外人本应有的中立态度，而是积极参与到对犯罪者的声讨和对被害人的声援中来。当仇恨犯罪及犯罪者成为司空见惯的事情时，仇恨甚至诅咒式的刑罚理念由此得以加剧，仇恨刑法和敌人刑法亦会应运而生。虽然笔者无意评说这些刑法理念，但是敌人刑法所营造的一些萧瑟之气终究与和谐社会之构建旨趣格格不入。正如敌人刑法之始作俑者雅克布斯认为，刑法应该把某些人当作敌人来对待。而敌人刑法中的敌人是敌视基本规范的人，他们根本没有意愿和社会沟通，他们行为表达的意义正好是对社会同一性的毁灭。对敌人，刑法的人道性是一种奢侈，是共同体的不能承受之重。①

显而易见，被害人负面情结所带来的影响已然成为人类共同体中的一个不稳定、不和谐的音符。因为，情结逐渐膨胀到一定程度，就有机会发作而表现为人格与自我的替代主角，不能再理智地表现本来的自己，而是完全被情结所占据与控制。按照荣格的分析，"对某一主题的执着，使群集于它周围的联想变得十分丰富，使某一特定观念的集束（情结）得以巩固，但是同时，观念集束（情结）也就中断了与外在事物的联系，使自己处于封闭状态"②。再者，在奇妙的人类社会中，"人们相互结成一个共同体，并在其中感受到了某种信念或感情。相反的意识总是相互消解，而相同的意识总是相互融通，相互壮大；相反的意识

---

① 何庆仁：《刑法的沟通意义》，载《刑事法评论（第18卷）》，北京大学出版社2006年版，第170页。

② [瑞士] 荣格：《心理类型》，吴康译，上海三联书店2009年版，第237页。

总是相互减损,相同的意识总是相互加强"①。以此,一旦社会中弥漫着焦虑、怨愤、冷漠、恐慌、猜忌和不确定性,在失却道德和人性的看守后,蛰伏在人们心灵深处的残忍与暴虐定会伺机而动。而此对于人类社会而言将是致命的。

二 被害人情结的良性转化

一般而言,经历犯罪事件之后,被害人的心理反应会游走在仇怨与宽容之间。受害初期,恐惧平复之后,被害人会基于仇怨而持有强烈的报复心理,在私力救济权极大限缩的时代,转而积极谋求国家刑罚权的启动。一如学者所言,刑法总与复仇情绪相联结。② 但随着时间的推移,被害人冷静之后,经过理性的沉淀,从心理上说服自己,学会平静地看待加害人及其行为,当然更重要的是平静地看待生活,使自己从最初的愤怒和报复的枷锁中解脱出来。依循心理学规律,被害人情结存有转化的可能。现实中,亦有不少被害人情结转化的实例予以佐证。

案例一:母亲情结

2014年5月19日,留美博士王某涉嫌故意杀人一案在扬州市中级人民法院公开开庭审理。据了解,2014年1月,王某回国探亲,发现亲友、同学家庭事业都很成功,而自己在美并不顺利,在国内也很难找到期望的工作,感到极不平衡,遂产生厌世和偏执心理。1月29日,王某趁人不备用砖块拍击父母后脑、用菜刀割父母颈部,致其父死亡、其母轻伤,后王某试图自杀未遂。案发后,被害人之一的王某母亲向司法机关提交了《刑事谅解书》。审判长宣布了一审判决结果:被告人王某犯故意杀人罪,判处有期徒刑10年,剥夺政治权利2年。③ 在这起恶性故意杀人案件中,被告人仅获刑10年,其中,以宽容为核心特质的被害人情结显然起了一定的作用。

而在另一起涉及母亲情结的被害人谅解案件中,母亲的角色发生了

---

① [法]埃米尔·涂尔干:《社会分工论》,渠东译,生活·读书·新知三联书店2000年版,第61页。
② James Fitzjalnaes Stephen, *A History of the Criminal Law in England*, London: Macmillan, p. 80.
③ 《扬州留美博士故意杀人案开庭》,http://www.nrwowo.com/article-7544-1.html。

对换，从被告人的母亲变成了被害人的母亲。作为具体犯罪事件中被害人情结的直接承继者，被害人的母亲试图用母性的情怀包容加害人的罪行。所以这一案例中被害人的母亲情结更值得珍重。

2008年6月26日，宋某某故意伤害案在北京市第一中级人民法院开庭审理。被害人的母亲梁某某，静静地坐在刑事附带民事案件原告席上，默默地承受着内心强烈的丧子之痛。在她的沉默中，庭审程序进行到了民事赔偿部分的法庭辩论阶段。当审判员问梁某某还有什么话想说时，这位朴实的母亲突然哭出了声，她颤抖着对法官说："我请求法庭，能轻判就轻判他吧。都是父母养的，我的儿子已经不在了，就是杀了他，我儿子也活不了。他还年轻，就算我帮他求个情吧！"基于此，法官在判决书中特别指出，对于被害人之母梁某某在法庭审理中不念丧子之痛，且在未获任何利益补偿的情况下，请求对被告人宋某某从轻处罚的义举应予褒扬，其意见亦系法院裁量决定刑罚时应考虑的酌定量刑情节。本院对被害人之母梁某某的行为予以肯定，对其意见予以采纳，并据此对被告人宋某某酌予从轻处罚。①

案例二：情结弥散

2013年10月南京六合"六旬夫妇杀子埋尸案"，因为村民集体上书求情减刑，而选择在南京市六合区人民法院沿江法庭开庭审理。② 故意杀人案在基层法院审理的很少见，在派出法庭审理的更为罕见，仅此而言，对被告人的体恤之情显而易见。鉴于犯罪事件中被害人已经死亡，其父母既是加害人，同时也是被害人群体中的最核心的部分。村民集体上书求情则显示了被害人情结的蔓延，并最终为审判定下基调。

案例三：无条件宽恕

与上述带有母亲情结案例中被害人的宽恕一样，下面的事件亦涉及这一品质。1991年，中国留学生卢某在美国枪杀5人后自杀的惨案发生后，被卢某杀害的爱荷华大学副校长安·柯莱瑞女士的家人强忍悲痛写信安慰卢某的家人，并声称要遵行柯莱瑞女士生前一贯的宗教精神，

---

① 《宽容母亲当庭为杀儿凶手求情》，http：//news.sina.com.cn/s/2008-09-11/155316274733.shtml。

② 《六合夫妇杀子埋尸案明开庭》，http：//news.gmw.cn/newspaper/2013-10/25/content_2301818.htm。

以爱和宽恕来化解悲痛，并在葬礼上安慰每一个忐忑不安的中国留学生。

这一案例中的被害人已经在犯罪事件中逝去，不过以被害人亲属为中心的被害人群体成为被害人情结的凝聚载体，而巧合的是，在这起事件中，加害人亦死亡，但以其亲属为中心的加害人群体则成为被害人情结宣泄的直接指向。可见，被害人情结存在扩容与散播的特质，即其主体不仅限于被害人本人，对象亦不仅限于加害人一个人。在关系社会中，被害人群体和加害人群体皆存在拓展的空间。

案例四：欣赏加害人

在某些犯罪事件中，被害人还可能萌生欣赏、甚至迷恋加害人的情愫。比如在"五岁幼童被害案"中，蔡某某不甘心被情夫尹某抛弃，而要除去其子，不想错杀了邻家五岁幼子。在考察蔡某的杀人动机时，人们注意到她竟然也是一起强奸事件中的受害人，而强奸事件中的加害人正是抛弃她的情夫尹某。[①] 在这起案中案中，我们捕捉到一个讯息，就是被害人在强奸犯罪事件发生后逐步迷恋上加害人的情结的变化。欣赏加害人的微妙心理变化既可能发生在犯罪事件过程中，也可能发生在犯罪事件之后。被害人欣赏甚至迷恋犯罪者的心理反应展示了被害人情结的另外一个极端，但也在一定层面上再次印证了被害人情结转化的可能与现实。

在上述所撷取的案例中，几乎无一例外的是，这些案例中的被害人都能够及时摆脱负面情结的束缚，而在与加害人的交流过程中逐步形成了良性的心理反应，从而使得被害人情结转向积极的一面。

通过心理学透视，在被害人情结转向良性的过程中，宽恕既是被害人谅解的前提也是核心表征。而影响宽恕，当然也是左右被害人情结良性发展的主要因素包括以下几个方面：

其一，加害人的悔过程度。心理学研究发现，在所有可能影响受冒犯人做出宽恕的因素中，诚恳道歉和悔过是唯一一个可以由冒犯者一方在冒犯行为发生之后可以自主控制的重要因素。目前已有的很多理论都可以用来解释这种道歉对于宽恕的预测现象，最著名的包括有 Snyder

---

① 《五岁幼童被害案》，http://news.cntv.cn/2013/12/08/VIDE1386435118998173.shtml。

和 Higgins[1] 的现实忽视理论以及 Weiner[2] 的归因理论。[3] 正所谓微笑是一种妥协与和解的最佳"武器"。加害人的真诚道歉至少能够让被害人感到基本的尊重，从而在心理上得到一定程度的抚慰。当然，加害人单纯的道歉还要辅之以积极的救偿。对被害人在犯罪事件中遭受的财产损失进行积极赔偿，对被害人因犯罪事件而遭受的身体伤害进行积极救治，都成为体现和检验加害人悔过程度的行为表征。在诸多交通肇事案件中，加害人能够得到被害人谅解，悔罪态度、救治效果和赔偿数额往往起了至关重要的作用。不过，赔偿亦非衡量被害人情结的绝对因素。在上述"无条件宽恕"和"母亲情结"案例中，被害人谅解并非单纯建立在被害人获得赔偿上。

其二，犯罪事件经历的时间长短。时间是最好的镇痛剂。随着时间的推移，犯罪行为最初所制造的灾难已经渐渐远去，绝大多数被害人逐步从犯罪事件的阴影中走出来，慢慢地回归到以前的生活状态中。这种状态将有利于被害人接受直到坦然面对犯罪事件以及接受乃至宽恕加害人。

其三，加害人与被害人的关系疏密。或许在一定层面上，与被害人越亲近，加害行为所带来的心理伤害越大，但是一旦被害人恢复理性，会更倾向于宽恕与其关系较为亲密和投入感情较多的加害人。所谓刀子割不断亲情。上述列举的留美博士王某故意杀父母一案就是例证。

其四，犯罪事件所造成后果的严重程度。为鼓励加害人迷途知返，基于刑事政策的考量，各国都制定了旨在鼓励行为人放弃犯罪并有效防治犯罪结果发生的刑事制度，以便"为行为人架设一座后退的黄金桥"。研究表明，侵犯后果的消除程度与宽恕成正比，侵犯后果消除得越彻底，就越容易得到宽恕。[4] 由此，加害人在犯罪事件中所造成的侵害后果越轻，或者其对侵害后果消除得越早、越积极、越彻底，那么就

---

[1] Snyder, C. R. & Higgins, R. L. , "Reality Negotiation: Governing One's Self and Being Governed by Others", *Review of General Psychology*, 1997 (2).
[2] Weiner, B. , *Judgments of Responsibility*, New York: Guilford, 1995.
[3] 葛琳：《刑事和解研究》，中国人民公安大学出版社2008年版，第160页。
[4] Girard M. , Mullet E. Callahan S. , "Mathematics of Forgiveness", *American Journal of Psychology*, 2002 (3).

越容易获得被害人的宽宥。此外，犯罪事件的性质往往能够决定侵害结果严重与否，因而犯罪性质不甚严重的加害人更容易获得被害人的宽赦。我国的刑事和解仅适用轻罪的规定，虽然更多基于刑事政策考虑，但亦能在一定程度上揭示犯罪嫌疑人、被告人获得被害人谅解的心理根基。

其五，加害人与被害人的个体特质。每个人都有不同的经历，这对个体特质的信念、评价及心理应对机制将产生不同的影响。加害人的经历作为具体犯罪事件的背景资料，往往同时成就犯罪者的个体特质，而加害人不同的个体特质则成为被害人识别与接纳他的一种信息源。越是与自己特质相仿越容易引起被害人的共鸣。这也从另外一个视角说明，被害人的个体特质也能影响甚至左右其宽宥加害人的程度。已有研究表明，与社会的调适能力和个体特质有关。被害人的个体情绪智力、人格特质及应对方式等因素成为阻碍或者助益双方达成和解的主导因素。

三　被害人良性情结的法治意义

被害人良性情结不仅仅在修复为犯罪事件所破坏的具体社会关系上具有构建意义，还能够为一些现代刑事司法制度的设立、民众法治理念的提升乃至整个社会法治化进程的推进建立心理学基础并提供持续的心理支撑。具体而言，主要体现在以下几个方面：

其一，推进并落实被害人谅解制度和刑事和解制度的建立，为其提供持续的心理支撑。作为重要的现代刑事司法制度，被害人谅解制度和刑事和解制度在我国逐步得以司法践行并在一定程度上获得法律固化。

我国最新修订的刑事诉讼法明确规定，公诉案件刑事和解的达成前提之一是取得被害人的谅解。2014年1月1日我国实施的最高人民法院《关于常见犯罪的量刑指导意见》（以下简称《意见》）则明确了被害人谅解的实质性的司法功能。《意见》表明了被害人谅解成为决定被告人减刑与否的主导因素，并且通过减少基准刑比例的量化方式表现出来。同时《意见》跟进最新刑事诉讼法，落实刑事和解制度在量刑活动中的运用，亦通过具化为减少基准刑比例直至免除处罚的方式表现出来。

被害人谅解制度和刑事和解制度都特别鲜明地提及加害人的真诚悔

罪和被害人的宽恕。而宽恕心理学理论恰恰对实践中哪些刑事案件的被害人和加害人双方更容易和解，哪些种类的案件应当被划入允许刑事和解案件的范围提供了一定的依据，主观恶性程度不大的过失犯罪案件、熟人之间的犯罪案件、加害人能够积极弥补被害人损失案件等都有了纳入法定刑事和解的心理学依据。[①] 另外，刑事和解制度能够得以践行并不断升华的心理支撑亦依赖于被害人的良性情结。因为，被害人的宽容情怀不仅感染加害人一方，还会感染司法人员以及周边的其他人，长此以往，宽容与谅解必将成为刑事司法程序中的一个美丽音符，对于行进中的刑事法治而言，将具有积极的导向意义。

其二，有利于提升被害人在刑事诉讼中的地位，以利于诉讼结构之平衡。职权主义刑事诉讼模式之下，犯罪被认为是对整体社会关系的侵害，除在少数案件中被害人拥有自诉权外，追诉权为国家垄断。在强大的国家追诉权面前，被害人往往被遗忘在某个角落里独自舔舐伤口。对被害人缺乏重视的状态在"二战"以后饱受诟病，"大多数人担心遭受犯罪侵害远远甚于担心遭受不公正逮捕和监禁"，这一事实引发了社会各界"寻找被害人"的运动。[②] 事实上，尊重被害人情结的当然性是构建刑事和解制度的前提和基础。作为一种复杂心理现象，被害人情结在刑事诉讼中具有独立的价值和功能。

就诉讼构造的平衡与稳定而言，控辩审三方构造较为稳固与合理。尽管在职权主义影响之下，控方力量本就强大，甚至影响到了诉讼构造的平衡性，但是被害人的控诉权不应当被国家追诉权完全吸收，从切己性和亲历性角度而言，被害人在诉讼构造中的"在场"更有利于犯罪真相的"再现"。正如学者所言，"犯罪从来就不是犯罪人的'独角戏'，而是犯罪人与被害人互动的'二人转'"[③]，在公诉案件中亦不应例外。

以此而言，以宽恕为心理表征的被害人良性情结成为促成犯罪事件双方当事人刑事和解达成的主导因素，这一心理现象如果能得到足够的

---

① 葛琳：《刑事和解研究》，中国人民公安大学出版社2008年版，第161页。
② 宣刚：《抚慰的正义：犯罪被害人导向刑事政策论》，《河南师范大学学报》（哲学社会科学版）2013年第2期。
③ 刘军：《事实与规范之间的被害人过错》，《法学论坛》2008年第5期。

重视，就会从另一个层面表明现代刑事诉讼已经给予被害人足够的尊重，从而能够最终有效避免刑事和解的反复性，亦有利当事人双方尽快回归社会，完成对因犯罪事件而遭受破坏的社会关系的根治。

其三，有利于消弭仇恨的种子，培植文明、理性的刑罚观和犯罪论。对于人类文明而言，犯罪的确是一种罪恶。"人们习惯于从犯罪行为的'恶'的属性出发，将所有实施了该类行为的个体视为'恶'的渊源，从情感上把犯罪人归于不同于你我的异类。"[①] 甚至潜在犯罪人也被视为罪恶的病毒携带者，成为人们唾弃至少是避而远之的对象。于是，仇怨和报复犯罪似乎成为理所当然的事。特别是在初民社会，据以惩罚犯罪的原则是含混不清的，施行报复的方法亦欠允当，受制于偶然性和一己的情绪。[②] 然而，从心理角度而言，以暴制暴的报复机制难以立足。因为"随着人类的心灵在社会状态中柔化和感觉能力的增长，如果想保持客观与感受之间的稳定关系，就应该降低刑罚的强度"[③]，这也符合了人们的心理变化，即"从奢侈和柔弱中如何产生了最温柔的美德：人道、慈善以及对人类错误的容忍心"[④]。

对于被害人个人而言，"作恶者无权要求从他们虐待的人身上得到宽恕。从摒弃报复的意义上说，宽恕是牺牲者或幸存者的特权，如果行使这种权利，他们就可能摆脱过去，使自己成为更完善的人"[⑤]。因而，拔除被害人情结中恶的种子，铲除培植被害人恶性情结的土壤，清理被害人情结中因不良情绪燃烧所致的疮口，还其一个纯净、亲和的心理，这对于被害人（群体）重新融入生活至为重要。在此基础上，尚能构建人类社会的文明、理性的犯罪论和刑罚观。正如拉德布鲁赫满怀深情的告诫，"将来的刑法是否可以获成效，取决于将来的刑事法官是否把

---

① 马凯：《犯罪人特征研究》，法律出版社 2010 年版，第 6 页。
② [英] 马林诺夫斯基：《初民社会的犯罪与习俗》，载许章润主编《犯罪：社会与文化》，广西师范大学出版社 2003 年版，第 59 页。
③ [意] 贝卡里亚：《论犯罪与刑罚》，黄风译，中国大百科全书出版社 1993 年版，第 44 页。
④ 同上书，第 16 页。
⑤ [英] 安德鲁·瑞格比：《暴力之后的正义与和解》，刘成译，译林出版社 2003 年版，第 201、203 页。

这句话铭刻在心上，即：他应惩罚，他应宽容；他必须以人性度人"①。

其四，营造公民自愿守法的刑事法治化氛围，为修正不当刑事立法提供依据。被害人从仇恨到宽容的心理变化，也带动了国家及其法律规范的转向。"在整个法律体系中，刑法是最能够直接地体现国家对于公民的人道关怀的，因而直接地与人性有关。"② 只有"通过长期的刑事法实践，才会使民众对刑法规范有一种认同感，将其视作与自己的生活利益和日常生活场景有关的东西，而不是简单地将其视为纯粹威吓、杀戮的工具"③。

以被害人谅解为前提构建的刑事和解制度为寻找刑罚替代措施以及刑罚轻缓的现实化提供了心理基础和思想准备，也意味着在赋予被害人选择权的同时，给立法机关提供了修正刑事立法的依据，以便其及时或者准备将一些不符合现代刑事法治理念和公民需求的法律剔除出去，从而杜绝恶法的适用。

在心理学层面，犯罪活动本是需求失衡后的一种不良动机表现，需要妥善引导，而被害人良性情结之需求平衡可以预防再次犯罪。一味地以牙还牙不仅不利于需求平衡，反而会导致需求失衡，并陷入恶性循环。被害人的谅解则能从根源上化解矛盾，有效遏制再次犯罪的发生。不仅如此，被害人良性情结之需求平衡有利于营造自愿守法的刑事法治氛围。当事人自愿解决纠纷是以实现当事人需求平衡为目的的，从而规避了不良之法的适用，并使正义的观念深入人心，变强迫守法为自愿守法。

---

① [德]拉德布鲁赫：《法学导论》，米健等译，中国大百科全书出版社1997年版，第99页。
② 曲新久：《刑法的精神与范畴》，中国政法大学出版社2003年修订版，第566页。
③ 周光权：《刑法学的向度》，中国政法大学出版社2004年版，第18页。

参考文献

[1] 高铭暄、马克昌主编：《刑法学》（第五版），北京大学出版社、高等教育出版社 2011 年版。

[2] 高铭暄、赵秉志主编：《新中国刑法学五十年》（上、中、下册），中国方正出版社 2000 年版。

[3] 马克昌主编：《犯罪通论》（第三版），武汉大学出版社 1999 年版。

[4] 马克昌：《比较刑法原理》，武汉大学出版社 2002 年版。

[5] 马克昌主编：《中国刑事政策学》，武汉大学出版社 1992 年版。

[6] 王作富主编：《刑法》（第五版），中国人民大学出版社 2011 年版。

[7] 王作富主编：《刑法分则实务研究》，中国方正出版社 2003 年版。

[8] 罗豪才、宋功德：《软法亦法：公共治理呼唤软法之治》，法律出版社 2009 年版。

[9] 苏惠渔、孙万怀：《论国家刑权力》，北京大学出版社 2006 年版。

[10] 蒙培元：《情感与理性》，中国人民大学出版社 2009 年版。

[11] 赵汀阳：《每个人的政治》，社会科学文献出版社 2010 年版。

[12] 陈子平：《刑法总论》，中国人民大学出版社 2009 年版。

[13] 夏勇：《中国民权哲学》，生活·读书·新知三联书店 2004 年版。

[14] 李洁：《罪与刑立法规定模式》，北京大学出版社 2008 年版。

[15] 张晋藩：《中国法律的传统与近代转型》（第三版），法律出版社 2009 年版。

[16] 冯亚东：《理性主义与刑法模式》，中国政法大学出版社 1999 年版。

[17] 梁治平：《清代习惯法：社会与国家》，中国政法大学出版社

1996年版。
[18] 杨春洗主编：《刑事政策论》，北京大学出版社1994年版。
[19] 张军、赵秉志主编：《宽严相济刑事政策司法解读》，中国法制出版社2011年版。
[20] 赵秉志：《死刑改革研究报告》，法律出版社2007年版。
[21] 赵秉志：《宽严相济刑事政策与和谐社会构建》，中国法制出版社2009年版。
[22] 赵秉志：《死刑个案实证研究》，中国法制出版社2009年版。
[23] 赵秉志：《改革死刑之路》，中国人民大学出版社2014年版。
[24] 屈学武：《刑法理论研究新视界》，中国社会科学出版社2008年版。
[25] 卢建平：《刑事政策与刑法》，中国人民公安大学出版社2004年版。
[26] 卢建平：《刑事政策与刑法变革》，中国人民公安大学出版社2011年版。
[27] 徐文斌：《刑法条文设置的科学性研究》，上海人民出版社2011年版。
[28] 文海林：《刑法科学主义初论》，法律出版社2006年版。
[29] 江溯：《刑法中的帮助行为》，中国社会科学出版社2013年版。
[30] 谢望原、卢建平等：《中国刑事政策研究》，中国人民大学出版社2006年版。
[31] 卢建平主编：《有组织犯罪比较研究》，法律出版社2004年版。
[32] 何秉松主编：《刑事政策学》，群众出版社2002年版。
[33] 曲新久：《刑事政策的权力分析》，中国政法大学出版社2002年版。
[34] 刘仁文：《刑事政策初步》，中国人民公安大学出版社2004年版。
[35] 梁根林：《刑事政策：立场与范畴》，法律出版社2005年版。
[36] 梁根林：《合理地组织对犯罪的反应》，北京大学出版社2008年版。
[37] 严励：《中国刑事政策的建构理性》，中国政法大学出版社2010年版。

- [38] 周少华：《刑法理性与规范技术——刑法功能的发生机理》，中国法制出版社 2007 年版。
- [39] 高其才：《中国习惯法论》，湖南人民出版社 1995 年版。
- [40] 储槐植：《刑事一体化与关系刑法论》，北京大学出版社 1997 年版。
- [41] 储槐植：《美国刑法》，北京大学出版社 1987 年版。
- [42] 黄京平、甄贞主编：《和谐社会语境下的刑事和解》，清华大学出版社 2007 年版。
- [43] 黄京平主编：《刑法案例分析》（第二版），中国人民大学出版社 2011 年版。
- [44] 曲新久：《刑事政策的权力分析》，中国政法大学出版社 2002 年版。
- [45] 曲新久：《刑法的精神与范畴》，中国政法大学出版社 2003 年修订版。
- [46] 张智辉：《刑法理性论》，北京大学出版社 2006 年版。
- [47] 蔡道通：《刑事法治：理论诠释与实践求证》，法律出版社 2004 年版。
- [48] 吴宗宪、曹健主编：《老年犯罪》，中国社会出版社 2010 年版。
- [49] 吴宗宪：《罪犯改造论》，中国人民公安大学出版社 2007 年版。
- [50] 翟中东：《国际视域下的重新犯罪防治政策》，北京大学出版社 2010 年版。
- [51] 汪明亮：《"严打"的理性评价》，北京大学出版社 2004 年版。
- [52] 柯耀程：《变动中的刑法思想》，中国政法大学出版社 2003 年版。
- [53] 罗大华主编：《犯罪心理学》，中国政法大学出版社 2007 年版。
- [54] 柯葛壮主编：《新中国刑事法 60 年》，上海社会科学院出版社 2009 年版。
- [55] 谷春德：《西方法律思想史》，中国人民大学出版社 2009 年版。
- [56] 武树臣：《中国法律思想史》，法律出版社 2004 年版。
- [57] 蔡定剑：《历史与变革——新中国法制建设的历程》，中国政法大学出版社 1999 年版。
- [58] 甘雨沛、何鹏主编：《外国刑法学》（上册），北京大学出版社

1984 年版。

[59] 陈光中：《21 世纪域外刑事诉讼立法最新发展》，中国政法大学出版社 2004 年版。

[60] 张明楷：《外国刑法纲要》，清华大学出版社 2007 年版。

[61] 张明楷：《刑法学》（第四版），法律出版社 2011 年版。

[62] 樊崇义：《诉讼原理》，法律出版社 2003 年版。

[63] 赵廷光：《量刑公正实证研究》，武汉大学出版社 2005 年版。

[64] 陈兴良：《刑法适用总论》（第二版），中国人民大学出版社 2006 年版。

[65] 陈兴良：《刑法哲学》，中国政法大学出版社 2004 年修订版。

[66] 陈兴良：《刑法的人性基础》，中国人民大学出版社 2006 年版。

[67] 苏惠渔：《量刑与电脑——量刑公正合理应用论》，百家出版社 1989 年版。

[68] 阮齐林：《中国刑法上的量刑制度与实务》，法律出版社 2003 年版。

[69] 白建军：《罪刑均衡实证研究》，法律出版社 2004 年版。

[70] 白建军：《公正底线——刑事司法公正研究》，北京大学出版社 2008 年版。

[71] 何家弘：《从它山到本土——刑事司法考究》，中国法制出版社 2008 年版。

[72] 谢佑平：《刑事救济程序研究》，中国人民大学出版社 2007 年版。

[73] 陈瑞华：《刑事诉讼的前沿问题》，中国人民大学出版社 2005 年版。

[74] 杨宇冠、杨晓春：《联合国刑事司法准则》，中国人民公安大学出版社 2003 年版。

[75] 彭勃：《日本刑事诉讼法通论》，中国政法大学出版社 2002 年版。

[76] 王在魁：《法官自由裁量权研究——以刑事司法为视角》，法律出版社 2006 年版。

[77] 吕忠梅：《美国量刑指南——美国法官的刑事审判手册》，法律出版社 2006 年版。

[78] 孙光妍：《和谐：中国传统法的价值追求》，中国法制出版社

2007年版。

[79] 于同志：《热点难点案例判解：刑事类 死刑裁量》，法律出版社2009年版。

[80] 谢望原、赫兴旺主编：《中国刑法案例评论》（第一辑），中国法制出版社2007年版。

[81] 陈泽宪主编：《刑事法前沿》（第四卷），中国人民公安大学出版社2008年版。

[82] 马皑：《犯罪人特征研究》，法律出版社2010年版。

[83] 陈振明主编：《政策科学——公共政策分析导论》（第二版），中国人民大学出版社2003年版。

[84] [德] 诺贝特·埃利亚斯：《个体的社会》，翟三江等译，译林出版社2003年版。

[85] [德] 李斯特：《德国刑法教科书》，徐久生译，法律出版社2006年版。

[86] [德] 拉德布鲁赫：《法学导论》，米健、朱林译，中国大百科全书出版社1997年版。

[87] [德] 汉斯·海因里希·耶塞克、托马斯·魏根特：《德国刑法教科书》，徐久生译，中国法制出版社2001年版。

[88] [德] 托马斯·魏根特：《德国刑事诉讼程序》，岳礼玲、温小洁译，中国政法大学出版社2004年版。

[89] [德] 克劳斯·罗克辛：《刑事政策与刑法体系》（第二版），蔡桂生译，中国人民大学出版社2011年版。

[90] [德] 克劳斯·罗克辛：《德国刑法学》（第一卷），王世洲译，法律出版社2005年版。

[91] [德] 魏德士：《法理学》，丁晓春、吴越译，法律出版社2005年版。

[92] [德] 京特·雅克布斯：《规范·人格体·社会：法哲学前思》，冯军译，法律出版社2001年版。

[93] [德] 黑格尔：《法哲学原理》，范杨、张企泰译，商务印书馆1996年版。

[94] [美] D. 斯坦利·艾兹恩、杜格·A. 蒂默：《犯罪学》，群众出

版社 1989 年版。

[95] [美] 雅各布、波特：《仇恨犯罪——刑法与身份政治》，王秀梅译，北京大学出版社 2010 年版。

[96] [美] 哈伯特·L. 帕克：《刑事制裁的界限》，梁根林译，法律出版社 2008 年版。

[97] [美] 爱伦·豪切斯泰勒·斯黛丽、南希·弗兰克：《美国刑事法院诉讼程序》，陈卫东、徐美君译，中国人民大学出版社 2002 年版。

[98] [美] 本杰明·卡多佐：《司法过程的性质》，苏力译，商务印书馆 2002 年版。

[99] [美] 杰罗德·H. 以兹瑞、威恩·R. 拉法吴：《刑事程序法》，法律出版社 1999 年版。

[100] [美] 伟恩·R. 拉费弗：《刑事诉讼法》，中国政法大学出版社 2003 年版。

[101] [美] 约瑟夫·泰恩特：《复杂社会的崩溃》，邵旭东译，海南出版社 2010 年版。

[102] [美] 罗纳德·J. 博格、小马文·D. 弗瑞、帕特里克亚·瑟尔斯：《犯罪学导论——犯罪、司法与社会》，刘仁文等译，清华大学出版社 2009 年版。

[103] [美] 保罗 H. 罗宾逊：《刑法的分配原则》，沙丽金译，中国人民公安大学出版社 2009 年版。

[104] [美] 伯尔曼：《法律与宗教》，梁治平译，中国政法大学出版社 2003 年版。

[105] [美] 亚历山大·汉密尔顿、约翰·杰伊、詹姆斯·麦迪逊：《联邦党人文集》，张晓庆译，中国社会科学出版社 2009 年版。

[106] [美] 米尔恩：《人的权利与人的多样性》，夏勇、张志铭译，中国大百科全书出版社 1995 年版。

[107] [英] 哈耶克：《法律、立法与自由》（第一卷），邓正来等译，中国大百科全书出版社 2000 年版。

[108] [英] 麦高伟、杰弗里·威尔逊主编：《英国刑事司法程序》，姚永吉等译，法律出版社 2003 年版。

［109］［英］J. C. 史密斯、B. 霍根：《英国刑法》，马清升、王丽等译，法律出版社 2000 年版。

［110］［英］迈克尔·莱斯诺夫等：《社会契约论》，刘训练等译，江苏人民出版社 2006 年版。

［111］［英］约瑟夫·拉兹：《法律的权威》，朱峰译，法律出版社 2005 年版。

［112］［英］休谟：《人性论》，上册，关文运译，商务印书馆 1980 年版。

［113］［英］M. 艾森克主编：《心理学——一条整合的途径》（下册），阎巩固译，华东师范大学出版社 2000 年版。

［114］［英］罗杰·科特威尔：《法律社会学导论》，潘大松等译，华夏出版社 1989 年版。

［115］［英］弗里德里希·A. 哈耶克：《科学的反革命——理性的滥用之研究》，冯克利译，译林出版社 2003 年版。

［116］［法］米海依尔·戴尔玛斯－马蒂：《刑事政策的主要体系》，卢建平译，法律出版社 2000 年版。

［117］［法］雅克·博里康、朱琳编著：《法国当代刑事政策研究及借鉴》，中国人民公安大学出版社 2011 年版。

［118］［法］勒内·达维德：《当代主要法律体系》，上海译文出版社 1984 年版。

［119］［法］阿兰·图纳：《我们能否共同生存？——既彼此平等又互有差异》，狄玉明、李平沤译，商务印书馆 2003 年版。

［120］［法］E. 迪尔凯姆：《社会学方法的准则》，狄玉明译，商务印书馆 1995 年版。

［121］［法］让－马克·夸克：《合法性与政治》，佟心平、王远飞译，中央编译出版社 2002 年版。

［122］［法］米歇尔·福柯：《必须保卫社会》，钱瀚译，上海人民出版社 2004 年版。

［123］［意］龙勃罗梭：《犯罪人论》，黄风译，中国法制出版社 2005 年版。

［124］［意］贝卡利亚：《论犯罪与刑罚》，黄风译，中国方正出版社

2004年版。

[125] [意] 杜里奥·帕多瓦尼：《意大利刑法学原理》，陈忠林译，法律出版社1998年版。

[126] [日] 大谷实：《刑事政策学》，黎宏译，中国人民大学出版社2009年版。

[127] [日] 森本益之等：《刑事政策学》，戴波等译，中国人民公安大学出版社2004年版。

[128] [日] 田口守一：《刑事诉讼法》，刘迪等译，法律出版社2000年版。

[129] [日] 大塚仁：《刑法概说》（总论·第三版），冯军译，中国人民大学出版社2003年版。

[130] [日] 西田典之：《日本刑法总论》，刘明祥、王昭武译，中国人民大学出版社2007年版。

[131] [日] 木村龟二主编：《刑法学词典》，顾肖荣译，上海翻译出版公司1991年版。

[132] [日] 西原春夫：《刑法的根基与哲学》，顾肖荣等译，法律出版社2004年版。

[133] [韩] 李在祥：《韩国刑法总论》，[韩] 韩相敦译，中国人民大学出版社2005年版。

[134] [澳] 迈克尔·R.达顿：《中国的规制与惩罚——从父权本位到人民本位》，郝方昉等译，清华大学出版社2009年版。

[135] [澳] 约瑟夫·凯米莱里、吉米·福尔克：《主权的终结？：日趋"缩小"和"碎片化"的世界政治》，李东燕译，浙江人民出版社2001年版。

[136] [瑞士] 荣格：《心理类型》，吴康译，上海三联书店2009年版。

后　记

又是一年春来早！不过，我却在学术道路上比别人晚了许久，甚至我一直怀疑自己究竟是不是还行走在为学之道上，还属不属于学术中人。地处皖北一隅，我正日渐处于与外界隔绝的境地。但，或许正是这种孤寂，促生了我关于刑事法学的点点思绪，并且赋予我清理这些思绪的充裕时间。于是，几年来逐步积淀了一些关于刑事法学新命题思索的成果，其中不少内容已经发表在各级各类杂志上，但都显得零零散散，不成体系，遂有成书之愿。将这些成果按照刑法科学化的逻辑体系串联起来，就成了这本书当下的样子。当然，限于笔者智识水平，对许多问题的思索不够成熟和妥帖，有些问题也只是浅尝辄止，没有深入下去的勇气和能力，而且这里的逻辑体系并不完全符合我关于刑法科学化命题原本的构思。不过，相信这些新命题的提出对于刑事法学的理论研究和实践活动或多或少会有些助益，这也成为笔者敢于将其成著的美好出发点。还需要说明的是，书中有少许内容系笔者与齐晓伶博士合作完成，已经在书内注释中专门进行了标注。

此外，还要感谢中国社会科学出版社编辑王称老师对书稿的耐心校正。鉴于本人水平有限，其中舛漏之处还请读者诸君海涵。

张　训
2016 年 2 月 4 日
于淮北清和宝地